Gabriele Hoffmann
Die Eisfestung

PIPER

Zu diesem Buch

Hamburg war die größte und letzte Festung im späteren Deutschland, die das französische Militär den Siegern übergeben musste. Napoleon lebte längst im Exil auf Elba. Ein halbes Jahr lang hielt sie der berüchtigte Marschall Louis Davout mit 40 000 Mann – gegen eine russische Belagerungsarmee nach außen und nach innen gegen 100 000 aufgebrachte und feindselige Bürger. Aus Pferdemist, Eis und Schnee ließ er im bitterkalten Winter 1813/14 Mauern und Schanzen bauen, die Wälle mit Wasser begießen und mit Eis überziehen. Seine Soldaten starben an Kälte, Hunger und Typhus. Angst und Hass wuchsen in der geschlossenen Stadt. Davout regierte mit grausamer Härte, plünderte die Bürger aus und zwang sie, sein Armeekorps für einen zweiten Feldzug nach Russland auszurüsten. An die Berichte über Napoleons Niederlage wollte er nicht glauben. Für ihn galt Napoleons letzter Befehl: Hamburg halten, egal, was geschieht.

Gabriele Hoffmann, promovierte Historikerin und Journalistin, war lange für den Stern, den NDR und Radio Bremen tätig und ist Autorin historischer Sachbücher, Biografien und Tatsachenromane. Ihre vielbeachtete Doppelbiografie »Constantia von Cosel und August der Starke« ist in über 25 Auflagen erschienen, mit »Das Haus an der Elbchaussee« – bei Piper – hat sie die fulminante Familiensaga einer Reederdynastie geschrieben und zugleich ein repräsentatives Zeitbild des Bürgertums im Deutschland des 19. Jahrhunderts gezeichnet. Zuletzt holte sie mit ihrer Biografie des Bankiers Max Warburg einen Mann in Erinnerung, der in der Nazizeit 75 000 Juden das Leben rettete.

Gabriele Hoffmann

DIE EISFESTUNG

Hamburg im kalten Griff Napoleons

Piper München Zürich

Mehr über unsere Autoren und Bücher:
www.piper.de

Von Gabriele Hoffmann liegen bei Piper vor:
Das Haus an der Elbchaussee
Die Eisfestung

MIX
Papier aus verantwor-
tungsvollen Quellen
FSC® C083411

Originalausgabe
Dezember 2012
© 2012 Gabriele Hoffmann
© 2012 Piper Verlag GmbH, München
Umschlaggestaltung: semper smile, München
Umschlagabbildung: akg-images/historic maps (»Das Brookthor in Hamburg
während der Belagerungszeit 1813/14« von Christoffer Suhr)
Karten: Eckehard Radehose, Miesbach
Satz: Kösel, Krugzell
Gesetzt aus der Stempel Garamond
Papier: Munken Print von Arctic Paper Munkedals AB, Schweden
Druck und Bindung: CPI – Clausen & Bosse, Leck
Printed in Germany   ISBN 978-3-492-30183-1

Inhalt

Vorwort: Der Marschall und die Bürger

Hamburg war die größte und letzte Festung Napoleons in Deutschland, die das französische Militär den Siegern übergeben musste. Ein halbes Jahr lang hielt sie der berüchtigte Marschall Louis Davout mit 40 000 Mann – gegen eine russische Belagerungsarmee nach außen und nach innen gegen 100 000 aufgebrachte und feindselige Bürger. Auch als Napoleon längst im Exil auf Elba war, galt für den eingeschlossenen Marschall immer noch der letzte Befehl des Kaisers: Hamburg halten, egal, was geschieht.

Als Napoleon im Dezember 1812 die Reste seiner Großen Armee in Russland verlassen hatte und nach Paris jagte, hielt er noch über ein Dutzend Festungen an der Weichsel, der Oder, der Elbe und dem Rhein. Er wollte eine neue Armee aufstellen und ein zweites Mal nach Russland ziehen, im nächsten Frühsommer, wenn auf den Weiden das Gras für die Armeepferde üppig wuchs. Die Festungen sollten mit ihren 200 000 dann ausgeruhten Soldaten Ausgangspunkte neuer Angriffe werden.

In Hamburg hatte der Rat begonnen, die alten Wälle zu Parks mit Spazierwegen unter Linden und Kastanien umzuwandeln. Hamburg war vor Napoleons Handelskrieg mit England die zweitgrößte Handels- und Hafenstadt Europas gewesen, nach London, und politische Selbstständigkeit und Neutralität waren ihre größten Werte. Die Kaufleute wollten gegen niemanden Krieg führen und wollten auch nicht, dass einander feindliche Heere sich um ihre reiche Stadt streiten konnten. Sie setzten auf Handelsverbindungen, Geldgeschäfte und Diplomatie.

Ich erzähle, wie Louis Davout, Napoleons bester und unbesiegter Marschall, die Handelsstadt nach Napoleons Plänen noch 1813 zur größten Festung östlich des Rheins ausbaute. Der Marschall ließ das flache Land um die Stadt unter Wasser setzen, und als im bitterkalten Winter Kanäle und Flüsse und schließlich die Elbe zufroren und die Russen die Festung von allen Seiten zu Fuß erreichen konnten, baute er Mauern aus Pferdemist, Schnee und Eis. Er verteidigte die Festung entschlossen und zwang zugleich die Hamburger, seine Soldaten für Napoleons nächsten Krieg auszurüsten.

Bürger und Bürgerinnen zeigten erbittert passiven Widerstand. Aber Kaufleute mussten Millionensummen zahlen und Rohstoffe aus ihren Speichern abliefern, Handwerker mussten Uniformen und Schuhe, Sättel und Waffen anfertigen, und Arbeiter – Männer, Frauen, Kinder – mussten auf den Festungswällen schuften. Alle hatten Angst vor dem Verhungern, und Entsetzen ergriff sie, als Davout 20 000 Einwohner ausweisen ließ – die einen, weil sie nicht genügend Lebensmittel für eine monatelange Belagerung gekauft hatten, die anderen, weil sie jung und stark waren.

Der Marschall und seine Generäle hielten die Stadt für gefährlich und fürchteten Rebellen im Innern. Zahlreiche Kanonen auf den Festungswällen waren auf Straßen und Plätze gerichtet, und in der Stadt gab es zwei Zitadellen als letzte Zuflucht des Militärs bei einem Aufstand der Einwohner. Davout befolgte die Anordnungen Napoleons mit einer Härte und Unbeirrbarkeit, die selbst seine Offiziere erschreckte.

Außerhalb der Festung kämpften zwei- bis dreitausend junge Kaufleute, Handwerker und Studenten aus Hamburg und Lübeck mit den russischen und preußischen Truppen gegen Davout, und ein halbes Dutzend Bürger aus den Hansestädten Hamburg, Lübeck und später auch Bremen kämpften auf den Konferenzen der siegreichen Gegner Napoleons um das Fortbestehen ihrer Stadtrepubliken.

Ich habe Briefe gelesen, die Männer und Frauen schrieben, während Davout ihre Stadt in eine Festung verwandelte – Briefe des reichen Kaufmanns Pierre Godeffroy an seine Töchter, die auf einem kleinen Schiff nach England geflohen waren, Briefe des Buchhändlers Friedrich Perthes, den Davout als Rebell auf eine Todesliste gesetzt hatte, an seine Frau Karoline, die sich mit den Kindern in einem Jagdhaus im Wald an der Ostsee verstecken musste. Aus der belagerten Festung sind zahlreiche Tagebücher erhalten – Kaufmannstöchter, eine Pastorentochter, eine Lehrersfrau, ein Rechtsanwalt, ein Apotheker haben das Ungeheuerliche festgehalten, das vor ihren Fenstern geschah, ein Makler oft sogar mit Uhrzeit, wie ein moderner Reporter. Ich habe vom bedrängten Alltag der Frauen gelesen, von ihrer Angst vor ansteckenden Krankheiten – fast 10 000 Soldaten starben an Typhus. Die Frauen hofften auf ihre Befreiung durch die Russen und hatten zugleich Angst vor Plünderern und Vergewaltigern. Ich las Agentenberichte und fand die Zeitungsartikel, mit denen der russische General Bennigsen, der die Festung belagerte, einen Propagandakrieg gegen Davout führte. Napoleons Briefe an Davout sind erhalten, Berichte und Memoiren französischer Generäle. Der Briefwechsel zwischen Davout und seiner Frau, die auf einem Schloss in Frankreich lebte, überliefert vor dem Hintergrund grauenvoller Schlachten, wie man sie bislang nicht kannte, eine innige Liebesgeschichte.

Der gefürchtete Marschall beklagte die »schrecklichen Gesetze des Krieges«, die er selbst in seinem Kampf gegen die Zivilisten auf die Spitze trieb. Noch nach Generationen waren Nachkommen der Bürger und Nachkommen Davouts, die seine privaten Briefe veröffentlichten, aufgewühlt vom Charakter des Marschalls und von der unerhörten Geschichte der großen Festung.

Der 31. Mai 1813

Am Montag, dem 31. Mai 1813, marschieren die französischen Truppen in die Stadt ein. Die ersten Kolonnen kommen um fünf Uhr früh durch das Deichtor im Osten, die Kürassiere in ihren weißen Mänteln und mit weißen Rosshaarbüschen auf den glänzenden Helmen, die Infanteristen mit aufgepflanzten Bajonetten. Schiffe der verbündeten Dänen bringen weitere Bataillone von Süden über die Elbe, die in der Morgensonne glitzert und funkelt.

Eine seltsame Stille liegt über der großen Stadt. Nicht eine Kutsche rollt rasselnd durch die Straßen, nicht ein Lastwagen, dessen Fahrer sein Vierergespann mit einem Knall der langen Peitsche antreibt, nicht ein Wagen mit klappernden Koteimern. Kein Einwohner ist zu sehen, kein Hausknecht, kein Dienstmädchen, kein Straßenverkäufer, keine Milchfrau. Alle Geschäfte haben geschlossen. Auch auf den Fleeten, den Wasserstraßen der Stadt, auf denen sich sonst Frachtewer und Schuten aneinander vorbeischieben und die Ewerführer brüllen und fluchen, bleibt es still. Man hört nur die Marschtritte, die Trommeln, einzelne grelle Kommandopfeifen, Pferdehufe auf dem Pflaster.

Marschall Davout, *le Prince*, reitet mit seinen Offizieren und General Vandamme auf die Wälle der Stadt. Louis-Nicolas Davout, Fürst von Eckmühl, Herzog von Auerstedt, gilt als Napoleons tüchtigster Marschall. Er ist jetzt 43 Jahre alt, groß, kräftig, hat einen runden, fast kahlen Kopf, ein großes glattrasiertes Gesicht und trägt eine Brille, denn er ist stark kurzsichtig. Er sitzt nicht gut zu Pferd – er ist in Russland verwundet worden, vor dem langen Weg zurück durch Schnee und Hunger.

Er findet die Wälle in besserem Zustand vor, als er erwartet hat. Der russische Oberst Tettenborn, der am Vortag mit seinen Kosaken aus der Stadt entkommen ist, hat die Bürger ermuntert, an ihrer alten Festung zu arbeiten. Der Marschall versteht die Hamburger nicht: Sie haben im Februar gegen Napoleon rebelliert – nach sechs Jahren segensreicher französischer Verwaltung, seit über zwei Jahren ist die Stadt sogar Teil des französischen Kaiserreichs – und unterstützen nun eine sogenannte Befreiungsarmee aus jungen Bürgern, die sich Hanseatische Legion nennt und mit Tettenborn abmarschiert ist. 800000 Infanteriepatronen für ihren Kampf liegen noch im Marine-Arsenal, von denen 600000 aus England stammen.

Napoleons Befehle sind klar: Hamburg erobern und den Widerstand der rebellischen Bewohner brechen.

Der Marschall reitet über alle Wälle. Er besichtigt Schanzen und Bastionen und lässt die Kanonen umdrehen und auf die Stadt richten.

Im Präfekturbüro am Valentinskamp hat der Präfekt Graf Achille de Breteuil, 32 Jahre alt, sich bereits eingerichtet. Er ist schon gestern Abend um halb neun mit dem Marschall und seinen Elitesoldaten in die Stadt gekommen und hat das Präfekturgebäude und die Bücher der Stadt unversehrt vorgefunden. An diesem Morgen hat er alle öffentlichen Kassen versiegelt und befohlen, die russischen Wappen an den öffentlichen Gebäuden der Stadt wieder durch kaiserliche Adler zu ersetzen. Er weiß, wie die Einwohner den französischen Adler nennen: Aasvogel.

Breteuil ist der höchste Verwaltungsbeamte des Elbdepartements. Napoleon hat aus den Hansestädten Bremen, Hamburg und Lübeck, den Herzogtümern Lauenburg und Oldenburg und dem nordwestlichen Hannover die 32. Militärdivision – den 32. Militärbezirk – Frankreichs gemacht und ihn in drei zivile Departements aufgeteilt: *Bouches de l'Elbe*, *Bouches du Weser* und *L'Ems supérieur*. Hamburg ist Hauptstadt der gesamten 32. Militärdivision und des Elbdepartements und Sitz des Generalgouverneurs Davout. Der Präfekt ist auch für die Kommune Hamburg zuständig. Er hat zwanzig Bedienstete im Büro und eine eigene Garde aus 21 Soldaten und zwei Meldegängern für nächtliche Aufträge. Napoleon hat ihn erst im März, nach den Aufständen in den drei Departments, zum Präfekten ernannt und an die Elbe geschickt. Sein Vorgänger de Coninck war dem Kaiser nicht hart genug.

Gestern hat Breteuil zum ersten Mal mit Hamburger Kaufleuten gesprochen. Sie waren Davout als Abgesandte des Rats über die Elbe entgegengegangen und wollten die Unterwerfung der Stadt anzeigen, wollten um Gnade und Schonung bitten. Der Marschall hat sie mit einem furchterregenden Blick gemustert und mit seiner hohen befehlenden Stimme gesagt: »Ah, sind Sie da! Sie haben lange auf sich warten lassen!«

Das Schicksal der rebellischen Stadt hänge ganz von der Gnade des Kaisers ab, sagte er noch, mit Rebellen unterhandle man nicht.

Sie mussten ihn nach Harburg begleiten, in die kleine Stadt am südlichen Elbufer, wo Breteuil ihnen ihre Strafe mitteilte: 50 Millionen Francs für den Kaiser. Als sie nach Hause wollten, sagte der Marschall: »Rebellen können warten.« Während sie warteten, besetzte General Vandamme das erste Stadttor, und der Rat löste sich auf.

Breteuil ist nicht zufrieden mit seinem Haus am Valentinskamp. Sein Jahresgehalt als Präfekt beträgt 40 000 Francs, und ihm steht zu, dass das Gebäude mit Möbeln im gleichen Wert ausgestattet wird. Er wird sich an den Bürgermeister wenden. Die Bürger müssen die Möbel liefern, und zwar umgehend.

Für den Nachmittag des 31. Mai hat Seine Durchlaucht der Marschall eine Truppenrevue über 35 Bataillone Infanterie befohlen, zu 16 Uhr.

Schon Stunden vorher marschieren die Truppen im Sturmschritt und in breiten Gliedern durch die Straßen. Sie marschieren im Kreis durch die Stadt, beginnen vier-, fünfmal an denselben Toren, sollen den wenigen Bürgern, die nun doch niedergeschlagen zusehen, vorspiegeln, ihre Zahl habe gar kein Ende. Davout hat nicht genug Soldaten. Keines der Bataillone ist vollzählig, und die Soldaten sind jung und schwach, Wehrpflichtige aus Portugal und Spanien. Die meisten haben wochenlang in den Sümpfen der Elbinseln gelegen, als Vandamme mit ihnen die Stadt belagerte, und sind erschöpft.

Um 16 Uhr stehen die Bataillone in jeweils drei Reihen vom Dammtor über den Gänsemarkt und den Jungfernstieg bis in die Innenstadt.

Der Marschall sitzt auf seinem weißen Pferd, neben ihm reitet Seine Exzellenz der General-Lieutnant Graf Vandamme, zwei Dutzend Offiziere umgeben sie, alle sind prachtvoll gekleidet, in Weiß und Dunkelblau, mit goldenen Epauletten und breiten Schärpen.

Der Trompeter des ersten Bataillons bläst eine Fanfare, andere Trompeter antworten – der trockene Ton der silbernen Clairons läuft durch die Straßen. Der Prinz reitet an, sein Pferd steht vor dem Bataillon, die Soldaten rufen: *Vive l'empereur!*, es lebe der Kaiser. Davout hebt die rechte Hand an seinen Marschallshut und rückt dabei mit dem Zeigefinger seine Brille auf der Nase zurecht.

Das wiederholt sich bei jedem Bataillon.

Er hat in den vergangenen Wochen die Elbe-Weser-Ems-Departments zurückerobert, die sich seit dem Hamburger Aufstand gegen Napoleon erhoben hatten. Die Nachricht, dass von den über 600 000 Soldaten der Großen Armee nur 30 000 zurückkommen würden, hatte sich schnell verbreitet, der ganze Norden von Amsterdam bis Königsberg rebellierte gegen Napoleon. Davout wartete noch in Thorn auf Überlebende seines Korps, als für ihn aus Paris die ersten Befehle zum Kampf kamen. Im März war er in Dresden, sprengte die Augustusbrücke und ging nach Leipzig. Mitte April war er in Braunschweig und erhielt Napoleons Befehl, das Kommando in der 32. Militärdivision wieder zu übernehmen, das er im Vorjahr zu Beginn des Russlandfeldzugs einem Vertreter übergeben hatte. In der zweiten Aprilhälfte war er in Bremen, am

30. April eroberte er Lüneburg zurück. Als die Verwaltungs-
kommission der kleinen Stadt ihn um Schonung bat, rief er ihr
entgegen: »Und ihr! Ihr widersetzt euch diesem Manne der
Vorsehung? Ihr mit euren 600 Piken! Mit euren hölzernen
Häusern!«

Der Marschall sieht zu den Häusern hinüber. Hier auf dem
Jungfernstieg stehen zwar breite ordentliche Fachwerkhäuser,
aber sonst gibt es in der Stadt fast überall nur krumme Gassen
mit schiefem Fachwerk, alles eng, dunkel, feucht, Kaninchen-
bauten voller Verstecke für Rebellen und ihre Waffen, in den
Höfen stehen Pferde und Schweine, die Fleete an den Rück-
seiten der Speicher stinken. Er wohnt wieder wie vor dem
Feldzug in dem unbequemen Haus, das der Rat für seinen Vorgänger gekauft hat, den Marschall Bernadotte.

Er wird die Zuckerkaufleute für ihre Rebellion bestrafen, der
Kaiser hat ihm unbegrenzte Vollmachten gegeben. Der Senat in
Paris hat die Verfassung in Hamburg für drei Monate aufge-
hoben, die abtrünnige Stadt ist im Belagerungszustand – das
Militär regiert. Napoleon hat ihm seitenlange Anweisungen
geschrieben, schon am 7. Mai aus Waldheim in Sachsen. Er soll
alle Untertanen, die sich zu Senatoren gemacht haben, verhaften, die fünf schuldigsten erschießen lassen und die übrigen
unter starker Bewachung nach Frankreich ins Gefängnis schicken. Er soll alle Offiziere der Hanseatischen Legion erschießen lassen und alle Soldaten der Legion nach Frankreich schicken, wo sie auf die Galeeren kommen. Er soll alle Bürger, die
als Anführer der Rebellion bekannt sind, erschießen lassen oder
auf die Galeeren schicken. Er soll die fünfhundert reichsten
Männer in der 32. Militärdivision, die am lautesten gegen den
Kaiser protestiert haben, verhaften und ihr Eigentum beschlagnahmen. Er soll auf keinen Fall die Hamburger Kaufleute vergessen, die sich aufgelehnt haben, und ihnen ihr Eigentum wegnehmen, sonst ist man nie sicher im Land.

Die Revue ist zu Ende, Trommler und Pfeifer geben die
letzten Kommandos, die Soldaten rücken ab. Sie biwakieren
auf Plätzen und Wällen und haben ihre Gewehre griffbereit.

Die Offiziere, die heute schon ihr Logis in Bürgerhäusern beziehen, lassen sich dort noch nicht beköstigen aus Furcht, vergiftet zu werden. Einige, die es doch wagen, essen und trinken erst, nachdem der Hausherr in ihrer Gegenwart vorgekostet hat.

»Die Einwohner konnten von ihrem Erstaunen nicht zurückkommen«, notiert der Berichterstatter des ›Hamburgischen unpartheyischen Correspondenten‹ für die Dienstagsausgabe über die Truppenrevue. »Es war ein gewaltiger Unterschied zwischen demjenigen, was sie vor Augen hatten, und demjenigen, was man ihnen von der physischen Anzahl der Französischen Bataillons erzählte.«

Die Zuschauer kehren voller Schmerz und Trauer zu ihren Geschäften zurück. Statt der angekündigten kampfstarken Truppen sind ausgemergelte junge Wehrpflichtige eingerückt. Vor denen war man weggelaufen. Man hat seine Waffen zu früh vergraben oder zerschlagen, als man am Morgen sah, wie die französischen Soldaten über den Fluss kamen.

General Vandamme ist ein Riese, ehrgeizig und wild, es gibt nur einen Marschall, dem er gehorcht, und das ist Davout. Davout behandelt ihn mit Höflichkeit und Respekt, Davout ist ein Teufel, eiskalt, wenn er mit seiner hohen Stimme spricht, der beste Heerführer Frankreichs nach dem Kaiser, auch wenn er in Russland in Ungnade gefallen ist. Umso heftiger wird er dem Kaiser seine Ergebenheit beweisen wollen, umso härter in Hamburg durchgreifen. Die Offiziere sagen, Davout liebe nur zwei Menschen auf der Welt – seinen Kaiser und seine Frau, und zwar in dieser Reihenfolge.

Vandamme würde noch viel härter als der Marschall durchgreifen. Er hat in Bremen zwei Mitglieder der Provisorischen Regierung in Oldenburg, von Finckh und Berger, erschießen lassen, fünf Bauern in der Gemeinde Blexen, vierzehn Personen insgesamt. Vandamme will endlich den Marschallstab haben, will Napoleon beweisen, dass er ihn verdient.

Der General hat noch an diesem Montag für die 5. Division –
auf dem Papier ist sie 14000 Mann stark, in Wirklichkeit hat
sie keine 9000, aber das geht die Hamburger nichts an – anfordern und sofort liefern lassen: 60000 Rationen Brot, jede zu
28 Unzen = 875 g, 120000 Rationen Branntwein à 1/16 Liter,
60000 Rationen Fleisch à 10 Unzen = 312 g, 60000 Rationen
Gemüse à 125 g sowie Salz, Essig und 60000 Rationen Bier =
60000 Liter Bier. Außerdem muss die Stadt fünfzig Ochsen für
seine Division in Reserve bereithalten.

Vandamme hat das gesamte Bürgerhaus mit Beschlag belegt,
in dem er Quartier bezogen hat. Der Hausbesitzer, ein alter
Mann, hat sich in eine Dachstube zurückgezogen. Der General
lässt ihn rufen und befiehlt ein heißes Milchbad.

Der alte Mann muss in die Nachbarschaft laufen und trotz
der späten Stunde noch Leute stören, die eine Kuh halten. Sie
öffnen ihre Haustüren nur zögernd. Eine Kuh gibt nicht viel
Milch, und so spät am Abend haben die Nachbarn auch nicht
mehr viel vorrätig, und so läuft der alte Mann weiter von Haus
zu Haus.

Davout ist in seinem Büro im Regierungspalast an den Großen
Bleichen. Er diktiert, seine Sekretäre schreiben an Stehpulten,
Kerzen lassen die dunklen Schatten im Raum flackern. Der
Präfekt Breteuil ist anwesend, Generalpolizeidirektor d'Aubi-
gnosc, der Adjutant Houdinot und César de Laville, Davouts
Generalstabschef.

Militärs und Beamte kommen in das Büro und laufen wieder
hinaus, warten im Vorzimmer, sitzen dort in Gruppen und for-
mulieren Verordnungen, die Litzen an ihren blauen bestickten
Uniformen funkeln im Flammenschein der Talglichter.

Mayer, Davouts Diener, bringt ihm Tee. Davout diktiert Befehle.

Die Einwohner sollen unverzüglich bei der Polizei alle
»Pamphlets, fremde oder nicht erlaubte Zeitungen, Caricatu-
ren, Kupferstiche, Verse etc. etc., die seit dem 24sten Februar
dieses Jahres hier erschienen oder eingeführt sind«, abliefern.

Jeder, der diesem Befehl nicht sogleich gehorcht, soll streng bestraft werden. Alle Fremden in der Stadt müssen sich auf der Polizeidirektion melden. Alle Einwohner müssen innerhalb von 24 Stunden sämtliche Waffen auf der *mairie* abliefern – Gewehre, Jagdflinten, Pistolen, Säbel, Piken, Lanzen, Degen, Hirschfänger. Diese Befehle sollen morgen früh an allen Straßenecken angeschlagen werden und auch in der Zeitung stehen, die ab sofort wieder auf Deutsch und Französisch gedruckt wird.

General de Laville soll dem Adjutanten Thomas befehlen, den Magistrat der Stadt anzuweisen, Folgendes zu liefern: 200 000 Rationen Biskuit, 300 000 Rationen Branntwein, 300 000 Rationen Trockengemüse, Schlachtvieh für 300 000 Rationen frisches Fleisch. Dieses alles soll immer in Reserve vorhanden sein, unabhängig von der laufenden Verpflegung der Truppen. Die laufende Verpflegung muss stets auf fünf Tage im Voraus gesichert sein. Eine Militärbäckerei soll eingerichtet werden, und Thomas soll innerhalb von 48 Stunden Bäcker-Brigaden organisieren.

Davout diktiert auch einen Brief an Napoleon: Die Festungsarbeiten sind überraschend weit fortgeschritten, er wird alle Befehle Napoleons ausführen, in der Stadt ist kein Einziger der wichtigsten Einwohner mehr, auch kein Offizier der Hanseatischen Legion, einige der reichen Kaufleute sind nach Dänemark geflohen. Soll er sie sich ausliefern lassen?

Um Mitternacht befiehlt Davout: Die Hamburger Bürger müssen sofort geweckt werden. Sie sollen ihre Häuser erleuchten, wie sie es beim Geburtstag des Zaren Alexanders gemacht haben, und so die Rückkehr ihres Erlösers Napoleon feiern.

Um drei Uhr morgens diktiert Davout immer noch. Vandamme soll den General Dumonceau zehn der wichtigsten Einwohner von Bardowick und einem Nachbardorf arretieren lassen, um die drei Mörder eines französischen Soldaten zu finden. Wenn innerhalb von vier Tagen die Familien die Mörder nicht ausliefern, soll man unter den zehn Gefangenen auslosen, welche drei von ihnen auf der Stelle erschossen werden.

Patrouillen reiten durch die Straßen. Sie halten vor Häusern, die noch nicht erleuchtet sind, schreien und schlagen gegen die Türen. Wenn nicht sofort jemand herauskommt, werfen sie die Fenster ein.

Dorothea Moller, die unverheiratete 45-jährige Tochter des Versicherungsmaklers Ullrich Moller, die mit ihrer verwitweten Mutter und ihrer Schwester an der Nordseite des Fischmarktes wohnt, schreibt in ihr Tagebuch: Die »Gefühle jedes Hamburgers an diesem furchtbaren Tage werden in stetem Andenken unter uns bleiben«.

Die Peitsche

Der Kaiser

Dienstag, 1. Juni 1813, um sechs Uhr morgens, im französischen Hauptquartier in Neumarkt, Schlesien. Napoleon diktiert einen Brief an General Coulaincourt, der ihn auf der tollen Schlittenfahrt von Russland nach Paris begleitet hat. Der Sekretär soll schreiben: Die französische Armee hat jetzt den russischen und preußischen Vormarsch nach Westen aufgehalten, sie ist wieder an der Oder. Und: Das ist eine gute Ausgangsposition für Verhandlungen über einen Waffenstillstand.

In der Mitte des kaiserlichen Schreibzimmers steht ein großer Tisch mit einer Landkarte. Farbige Stecknadeln markieren die Stellungen der einzelnen Armeekorps, ein Zirkel liegt auf der Karte. In den vier Ecken des Zimmers stehen kleine Tische, an denen die Sekretäre mit ihren Schreibfedern sitzen. Napoleon geht beim Diktieren im Zimmer auf und ab, meist hat er seine gewöhnliche grüne Uniform an, oft den schwarzen Hut auf dem Kopf. Er verlangt immer höchste Geschwindigkeit, aber niemand kann so schnell schreiben, wie er diktiert. Deshalb nimmt der Sekretär, der an der Reihe ist, das Diktat in Kürzeln und Zeichen auf. Viele Zeichen hat der Kaiser selbst festgelegt. Eine Peitsche heißt: Davout und sein Korps.

Napoleon schreibt Davout mehrmals in der Woche, der Marschall hat Befehl, dem Kaiser täglich zu berichten.

Ein Waffenstillstand würde Napoleon Zeit zum weiteren Aufrüsten geben. Die Schlacht gegen Russen und Preußen bei Lützen am 2. Mai – die erste Schlacht nach seiner Rückkehr aus Russland – hat er gewonnen und am 20. Mai die Schlacht bei Bautzen. Er will mit 300000 Mann über Elbe und Oder auf Danzig zumarschieren, will die Russen noch in diesem Jahr wieder über den Njemen drängen. Sein ursprünglicher Plan hat den Juni dafür vorgesehen, dann den August. Doch die Rebellion in Hamburg hat alles verzögert, seine Generäle mussten erst den Norden zurückerobern.

Er hat schon im Januar befohlen, die französischen Festungen Magdeburg, Stettin, Küstrin, Glogau, Spandau, Danzig auf eine Belagerung durch die vorrückenden Russen oder die Preußen vorzubereiten. Mehrere französische Festungen mit ihren Besatzungen sind im Land hinter den feindlichen Truppen eingeschlossen. Er will sie von seinen Generälen entsetzen lassen und ihre Mannschaftsstärke nach Bedarf auffüllen. An der Weichsellinie hat er dann die Festungen Danzig, Modlin, Zamocs, an der Oderlinie Stettin, Küstrin, Glogau und an der Elblinie die Festungen Dresden, Torgau, Wittenberg, Magdeburg. Insgesamt könnten rund 200 000 französische Soldaten in diesen Festungen auf ihn und seine neue Armee warten. Er braucht noch einen sicheren Hauptplatz an der Niederelbe – Hamburg. Davout muss ihm den Rücken freihalten bei der Wiedereroberung von Berlin, von Russland.

Napoleon meint, seine Marschälle und Generäle verlieren ihre Kaltblütigkeit, sie ziehen sich ohne Grund zurück, sind entmutigt. Nur die Peitsche nicht. Die Peitsche wird jeden neuen Aufstand von Holland bis zur Elbe ersticken.

Die Peitsche soll den Norden gegen englische Truppen sichern, die auf Seeschiffen vor Cuxhaven auf einen günstigen Augenblick für eine Landung warten. Der Feind, den der Kaiser am meisten hasst, ist England mit seinen wechselnden Verbündeten Russland, Österreich, Preußen, die ihn aus ihren ehemaligen Ländern hinausjagen und auf das alte Frankreich beschränken wollen. Hamburgs Rolle im großen Plan des Imperiums ist herausragend.

»Ihr Marschall ist ja der reinste Satan«

1.

Eine Abordnung des Munizipalrats wartet unten in der Diele, um Davout ihre Aufwartung zu machen. Der Munizipalrat ist eilig wieder zusammengetreten. Die Hamburger Herren – Kaufleute und Juristen – kennen den Marschall und Generalgouverneur gut, seinen großen runden kahlen Kopf und die rotbraunen Koteletten, die langen Schritte und die hohe Stimme. Er ist fast 1,80 groß und zum Fürchten, wenn er aufbraust.

Sie warten in tiefer Sorge. In Bremen hat er Kaufleuten und Geistlichen, die ihm ihre Ergebenheit versichern wollten, eine Rede voller Vorwürfe und Drohungen gehalten. Als ein Geistlicher sich im Namen seiner Amtsbrüder zu sagen erlaubte, dass sie den Frieden predigten, hat er ihn angefahren: »Was, den Frieden! Was haben Sie sich in den Frieden einzumischen? Das ist die Sache der Großmächte, nicht Ihre. Predigen Sie den Gehorsam, die Unterwerfung, das ist Ihre Pflicht.«

Die Hansestädte stehen unter Kriegsrecht. Niemand weiß, was Napoleon befohlen hat und was der Marschall tun wird. Die Herren haben Angst vor Todesurteilen.

2.

Davout hat den Regierungspalast an der Straße Große Bleichen wieder bezogen, den er im vorigen Frühjahr verlassen hat, als er das 1. Korps der Großen Armee aus der 32. Militärdivision nach Russland führte. Die Straße mündet in den Jungfernstieg, die berühmte Promenade an der Alster. Aber der sogenannte Palast ist nur das Wohnhaus eines reichen Kaufmanns.

Die Diele ist mit Marmorfliesen belegt, und ein Bedientenzimmer geht von ihr ab. Es gibt zwei Speisesäle, einen runden und einen ovalen, mit marmorverkleideten Kaminen, über denen Spiegel hängen, und es gibt elf Zimmer mit Gipsdecken und gemalten Tapeten, mit Kaminen oder eisernen Öfen, acht heizbare Kammern und im Hof ein Badezimmer, zu dem ein Säulenkorridor führt.

Doch für Davout und seinen zahlreichen Stab ist das Haus zu klein, für seine Adjutanten, Sekretäre, Ordonnanzen, die Dechiffreure, die wichtige Schreiben in Geheimcodes übertragen, für seine Diener, Köche, Kutscher. Napoleon hat ihm die Titel Herzog von Auerstedt und Fürst von Eckmühl für gewonnene Schlachten verliehen und ihn zu einem von nur vier Fürsten seines neuen Adels gemacht. Der Kaiser verlangt von ihm, dass er auch lebt wie ein Fürst.

Ehe er zum ersten Mal nach Hamburg kam, haben die Bürger die Stadtrepublik selbst regiert. Die Senatoren unterhielten ihre Büros auf eigene Kosten in ihren Wohn- und Kontorhäusern. Davout kann über diese ehrenamtliche Regierung und Verwaltung nur lachen.

Er hat sich sein Büro im ersten Stock einrichten lassen, zum Garten hin, wo das Rasseln der Wagenräder auf dem Pflaster und die Ausrufe der Straßenhändler ihn nicht stören. Hier wird er nun wieder zwölf, sechzehn, achtzehn Stunden am Tag sitzen – vor einem Jahr ist er einmal zwei Wochen nicht aus dem Haus gekommen. Er weiß: Seine Untergebenen halten ihn für arbeitswütig. Er weiß aber auch: Wenn er nicht selbst auf alles achtet, geschieht nichts so, wie es geschehen muss.

Die Zusammenarbeit mit den Bürgern ist schon vor dem Aufstand immer schwieriger geworden. Er war nach seiner Ankunft 1811 Vorsitzender der Regierungskommission, die dem ganzen Land im Norden eine Verfassung nach französischem Muster gab: Trennung von Gesetzgebung, vollziehender Gewalt und Rechtsprechung, von Kirche und Staat. Das neue bürgerliche Gesetzbuch, der Code Napoleon, gilt nun auch hier. Er hat den alten Rat aufgelöst und einen Munizipalrat aus Honoratioren eingeführt, der die Behörden in lokalen Fragen

berät. Anstelle von vier gewählten Bürgermeistern bekam die
Stadt einen *maire*. Die entscheidenden Positionen in der Verwaltung erhielten französische Beamte, für die Posten auf der
zweiten Ebene suchte man Einheimische und hatte dabei
keine Probleme. Zahlreiche Mitarbeiter der früheren Verwaltung bemühten sich, in die neue Verwaltung übernommen zu
werden, sie brauchten Arbeit und Gehalt. Auch die früheren
juristischen Senatoren hatten nun kein Einkommen mehr und
arbeiteten gutwillig mit wie ebendieser *maire*, der Senator
Dr. Amandus Augustus Abendroth, von dem niemand Davout
sagen kann, wo er jetzt ist. Der gewählte bisherige Bürgermeister Dr. Amsinck verweigerte jede Mitarbeit – eine Ausnahme.
Nur Ehrenämter waren jetzt schwer zu besetzen, die Kaufleute
hielten sich zurück. Allerdings versuchten sie, ihren Einfluss
über die Handelskammer zu halten, und schickten immer wieder Denkschriften an die Ministerien in Paris.

Einerseits schien in Hamburg alles gut zu laufen, wie in Bremen und Lübeck auch, andererseits hat der Generalpolizeidirektor gewarnt. Er muss jeden Tag einen Bericht an den Polizeiminister in Paris und an Davout schicken, und schon Anfang
des Jahres meldete er: »Unterwerfung, aber Bereitschaft zum
Aufstand.«

Jetzt, nach dem Aufstand, muss das gesamte Spitzelsystem
neu aufgebaut werden. Die Polizei muss wieder auf Straßen
und Märkten, in Gasthäusern, in den Gefängnissen und den
Privathäusern ihre Spione haben.

3.

Die Munizipalräte auf der Diele warten mit wachsender Span-
nung und Unruhe. Die Bürger sind erbittert über Davout. Sie
teilen die Ansicht des geflohenen *maire* Abendroth: Es wäre
für jeden Franzosen eine sehr schwere Aufgabe gewesen, die
»an Freyheit und billiges väterliches gouvernement gewöhn-
ten, man könnte fast sagen, verwöhnten Hamburger mit der
Französischen Verfassung zufrieden zu machen«. Aber »ganz
unmöglich war dies einer Militärperson von dem Geiste des

Herrn Marschalls, es war ihm unglaublich, dass wir nicht bey der Vereinigung gewinnen müsten«.

Der Marschall führte ohne Rücksicht in Regierung, Verwaltung und Justizwesen alles ein, was in Frankreich bestand, und drückte die Veränderungen mit eiserner Härte durch. Er verhöhnte »unsere früheren guten Einrichtungen, bey denen wir, wenn sie auch ihre Fehler hatten, so lange glücklich gewesen waren«. Er sagte den Bürgern oft, dass die Franzosen die Deutschen erst aus der Barbarei hervorziehen und sie bilden müssten.

Bei all seiner Kraft und Tüchtigkeit ist er daher kein nobler Charakter. Er ist uneigennützig und liebt nicht das Geld über alles, sondern seine Ehre. Aber er lässt gerne seine Übermacht fühlen.

Pieter Poel, der Herausgeber des ›Altonaischen Mercurius‹, hat Davouts »Vorliebe für die Beschäftigung eines untergeordneten Polizeidieners« verspottet. Für Poel ist er Napoleons beschränkter und engherziger Diener, der nach seiner Ankunft vor zwei Jahren jede Gelegenheit wahrnahm, die Senatoren zu beleidigen und herabzuwürdigen: »Das Empörendste musste auf empörendste Weise geschehen.«

4.
»Ihr Marschall ist ja der reinste Satan«, sagt General Thiébault.

»Ja, unter ihm zu dienen hat seine Schwierigkeiten«, sagt General Laville.

Paul Thiébault ist ein schmaler schlanker Mann, dunkelhaarig, 44 Jahre alt – ein Jahr älter als der Marschall. Sein Vater war Lehrer an der Militärakademie in Berlin, wo Thiébault geboren ist. Er ist bislang in seiner Karriere nicht so vorangekommen, wie er es angemessen fände – er hält sich für sehr befähigt, bekommt aber nie die richtige Chance, das zu beweisen. Jetzt ist er nach Hamburg abkommandiert worden.

César de Laville ist sechs Jahre jünger als Thiébault, Sohn eines Generals, mit dem der Marschall bekannt ist, und seit Januar 1813 Davouts Generalstabschef. Er kennt das schon:

Untergebene fürchten Davout, wenn sie sich zum ersten Mal bei ihm gemeldet haben und er sie mit seinen kurzsichtigen Augen streng gemustert hat. Viele leiden auch später noch unter seiner Geringschätzung, seinem Misstrauen und seiner Pedanterie. Gegen Soldaten kann er väterlich sein, gegen junge Offiziere gütig, doch je höher der Rang, um so härter werden seine Anforderungen. In der Armee gilt es als Strafe, Davout zugeteilt zu werden.

Laville kommt jedoch gut mit dem Marschall aus. Davout geht gegen Plünderer vor, kämpft gegen das Chaos in der Armee und für eine angemessene Ausrüstung und Ernährung der Soldaten, einen guten Sanitätsdienst. Er ist pflichtbewusst und unbestechlich. Es heißt, er habe keine Freunde, doch das stimmt nicht. Vielleicht sind es nicht viele, aber es gibt Generäle, mit denen er seit Beginn seiner Karriere durch Europa zog und jede Schlacht für Napoleon gewann, allen voran die drei Unsterblichen Gudin, Friant, Morand. Morand ist jetzt tot, vor wenigen Wochen bei Lüneburg gefallen, Friant ist in Russland verwundet worden und Gudin vom Kaiser woanders eingesetzt. Die drei Teufel heißen sie auch in der Armee – sie waren drei wilde Generäle unter einem wilden Marschall.

Mayer, Davouts persönlicher Diener, hängt geradezu mit Hingabe an ihm. Mayer ist Preuße, der Marschall hat ihn vor Jahren in Preußen vor einem betrunkenen, gewalttätigen Herrn gerettet. Seitdem sorgt Mayer mit großer Liebe für ihn.

Fähigkeit ist für den Marschall die Voraussetzung dafür, dass er jemanden freundlich wahrnimmt. Wen er für unfähig hält, den verfolgt er mit Hohn und Hass, und das sind nicht wenige. Er hat sich schon viele Feinde geschaffen. Zu Thiébault ist er immerhin höflich gewesen: Er hat ihn zum Diner eingeladen.

Zum Diner versammeln sich im Salon des Marschalls zwanzig Offiziere. Er lässt sie nicht warten, Thiébault ist gerade erst gekommen, als Davout schon eintritt. Er beginnt sofort, auf und ab zu gehen, ohne jemanden anzureden. Als man sich im Speisesaal gesetzt hat, bleibt er weiter stumm, und die Unterhaltung bei Tisch besteht daher nur aus abgerissenen Bemerkungen. Thiébault sitzt an seiner rechten Seite und staunt über die Mengen, die der Marschall verschlingt.

Es ist eine Anerkennung für die Offiziere seines Stabes, dass Davout seine Mahlzeiten mit ihnen einnimmt. Das macht nicht jeder Marschall. Aber nach zehn Minuten steht er wieder auf, ohne ein einziges Wort gesagt zu haben.

Diejenigen Generäle, mit denen Thiébault sich in Hamburg befreundet, nennen Davout unter sich *l'animal«*, das Tier.

Davout hat Napoleons Zuneigung verloren, und er weiß nicht, wieso. Er will sie zurückgewinnen, beweisen, dass er der fähigste und treueste Marschall von allen ist. Er fragt nicht, ob und warum Napoleon in Russland unzureichende Befehle gab.

Seine Briefe an den Kaiser gehen über Berthier, den – wie er findet – unfähigen Generalstabschef des Kaisers. Die jahrelange enge Verbindung zwischen dem Kaiser und ihm ist gestört, seine Feinde haben sich zwischen ihn und den Kaiser gestellt. Sie beschuldigen ihn, Fehler gemacht zu haben, um ihre eigenen Fehler in Russland zu verbergen. Napoleon hat ihn sogar bestraft: Nur er von allen Marschällen durfte nach der Rückkehr aus Russland nicht nach Hause.

Seine einzige Erholung sind die kurzen Viertelstunden, in denen er seiner Frau schreibt, Briefe, die er schließt mit: *Tout à toi pour la vie. Ton bon et fidèle Louis*, ganz der Deine fürs Leben, dein guter und treuer Louis, und auf die sie antwortet: *Toute à toi jusqu'a mon dernier soupir. Aimée*, ganz die Deine bis zu meinem letzten Seufzer.

Der Kurier aus Paris hat einen Brief von Aimée gebracht, in dem sie von seinen kleinen Söhnen erzählt. Davout ist begierig auf jede Nachricht von Louis und Jules. Er hat Jules noch nie gesehen. Louis ist 1811 zur Welt gekommen und Jules Ende Dezember 1812, als er mit den Resten seines Korps Thorn erreichte. Aimée soll beiden Söhnen einen starken Hass auf die Feinde Napoleons anerziehen: Louis soll die Russen hassen und Jules die Engländer, er soll sich wünschen, in der Marine zu dienen.

Aimées Brief ist lang, er wird ihn sich aufheben bis zum Abend. Sonst hat er den ganzen Tag über nur die Freude auf seinen Tee und sein Bett, nun kann er sich auf ihren Brief freuen. Dem Kurier, der mit Briefen nach Paris abgeht, gibt er schnell ein paar Zeilen für sie mit: »Ich habe deinen Brief vom 26. Mai erhalten; ich werde morgen antworten; heute bin ich bis zum Überdruss so mit Einzelheiten der Heeresverpflegung und der Verwaltung und mit Organisationsproblemen beschäftigt, dass ich keine Minute für mich habe.« Es sieht so aus, als ob er in Hamburg bleibt und sie mit den Kindern zu ihm kommen kann.

Der Kaiser verlangt Männer und Geld. Aber die reichsten Kaufleute sind aus Angst vor Strafe und aus Angst um ihr Vermögen aufs Land geflohen, in ihre Gartenhäuser vor der Stadt oder ihre Landhäuser am Elbufer. Als die ersten Soldaten das Deichtor besetzten, sollen noch hoch bepackte Wagen durch die anderen Stadttore davongefahren sein.

5.

In der Diele warten die Munizipalräte nun schon seit Stunden, um den Marschall höflich zu begrüßen.

Ein Adjutant kommt die Treppe herunter und richtet aus, was der Marschall ihm aufgetragen hat: Die Zeit der Anarchie sei vorbei, und wenn der Fürst die Herren zu sehen wünsche, werde der Präfekt ihnen den Befehl übermitteln, wann sie vor dem Fürsten zu erscheinen hätten.

Die Rebellen

1.

Der Kaufmann Pierre Godeffroy ist in seinem weißen Landhaus an der Elbe bei Blankenese, das zu Dänemark gehört. Er ist ein kleiner wohlgenährter Mann mit lebhaft glänzenden Augen, einer starken Nase und langen schweren Wangen, 64 Jahre alt. Warenhandel, Schiffe und Geldgeschäfte haben ihn zum drittreichsten Mann der Stadt gemacht.

Das Innere seines Hauses wirkt elegant und heiter. Von der Stuckdecke des Gartensaals hängt ein gläserner Kronleuchter herab, und oben an den Wänden sind Medaillons mit Halbreliefs griechischer Helden eingelassen. Eine Flügeltür öffnet sich zum Park. Am fernen gegenüberliegenden Flussufer sieht man Kirchtürme und die Berge von Harburg. Früher kamen große Seeschiffe bei Flut die Elbe hoch am Haus vorüber.

Pierre Godeffroy hat einen Brief von Charlotte, seiner jüngsten Tochter, bekommen. Er soll ihr versprechen, mit den französischen Offizieren und Beamten in Hamburg keinen Umgang zu haben und sie nicht in sein Stadthaus am Jungfernstieg einzuladen.

Er ist verzweifelt vor Sorge. Er weiß nicht, wo Charlotte jetzt ist. Sie begleitet ihre Schwester Susette und deren kleine Söhne auf der Flucht durch Holstein – Davout lässt nach Godeffroys Schwiegersohn Richard Parish fahnden. Die Töchter könnten, wenn alles gut gegangen ist, dank der Schmugglerverbindungen der Firma Parish schon Tönning erreicht haben. Richard will Frau, Kinder und Schwägerin auf einem kleinen Schiff zwischen der Ladung verstecken und als Seemann verkleidet nach Helgoland segeln und von dort weiter nach England, nach Bath, wo sein Vater lebt.

Schon Richards Vater John Parish, Pierres guter Freund, der einmal der reichste Kaufmann Hamburgs war, musste vor den Franzosen fliehen, um nicht verhaftet zu werden, als sie Hamburg am 19. November 1806 zum ersten Mal besetzten. Der alte Parish hat englische Hilfsgelder an Preußen vermittelt, als dessen König die Revolution in Frankreich bekämpfte. Die erste Zahlung kam auf zwei Fregatten nach Hamburg: 467 Fässern voller Silber im Wert von 60 000 Pfund. Parish brachte einen Teil der Fässer in der Bank unter, ein Teil ging auf zwei Elbjachten nach Berlin ab. Insgesamt 720 000 Pfund wurden so versandt.

Die Söhne John, Richard und Charles, die das Geschäft des Vaters weiterführten, verdienten in den ersten Jahren der französischen Besatzung viel Geld, denn ihre Schiffe durchbrachen die Kontinentalsperre: Zwei Tage nach der Einnahme Hamburgs hatte Napoleon ganz Europa mit einer Handelssperre für englische Waren belegt. An allen Küsten wachen seitdem seine Zöllner darüber, dass Schmuggler weder englische Waren noch Waffen, weder englisches Geld noch Hetzschriften und Spione anlanden. Napoleon will England in einem Wirtschaftskrieg besiegen. Doch die Söhne des alten Parish bestachen französische Beamte und importierten in ihrem besten Jahr über fünfzig Schiffsladungen Kaffee, Zucker und Baumwolle. Sie vermittelten englische Gelder für österreichische Truppen, verdienten im Waffenhandel, bei Heereslieferungen, meist mit Getreide. Die Söhne haben den gleichen extravaganten Lebensstil wie der Vater. Der alte Parish gab jede Woche große Diners, über die man in der Stadt lange sprach. Nun gibt er seine Diners, Soupers und Bälle in Bath.

Auch Pierre Godeffroy und sein älterer Bruder Cesar gehörten wie der alte Parish zu den Ersten, die sich an der Finanzierung von Geschäften in Übersee beteiligten: Sie machten mit Senator Graepel – der einmal das Haus an den Großen

Bleichen besessen hat, in dem Davout jetzt wieder residiert –
und anderen Kaufleuten vor dreißig Jahren mit kleinen Schiffen Expeditionen nach Westindien. Seitdem ging es wirtschaftlich lange nur bergauf. Die Firma *Joh. Ces. Godeffroy & Sohn.* kaufte zwei Schiffe für die Fahrt nach Havanna und Veracruz und stieg in den Leinen- und Kaffeehandel ein, und *Peter Godeffroy Söhne & Co.* schickten Schiffe nach Buenos Aires und weiter rund um Kap Horn nach Lima und nach Kalkutta in Indien. Als französische Soldaten Holland besetzten und damit die Amsterdamer Börse ausschalteten, wurde Hamburg zum führenden Finanzplatz Europas. Aber die Kontinentalsperre beendete die guten Jahre der Kaufmannsreeder. Einige Kaufleute wurden wie die Parish-Söhne nun zwar durch Schmuggel reich, auch von Archangelsk und St. Petersburg aus, aber die meisten konnten ihre Verluste mit Schmuggel nicht ausgleichen.

Allerdings lagen die Hamburger Schiffe nicht untätig im Hafen. Pierre und sein Bruder Cesar vercharterten ihre Schiffe an Reeder in London. Es war Seekrieg, Schiffe erzielten hohe Preise, und viele Kaufleute schickten Schiffe die Elbe hinunter, um sie zu verkaufen oder von England aus in die Ostsee zu fahren oder »auf Ebentheuer« mit Kapitänen, die Frachten nahmen, wo sie sich boten. Es soll sogar Fälle von Sklavenhandel gegeben haben.

Doch Schiffbauer, Reepschläger und Segelmacher im Hamburger Hafen, Dielenträger und Wagenlader verloren ihre Arbeit. Getreidemühlen, Brauereien, Zuckerraffinerien stellten die Produktion ein, ebenso wie Tabakfabriken, Schnapsbrennereien und Kattundruckereien. Schmuggel wurde zum Beruf der Arbeitslosen. Man hatte den Tagesverdienst eines Arbeiters, wenn man es schaffte, ein Pfund Kaffee, das über Helgoland oder Tönning auf kleinen Schiffen in das benachbarte dänische Altona gekommen war, in die Stadt zu bringen – in Stiefeln, Strümpfen, unter Hüten, Perücken, Frauen unter Schürzen oder in falschen Schwangerschaftsbäuchen. So viel konnten die Schmuggler selbst dann noch verdienen, als neutrale Staaten mit französischen Lizenzen Kaffee und Zucker aus England holen durften, denn der Zoll verdoppelte den Endpreis.

Ein Massensterben von Handelsfirmen setzte ein, als Napoleon den Norden Ende 1810 annektierte und die Kaufleute in den Hansestädten trotz aller Versprechen keinen Zugang zu den Märkten in Frankreich bekamen. Pierres Bruder Cesar beendete seine »Handlungs Geschäfte« und verlieh den größten Teil seines Kapitals an solide Häuser in London, und auch Pierre begann, seine Firma zu liquidieren.

Die Zahl der Bettler in den Straßen nahm zu. Unterernährte, zerlumpte Kinder zogen durch die Stadt. Dienstmädchen verdienten als Prostituierte, was ihre Herrschaft ihnen nicht mehr an Lohn zahlen konnte, auf ein ehelich geborenes Kind kamen sieben uneheliche. Mit den Lebensmittelpreisen stieg die Zahl der Diebstähle.

Russland kümmerte sich nicht mehr um die Kontinentalsperre: Russische Kaufleute wollten Getreide und Holz in den Westen verkaufen. Im Gegengeschäft segelten Hunderte von englischen Schiffen unter neutraler amerikanischer Flagge mit Kolonialwaren nach St. Petersburg, und lange Wagenzüge verließen die Stadt Richtung Leipzig, wo sich Kaufleute aus ganz Europa trafen und Kaffee, Zucker und Baumwolle einkauften. Napoleon plante einen Feldzug gegen Russland und begann, die größte Armee aufzustellen, die Europa bislang gesehen hatte.

Die neuartige allgemeine Wehrpflicht der Franzosen empörte die Hansestädter, und viele junge Männer flohen aus der Stadt. Wer es sich leisten konnte, durfte »Ersatz« kaufen. Bürgermeister Amsinck zum Beispiel zahlte für seinen Sohn Wilhelm einem Johann Andres Strohbehn 3000 Mark. Ein Drittel der Hamburger Rekruten für das 127. Infanterieregiment waren gekaufte Ersatzleute.

Den Hamburgern wurde ihre moderne französische Verwaltung egal, die doch nur Geld für Paris eintreiben sollte. Die verarmten Arbeiter und Handwerker wurden feindselig, und die besseren Leute fühlten sich von der zunehmenden Kriminalität der Armen bedroht. Man mochte nichts mehr mit den Franzosen zu tun haben. Sie zerstörten das Zusammenleben in der Stadt.

Ich »bin bis zu heute noch nicht in der Stadt gewesen«, schreibt Pierre Godeffroy seiner Tochter Charlotte, »allein am Ende werde ich doch hinein müssen, wenn ich mich nicht größerem Schaden aussetzen will«. Er besitzt das Haus am Jungfernstieg 7, das berühmt ist für seine Gemäldesammlung, und im Hafen ein großes wertvolles Holzlager. In der Stadt sieht es »fürchterlich« aus, und Trauriges steht allen noch bevor.

Nirgends gibt es Hilfe. Vor ein paar Tagen hat Richard in Stralsund Hamburger Abgesandten Zugang zum Kronprinzen von Schweden vermittelt: Der Rat ließ ihn bitten, Hamburg zu besetzen. Doch der Kronprinz – Jean-Baptiste Bernadotte, der ehemalige Marschall Napoleons und jetzige adoptierte Thronfolger von Schweden – lehnte ab und zog die beiden Bataillone Schweden, die in Hamburg einmarschiert waren, sogar zurück. Richard musste fliehen.

Auch Pierres Bruder Cesar ist mit seiner Familie geflohen. Der junge Cesar, der Neffe, hat die Leinenvorräte der Firma auf Lastwagen verladen lassen und die Silberbarren aus der Bank geholt. Mit seiner schwangeren Frau und den Kindern, seinen alten Eltern, mit Bedienten, Jungfern, Kindermädchen und Koch ist er unterwegs nach Kiel. Er hat sich mit Geld an der Ausrüstung der Hanseatischen Legion beteiligt.

Wo sein Sohn Jacques ist, weiß Pierre nicht, Jacques ist Leutnant bei der Kavallerie der Hanseatischen Legion. Auch wo Peter ist, der älteste Sohn, der ein Bataillon der Bürgergarde angeführt hat, weiß er nicht. Sein Sohn Charles ist in Paris, Mitarbeiter in einem französischen Ministerium.

Er ist mit seiner Tochter Friederike allein im Weißen Haus. Sie ist 24 Jahre alt und wie Charlotte noch unverheiratet. Acht Kinder hat er großgezogen seit dem Tod seiner Frau Catharina Thornton vor dreizehn Jahren.

»Das Versprechen, gute Lotte, gebe ich Dir, das ich mit den

Fr keinen Umgang haben noch in meinem Hause sehen will«, schreibt Pierre. Die Fr sind die Franzosen, er ist vorsichtig, »dagegen bitte ich Dich, schreibe mir nicht ein Wort mehr über dieser von mir auch gantz von vollen Herzen verhaßte Nation, Dein Brief könnte ihnen in die Hände fallen und mir noch unglücklicher machen...«

Godeffroys Diener kommt herein. Er bringt eine Einladung aus Davouts Büro zu einem Dankfest in der katholischen Kirche für die Siege seiner Majestät des Kaisers über die russischen und preußischen Armeen bei Wurzen und Bautzen: Der Munizipalrat Pierre Godeffroy möge sich am Pfingstsonntag, den 6. Juni 1813, um halb zwölf beim Prinzen und General-gouverneur einfinden.

2.

Von allen Kirchtürmen der Stadt läuten die Glocken. Die Hamburger singen auf Befehl des Marschalls in ihren Kirchen ein Tedeum, einen Lobgesang, und danken Gott für die Siege Kaiser Napoleons. Die Pastoren predigen auf Befehl des Marschalls in den Vormittags- und Nachmittagsgottesdiensten darüber, dass Aufruhr gegen die Obrigkeit ein Unrecht sei.

Der Marschall und die Generäle besuchen den katholischen Gottesdienst in der Kleinen Michaeliskirche. Davout hat alle angesehenen Bürger und ihre Frauen eingeladen, ihn nach einer Begrüßung in seinem Haus durch die Stadt dorthin zu begleiten. Doch es sind nur die gekommen, die von Amts wegen dazu verpflichtet sind, und auch von denen fehlen viele. Die Munizipalräte verbeugten sich einer nach dem anderen vor dem Prinzen, und als die Reihe an Pierre Godeffroy kam, riss Davout die Geduld, und er griff ihn mit scharfen Worten an und beschimpfte ihn.

Die Predigt in der Kleinen Michaeliskirche hält der ehrwürdige lutherische Hauptpastor Dr. Johann Jakob Rambach. Rambach hat sechs Wochen zuvor einen Dankgottesdienst für die Befreiung der Stadt von den Franzosen in der Großen Michaeliskirche gehalten und die Fahnen der Hanseatischen

Legion geweiht. Jetzt zwingt Davout den Pastor, über »*peuble rebelle*« zu predigen, rebellisches Volk.

Nach dem Tedeum gibt es eine Militärparade und nach der Parade ein Diner beim Prinzen, zu dem nur Franzosen eingeladen sind. Die Kanonen auf den Wällen schießen einhundertundein Mal, und Donner und Rauch ziehen über die Stadt und ihre Bewohner.

3.

Was Davout Rebellion nennt, war für die Bürger nur ein Krawall des besitzlosen Pöbels.

Weihnachten 1812 brachten Kaufmannsbriefe aus Göteborg die Nachricht, die Große Armee sei vernichtet und kaum ein Hamburger werde aus Russland zurückkehren. Der Kriegsbericht Napoleons für die Öffentlichkeit – »Das 29ste Bulletin der grossen Armee« – erschien am Freitag, dem 25. Dezember 1812, im ›Altonaischen Mercur‹ und bestätigte trotz aller Schönfärberei die Katastrophe. Die Hamburger rissen sich die Zeitungen aus den Händen, und der Herausgeber ließ die Ausgabe trotz des Weihnachtstages nachdrucken. Im Januar sah man in der Stadt einzelne französische Offiziere mit verstümmelten Gliedern und verstörten Gesichtern. Doch Napoleon stellte schon wieder die nächste Große Armee auf. Wehrpflichtige, die in der Kaserne eingeschlossen worden waren, sprangen zum Fenster hinaus. Einer suchte Schutz in der Katharinenkirche, in der Pastor Grautoff gerade die Nachmittagspredigt hielt, aber seine Verfolger holten ihn ein. In der Stadt hieß es, russische Truppen kämen von Berlin her, um Hamburg, Lübeck und Bremen zu befreien.

Am 24. Februar, um neun Uhr morgens, brachten französische Zöllner im Hamburger Hafen Wehrpflichtige auf ein Schiff. Einige sträubten sich, und Hafenarbeiter verspotteten die Grünuniformierten. Die Menge der Gaffer wuchs, die Stimmung stieg, und unter allgemeinem Gelächter warf man zwei Zöllner ins Wasser. Zuschauer zielten mit Steinen auf die Adler, die französischen Hoheitszeichen, zerschlugen sie und brachten das Holz schnell für ihre Küchenherde nach Hause.

Fast zeitgleich, um zehn Uhr, forderten Zöllner am Altonaer Tor den jungen Arzt Dr. Knorre auf, sich durchsuchen zu lassen. Knorre kam wie jeden Morgen von einem Krankenhaus außerhalb des Walls zurück und war noch nie angehalten worden. Er weigerte sich, die Zöllner griffen nach ihren Gewehren, die umherstehenden Schmuggler – Männer, Frauen, Kinder – schrien Hurra, warfen Steine auf die Zöllner und stürmten durch die Kontrolle. Die Zöllner schossen, einige Schmuggler fielen hin, andere zerstörten das Wachhaus und rissen den Adler ab. Dabei sangen sie das Lied der Hamburger »Auf Hamburgs Wohlergehen« zur Melodie von »God save the King«. Die französische Torwache, Soldaten aus Sachsen, sah ruhig zu. Bürgermeister Abendroth erschien mit Polizeikommissar Nohr und versuchte, die Lärmenden zu beruhigen. Sie verprügelten Nohr, Abendroth entkam. Später plünderte ein brüllender Haufe Nohrs Haus.

Die französischen Autoritäten glaubten, dies sei der lange gefürchtete Aufstand, und General Carra St. Cyr bat die Dänen in Altona um Hilfe. Dänische Husaren und Hamburger Bürger stellten Ruhe und Ordnung wieder her: Viele Bürger hatten Angst vor den Besitzlosen und fürchteten um ihr Eigentum.

Einige Bürger erkannten jedoch die Gelegenheit, offen an Waffen zu kommen. Der Buchhändler Friedrich Perthes und seine Freunde legten *maire* Abendroth den Plan für eine Bürgerwache aus fünfhundert Bürgern vor, als Reserve für das französische Militär, dem seit Davouts Aufbruch mit dem 1. Korps nach Russland Soldaten fehlten. Abendroth sprach mit St. Cyr, der einverstanden war. Das Kommando über die Bürgerwache erhielt Dr. Jonas Ludwig von Heß, Schriftsteller, weil er früher einmal Offizier in der schwedischen Armee gewesen war. Die fünf Kompanien führten der Buchhändler Perthes, der Rechtsanwalt Dr. Beneke, die Kaufleute Ewald und Prell und der Dachdeckermeister Mettlerkamp.

Abends standen auf allen Märkten Kanonen, Bürgerwachen ritten und gingen durch die Straßen, und angesehene Kaufleute zogen als Schildwachen vor öffentlichen Gebäuden auf.

Auch die Kaufmannstochter Louise Meyer freute sich, dass »der Pöbel« die Franzosen angegriffen hatte, und hatte doch zugleich Angst vor den Besitzlosen. Sie ist die Tochter des verstorbenen Weinhändlers und Senators Johann Valentin Meyer, 23 Jahre alt, und wohnt mit ihren ebenfalls noch unverheirateten Geschwistern im großen Wohn- und Kontorhaus Katharinenstraße 111. Im Nachbarhaus lebt ihre Schwester Pauline, die mit dem Kaufmann Christian Pehmöller verheiratet ist, der in diesem Jahr turnusmäßig die Hamburger Bank leitet. Spöttisch schrieb Louise damals an Pehmöllers Schwester Cornelia in Wien: »Soeben erhalte ich die Nachricht, dass dein Bruder, unser Schwager, der einen grossen Theil der Nacht auf der Mairie zugebracht, jetzt mit dem alten Rathsherrn Gräpel vor der Bank und Rathhaus schildert! Ach, wie gerne möchte ich das sehen! –«

Die Franzosen misstrauten der Bürgerwache, und deren Anführer stritten sich: Sollten die Bürger die Franzosen vor dem Pöbel schützen, was von Heß vertrat, oder sollten sie mit dem Volk, wenn es sich wieder erhob, für ihre Befreiung von den Franzosen kämpfen, wie Perthes und Beneke meinten? Um die Streitereien zu beenden, löste von Heß die Bürgerwache nach ein paar Tagen wieder auf.

Friedrich Perthes und seine Freunde besorgten von nun an heimlich Waffen. Die schöne große Buchhandlung Perthes am Jungfernstieg 22 wurde ihr Hauptdepot. Oben auf dem Dachboden übten die Männer an den Waffen, unten gingen französische Offiziere im Laden ein und aus. Perthes Ehefrau Karoline legte jeden Abend mit dem Gehilfen Wilhelm Bretter über das kleine Fleet am Garten und nahm den Hausschlüssel an sich, damit ihr Mann fliehen konnte, wenn die Franzosen ihn holen sollten.

Das französische Militärgericht verurteilte sechs Männer, die sich am Aufstand beteiligt hatten, zum Tode, sie wurden sofort erschossen. Doch nun gab es Aufstände im ganzen Land zwischen Elbe, Weser und Ems, in Lübeck, Lüneburg, Stade. Bürger und Bauern verjagten Steuereinnehmer, Zolleinnehmer, Gendarmen.

Am Elbufer wurden die ersten russischen Soldaten gesehen, und die französischen Militärs und Zivilisten in Hamburg schickten ihre Frauen und Kinder fort und zogen selbst am 12. März ab. Zwischen anrückenden Russen und abziehenden Franzosen waren die Hamburger plötzlich sich selbst überlassen. »Alle Wachen in der Stadt und in den Thoren wurden verstärkt mit Bürgern besetzt«, meldete der ›Mercur‹.

Französisch war nicht mehr gefragt. In der Zeitung erschienen Anzeigen: »Bey Friedr. Perthes in Hamburg ist zu haben: Kleines Deutsch-Rußisches Wörterbuch«, und die Bohn'sche Buchhandlung in der großen Johannisstr. Nr. 47 bot an »Vaters praktische Grammatik der Russischen Sprache in Tabellen und Regeln«.

Die Franzosen waren weg, und Louise Meyer freute sich, besuchte ihre Schwester Pauline nebenan und meldete Cornelia: Die »arme Seele kann sich leider nicht so rein freuen als ich, da Pehmöller noch immer sehr dem hohen Kaiser anhängt – Doch sei unbesorgt, dies wird sich auch geben – Lass nur erst die vollen Schiffe aus London und Amerika an seine Adresse kommen – dann lebe wohl Napoleon!« Es fiel ihr schwer, sittsam zu Hause zu bleiben, wie es sich für eine Frau gehörte: »Die ganze Welt ist jetzt hier militärisch, ich sage, die ganze Welt, d.h. die Männer, denn obgleich wir auch einen sehr bedeutenden Theil der Welt ausmachen, so hat man leider nur Männer zur Vertheidigung gewählt –«

Hamburger Männer ritten den russischen Truppen entgegen und trafen auf den Oberst von Tettenborn und seine 1500 Mann, von denen tausend Kosaken waren. Tettenborn ver-

langte, dass die Hamburger vor seinem Einzug in die Stadt
ihren alten Rat wieder einsetzten – die Hamburger müssten
»selbst ihre Freiheit« herstellen. Am 18. März zogen der Oberst
und die Kosaken in Hamburg ein.

Auf den Straßen standen die Menschen dicht an dicht, wink-
ten und jubelten den Befreiern zu. Oben an den Fenstern
schwenkten die Damen Tücher, unten krakeelten kleine Leute
in den Kellerwohnungen. Alle Schiffe im Hafen hatten geflaggt.
Höhepunkt des Tages: Karoline Perthes und ihre Freundinnen
bewirteten für die Stadt die russischen Offiziere und Soldaten
auf dem Jungfernstieg.

Die jungen Frauen feierten die wiedergewonnene Freiheit.
»Aus der Freien Reichsstadt Hamburg« berichtete stolz Henriette Harder, die Tochter von Senator Graepel, ihrem Schwager Georg Kirchenpauer nach St. Petersburg von diesem Tag:
»Es waren große Tische gedeckt, wo die Kosaken mit Härin-
gen, Bücklingen, Brantewein, Eiern, Kartoffeln und mehr dergleichen regaliert wurden. Alle Glocken läuteten, aus allen
Häusern wehten die Taschentücher, die Damen warfen Blumen
auf sie hinab ...« Noch mehr Russen rücken zur Befreiung an,
hieß es in der Stadt. Alle lebten tagelang wie im Rausch. Es gab
Theateraufführungen, eine nächtliche Illumination der Stadt
zur Thronbesteigung des Zaren Alexander und einen glänzenden Ball in der Börsenhalle, auf dem auch Henriette Harder
und ihr Mann ausgelassen feierten. Zugleich fürchtete sie, dass
die Franzosen wiederkommen könnten: »Wenn sie wiederkämen, würden wir alle geviertheilt werden, haben doch neu-
lich abend auf dem Balle 600 Personen ›God save the King‹
gesungen, auch kann ich Ihnen wohl sagen, daß Harder gestern
ein Schiffchen mit englischer Ware von Helgoland bekommen
hat, auch englischer Käse ist gekommen, ein langvermißter
Artikel.«

Tettenborn rief die Männer zur Gründung einer Hanseatischen Legion aus Freiwilligen auf, die mit Russen und Preußen
gegen Napoleon kämpfen sollte, und einer neuen Bürgergarde,
die für Ruhe und Ordnung in Hamburg sorgen und die Stadt

verteidigen sollte. Er verlangte 100 000 Taler für seine Truppe, eine Summe, die den Rat entsetzte und die die Bürgerschaft, die sich nun wieder versammelte, in ihrer Begeisterung verdoppelte. Friedrich Meyer, Louise Meyers 19-jähriger Bruder, meldete sich als Erster zur Hanseatischen Legion. Im April zählte die Legion 3800 Männer aus Hamburg und Lübeck – Bremen war noch französisch besetzt. Ihre Uniformen waren grün wie die russischen Uniformen: Die Infanteristen trugen lange grüne Jacken mit hellblauem Stehkragen und grüne Hosen mit hellblauen Seitenstreifen. Symbol der Legion war das Hanseatenkreuz in den Farben der Hansestädte: ein rotes Kreuz vor weißem Grund. Kommandant der Bürgergarde wurde wieder von Heß, und Friedrich Perthes, Ferdinand Beneke, David Mettlerkamp, Andreas Prell, Peter Godeffroy jun. und andere kommandierten die Bataillone mit insgesamt über 6000 Männern. Anfangs gab es große Diskussionen: Sollen Leute, denen die Vorderzähne fehlen, vom Dienst befreit werden, weil sie die Spitzen der Patronen nicht abbeißen können? Allerdings hatten sie noch gar keine Gewehre, und Madame Hanbury, die Frau des früheren britischen Konsuls, schenkte ihnen 400 Piken. Friedrich Perthes wurde die rechte Hand des Kommandanten von Heß. Perthes, klein und lebhaft, trug eine reich bestickte Stabsuniform und einen langen Säbel. Er war sehr tätig und überall gern gesehen, denn er konnte Ordnung schaffen, verhandeln, vermitteln und die rechten Leute auswählen und einsetzen.

Zahlreiche Frauen wollten im Kampf für die Freiheit ihrer Stadtrepublik nicht zurückstehen. Einige gründeten sogar einen Frauenverein, etwas nie Gehörtes. Auch in anderen Städten gründeten Frauen Vereine, in Lübeck, Rostock, Berlin, bald gab es mehrere hundert Frauenvereine in den Ländern, die sich gegen die französiche Besatzung wehrten. Die Frauen wollten dabei sein, einige sogar mit Waffen kämpfen, wollten zeigen, dass sie zur Gesellschaft gehörten. »Auch auf mich haben die politischen Angelegenheiten sehr viel Einfluss«, sagte Louise Meyer.

Frauen halfen, die Freiwilligen auszurüsten. Henriette Grautoff und die übrigen Predigertöchter von St. Katharinen und ihre Freundinnen meldeten sich bei Andreas Prell, der ihnen Leinen kaufte, und sie nähten 1300 Männerhemden. Für Amalie Sieveking war Hemdennähen kein »verdienstliches Werk«, sie beteiligte sich nur, weil sie es lernen wollte. Sie hätte das Nähen lieber armen Leuten überlassen, die »so gerne den täglichen Schilling ehrlich verdienen wollen«, stand mit ihrer Nüchternheit aber allein. Karoline Perthes und ihre Freundinnen stickten vier seidene Fahnen und eine Standarte für die Legion, und in Lübeck stickten Frauen eine Fahne und eine Standarte für die Hanseaten aus Lübeck, die in der Legion kämpfen wollten. Sie stickten auf eine Seite die Wappen der Hansestädte Lübeck, Hamburg und Bremen, auf die andere ein Hanseatenkreuz und auf beide Seiten »Gott mit uns«. Bei der großen Fahnenweihe in der überfüllten Michaeliskirche sammelten zehn junge Damen in weißen Kleidern – unter ihnen Louise Meyer und die Demoiselles Charlotte und Friederike Godeffroy – auf silbernen Tellern Geld für Waffenkäufe, und eine große Summe kam zusammen.

Ende April trafen endlich die Gewehre für die Hanseatische Legion und die Bürgergarde über Helgoland aus England ein. Aber es kamen keine Russen mehr. Tettenborn feierte wilde Feste in Davouts Regierungspalast und steckte Spenden für die Legion in die eigene Tasche. Als Abendroth mit ihm darüber sprechen wollte, drohte er, ihn nach Sibirien zu schicken.

Die Kosaken verlangten drei warme Mahlzeiten am Tag, Kaffee und Rum. Sie saßen an kleinen Feuern auf dem Jungfernstieg, rauchten und spielten Karten. Kinder durften ihre Pferde streicheln.

Anfang Mai marschierten 20000 Franzosen gegen Hamburg, und General Vandamme setzte von Süden über die Elbe. Nachts griffen sie die Hanseaten auf der Elbinsel Wilhelmsburg an, der Kanonendonner hallte über die Stadt.

Es regnete, und der Regen hörte nicht auf. Am 10. Mai riefen mittags die Sturmglocken die Verteidiger der Stadt zu ihrem

Sammelplatz – »grauserregend«, fand Christian Wehrs. Der Sechzehnjährige war gerade mit der Schule fertig und sollte eigentlich bei seinem Stiefvater, dem Wagenmaler und -lackierer Conrad Schütt, Valentinskamp 163, die Lehre beginnen. Aber er hatte sich mit Otto Willich, dem Sohn des Gärtners am Valentinskamp, bei der Bürgergarde gemeldet. Auf dem Bauhof bekam Wehrs ein englisches Gewehr und eine Patronentasche. Manche Männer brachten langen Lanzen mit, die Brauerknechte schwere Hölzer, andere Sensen und Schlachtermesser an langen Stöcken.

Der Angriff, den Tettenborn auf der Insel Wilhelmsburg gegen die Franzosen führte, wurde zur Katastrophe. Legionäre und Bürgergardisten schossen wild durcheinander, jeder, wann er meinte. Die französischen Soldaten dagegen schossen immer alle auf einmal mit entmutigender Wucht und großer Treffsicherheit. Allein in der Legion starben tausend Mann. Friedrich Perthes und seine Gehilfen in der Buchhandlung kämpften mit, der junge Weber wurde erschossen. Die Hanseaten mussten die Wilhelmsburg räumen. Abends sahen sie vom Stadtwall aus die französischen Wachtfeuer.

Es regnete weiter, Christian Wehrs kam tagelang nicht nach Hause und stand immer in denselben nassen Kleidern auf Wache.

In der Nacht vom 19. auf den 20. Mai weckte starker Kanonendonner Henriette Grautoff. Das Haus von Pastor Grautoff neben der Katharinenkirche bebte. Die Franzosen beschossen die Stadt mit glühenden Kugeln und Granaten. Tag und Nacht hielten nun zwölf Mann im Turm der Kirche und auf dem großen Boden Feuerspritzen und Wassereimer bereit. Mehrere Kugeln trafen den Turm und das Dach, und es brannte, aber die Männer löschten das Feuer. Peter Petersen, der Leiter der Kirchenverwaltung, versteckte Bücher und Dokumente in einem der Gräber im Kirchenschiff.

Am Jungfernstieg packte Karoline Perthes Betten und Leinenzeug zusammen und brachte ihre kleinen Kinder zu den Großeltern Claudius in das dänische Wandsbek. Als sie zurück war, kam ein Bote ihres Mannes mit einem Schlüssel: Perthes wollte aus seinem Pult ein versiegeltes Fläschchen mit tödlichem Gift haben. Sie dachte, er wollte es für sich, und weigerte sich, das Gift herauszugeben, gab es dann aber doch. Später erfuhr sie, dass es für Heß war, den Chef der Bürgergarde – er wollte sich töten, falls er von Franzosen geschnappt wurde.

Jetzt biwakierten Bürgergardisten und Hanseaten im nassen Sumpf vor der Stadt. Morgens um vier trafen sich zahlreiche Frauen auf dem Fischmarkt, unter ihnen die fünfzehnjährige Agnes Perthes, und brachten, noch in der Dunkelheit, Kaffeekannen und Butterbrote für sie. Agnes hoffte, unter den Männern, die den Proviant abholten, den Gehilfen Wilhelm zu sehen, in den sie sich verliebt hatte.

Bei Perthes am Jungfernstieg war Tag und Nacht der Tisch gedeckt. Gardisten kamen die Treppe hoch, aßen, schliefen auf Strohsäcken und zogen wieder davon. Die Familien der meisten waren geflohen, sie hatten keine Haushalte mehr. Agnes' Mutter lief immer wieder auf den Balkon und sah nach, ob ihr Mann oder nahe Freunde unter den Verwundeten waren, die vorbeigetragen wurden.

Nachts schwebten hell leuchtende Bomben über der Stadt, und die Luft war voller Rauch.

Tettenborn zog am 29. Mai ab. Er nahm das Geld mit, das er dem Rat abgepresst hatte, und seine Soldaten führten 94 schwerbeladene Packwagen mit sich. Gekommen waren sie nur mit der Beute, die ihre Reitpferden tragen konnten.

Die Hanseatische Legion folgte den Russen.

Am 29. Mai ging der Bürgergardist Christian Wehrs zum ersten Mal seit neun Tagen nach Hause und schlief sich aus. Am nächsten Morgen hieß es in der Stadt, Heß habe die Bürgergarde aufgelöst. Neben Wehrs standen Bürgergardisten stumm vor Erstaunen und Unwillen, andere zerschlugen ihre Gewehre an den Ecksteinen der Häuser oder schossen wie toll um sich und weinten, Frauen und Kinder schrien. Ein Leutnant riet Wehrs, schnell die Uniform auszuziehen und die Stadt zu ver-

lassen, ehe die Franzosen einzogen. Wehrs und sein Freund
Otto Willich liefen zum Tor hinaus nach Altona.

Der ganze Hamburgerberg – das spätere St. Pauli – war in
Aufruhr. Männer schossen ihre Gewehre ab, die Kugeln pfiffen
und schlugen in die Holzbuden der wilden Tiere und Hans-
wurste ein. Fluchende Matrosen schossen um die Wette, und
die Prostituierten tranken Branntwein mit ihnen. Wehrs und
Willich waren unschlüssig, was sie nun tun sollten, schließlich
gingen sie wieder zum Tor hinein nach Hause. Wehrs versteckte
sein Gewehr, dann ging er mit Willich nach Eimsbüttel, wo
seine Mutter mit den jüngeren Geschwistern und den besten
Sachen schon seit einigen Tagen im Gartenhaus der Familie
war. Abends hörten sie die Trommeln der ersten Franzosen, die
in Hamburg einmarschierten. Ein Gärtnereigehilfe brachte sie
durch Wiesen, Hecken und Gärten nach Altona.

Am 31. Mai morgens gingen sie nach Othmarschen und am
1. Juni weiter nach Quickborn, wo Willich in einem Nachbardorf einen Bekannten hatte.

4.

Die einen sind aus Angst vor Plünderungen und Vergewal-
tigungen geflohen, die anderen, weil es hieß, Davout wolle
Abendroth und alle Offiziere der Legion und der Bürgergarde
erschießen lassen.

Amalie Sieveking ist jetzt bei ihrer Tante in Altona. Ihr Bru-
der Eduard ist aus London unterwegs, um in der Hanseatischen
Legion zu kämpfen. Auch Henriette Grautoff ist mit ihrer
Mutter und ihren Schwestern in Altona.

Henriette Harder ist schwanger, und ihr Mann hat sie, den
kleinen Sohn und die Schwiegereltern Graepel nach Holstein
gebracht, zu einer befreundeten Bauernfamilie bei Kiel. Aber
Senator Graepel hält sich nach der Flucht meist in Altona auf,
um sich von dort aus um seine Firma in Hamburg kümmern zu
können.

Dr. Amandus Abendroth ist zuerst zu seiner Familie in das
Dorf Eimsbüttel geflohen und dann mit ihr weiter nach Kiel.

Seine Ehefrau Johanna erzählte: »Ich hatte waschen lassen den Tag vorher; da musste die Wäsche ausgerungen, nass in Säcke gesteckt und mitgenommen werden. So fuhren wir in 2 Wagen nach Kiel: mein Mann, ich, mein Mädchen, Miss, 7 Kinder. Wir logierten in ›Stadt Kiel‹.« Aber die geflüchteten Hamburger in Kiel meinten, Abendroth sei auch dort nicht sicher genug, und überredeten ihn, weiter nach Doberan zu gehen.

Viele, die erst einmal abwarten wollen und ein Gartenhaus vor der Stadt besitzen, sind dorthin gezogen. Der Kaufmann Andreas Prell ist jetzt mit Frau, Töchterchen Marianne und einem Säugling bei seiner Schwiegermutter Moller und den beiden Schwestern seiner Frau vor dem Dammtor.

Dachdeckermeister David Mettlerkamp dagegen ist nach der Auflösung der Bürgergarde mit einem Teil der Gardisten nach Mecklenburg geflohen. Er ritt aus dem Dammtor hinaus und kam an dem Gartenhaus vorüber, in dem er seine Frau mit den Kindern untergebracht hatte, und dachte, dass er sie vielleicht nie wiedersehen würde.

Jonas Ludwig von Heß, der Kommandeur der Bürgergarde, ist mit seiner Frau unterwegs nach Schweden, nach Göteborg. Sie wollen vielleicht weiter nach England. Das Einzige, was er mitgenommen hat, ist eine Büste von Kant.

Rechtsanwalt Dr. Ferdinand Beneke, der die Bürgergarde in St. Pauli kommandiert hat, traf Frau und Kinder in Itzehoe wieder, einem Städtchen im Nordwesten von Hamburg. Seine Schwester Regina und seine verwitwete Mutter, die in Hamburg bei ihm leben, sind zu Bekannten nach Buxtehude geflohen.

Friedrich Perthes kam am 28. Mai kurz in das Haus am Jungfernstieg und sagte, nun müssten auch die älteren Kinder und seine Frau zu den Großeltern Claudius nach Wandsbek. Karoline steckte die silbernen Löffel in eine Tasche, Perthes' Briefe in eine andere, alles Übrige blieb zurück. Als sie mit Agnes an der Wohnstubentür war, kehrte sie noch einmal um und nahm die grüne Decke vom Flügel: »Es gibt einen wollenen Rock.«

Sie gingen zum Stadttor hinaus, dann konnte Karoline nicht weiter. Sie war seit Kurzem wieder schwanger. Erschöpft setzte sie sich mit den Kindern am Wegrand in den Sand. Sie wusste nicht, was aus ihnen jetzt werden sollte.

In Wandsbek lagen Dänen, die nun mit den russischen und preußischen Alliierten verbündet waren. Nachts wurde wieder heftig geschossen, ringsum in den Dörfern loderten Häuser auf und brannten ab. Am nächsten Morgen kam der Buchhandels-gehilfe Wilhelm noch einmal, gab zum Abschied Agnes einen Kuss vor allen Leuten und ritt davon.

Drei Tage hört die Familie nichts von Friedrich Perthes. Dann bringt eine Bote eine Nachricht für Karoline: Sie darf nicht mit den Kindern in Wandsbek bleiben, die Franzosen haben zwölf Bürger benannt, die erschossen werden sollen, Perthes ist darunter, die Gendarmen suchen ihn, und finden sie ihn nicht, so werden sie die Familie als Geiseln nehmen und ihn so zwingen, sich zu stellen.

Perthes kommt noch in der Nacht nach Wandsbek, um zwei Uhr morgens, und sagt, dass alles verloren sei. Karoline soll nach Nütschau fahren, einem Gut seines Freundes und guten Kunden Adam Moltke.

Sie fährt mit sieben Kindern, von denen das jüngste acht Monate alt ist, einer Amme und ihrer Schwester Auguste auf einem offenen Korbwagen in die Nacht hinein. Friedrich Perthes geht auf Seitenwegen fort.

Eine Stadt des Krieges

1.

Napoleons neue Armee ist in schlechtem Zustand. Die ausgehobenen Wehrpflichtigen sind zu jung und noch nicht ausgewachsen, fast die Hälfte hat Typhus und Ruhr, und die erwachsenen Soldaten desertieren. Auch Russen und Preußen sind am Ende ihrer Kräfte. Der Kaiser, der Zar und der König von Preußen schließen am 4. Juni 1813 einen Waffenstillstand. Sie wollen verhandeln und im Hintergrund aufrüsten und Bundesgenossen suchen.

Drei Tage später diktiert Napoleon in einem Brief an Davout seine Pläne für die Festung Hamburg. Er hat schon Anfang Mai befohlen, wieder Zugbrücken vor den Stadttoren anzulegen, die Wälle instand zu setzen und gegenüber auf dem linken Elbufer eine Zitadelle bauen zu lassen, in der sich 4- bis 5000 Mann bei einem Aufstand der Bevölkerung oder einem Angriff der Feinde halten können. Jetzt entwickelt er ein Konzept für die Befestigung, das weit über seine ersten Befehle hinausgeht:

Eine Stadt wie Hamburg kann nur durch 25 000 Mann und zahlreiche Kanonen verteidigt werden. Um den Verlust dieser 25 000 Mann nicht zu riskieren, braucht man eine Festung, die so stark ist, dass man sie noch zwei Monate nach Beginn eines Angriffs halten kann. Um den Festungswällen von Hamburg diese Stärke zu geben, braucht man mindestens zehn Jahre Bauzeit und 30 bis 40 Millionen Francs. »*Toutefois je veux conserver Hambourg*, trotzdem will ich Hamburg halten können« – nicht nur gegen die rebellischen Einwohner oder gegen reguläre russische Truppen, sondern sogar gegen eine Belage-

rungsarmee. Bei einem Angriff durch 50 000 Mann soll die
Stadt mit 100 bis 150 Kanonen und einer Garnison von 6000
Mann zwei bis drei Wochen widerstehen können. »Ein solches
Ergebnis Ihrer Arbeit wünsche ich noch in diesem Jahr bei
einem finanziellen Aufwand von zwei bis drei Millionen zu
sehen.«

Selbst wenn die Stadt nach einer Belagerung von zwei bis
drei Wochen durch 50 000 Mann tatsächlich vom Feind genommen wird, will Napoleon weder Kanonen noch Männer verlieren. In einer zweiten Stufe der Verteidigung sollen die 6000
Mann sich in eine Zitadelle innerhalb der Stadt zurückziehen,
die so groß und so meisterhaft erbaut sein muss, dass die Soldaten sich ein oder zwei Monate dort verteidigen können.

Mit der Ausführung dieses Konzepts muss Davout sofort,
ohne eine Stunde zu verlieren, beginnen, »24 Stunden nach der
Ankunft meines Ordonnanzoffiziers müssen 10 000 Arbeiter
am Werk sein«.

Napoleon gibt seinem Marschall auch im Einzelnen genaue
Anweisungen. Er soll alle Häuser auf den Wällen und auf
dem Glacis – dem Schussfeld vor dem Festungsgraben – nieder-
reißen lassen. Er soll alle Gräben vor den Wällen wieder ausheben und mit der Erde Brustwehren aufwerfen lassen – das
sind mannshohe Erdwälle oder kleine Mauern, die die Verteidiger vor Schüssen schützen. Er soll die Festungsgräben so hoch
mit Wasser füllen wie nur möglich, und er soll die Schleusen
vor der Stadt für eine Überschwemmung des flachen Landes
vorbereiten.

Auf jeder Bastion soll er mindestens vier Kanonen aufstellen.
Auf die beiden größten Bastionen soll er Mörser bringen lassen,
um die Stadt beschießen zu können. Außerdem soll er die Verschanzungen vor der östlichen Vorstadt St. Georg wiederher-
stellen.

Er soll alle Elbinseln durch ein System von Schanzen und
Deichen sichern. Und er soll Brücken über die kleinen Fluss-
arme bauen lassen und für die beiden größten Elbarme zwei
Seilfähren, »wie ich es in Antwerpen gemacht habe«, so dass

hundert Pferde und fünfhundert Infanteristen auf einmal übergesetzt werden können. Außerdem soll er die Befestigung von Harburg auf der linken Elbseite instand setzen lassen, sie mit Kanonen versehen und mit Palisaden schützen lassen.

»Stellen Sie sich vor, dass alle diese Arbeiten fertig sind – und sie können es in wenigen Monaten sein –, so wird Ihnen einleuchten, dass vier Kompanien Artillerie und 5500 Mann Infanterie Hamburg halten können.«

Noch etwas ist Napoleon für Davout eingefallen: »Lassen Sie eine Zitadelle zwischen dem Fluss und der Stadt so anlegen, dass diese Zitadelle mit den Elbinseln und Harburg eine gesonderte Befestigungseinheit bildet« – mit Wassergräben, guten Palisaden und holzverstärkten Schutzräumen für Artilleriemagazine, Pulvermagazine und für die Garnison. Selbst wenn Russen oder Preußen die ganze Stadt durch eine Belagerung genommen haben, kann die Garnison sich immer noch in diese Zitadelle, auf die Inseln und nach Harburg flüchten, und der Elbübergang bleibt französisch. In den nächsten Jahren will Napoleon diese Zitadelle mit Stein verkleiden lassen: »Voilà – das ist das Verteidigungssystem, dass ich für Hamburg entworfen habe.«

Napoleon wird General Haxo befehlen, dieses System zu zeichnen und zu studieren. Haxo hat vor zwei Jahren vorgeschlagen, eine Zitadelle im Westen Hamburgs zu bauen, nach Altona hin, aber das ist aus politischen Gründen jetzt nicht möglich, das würde die Dänen erschrecken, die Napoleon als Bundesgenossen gewinnen möchte. Er will jetzt eine Zitadelle als Brückenkopf auf dem rechten Elbufer haben, eine Zitadelle neben dem kleinen Harburg als Brückenkopf auf dem linken Ufer und auf den Elbinseln Brücken und Fähren über den Fluss und seine zahlreichen Nebenarme. In Harburg endet die große Militärstraße von Paris nach Hamburg, die der Ingenieur Jousselin mit Tausenden von Zwangsarbeitern, Pferden und Wagen verbreitert und ausgebaut hat. Napoleon will einen sicheren Elbübergang halten, ohne viele Männner zu binden, die er bei seinem zweiten Vormarsch nach Russland brauchen wird.

Er schließt: »Sie wissen, dass ich Hamburg nicht gesehen habe, und dass man den Geist eines Befehls studieren muss, den ich gebe, nicht den Buchstaben, mit dem Ziel, dass es am 15. Juli keine Schwierigkeit geben wird, in Hamburg 6000 Mann, deren Verbindung mit dem linken Flussufer gesichert ist, isoliert zu lassen. Napoléon.«

Am 15. Juli wird der Waffenstillstand ablaufen.

2.

Der niederländische Festungsbaumeister Johan van Valckenburgh hat fast 200 Jahre zuvor Hamburg, eine Stadt mit einer mittelalterlichen Stadtmauer, in eine große barocke Festung verwandelt. Hamburg liegt seitdem in der weiten Flusslandschaft wie ein Ordensstern mit 22 Zacken, den Bastionen.

Damals fühlten sich die selbstständigen Hansestädte Hamburg, Lübeck und Bremen, Magdeburg und Lüneburg, Braunschweig und Stralsund von den wachsenden Fürstenstaaten in ihrer Sicherheit bedroht und hatten ein Militärbündnis mit den Niederlanden geschlossen, die kurz vor dem Dreißigjährigen Krieg an einem Verteidigungssystem im Osten und Norden sehr interessiert waren. Prinz Moritz von Oranien, der Statthalter, hatte Valckenburgh, den Ingenieuroffizier der Generalstaaten, für den Bau von modernen Festungen in den Städten abgestellt.

Der Bau der Festung Hamburg begann 1616 und dauerte über zehn Jahre. Die Grundfragen beim Festungsbau sind einfach: Wie macht man die Mauer stärker als die Kanonen der Belagerer, und wie lässt man den Feind möglichst gar nicht erst an die Mauer herankommen?

Valckenburg übernahm die italienische Festungsform mit Bastionen, von denen aus man Feinde an der Mauer beschießen kann. Seine Festung schützte die gesamte Stadt, war fast ein Kreis mit einem Radius von etwa 1150 Metern mit der Börse als Mittelpunkt. Die damals führenden italienischen Festungsbaumeister bauten Mauern aus Stein, die Niederländer im nordeuropäischen Marschland nahmen Erde, das ging schnell und war billig. Die Maße der Erdwälle und Bastionen richteten sich nach der Reichweite der Kanonen.

Valckenburgh ließ außen vor dem acht bis zehn Meter hohen Erdwall den Graben, der beim Aushub entstanden war, verbreitern und Wasser aus der Alster hineinleiten. Der Wassergraben ist für Angreifer das größte Hindernis vor dem graswachsenen Wall, zumal die Verteidiger von Außenwerken – sie liegen vor dem Wall und heißen, je nach ihrer Form, Hornwerke, Lünetten, Schanzen – von hinten auf alle schießen können, die den Graben überqueren. Die Hafeneinfahrt, die an der Mündung der Alster in die Elbe lag, sicherte Valckenburgh durch die Bastionen Ditmarus und Hermanus – auch den anderen Bastionen gaben die Hamburger die Namen von damaligen Ratsherren.

Nach zehn Jahren war die Stadt eine der mächtigsten Festungen des 17. Jahrhunderts geworden. Sie war so stark, dass niemand versuchte, sie zu belagern, weder im Dreißigjährigen Krieg noch hundert Jahre später, als Dänemark das reiche Hamburg kassieren wollte. 1768 erkannte Dänemark Hamburg als unabhängige kaiserliche Freie Reichsstadt an, die Hamburger zahlten dafür eine Geldsumme an Dänemark und brauchten die Festungswälle nicht mehr. Sie hätten sie dringend erneuern müssen, doch die Kaufleute meinten nun, ihre Politik der Neutralität schütze die Stadt besser als ein Festungswall. Der Rat schlug der Bürgerschaft im Oktober 1804 vor, die Festung zu schleifen – auch andere Städte schleiften nun ihre alten Festungen. Die Wälle sollten bleiben als Schutz vor Überfällen streifender Soldaten und um an den Toren Verbrauchssteuern und Zölle einnehmen zu können. Die Bürgerschaft stimmte zu. Auf den Wällen und Bastionen ließ der Rat Kastanien, Linden und Ulmen für schattige Promenadenwege pflanzen. Die Kanonen verkaufte er zum Einschmelzen an Gießereien, die Stadttore an Abbruchfirmen und stellte dafür eiserne Gittertore auf. Als die Franzosen in Hamburg einzogen, gingen die Abbrucharbeiten weiter, denn Napoleon beherrschte sowieso das ganze Land. Erst als Tettenborn mit den Kosaken kam, fingen die Hamburger an, die Brustwehren auf Wall und Bastionen wiederherzustellen.

Der Marschall war zwar überrascht von der Arbeit der Bürger, aber den Wert der Befestigung haben sie nicht erhöht, auch wenn er Napoleon ermutigend darüber schrieb – er schickt seinem Kaiser gern gute Nachrichten. Es gibt keine Hindernisse mehr, die den Feind vom Wall fernhalten, außer dem Graben, und vor dem Graben, auf dem Glacis, dem einstmals freien Schussfeld Valckenburghs, stehen nun Gartenhäuser.

Die alten Hauptfragen sind noch dieselben: Wie macht man den Wall stark genug gegen die Angriffe eines Feindes, und wie verhindert man, dass der Feind den Wall überhaupt erreicht? Darüber haben Ingenieuroffiziere seit Valckenburghs Zeit weiter nachgedacht und immer neue Teilantworten in Stein und Erde ersonnen. Die Liste der Fachbegriffe für die Bauteile einer Festung ist lang geworden – erst kamen italienische Bezeichnungen hinein, dann niederländische, abhängig von der Herkunft der besten Baumeister. Jetzt kommen die führenden Ingenieure Europas aus Frankreich – wie Pioniergeneral Haxo, den Napoleon seinem Marschall angekündigt hat.

3.

Davout kennt General François Haxo gut. Haxo war mit ihm in Russland, war dort Chef seiner Pioniertruppen. Er ist ein kleiner Mann, 39 Jahre alt, fast so kahl wie sein langjähriger hochgewachsener Chef Davout, mit dem gleichen konzentrierten Blick. Er hat schon zu Beginn seiner Laufbahn Festungen entworfen und gebaut, wie Rocca d'Anfo in Italien. Dort hat er eine besondere Bauweise und Isolierung für ein Gewölbe im Festungswall ersonnen, damit man darin eine große Kanone abschießen kann, ohne dass der Explosionsdruck Gewölbe und Wall zersprengt – die Haxo-Kasematte.

Haxo gehört zu den zahlreichen Ingenieuroffizieren, denen Napoleon seit Beginn seiner Eroberungskriege befiehlt, die Grenzen des Imperiums durch ihre Bauwerke zu sichern. Junge Ingenieure kamen nach der Revolution, als die Ingenieure des

Königs geflohen oder tot waren und die europäischen Fürsten das revolutionäre Frankreich angriffen, schnell an große Aufgaben – ebenso wie die jungen Generäle aus Bürgertum und Kleinadel, die nun Frankreich verteidigten wie Bonaparte und Davout: Die meisten der nun führenden Militärs gehören nur drei, vier Jahrgangsklassen der Militärschulen an.

Der Kaiser wollte gleich nach der Annexion Norddeutschlands bei Hamburg oder zwischen Hamburg und der Mündung der Elbe in die Nordsee einen großen Waffenplatz haben. Davout schlug Hamburg selbst als geeignet vor und ließ Haxo einen Umbau der alten Festung entwerfen und zeichnen. Aber der Russlandfeldzug schob alle Pläne auf. Jetzt braucht Napoleon diesen großen Platz für seinen neuen Angriff auf Preußen und Russen. Doch der Feind steht schon an der mittleren Elbe, und Napoleon hat zu wenig Soldaten. Sein Entwurf, wie Hamburg und der Elbübergang mit nur 6000 Mann zu halten sind, ist ein Notprogramm im Vergleich zur ersten Planung, die auf eine Bauzeit von zehn Jahren angelegt ist. General Haxo soll auch das Notprogramm durchrechnen.

Unter Napoleon erlebte die Festungsbaukunst in Frankreich ein zweites Goldenes Zeitalter, seit der berühmte Vauban vor über hundert Jahren die Grenzen neu eroberter Gebiete für Ludwig XIV. befestigt hatte. Napoleons Angriffe waren von bislang ungekannter Kraft und Geschwindigkeit, und er eroberte ein weit größeres Reich als Ludwig XIV., um Frankreichs »natürliche Grenzen« zu sichern. Der Revolutionsführer Danton hatte 1793 verkündet, in allen vier Himmelsrichtungen seien die rechtmäßigen Grenzen Frankreichs von der Natur gezogen – im Westen vom Ozean, im Norden und Osten vom Rhein, im Süden von den Alpen und den Pyrenäen: Diese Grenzen müssten die Armeen der Revolution erreichen, damit Frankreich sicher sei.

Napoleon erreichte diese Grenzen und sicherte Frankreich weiter, erst durch Pufferstaaten – die batavische, ligurische, die römische, helvetische Schwesterrepublik – , dann durch Annexionen. Im März 1810 annektierte er nach einem englischen Angriff auf Antwerpen die Südprovinzen von Holland, im Juli das ganze Königreich Holland, im Dezember Nordwestdeutschland und das Wallis im Süden. Die großen barocken Festungen, die Vauban an den Grenzen gebaut hat, lagen nun im Innern Frankreichs.

Napoleon beauftragte die *»Ingénieurs du Ponts et Chaussées«* – die Ingenieure des Hoch- und Tiefbauamtes – mit dem Bau neuer Brücken, Straßen und Kanäle.

Die Straßen der 1. Klasse verbinden Paris sternförmig mit den großen Städten des Imperiums und mit den Festungen 1. Ranges, die auf den Grenzen liegen und die Schauplätze möglicher Schlachten beherrschen. Die Straße Nr. 1 – *la route 1* – verbindet Paris mit Boulogne und Calais, *la route 2* Paris und Amsterdam über Brüssel mit Antwerpen, *la route 3* Paris mit Hamburg über Liège, Wesel, Münster und Bremen. *La route 4* verbindet Paris mit Mainz und läuft weiter bis Preußen. Straßen der 1. Klasse sind häufig gepflastert und für große Militärtransporte ausgelegt wie zum Beispiel für schwere Wagen mit Kanonen. Die Straßen 2. Klasse führen zu befestigten Plätzen 2. Ranges – die Nr. 18 nach Ostende, die 20 nach Köln, die 21 nach Koblenz.

Das Straßennetz entspricht Napoleons Kriegszielen. Hamburg ist für ihn ein Platz 1. Ranges.

Napoleon hat ein neues Konzept für Festungen und ihre Aufgabe an den Grenzen. Er sieht sie nicht mehr nur als Linie von Bauten rund um das Land, von denen aus Soldaten die Grenzen verteidigen. Er lehnt die Vorstellung einer befestigten Grenze ab: Man kann sie doch nicht verteidigen. Alles, was menschlich ist, meint er, ist begrenzt – die Zahl der Kanonen, das Geld, die guten Offiziere, die guten Generäle, und wenn ein Feldherr verpflichtet ist, für all dies zu sorgen, kann er nicht stark sein. Napoleons Konzept für Festungen ist ein Konzept offensiver Verteidigung. Er sieht sie als große militärische Zentren, von denen aus Armeen in die Schlacht ziehen.

Er verlangt von den Militäringenieuren *»places de dépôt«:*

große uneinnehmbare Militärstützpunkte für die Armee und für die Flotte Arsenale – Flottenstützpunkte. In diesen neuartigen Stützpunkten gibt es Magazine jeder Art, Werkstätten, Zeughäuser, Übungsplätze für die Soldaten, Gebäude für Militärverwaltung und Polizei, Lazarette. In den Arsenalen werden Schiffe gebaut, und Seestreitkräfte versammeln sich dort, in den Militärlagern versammeln sich Landtruppen und rüsten sich vor einem Angriff aus.

Ohne große Militärstützpunkte kann man keine guten Schlachtpläne entwerfen, sagt Napoleon, und ohne »*places de campagne*« – kleinere Stützpunkte – keinen Angriffskrieg führen. Er macht den Ingenieuren Vorgaben: Die Widerstandsdauer eines großen Platzes soll nach einer von ihm bestimmten Anzahl von Monaten zählen, die eines kleineren nach Tagen. Außerdem verlangt er noch eine dritte Art von befestigten Plätzen: kleinere Verteidigungsforts, von denen aus man eine Schlucht oder eine Straße überwacht, um den Feind an seinen Überraschungen zu hindern.

Die Ingenieuroffiziere haben in den letzten zwölf Jahren gigantische Baustellen eingerichtet und Millionensummen besonders in Flottenstützpunkten verbaut – in Cherbourg, Antwerpen, auf der Insel Walcheren. Die Scheldemündung ist ihr größtes Projekt im Kampf gegen die Engländer. Antwerpen ist eine Stadt des Krieges geworden.

Das soll auch Hamburg werden – eine Stadt des Krieges.

Hamburg ist für Napoleon ein Stützpunkt für Flotte und Armee zugleich, der ausgebaut werden soll, wenn er Zeit hat. Er hat seine Angriffs- und Verteidigungslinie für den Seekrieg gegen England vom Hauptort Brest über Cherbourg und Antwerpen bis zur Elbmündung aufgebaut. Für den Landkrieg gegen die russischen und preußischen Armeen hat er eine Festungslinie an der Elbe: Dresden, Magdeburg, Hamburg. Hamburg soll die beiden Linien wie ein Scharnier verbinden. Er ist besonders stolz auf diese Idee, auch deshalb will er Hamburg unbedingt halten. Niemals darf Zar Alexander es betreten, das, sagt Napoleon, sei für ihn eine Frage der Ehre.

Davout versteht Napoleons Denken in Hypothesen, seine lang-
fristigen Vorbereitungen mehrerer unterschiedlicher Optionen,
seine kurzfristigen Entscheidungen für eine Option, je nach
Entwicklung der militärischen Lage. Davout ist verschwiegen,
und er vertraut Napoleon, führt seine Befehle ohne Zögern aus.
   Aber selbst für das vorläufige Verteidigungssystem, das der
Kaiser entworfen hat, fehlen dem Marschall nach den blutigen
Kriegen in Europa die Männer: Arbeiter für den Bau der
Festungsanlagen, der Brücken und Fähren, Handwerker für die
Versorgung der Truppen und später der Garnison – Schneider,
Schuster und Sattelmacher, Schmiede, Patronengießer und
Pferdejungen, Bäcker, Schlachter, Köche, Ärzte, Krankenpfle-
ger. Die Männer, die er bekommen kann, nimmt er als Soldaten.
Er braucht die Einwohner der Stadt für die Festung – sie müs-
sen für Armee und Marine arbeiten.

4.
Zahlreiche Menschen drängen sich innerhalb des Festungswalls
zusammen, leben in übervollen Fachwerkhäusern, die sich auf
tiefen Grundstücken mit Nebengebäuden und eingeschlossenen Höfen hinziehen. Viele Höfe sind mit kleinen Buden für
die Armen zugebaut. Arme wohnen in feuchten Kellern und
Sälen – den Einraumwohnungen auf einer Etage, häufig teilen
sich mehrere Familien einen Saal. In den Höfen sind auch die
Ställe für Pferde, Kühe und Hühner, Schweineställe liegen am
Fleet, dem Wasserlauf am Ende der Grundstücke, in den man
die Nachtstühle leert.
   Die Stadt ist überfüllt, und trotzdem ist es für Davout
schwierig, die 10 000 Arbeiter für die Festung zu bekommen,
die Napoleon befohlen hat. Der Kaiser hat am selben Tag
befohlen: Davout soll 3–4000 Matrosen pressen und nach
Frankreich schicken und ebenso 5–6000 »mauvais sujets«, auf-
sässige Einwohner, damit sie dort die Regimenter auffüllen.
Das wären weitere 10 000 junge Männer. Die Befehle des Kaisers sind teils wohlüberlegt und bewundernswert, teils treffen
sie die Wirklichkeit nicht mehr.

Vor zwei Jahren, im Februar 1811, haben die Franzosen in Hamburg eine Volkszählung angeordnet. Im gesamten Staatsgebiet – in der Stadt, ihren beiden Vorstädten St. Georg im Osten und Hamburger Berg oder St. Pauli im Westen, in den dazugehörigen Dörfern, auf den Elbinseln, im Amt Ritzbüttel an der Unterelbe und in Bergedorf – leben rund 141 000 Menschen. Innerhalb des Festungswalls leben 96 735 Einwohner. Von ihnen sind 39 % Kinder unter 18 Jahren – genau 37 874 Kinder – und 11 % Dienstboten ohne Altersangaben. Die andere Hälfte machen rund 47 000 Erwachsene aus: 24 680 Frauen und 22 297 Männer über 18 Jahren.

Jetzt heißt es aber, ein Viertel der Einwohner sei in den letzten Tagen geflohen. Davout muss sie zurückholen. Er braucht ihr Geld und ihre Arbeitskraft.

Die selbstständige Stadtrepublik Hamburg ist seit drei Jahren eine französische Grenzstadt. Sie ist in den Strudel der jahrhundertealten großen Themen der französischen Außenpolitik geraten, die Napoleon aufgegriffen hat: England auf dem Kontinent besiegen, die Politik der natürlichen Grenzen weiterverfolgen und endlich ein europäisches Imperium unter einem französischen Kaiser schaffen. In Davouts Augen ist das ein großes Glück für die Hamburger.

Befehle

1.

Napoleon überschüttet den Marschall mit Befehlen und Erlassen, die an den Straßenecken angeschlagen und in den Zeitungen veröffentlicht werden, und Davout zwingt die Hamburger, das zu tun, was der Kaiser von ihnen verlangt.

Die Ordonnanzoffiziere mit den Befehlen kommen meist zwischen sechs Uhr früh und zwölf Uhr Mittag aus Dresden an. Davout liest, wie die Festung in Napoleons Gedanken wächst, wie er sie sich immer größer vorstellt. Er will Flottenarsenal und Werft einem Konteradmiral unterstellen. Davout soll in Antwerpen Marinehandwerker-Kompanien anfordern und in Frankreich zuverlässige Seeleute, Lotsen und Schiffszimmerleute. Korvetten und Briggs, die in Hamburg auf Stapel liegen, werden fertiggebaut, er wünscht auf der Elbe eine Flotte von 25 Fahrzeugen. Die Ordonnanzoffiziere müssen sich die Stadt, die Elbinseln und Harburg zeigen lassen, damit sie dem Kaiser über die Arbeiten an der Festung berichten können.

Der Kaiser verlangt vor allem das Geld der rebellischen Bürger. »Der Stadt Hamburg wird als Strafe eine außerordentliche Abgabe von acht und vierzig Millionen auferlegt«, lässt der Marschall am 8. Juni in die Zeitung setzen. Die erste Hälfte will der Kaiser in bar haben und die zweite Hälfte in Wechseln auf Paris. Die erste Rate der Barzahlung ist am 12. Juni fällig, die sechste und letzte am 12. Juli. Die Höhe der Zahlungen für die Einzelnen wird eine Kommission aus sieben Bürgern festlegen, die ihre Ernennung nicht ablehnen dürfen. Wer an den »Aufruhr-Vorgängen« beteiligt war, muss viel zahlen, Handwerker und Tagelöhner sind von Zahlungen befreit.

So viel bares Geld gibt es in der ganzen Stadt nicht mehr, wenden die Herren der Handelskammer ein. Doch die größten Handelshäuser sollen zum 12. Juni zwischen 50 000 und 100 000 Francs abliefern. Pastor Rambach soll 1100 Francs zahlen, jeder der anderen Hauptpastoren 500 Francs.

Der Termin für die erste Rate verstreicht, und das Geld geht nicht ein. Die Stadt ist noch immer still, die Bürger bleiben zu Hause. Einige Herren der Handelskammer lassen sich beim Präfekten de Breteuil melden. Sie wollen nach Sachsen reisen und sich an den Kaiser selbst wenden. Dazu brauchen sie die Erlaubnis des Marschalls und Pässe. Breteuil sagt, bevor sie die erste Rate nicht bezahlt hätten, werde der Marschall sie nicht anhören.

Am nächsten Morgen lässt Breteuil vierzig Kaufleuten durch Zöllner befehlen, nachmittags um vier Uhr zu ihm zu kommen. Er sagt ihnen, wenn sie ihm nicht sofort schriftlich zusicherten, die gesamte erste Rate innerhalb von 24 Stunden abzuliefern, werde er sie im Namen des Prinzen als Geiseln nehmen und nach Frankreich schicken. Die Kaufleute sagen, dass sie eine solche Zusicherung nicht unterschreiben könnten. Selbst wenn jemand seinen Teil zusammenbrächte, könne er doch nicht für andere bürgen. Breteuil ruft Gendarmen und lässt die Geiseln zum Hafen führen. Ein Schiff bringt sie bei einbrechender Nacht und stürmischem Wetter – einige Herren sind gebrechlich, andere haben keine Überröcke – über die Elbe nach Harburg. Sie übernachten im Schloss und im Wirtshaus – auf eigene Kosten, was mehrere besonders wurmt – und bleiben unter scharfer Aufsicht der Gendarmen.

Der Munizipalrat in Hamburg protestiert. Die Börse ist in Aufregung, und die Familien sehen die Verhafteten schon auf der Guillotine. Doch dann geben die Herren der Handelskammer ihren passiven Widerstand auf und lösen ihre Freunde in Harburg aus – 1,5 Millionen Francs sind in 24 Stunden zur Stelle.

In allen weiteren Verhandlungen mit den Kaufleuten bleiben Staatsrat Chaban, der für die Finanzen zuständig ist, und Prä-

fekt Breteuil hart. Gleichzeitig versucht der Marschall, die Forderungen des Kaisers auf ein Maß herunterzustimmen, das er
für realistisch hält. Er schreibt ihm, dass die Strafsumme wohl
nicht aufzubringen sein werde, ohne Stadt und Land zugrunde
zu richten. Alle Senatoren und reichen Kaufleute seien geflohen, und wenn er jetzt zu hart durchgreife, komme keiner wieder. Eine Beschlagnahme ihres Besitzes werde sie kaum zum
Zahlen zwingen, da fast ihr ganzes Vermögen in Wertpapieren
im Ausland angelegt sei und auf ihren Häusern Hypotheken
lägen.

General Haxo von den Pionieren trifft ein und prüft eine Woche
lang mit seinen Ingenieuren, wie die Festung in kurzer Zeit zu
sichern ist. Er schlägt vor, an der Alster die alten Bastionen
David und Vincent zu nutzen und zu Zitadellen umzubauen
und an der Elbe die Bastionen Albertus und Casparus.

Davout befiehlt, alle Häuser bis zum Abstand von 300 m
außerhalb des Festungsgrabens abzureißen und Bäume und
Hecken zu fällen. Er hat zweihundert Kanonen, aber sie reichen nicht weit, und er bittet den Kaiser um hundert Kanonen
mit großem Kaliber.

Er lässt auch die Verteidigungswerke in Lübeck und Cuxhaven und alle befestigten Artilleriestellungen an Weser und
Jade reparieren.

Er rechnet damit, dass er die Stadt mit dem 1. Armeekorps
verlässt, wenn der Waffenstillstand abgelaufen ist, er hat jetzt
20000 Soldaten aus der gesamten 32. Militärdivision. Doch der
Kaiser gibt Vandamme den Oberbefehl über das 1. Korps, und
Vandamme marschiert zu ihm nach Dresden. Davout muss
neue Truppen ausheben.

Über die Festung berichtet er Napoleon wie immer opti-
mistisch und beruhigend. 10- bis 12000 Arbeiter würden jetzt
Batterien aufschütten. In der Gießerei fertige man am Tag zwischen 1500 und 2000 Projektile. In sechs bis acht Wochen sei
Hamburg eine Festung 1. Ranges.

An der Festung arbeiten jetzt tatsächlich mehr Arbeiter als

zuvor, aber immer noch nicht die 10000, die Napoleon verlangt hat. Der neue *maire* der Stadt, Friedrich Rüder, annonciert im ›Mercur‹, er suche Schanzarbeiter für einen Franc am Tag. Ein Franc reicht für den Lebensunterhalt eines Tages. Aber nie melden sich genügend Männer.

Der Kaiser will 7000 Pferde mit Sätteln und Zaumzeug aus der 32. Militärdivision haben und 2000 aus Hamburg. Er verlangt Masten, Schiffbauholz und Teer für die Marine, Holz, Hanf, Tauwerk und Segeltücher aus den Speichern der Kaufleute, Schwefel, Talk, Terpentin. Davout lässt den Wert der Waren nach Börsenpreisen schätzen und den Kaufleuten auf ihre Strafkontribution anrechnen. Er verlangt von den Hamburgern Getreide und Kartoffeln für die Besatzungstruppen, Stroh für die Betten der Soldaten und für die Pferde Heu.

Mangelnde Organisation sorgt für Unordnung und Streit bei den Franzosen. Offiziere der Truppe beschlagnahmen bei den Bürgern Pferde und Wagen für die Generäle, aber die Militärverwaltung will dieselben Pferde und Wagen für Lebensmittellieferungen haben, für Holzfuhren zur Brückenbaustelle, für den Festungsbau. Bürger und Bürgerinnen sind empört. Sie leisten passiven Widerstand, wo es nur geht, und machen die Franzosen lächerlich. Als Breteuil den Unterpräfekten anweist, jede der fünfzehn Landgemeinden sofort eine Anzahl Ochsen liefern zu lassen, liefern die Gemeinden nicht. Der Unterpräfekt befiehlt den *maires*, die Ochsen zu beschlagnahmen. Die *maires* antworten, ihre Dörfer hätten nur Kühe.

Der Kaiser beanstandet, dass Davout ihm nicht mehr Gewehre liefert. Der Marschall soll Hausdurchsuchungen befehlen und den Ersten, der überführt ist, sein Gewehr versteckt zu haben, erschießen lassen. Der Kaiser verlangt Reis, denn seine Soldaten in Sachsen haben Durchfall, und er glaubt, Reis helfe dagegen.

Der Marschall dringt beim Kaiser auf weniger Beschlagnahmen, weil sie das Land ruinieren und zu Missbrauch einladen. Er will keine beschlagnahmten Pferde haben, weil sie zu schlecht sind, er will Pferde kaufen und dafür von den Bürgern

Geld eintreiben. Er arbeitet angespannt. An einem Tag diktiert er neun Briefe an den Kaiser, jeden zu einer anderen Frage, so wie es Napoleons Büroorganisation entspricht. Zu den Einwohnern der Stadt, die an den Verschanzungen arbeiten, sind nun auch einige tausend Bauern vom jenseitigen Elbufer zur Arbeit zwangsverpflichtet worden.

2.

Davout möchte, dass seine Frau nach Hamburg kommt. Er hat ein Bild von Aimée in seiner Taschenuhr und schreibt ihr fast täglich, schreibt, er träume nachts von ihr und den Kindern, sie solle die Kinder mitbringen, sie liebe ihn nicht genug. Er erinnert sich, wie sie im Frühling vor einem Jahr zu ihm nach Stettin kam. Einmal trug sie ein tailliertes Reitkleid aus rosafarbenem Satin, mit Entenfedern verbrämt, sie war sehr schön darin. Sie waren sich endlich nahegekommen, die Kälte der ersten Ehejahre war verschwunden. Nach ihrer Abreise erhielt er vorwurfsvolle Briefe seiner Schwiegermutter, die ihm von den Leiden der neuen Schwangerschaft erzählte. In diesem Frühjahr hat er davon geträumt, mit Aimée zur Kur nach Bad Pyrmont zu gehen.

Er wartet ungeduldig auf ihre Briefe. Sie bringt zahllose Gründe gegen die Reise durch das aufständische Land vor, die Söhne seien nicht wie die beiden Töchter gegen Pocken geimpft und sollten deshalb nicht reisen. Sie hält die Impfung für ein tödliches Risiko, doch ein Mädchen mit Pockennarben hat sowieso keine Chancen im Leben. Für Mädchen gilt: Lieber tot als hässlich.

Das sind ihre Aufgaben als seine Frau: seine Kinder kriegen und sie erziehen, für sein Eigentum in Frankreich sorgen und ihn mit allem ausstatten, was er für sein Leben bei der Armee braucht.

Als er Ende Dezember 1812 in Thorn ankam »*comme un petit saint Jean*«, nackt wie ein kleiner heiliger Johannes mit Lendentuch, mit nur fünf Domestiken, auch alle zerlumpt, konnte er ihr schreiben: Wir haben das gesamte Gepäck verloren, ich bin hier angekommen mit dem, was ich auf dem Leib habe, und ich wäre dir dankbar, wenn du mir alles kaufen würdest: Hemden, Anzüge, Pferde. Er fügte hinzu: Was ich bedaure, das ist der Verlust meiner Karten. Und: Ich hätte mich niemals für so stark gehalten. Ich bin sicher vier Fünftel des Weges von Moskau zu Fuß gegangen.

Die Qualen seiner Seele auf dem Marsch waren so groß, dass er ihr erst nicht davon erzählen wollte. Er hat an Selbstmord gedacht, aber es ist seine Pflicht, die Unfähigkeit oder den Verrat einiger Offiziere in Smolensk und Krasnoe aufzudecken – »unser Souverain schätzt seine Freunde und seine Feinde; möge der Himmel dafür sorgen, dass er sie bald erkennt, denn sie fügen uns Böses zu«.

Erst Mitte Februar erreichte ihn in Magdeburg eine schwerbeladene Kalesche aus Paris, die ihm seit einem Monat gefolgt war. Zum Gepäck gehörte endlich ein zusammenklappbares Feldbett aus Messingstäben. Mitte April war er in Gifhorn, tagsüber kämpft er gegen russische und preußische Verbände, nachts schrieb er seiner Frau: »*L'amour de mes devoirs* – die Liebe zu meinen Pflichten, meine Hingabe ohne Grenzen an meinen Souverain, werden in allen Wechselfällen meines Lebens die einzige Richtschnur meines Handels sein, und ihr opfere ich alles.«

Jetzt ist Juni, und der Gepäckwagen aus seinem Schloss, in Savigny, seine Reitpferde, der Koch sind immer noch nicht eingetroffen. Aus Bremen hat er Aimée noch an den »*vin de Séguin*« für sich erinnert, einen Bordeaux. Sie kann seine Wünsche nicht so schnell erfüllen, wie er es verlangt, denn es gibt in Frankreich kaum noch Pferde für schwere Wagen.

Sie korrespondieren auch über Geld. Sie verwaltet das Familieneinkommen, das Schloss auf dem Land und das Palais in Paris. Er hat ihr berichtet, dass die Kaufleute in Hamburg 48 Millionen zahlen müssen – so bestrafe man Kaufleute am besten. Sie antwortet, wenn er gegen seine eigenen Leute auf den Domänen auch so streng wäre, könnte sie in Savigny jetzt den Nachbarwald kaufen, den sie sich so wünscht.

Sie haben noch Schulden aus dem Kauf von Schloss Savigny und dem Palais in Paris. Der Kaiser hat ihm Güter in Polen geschenkt, die Saline in Bad Nauheim, Güter bei Hoya und Helfta und in Italien. Davout kommt oft nicht dazu, die Verwalter zu beaufsichtigen. Aber er ist unbekümmert, er ist Soldat: ein erfolgreicher Feldzug, eine Belohnung vom Kaiser, und alle Schulden sind bezahlt.

Warum kommt sie nicht? Er lässt ihr nicht weit von Hamburg ein bequemes Landhaus suchen. Doch sie ist noch unentschieden, will die Kinder nicht allein lassen. Jetzt wagt er nicht, sie weiter zu drängen, er würde sich ewig Vorwürfe machen, wenn einem der Kinder in ihrer Abwesenheit etwas zustieße. Drei kleine Kinder sind ihnen gestorben.

Der gedeckte Packwagen und vier Reitpferde aus Savigny kommen in der zweiten Junihälfte an. Aimées Kutscher bringt Davout auch einen geheimen Brief, den sie schon am 8. Mai geschrieben hat und nicht abzuschicken wagte: Der Kaiser lässt die Korrespondenz seiner Marschälle überwachen und sie sich zuweilen vorlegen.

Der Brief ist viele Seiten lang. Aimée liebe sein neues Kommando nicht, liest Davout. Seine Vollmachten in der 32. Militärdivision und in Hamburg seien unbegrenzt, aber nur, um Böses anzuordnen. Ein Bekannter von ihr habe in einem Café in Paris, in dem man den Artikel im ›Moniteur‹ vorlas, der Davouts neues Kommando betraf, zugehört: Man mag diesen Auftrag des Kaisers nicht. Auch ziehe er, Louis, mit dieser Mission nicht so viel Eifersucht der Generäle und Marschälle auf sich wie sonst, wenn er seinem Land und seinem Fürsten dient.

Aimée wünscht sich, dass er an der Spitze der neuen Truppen kämpft, dort hat er die beste Aussicht auf Anerkennung in der öffentlichen Meinung. Sehr viele seiner Feinde freuen sich über seine Aufgabe in Hamburg, da sie ihm noch mehr Feinde schaffen werde, als er schon hat. Man liebt ihn nicht, weil er seine Pflichten hart und rücksichtslos erfüllt. Sie warnt ihn: Andere seien nicht so selbstlos pflichtbewusst wie er. Mit seiner Art habe er mehr als einen verletzt – durch seinen Übereifer für den Dienst an seinem Kaiser und dem Wohl seines Landes. Man verzeihe ihm nicht, über vieles informiert zu sein, von dem man meine, dass es nicht zu seinem Aufgabenbereich gehöre. Auch in den Konversationen am Hof seien viele gegen ihn. Im Herzog von Otranto, dem Polizeiminister Fouché, habe er einen mächtigen Feind. Fouché habe kürzlich gesagt, Davout solle sich auf sein Metier beschränken, statt so zu tun, als ob er alles wüsste, und die unglaubhaftesten Berichte zu schicken und mit ihnen den Kaiser zu langweilen. Man werfe ihm, Louis, vor, dass er andere schlecht mache, die sich weniger Mühe geben als er. Aimée glaube, ihn informieren zu müssen, und schließt: »*Je t'embrasse de toute mon âme* – ich umarme dich aus ganzer Seele und liebe dich mehr als das Leben.«

Endlich kommt der Brief, in dem sie mitteilt, sie werde zu ihm reisen. Allerdings gibt es einen Befehl des Kaisers, dass keine Frau nach Dresden darf. Sie hofft, dass dies für Hamburg nicht gilt und dass der Reiseweg, den er ihr vorgeschlagen hat, vollkommen sicher ist. Mittwoch will sie Urlaub von der Kaiserin nehmen.

Davout ist erschreckt von ihren umfangreichen Vorbereitungen, sie verliert so viel Zeit, bald ist es zu spät, dann beginnt der Krieg gleich nach ihrer Ankunft in Hamburg. Wenn sie nicht sofort abreist, soll sie in Frankreich bleiben.

Er erfährt am 1. Juli, dass der Kaiser ihn bei einer Wiederaufnahme der Kämpfe in Hamburg lassen will. Er sei fast verzweifelt, schreibt er Aimée. Dies sei ein schauerliches, ein unheilverkündendes Jahr, manchmal stehe alles wie unter einem Fluch – Verhexung, wie die Soldaten sagen. Er hoffe, das liege nur an der Nachbarschaft von Nord- und Ostsee. Er fühle sich schlecht, das Herz sinke ihm, er höre jetzt auf zu schreiben und verlasse sie für seine unfehlbaren Heilmittel: den Tee und das Bett. Er bitte sie, so schnell wie möglich zu kommen, die Reisewege seien sicher.

Ihr nächster Brief trifft erst drei Tage später ein: Etwa am 17. Juli werde sie bei ihm sein. Er ist erleichtert. Je mehr er arbeiten muss, umso größer ist sein Bedürfnis, Bücher zu lesen, die nichts mit seiner Beschäftigung zu tun haben, das beruhigt seine Phantasie. Im Augenblick liest er jeden Abend ein bis zwei Stunden ›Don Quichotte‹.

3.

Chaban und Breteuil verhandeln weiter mit den Kaufleuten über die Reise einer Abordnung der Handelskammer zum Kaiser. Der Marschall will ihnen die Reise erlauben, wenn sie das erste Sechstel der Geldstrafe abliefern. Am 20. Juni haben sie erst 3 Millionen zusammen, am 23. Juni 3 278 500 und 3 Centimes. Sie versprechen weitere 1,2 Millionen innerhalb von zwei Tagen durch eine freiwillige Zeichnung vermögender Bürger. Doch die vermögenden Bürger lehnen ab, oder sie haben kein Geld mehr. Davout schickt die ersten drei Millionen Francs nach Dresden und erlaubt drei Kaufleuten, zum Kaiser zu reisen.

Es bleibt nicht bei der Geldstrafe. Napoleon verlangt von Davout jetzt eine Liste mit den Namen der Flüchtlinge. Auf der Liste will er sehen: Alle Personen, die öffentliche Funktionen ausgeübt haben und bei der Rückkehr der Franzosen im Mai geflohen sind. Alle Männer in Hamburg und Lübeck, die im März ihre Stellen als Senatoren wieder eingenommen haben. Alle, die in der Hanseatischen Legion dienen. Alle, die an bewaffneten Versammlungen teilgenommen und das Volk zur Empörung aufgereizt haben. Alle, die im englischen Dienst kämpfen, im russischen oder im preußischen. Für die übrigen Geflohenen gilt: Wer innerhalb von 15 Tagen nicht zurückkehrt, verliert seine bürgerlichen Rechte, und sein Eigentum wird beschlagnahmt. Die Frist beginnt am 24. Juni und endet am 8. Juli.

Davout setzt eine Kommission ein, die diese Liste aufstellt. Die Kommission empfiehlt dem Kaiser, die vier ehemaligen Senatoren Abendroth, Bartels, Schulte, Koch sowie Senats-

syndikus Gries erschießen zu lassen. Den Führern der Bürgergarde Perthes, Godeffroy jun., Prell, Mettlerkamp und anderen
sowie den Offizieren der Hanseatischen Legion soll der Pro-
zess vor einem außerordentlichen Kriegsgericht gemacht werden – das bedeutet ebenfalls Todesstrafen. Wer keine Rolle in
der Revolte gespielt hat, kann nach Hamburg zurückkehren.
Wer jetzt auf dem Lande lebt, muss sich melden und einen Pass
holen. Wer sich nicht meldet, wird auf die Liste der Abwesenden gesetzt, deren Güter nach Ablauf der Frist beschlagnahmt
werden.

Der Marschall findet die Entscheidungen der Kommission
zu hart. Er will, dass möglichst viele Geflohene zurückkehren.
Er bittet den Kaiser, die Entscheidungen zu mildern. Todesstrafen würden den Widerstand der Hamburger nur weiter ver-
härten.

Der Kaiser gibt ihm daraufhin »*carte blanche*«, freie Hand:
Wenn der Marschall will, kann er eine Amnestie für alle ver-
öffentlichen, die in einem Zeitraum von zwei Wochen zurückkehren, eine Begnadigung. Von dieser Amnestie kann er aus-
nehmen, wen er will – allerdings empfiehlt der Kaiser immer
noch, die Senatoren zu erschießen. Aber er hört auch auf
Davout: »*La meilleure manière de punir des marchands, c'est
en effet de les faire payer,* die beste Art, Kaufleute zu bestrafen,
ist in der Tat, sie zahlen zu lassen.« Napoleon hat die Herrschaft einer neuen Klasse in Frankreich – der Bürger – gefestigt,
doch er hasst Kaufleute, sie sind für ihn große Taschendiebe,
Parasiten, ihr Handel ist legaler Diebstahl.

Davout setzt eine zweite Kommission ein, die alle Personen
bestimmen sollen, die von der Amnestie ausgenommen werden.

»Es könnte sein, daß der Waffenstillstand bis zum 15. August
verlängert wird«, schreibt der Kaiser. Er gibt Davout das Kommando über ein neues Korps, das 13., dessen Aufgabe die Verteidigung der 32. Militärdivision sein wird. Dieses Korps muss
Marschall Davout, die Peitsche, innerhalb von fünf bis sechs
Wochen aufstellen.

Napoleon vertraut Davout, aber er mag ihn nicht. Ihm miss-fällt seine ungeschliffene Art des Umgangs. Doch Davout wird ihm nie gefährlich sein: »Ich kann ihm ruhig Ruhm geben, er wird ihn niemals für sich ausnutzen.« Davout ist nie eifersüch-tig auf den Kaiser oder hält sich für ihm überlegen im Gegen-satz zu anderen Generälen. Die Peitsche dient Napoleon, weil der Kaiser in Frankreich für Frieden sorgt – er ist für Davout der Garant gegen einen Bürgerkrieg. Bonaparte hat die Men-schen- und Bürgerrechte durchgesetzt und dem Bürgertum mit dem inneren Frieden in Frankreich wirtschaftliche Erfolge ermöglicht. Die Errichtung des Imperiums wird ganz Europa Frieden bringen.

Der Marschall antwortet dem Kaiser umgehend: »*Mériter, Sire, votre bienveillance et votre estime* – Sire, Ihr Wohlwollen und Ihre Achtung zu verdienen, ist immer das Motiv aller mei-ner Taten und meines Ehrgeizes gewesen und wird es immer sein. Da Eure Majestät die Güte hat, mir zu versichern, dass Sie mir diese Gefühle entgegenbringt und dass Sie mich mit Ihrem Vertrauen ehrt, empfinde ich wahres Glück.«

Auf dem Lande

Karoline Perthes und ihre sieben Kinder, ihre Schwester Auguste und die Amme können auf dem Gut Nütschau nicht bleiben. Die Gendarmen haben in Wandsbek nach Friedrich Perthes und seiner Familie gesucht und suchen nun weiter in Holstein. Karoline flieht nach Lütjenburg, wo ein Bruder von Matthias Claudius Arzt ist.

Perthes schickt ihr die Nachricht, Graf Reventlow auf Altenhof werde ihnen seinen Jagdpavillon in Aschau geben. » Aschau soll wüst sein«, liest sie » ich hoffe, es wird gehen.« Sie und die Kinder fahren Richtung Eckernförde und übernachten bei Graf und Gräfin Stolberg auf Windeby. Beide sind voller Mitgefühl, aber auch hier ist es zu gefährlich, Karoline muss schnell nach Altenhof zu Reventlows.

Friedrich Perthes ist durch seine Frau und seinen Schwiegervater Matthias Claudius in diesen adligen Kreis von Verwandten und Freunden gekommen. Die Stolbergs auf Windeby und die Reventlows auf Altenhof sind mit den Schimmelmanns in Wandsbek verwandt, wo der alte Graf Schimmelmann, der lange Finanzminister von Dänemark war, die Zeitung ›Der Wandsbecker Bothe‹ unterstützt hat. Claudius war der einzige Redakteur, ein Journalist und Lyriker, der Goethe, Herder, Lessing, Klopstock als Autoren gewinnen konnte. Claudius gehört derselben Freimaurerloge an wie Friedrich Leopold Stolberg auf Windeby, dessen »Geschichte der Religion Jesu Christi« Perthes verlegt. Cay Friedrich Reventlow auf Altenhof war früher Leiter der Königlichen Bibliothek und Kunstkammer in Kopenhagen. Sein Bruder Friedrich Karl auf Emkendorf ist seit über dreißig Jahren mit Julia geb. Schimmelmann verheiratet – auf Emkendorf trafen sich früher Dichter und Philosophen. Karoline hat als junges Mädchen dort einige Monate verbracht.

Die fünfzehnjährige Agnes Perthes findet die Reventlows auf Altenhof sehr adelsstolz. Die Kinder fühlen sich in dem großartigen, prachtvollen Haus nicht wohl, besonders die Bedienten benehmen sich vornehm und unfreundlich ihnen gegenüber. Trotzdem sind sie froh, denn ihr Vater ist wieder bei ihnen, und nach einer Woche fahren alle gemeinsam nach Aschau, vier Erwachsene und sieben Kinder. Sie dürfen nicht mehr Perthes heißen, das ist zu gefährlich, sie werden jetzt »von Aschau« genannt.

Der Meierhof Aschau liegt einsam hinter rauschenden Wäldern am südlichen Steilufer der Eckernförder Bucht. Es gibt ein Wohnhaus für den Pächter, Scheune, Ställe. Der Jagdpavillon steht zwei-, dreihundert Schritt entfernt auf einem Aussichtshügel zwischen hohen Buchen und Ulmen. Die Fenster reichen bis zum Boden, und man sieht weit über die Ostsee, auf Fischerboote und die weißen Segel englischer Schiffe am Horizont. Der Pavillon hat nur einen Prachtsaal und zwei Kammern, in denen man nicht aufrecht stehen kann. Unter dem Haus gibt es ein großes gemauertes Kellergewölbe aus fernen Jahrhunderten. Die See ist so nahe, dass die Kinder den Wellenschlag hören. Wenn sie hoch geht, dringt Salzwasser in den Wasserbehälter.

Bettgestelle gibt es nicht. Bettzeug, Kleider, Bücher, Lebensmittel müssen die Flüchtlinge auf den Boden legen. Die herrschaftliche Küche ist an das Haus des Pächters gebaut, dort finden sie nur vier sehr große Kupferkessel und in einem Schrank einige Teller und Bestecke.

Milch und Butter können sie vom Pächter bekommen. Der soll ihnen auch Gemüse geben, tut es aber nicht. Karoline will sich nicht beschweren, weil sie so viel Notwendiges von ihm erbitten muss. Sie hat wenig Gepäck mitgenommen, damit sie und die Kinder unterwegs nicht als Flüchtlinge auffallen.

Ihr altes Leben liegt hinter ihr: das große Haus am Jungfern-

stieg mit dem Geschäft und dem Bücherlager und der Wohnung der Familie. Die Mutter von Perthes und seine Schwester
lebten bei ihnen, die Gehilfen der Buchhandlung und ein
Dutzend Dienstboten, und jeden Tag kamen viele Kunden und
Besucher. Jetzt muss sie sich hinter Wäldern verstecken. Aber
Karoline ist so froh, dass Perthes lebt, wie sie ihren Mann
nennt, sie vergisst vor Freude »die Not der ganzen Welt«.

Am ersten Sonntag reist Perthes nach Kiel. Er trifft dort viele
Bekannte, die wie er über den Widerstand gegen Davout und
seine Truppen sprechen wollen. Er redet mit Senatssyndikus
Dr. Carl Curtius aus Lübeck und mit Männern, die in der
Bürgergarde waren und jetzt mit der Hanseatischen Legion in
Holstein sind. Freunde begleiten ihn auf adlige Güter und in
Dörfer, und überall treffen sie geflüchtete Hamburger. Unter-
wegs versucht Perthes, ausstehende Rechnungen für frühere
Büchersendungen einzutreiben, denn er hat kein Geld mehr.

Als er wieder in Aschau ist, kommt Heinrich Besser dorthin,
sein Freund, Schwager und Kompagnon seit 1798, dessen
Familie in die Gegend von Bramstedt geflüchtet ist, einem kleinen Ort zwischen Kiel und Hamburg. Die beiden Buchhändler
sitzen tagelang im Kriechboden des Pavillons und gehen ihre
Außenstände durch. Sie brauchen Bargeld für den Lebensunterhalt ihrer Familien, und sie wollen ihren Gläubigern, die
ihnen Geld geliehen haben, Deckung durch ihre Schuldner
schaffen.

Die Buchhandlung ist beschlagnahmt und versiegelt. Perthes
klagt nicht, und er bereut nichts: »Ich habe vor Gottes Augen
gehandelt und oft mein Leben auf das Spiel gesetzt; wie sollte
ich nun den Mut verlieren, weil ich das Vermögen verloren
habe!«

Friedrich Perthes und Heinrich Besser haben die Buchhandlung in wenigen Jahren gemeinsam groß und bekannt gemacht.
Perthes ist lebhaft, er kann heftig werden, aufbrausen, und er ist
ehrgeizig. Besser ist ein rundlicher Mann mit liebenswürdigem
Wesen, seelenruhig bei Konflikten, er ist weit gebildeter als

Perthes und besitzt eine umfangreiche Bücherkenntnis. Perthes hat vor Jahren die erste Sortimentsbuchhandlung in Hamburg eröffnet. Meist verkaufen Verlage ihre Bücher selbst an die Kunden. Bei Perthes aber können die Leser auch neue und wichtige ältere Bücher ansehen, die in anderen Verlagen erschienen sind, und was nicht vorrätig ist, findet und besorgt Besser. Beide Buchhändler sind voller neuer Geschäftsideen wie dem Verkauf von Landkarten für Zeitungsleser oder einem Lesesofa für Kunden und auch einer Tasse Kaffee. Sie haben gute Geschäfte mit französischen Beamten und Offizieren gemacht, sie mit Wörterbüchern, Landkarten, militärischer Fachliteratur versorgt, und sie haben ihr Versandgeschäft bis nach Dänemark, Schweden und St. Petersburg ausgedehnt. Perthes ist stolz: »Unser Laden ist auch der eleganteste in Deutschland, und die Sammlung der Bücher, die darin steht, ist in solcher Ausgesuchtheit nicht zum zweitenmal zu finden.«

Er gehört zu den wenigen Hamburgern, die der Untergang des Heiligen Römischen Reiches deutscher Nation bekümmert. Er sieht in Napoleons Erfolgen eine bittere Prüfung, eine »historische Naturnotwendigkeit«: Der Kaiser hat sich selbst zu einem Gott gemacht und will die alte morsche Welt zertrümmern. Gerade das aber fordere dazu heraus, die »besseren Kräfte« zu einem Neubeginn zu sammeln.

Perthes hat versucht, die Vaterlandsliebe durch Publikationen zu beleben. Er war nicht der Einzige. Aber der Nürnberger Buchhändler Johann Philipp Palm, der die antinapoleonische Flugschrift ›Deutschland in seiner tiefsten Erniedrigung‹ verbreitete, wurde von einem französischen Kriegsgericht zum Tode verurteilt und erschossen. Perthes veranstaltete sofort eine Sammlung für Palms Witwe. »Der deutsche Buchhandel ist das einzige noch vorhandene Band, welches die ganze Nation umfasst«, schrieb er einem Freund. »Er allein kann die deutsche Gelehrtenrepublik retten und das ist meine Aufgabe für dieses Leben.«

Perthes und Besser haben auch eine Zeitschrift herausgegeben, das ›Vaterländische Museum‹. Das erste Heft erschien im

Februar 1810, den Umschlag zeichnete ihr Freund Philipp Otto Runge. Aber ein Jahr später mussten sie die Zeitschrift im französischen Kaiserreich, zu dem Hamburg nun gehörte, wegen der Zensur einstellen.

Nur politisch zuverlässige Personen dürfen seitdem noch Bücher verkaufen.

Die Generaldirektion für Buchhandel und Buchdruckereien in Paris kontrolliert alle Händler, die deutschsprachige Bücher in das Kaiserreich einführen wollen, und verlangt lange Bücherlisten für ihr mehrstufiges Kontrollsystem. Als Perthes die ersten Gerüchte über diese bevorstehende Zensur für deutsche Bücher hörte, wollte er ihr zuvorkommen und bat die Verlagsbuchhändler auf deutschsprachigem Gebiet, ihm eine Anzahl der Werke, die sie verlegen, in Kommission zu geben, so dass er ein großes Sortiment auf Lager hat.

Nun will er auch in Mecklenburg ausstehende Gelder einziehen. Er will sehen, wie es der Hanseatischen Legion geht, und er will Freunde treffen und mit ihnen über den Widerstand gegen Napoleon und den Marschall sprechen.

Karoline erschrickt, als er ihr sagt, dass sie allein in Aschau leben muss, vielleicht für Monate. Sie hat gedacht, ihr Mann würde bei ihr und den Kindern bleiben. Nun sagt er ihr, er habe höhere Pflichten.

Sie weiß nicht, was ohne ihn aus ihr wird. Ihre Seele ist voll Trauer. Sie hat Angst um ihn und um die Kinder.

Perthes muss noch früher abreisen, als er geplant hat. Graf Reventlow hat aus Kopenhagen eine Anweisung für ihn erhalten: Wenn die Franzosen Perthes finden, könne die dänische Regierung ihn nicht schützen, sie müsse ihn ausliefern.

Er reist am 8. Juli ab. Agnes, die Älteste, sieht hilflos den furchtbaren Abschied zwischen den Eltern an, die nicht wissen, ob sie sich lebend wiedersehen. Sie und ihr Bruder Matthias begleiten den Vater nach Kiel und kommen erst spätabends zurück. Sie sind verweint und fühlen sich, als sei nun alles aus.

Zwei Briefe kommen noch aus Heiligenhafen. Im ersten steht, er werde mit mehreren Hamburgern in einem großen Schiff fahren, das von sehr sicheren Leuten, die er aber nicht nennen wolle, ausgerüstet werde, das aber leider erst am kommenden Montag abgehe. Im zweiten liest Karoline, dass er in Heiligenhafen versteckt in einem kleinen Fischerhäuschen festsitzt. Das Wetter ist schön, der Himmel blau und klar, aber der Ostwind so frisch, dass man nicht gegen ihn an nach Rostock segeln kann. Sie werde zugeben, liest sie, dass es an der Zeit sei, sich zu engagieren: »Deshalb aber sollte kein Gedanke in dir aufkommen, dass Liebe und innige Anhänglichkeit an Dich und die Kinder geringer sei als etwa bei denen, die ihren Leib mehr für Weib und Kind aufheben.«

Wochenlang hört sie nichts mehr von ihm, und die Briefe, die sie ihm schreibt, kommen zurück.

Der Sommer wird nass und kalt, es regnet jeden Tag. Agnes hat das »Kochamt«. Sie fürchtet sich in der großen Küche, die früher ein Gefängnis war – sie sieht in den Wänden noch die Eisen, an die die Gefangenen gekettet wurden.

Die Kinder kaufen in Lindhöft, eine kleine Stunde von Aschau, Brot, Talglichter, Seife und Mehl. In Eckernförde, drei Stunden von Aschau zu Fuß, kaufen sie frischen Dorsch. Sie gehen morgens los, und abends fährt der alte Graf auf Windeby sie nach Hause. Sie freuen sich, dass Graf und Gräfin sie oft in ihrer Einsamkeit besuchen, Gemüse für sie in der Kutsche mitbringen oder ein Stück Fleisch, gemahlenen Kaffee und Kuchen. Auch Graf Reventlow besucht sie häufig.

Doch oft, wenn das Wetter schlecht ist und der Kinderlärm zu laut wird, zieht die Mutter sich zum Gebet in das alte Kellergewölbe zurück.

Nach ein paar Wochen wird sie ernsthaft krank. Die Reventlows bestellen einen Arzt aus Eckernförde, die Gräfin kommt selbst. Die großen Kinder schicken nach Kiel und bitten Professor Hegewisch zu kommen. Er ist ein Freund der Familie, und ihm gefällt es nicht, dass die schwangere Karoline so weit weg von jeder Hilfe lebt. Als sie wieder gesund wird, will er,

dass sie nur noch den Sommer über an diesem feuchten Ort
bleibt.

Den Kindern geht es gut in Aschau. Sie sind immer gesund,
und die Großen, meint Agnes, lernen zu arbeiten und sich aus
Entbehrungen nichts zu machen. Sie genießen das zwanglose
Leben in der Natur. Agnes ist oft zumute, als müsste sie die
ganze Welt umarmen, und mit in dieser Welt wäre dann auch
Wilhelm – Wilhelm Perthes, der 19-jährige Cousin und Gehilfe
ihres Vaters, den sie so sehr liebt und der jetzt bei der Hanseatischen Legion in Mecklenburg ist.

»höhere Pflichten«

Der Ostwind hält an, weiße Wolken jagen über den Himmel. Friedrich Perthes sitzt in seinem Versteck, dem Fischerhäuschen in Heiligenhafen, und denkt über sich nach. Ihm kommt es vor, als sei er in ein neues Leben übergetreten, habe eine neue Aufgabe: Er will in Rostock sehen, ob er etwas tun kann, um die Hansestädte zu retten.

Russen und Preußen bedrohen ihre staatliche Unabhängigkeit und Neutralität. Sie haben einen zentralen Verwaltungsrat eingesetzt, der nach ihrem Sieg die eroberten Länder durch Gouverneure regieren soll. Leiter dieses neuen Rates ist der Reichsfreiherr vom Stein, der ehemalige preußische Minister und Reformer, der nun den Zaren berät. Ein russischer Beamter soll als Gouverneur für die Hansestädte und Mecklenburg vorgesehen sein. Hamburger in Mecklenburg glauben, dass nur England und Schweden diese Eroberungspläne verhindern können.

Aber niemand kann für die Hansestädte sprechen, sie haben keine politische Vertretung mehr. Perthes fürchtet, dass sie bei Verhandlungen über eine neue Ordnung in Europa als »herrenloses Gut« diesem oder jenem Staat als Entschädigung für seine Gebietsverluste zugesprochen werden.

Acht Tage lang weht es aus Osten, er hat Angst, dass er seine Freunde in Rostock verpasst. Wenn er dort Verhältnisse vorfindet, von denen er sich fernhalten will, dann geht er für den Winter mit Frau und Kindern nach Schweden und im nächsten Frühjahr nach England und wird wieder Buchhändler.

Er ist ein frommer Mann. Er prüft sich vor Gott und findet sich in Gottes Händen.

Am Sonnabend, dem 17. Juli, schlägt der Wind um, und nachmittags um fünf Uhr segeln Perthes, fünf weitere Hamburger und der Lübecker Senatssyndikus Curtius in einem zunehmenden Sturm aus Westen die Nacht hindurch nach Warnemünde bei Rostock. Die Seereise im offenen Boot löst eine überschwängliche Freude in Perthes aus, er als einziger Passagier wird nicht seekrank. Er isst fette Wurst und trinkt Schnaps, und den anderen wird beim Zusehen immer elender, am schlimmsten trifft es Curtius, einen körperlich gewandten Mann und großen Fechter in seiner Studentenzeit.

In Rostock trifft Perthes schon beim ersten Gang über den Markt mehrere Hamburger, und im Gasthof Köhler sitzt ihm beim Abendessen an der Tafel für Hausgäste sein Freund Ferdinand Beneke gegenüber, der gestern angekommen ist. Beneke hat seine Familie von Itzehoe in das Dorf Flottbek an der Elbe gebracht und ist einen trostlosen Monat lang dort geblieben. Er kennt alle und jeden, baut seit Jahren ein Netzwerk auf und pflegt es sorgsam durch Briefe, schreibt jeden Abend Tagebuch.

Ebenfalls am Tisch sitzt ein Mitglied des englischen Komitees, das die 25 000 Pfund verwaltet, die in London für die Hanseatische Legion gesammelt worden sind. Perthes und der Engländer finden heraus, dass sie gemeinsame Bekannte haben – John Thornton zum Beispiel, den Kaufmann und englischen Gesandten in Hamburg, der englische Gelder an Schweden vermittelt, und General Wallmoden, der in russischem Dienst steht. Wallmoden hat sein Hauptquartier in Grabow bei Ludwigslust, sein Korps von 24 000 Mann gehört zum Nordheer der verbündeten Russen und Preußen, das der Kronprinz von Schweden befehligt. In Mecklenburg kämpfen auch eine russisch-deutsche Legion aus Freiwilligen, das Freiwilligenkorps eines Major Lützow und die Hanseatische Legion. Der Waffenstillstand ist bis zum 12. August verlängert worden.

Perthes hört viele Neuigkeiten. Senatssyndikus Dr. Gries aus Hamburg und sein Sekretär Dr. Sieveking haben beim Kronprinzen und beim Herzog von Mecklenburg erreicht, dass

Mettlerkamp die geflohenen Bürgergardisten zu sich rufen
darf. Vor drei Tagen haben sie in Güstrow den Hansestädten
die Treue geschworen. Heute, am Tag von Perthes Ankunft in
Rostock, wird die Hanseatische Legion in englischen Sold
genommen, wobei der Eid, den sie dem Zaren geleistet haben,
noch gilt. Die Männer wollen kämpfen, haben aber keine Waffen. Von Heß, der ehemalige Kommandant der Bürgergarde, ist
jetzt in London, er hat dort Geld gesammelt und verspricht
mehr.

In den nächsten Tagen entwickeln Perthes und Beneke in
langen Gesprächen, wie sie die Hansestädte retten könnten. Sie
müssten schnell irgendeine Institution schaffen, ein Gremium,
einen Verein, der die englischen Gelder entgegennimmt und sie
an die Legion und die Bürgergarde verteilt. Dieser Verein
müsste die Hansestädte auch politisch vertreten und verhindern, dass die Monarchien Russland und Preußen nach einem
Sieg über Napoleon die Stadtrepubliken unter sich aufteilen.
Die Existenz der Hanseatischen Legion und der Bürgergarde
ist dabei ganz wichtig: Nur wenn man selbst um seine Freiheit
kämpft, kann man sich retten.

Für die Gründung des Vereins brauchen sie sofort die Zustimmung von Preußen, Russland und Schweden, sonst bleibt
er wirkungslos. Immerhin haben sie ein Lockmittel bei Verhandlungen und können sagen: Wir haben Geld aus London
für Legion und Garde, die mit euch kämpfen, und es kommt
noch mehr.

Perthes und Beneke beraten sich mit Curtius, und gemeinsam mit ihm gehen sie auf Reisen, nach Doberan, nach Stralsund, nach Güstrow. In Doberan halten sich der Herzog von
Mecklenburg-Schwerin, russische und preußische hohe Beamte
und der Kronprinz von Schweden mit seinem Stab auf. Abendroth ist vor wenigen Tagen abgereist, Davout hat ihm mitteilen
lassen, wenn er nicht sofort nach Hamburg komme, werde sein
Eigentum eingezogen. Nun ist Abendroth in Kiel und verhandelt schriftlich mit Davout über die Todesstrafe, die Napoleon
gegen ihn verhängt hat.

Nicht weit von Doberan hält sich Peter Godeffroy jun. auf. Er ist in den letzten Maitagen auf das Gut Roggow seines Schwiegervaters geflohen – er hat im Vorjahr die 19-jährige Susette von Oerzten-Roggow geheiratet, die jetzt jeden Tag ihr erstes Kind erwartet. Beider Väter hatten geschäftlich miteinander zu tun, als der alte Godeffroy dem Herzog von Mecklenburg billige englische Anleihen vermittelte. Pierre Godeffroy ist mit seiner Tochter Friederike nun auch in Roggow.

In Stralsund treffen Perthes, Beneke und Curtius mit Gries und Sieveking zusammen, und auch Mettlerkamp kommt zu Besprechungen. Perthes blüht auf in Gesellschaft. Es macht ihm Spaß, dass er eine große und aufregende Zeit erlebt, hin- und herreist, mit wichtigen Leuten konferiert und selbst wichtig wird.

Jetzt sind die beiden Senatssyndici Curtius und Gries die einzigen legitimen Vertreter von Lübeck und Hamburg, die es noch gibt, sie haben noch ihre Vollmachten, und es ist ihre Pflicht – sagt Perthes –, als Zivilobrigkeit der Hansestädte aufzutreten und dafür zu sorgen, dass diese, wenn auch besetzt, dennoch als selbstständige Staaten gehört werden. Perthes schlägt vor, dass beide Syndici, Mettlerkamp, Beneke, Sieveking und er ein Hanseatisches Direktorium gründen und sich als Vertreter der drei Städte bei den kriegführenden Mächten vorstellen.

Perthes und Beneke sind seit Jahren befreundet, haben miteinander Wein getrunken und politisiert. Sie waren einmal begeistert von der Französischen Revolution, Beneke ist sogar einem Jakobinerclub beigetreten. Sie haben die neue Zeit unter Napoleon begrüßt, Napoleon verehrt, aber mit dem Elend in ihrer Stadt und in Europa wuchs ihre Feindschaft gegen ihn. Napoleons Kriege sind Eroberungskriege, und Napoleon ist für sie ein Tyrann geworden, ein Zerstörer der Revolution und Unterdrücker Europas.

Sie haben sich für ein paar Jahre in eine Wiederbelebung der mittelalterlichen Hanse als mögliche Gegenkraft geflüchtet,

Ferdinand Beneke und Jonas Ludwig von Heß haben Aufsätze für ein Hanseatisches Magazin geschrieben, das Senator Johann Smidt in Bremen herausgegeben hat. Dessen Autoren diskutierten über die »Beförderung der Cultur« als Zukunft der Reichsstädte, insbesondere der Hansestädte Bremen, Lübeck und Hamburg, deren Gefühl der Zusammengehörigkeit Smidt fördern wollte, und über ein ungestörtes friedliches Fortschreiten »zu steter Vollkommnung«.

Diese idealistische Wiederbelebung der alten Hanse haben sie schon lange aufgegeben, aber nun holen sie die Idee eines Bündnisses der Hansestädte wieder hervor.

Die Vertreter von Russland, Preußen und Schweden sagen zu, ein Hanseatisches Direktorium anerkennen zu wollen. Die Syndici beider Städte und Pastor Geibel aus Lübeck, Mettlerkamp, Sieveking, Beneke und Perthes wollen das Direktorium bei ihrer nächsten Zusammenkunft gründen.

In den letzten Julitagen ist Perthes in Güstrow und tritt als Major neben Mettlerkamp an die Spitze der neuen Hanseatischen Bürgergarde.

»Tage des Schreckens, der Angst und des Leidens«

1.

Der Kaufmann Andreas Prell ist noch in Hamburg. Ihm ist es gelungen, den Präfekten de Breteuil davon abzubringen, seinen Namen auf die Liste der Abwesenden zu setzen, die von der Amnestie ausgenommen sind – als Chef eines Bataillons der Bürgergarde wäre er sonst vor das französische Kriegsgericht gekommen. Prell hat dem Präfekten wortreich erklärt, in wie vielen Organisationen der Armen- und Krankenpflege er tätig ist – in den Verwaltungen des Zuchthauses, des Armenhauses, des Krankenhofs –, bis die weitere Mitarbeit eines Kaufmanns, der so viel weiß und so gut Französisch spricht, dem Präfekten unverzichtbar erschien.

Trotzdem ist Prell vorsichtig und lässt seine Frau Petronella und die Kinder im Gartenhaus seiner Schwiegermutter Moller vor dem Dammtor. Das Frühjahr ist in diesem Jahr spät gekommen, die Obstbäume stehen noch in voller Blüte, und abends singen die Nachtigallen. Seiner achtjährigen Tochter Marianne geht es gut bei der Großmutter und den beiden Tanten, die Schule ist geschlossen, sie muss nur morgens ein wenig helfen, dann ist sie frei und kann mit den anderen Kindern in der Gegend umherstreifen und den Vater abends, wenn er aus der Stadt kommt, am Roten Baum abholen, dem Schlagbaum außerhalb des Dammtors.

Für die Erwachsenen wird das Leben immer schwerer. Tante Dorothea vergällen die Soldaten vor und in den Häusern »die Gartenlust«, das unaufhörliche Trommeln, Exerzieren und Schießen und die wachsenden Verschanzungen. Bewohner von Gartenhäusern dicht am Dammtor bekommen Befehl, ihre

Häuser abbrechen zu lassen. Alleebäume werden umgehauen, und Gärten werden wüst. Mariannes Großmutter und die Tanten haben Angst um ihr Gartenhaus.

2.

In allen drei Departements der 32. Militärdivision zeigen die Einwohner einen zähen passiven Widerstand. In Hamburg melden sich am 4. Juli nur 1217 Mann für die Arbeiten an der Festung. Darauf lässt der Marschall den Bürgern befehlen, sofort 6000 Arbeiter bereitzustellen, 4000 aus der Stadt und 2000 aus den Landgebieten. Wenn sie nicht erscheinen, werden die zehn angesehensten Bürger einer Gemeinde oder eines der sechs Kantone, in die Hamburg eingeteilt ist, verhaftet und zur Arbeit auf die Wälle geführt. Die Übrigen müssen für jeden fehlenden Arbeiter zehn Francs zahlen.

Trotzdem kommen die befohlenen Arbeiter nicht. Der Unterpräfekt lässt sechzig Kaufleute verhaften, Männer, deren Namen jeder in Hamburg kennt, auch Christian Pehmöller aus der Katharinenstraße ist unter ihnen. Ein Drittel dieser Bürger ist über sechzig Jahre alt. Sie müssen mit Schiebkarren und Schaufeln zu den Wällen gehen und in der Sonnenhitze Erde aufschütten. Die Hamburger sind empört.

Der neue Gouverneur Hogendorp befiehlt, die Bürger sofort freizulassen. Napoleon hat Dirk Hogendorp, einen Holländer und erfahrenen Verwaltungsbeamten, geschickt, damit er Davout vertritt, wenn der Marschall die Stadt mit den Truppen verlässt. Hogendorp setzt durch, dass auch Frauen und Kinder zur Festungsarbeit angenommen werden. Frauen bekommen zwei Drittel des Männerlohns, Kinder die Hälfte.

Jetzt wird jeder Bürger zur Schanzarbeit verpflichtet, aber Stellvertretung ist gestattet. Doch wieder vermindert sich die Anzahl der Arbeiter: Bei den Franzosen bekommen sie einen Franc Tageslohn, als Stellvertreter erhalten sie von den Bürgern mehr. In der Stadt entstehen Agenturen, die Stellvertreter vermitteln. Am 27. Juli kommen 3571 Arbeiter, am 28. Juli kommen nur 2611.

Auch Soldaten müssen jetzt auf den Wällen arbeiten, aber das verzögert die Ausbildung der Rekruten, und zudem desertieren viele. Wieder lässt Davout die Anstellung von Zivilarbeitern neu organisieren. Anstelle von hundert Arbeitern dürfen siebzig Männer und für die letzten dreißig Männer dreißig Frauen und zwanzig Knaben zwischen 15 und 18 Jahren angenommen werden.

Jetzt erscheinen an einzelnen Tagen bis zu 7000 Arbeiter an den Festungswerken, Männer, Frauen und Kinder, aber sie kommen unregelmäßig, und die französischen Aufpasser sind unzufrieden mit der Leistung der Frauen: »*Travaillez donc, madame! Travaillez donc, mademoiselle!,* So arbeiten Sie doch, Madame! Arbeiten Sie doch, Mademoiselle!«

Nur Kranke sind von der Schanzpflicht befreit, Greise über sechzig und diejenigen, die ihren Anteil an der Strafkontribution bezahlt haben.

Die Abgesandten der Handelskammer haben nichts beim Kaiser erreicht. Er hat sich geweigert, sie zu empfangen, sie mussten Dresden sofort verlassen. Jetzt will Napoleon 30 Millionen Francs in bar haben – 10 Millionen schnell, den Rest in Waren. Über die Eintreibung der Strafkontribution soll von nun an die Handelskammer wachen.

Das letzte Sechstel sollte am 15. Juli eingetrieben sein, aber davon ist man weit entfernt. Ein Zahlungsplan folgt dem anderen, Napoleon schickt ungeduldige Briefe, will sich auf langfristige Ratenzahlung nicht einlassen, die die Kaufleute Chaban vorschlagen. Der Kaiser will alles haben – die großen Lager, die Handelsschiffe, die Häuser, die Kolonialwaren, soweit es sie noch gibt. Sie sollen für seine Rechnung verkauft werden. Außerdem ist da noch das Territorium, der Grund und Boden, der mehr als 100 Millionen wert sein muss, er denkt daran, Domänen daraus zu machen.

Dann ordnet Napoleon an: 10 Millionen in bar, 20 Millionen in Wechseln, 18 Millionen in Sachleistungen, davon sollen 15 Millionen Waren sein, die man ihm schickt, und 3 Millionen

Requisitionen für den Verbrauch in Hamburg. Er ist mit Davouts Vorschlag einverstanden, Zerstörungen für den Ausbau der Festung als Sachleistungen anzurechnen: den Wert von Gebäuden im Schussfeld vor dem Graben zum Beispiel. Nicht angerechnet werden dürfen die 217 beschlagnahmten Häuser der Geflohenen.

3.

Der Wagenmaler- und Wagenlackiererlehrling Christian Wehrs und sein Freund, der Gärtnersohn Otto Willich, sind wieder in Hamburg. Ihre Eltern haben ihnen Nachricht von einer bevorstehenden Amnestie geschickt und sie zurückgerufen. Sie haben sich eine lange Kiste gezimmert, in die sie eines Nachts ihre Gewehre, Pistolen und einen Säbel hineinlegten und die sie in einem der Treibhäuser der Gärtnerei Willich bei dicht verschlossener Tür und verhängten Fenstern vergruben. Wehrs Mutter ist mit den Schwestern immer noch in Eimsbüttel, es gilt als zu gefährlich, die erwachsenen Töchter in der Stadt in einem Haus zu lassen, in dem inzwischen Offiziere logieren. Der Stiefvater kümmert sich um nichts, und so treibt Wehrs sich mit Willich in der Stadt herum.

Sie gehen zu den Zusammenkünften im »Trichter«, einem Lokal am Altonaer Tor, bei denen sehr junge Männer ziemlich ungeniert über ihre Zukunft sprechen, wenn keine französischen Offiziere da sind. Alle wollen zur Bürgergarde, die bei den Russen in Mecklenburg sein soll. Sie haben sich die Hanseatische Kokarde auf die Weste geheftet, und Wehrs malt das rote Hanseatenkreuz auf das Zifferblatt seiner Uhr und der Uhren vieler Freunde, es soll ein Erkennungszeichen sein: Wenn man sich trifft, fragt man: »Wie viel Uhr ist es?«, und der Gefragte zieht die Uhr und zeigt das Hanseatenkreuz.

Am 20. Juli wird Wehrs 17 Jahre alt, und an diesem Tage wandert er morgens um sechs »tollkühn und seelenvergnügt« zum Steintor hinaus: Er will zur Bürgergarde und zu den Russen. Aber hinter Bergedorf fängt ein französischer Kürassier ihn ab.

Zwei Mann und ein Gefreiter bringen ihn zurück in die kleine Stadt, wo ein Offizier ihn für einen Spion hält. Ein Soldat visitiert ihn am ganzen Leibe, Wehrs bekommt nun doch Angst, der Soldat drückt alle hohlen Metallknöpfe an seiner Jacke zusammen, macht einen auf, kontrolliert Hut und Stiefel, öffnet die Taschenuhr und zieht das Papier mit Namen und Adresse des Uhrmachers heraus. Er zeigt es dem Dolmetscher, der es gleich zurückgibt und dabei zufällig das Ziffernblatt mit dem Hanseatenkreuz verdeckt.

Man lässt Wehrs laufen. Spätnachts, im Dunkeln, kommt er in Hamburg an. Am nächsten Tag arbeitet er ruhig im Geschäft, sein Stiefvater hat von einigen Offizieren den Auftrag bekommen, ihre Wagen zu reparieren und zu lackieren. Wehrs wagt nicht noch einmal, zu den Russen zu gehen.

»Feinde des Staates«

Karoline Perthes in Aschau und ihre größeren Kinder leben in Sorge und Unruhe. Karoline hat nichts mehr von ihrem Mann gehört, seit er aus Heiligenhafen abgesegelt ist. Dafür machen Gerüchte die Runde, dass Dänemark auch Frauen und Kinder von Flüchtlingen ausliefern werde, wenn die Franzosen sie im Herzogtum Schleswig-Holstein finden. Graf Reventlow ist davor gewarnt worden, die Familie länger in Aschau zu lassen, das sei zu gefährlich. Aber jeder, den man fragt, meint etwas anderes. Karoline will nicht nachts in einem kleinen Boot heimlich auf die dänischen Inseln und ins Ungewisse fliehen, sie will zu ihrem Mann nach Mecklenburg.

Endlich kommt ein Brief von ihm. Er ist wohlbehalten in Rostock angekommen.

Sie klagt ihm: »Wir kriegen hier durchaus nichts zu hören und wissen nicht, ob es vor- oder rückwärts geht, und das ist wirklich kaum auszuhalten. Es schreibt auch kein Mensch.« Sie hat nur einen Brief von ihrem Vater erhalten. Sobald es mit der Belagerung von Hamburg ernst wird, will er nach Westensee bei Emkendorf reisen. »In Hamburg soll eine Generalamnestie ausgekommen sein, wovon aber dreißig ausgeschlossen sind; unter diesen bist Du mit.«

Die Bürger in Hamburg lesen in der Zeitung den Wortlaut einer Amnestie für alle Akte der »Insurrection, Rebellion und Desertion«: Der Marschall begnadigt die bisher auf der Abwesenheitsliste geführten Personen. Allerdings bleiben 28 Männer aus Hamburg, Lübeck, Lüneburg, Stade und Harburg, aus Lauenburg, Bremerlehe, Hannover, Barmstedt und Bremen

von der Amnestie ausgeschlossen. Unter ihnen sind Syndikus
Gries, von Heß, Mettlerkamp, Perthes: » Sie werden für Feinde
des Staats erklärt und für immer aus dem Französischen Reiche
verbannt.«

Für die anderen gilt die Amnestie allerdings nur, wenn sie bis
zum 5. August nach Hamburg zurückkommen.

Friedrich Perthes ist in Güstrow und schreibt an seine Frau. Er
hat noch immer keine Nachricht von ihr, das ist hart für ihn
und traurig: »Es gibt Stunden, wo die ganze Angst des Lebens,
das ich noch vor mir habe, der ganze Jammer des Lebens, was
nun zu führen ist, schwer auf mir liegt. Doch Gott hat's gegeben, Gott hat's genommen; es muß bestanden werden.«

Bal Dansant

Die Prinzessin

1.

Jetzt ist Juli, die heiße Jahreszeit, in der das Wasser in Hamburg schlecht ist. Davout mischt seinen Wein mit gefiltertem Wasser, aber er riecht das schlechte Wasser im ganzen Palais. Aimée soll ihm neue Filter mitbringen. Sie hat nicht geantwortet.

Am Abend des 19. Juli kommt endlich ein Brief von ihr. Sie ist abgereist, sie bringt die kleinen Mädchen mit. Sie müsste jetzt kurz vor Bremen sein.

Er kann ihr nicht entgegenkommen, er muss den Kurier des Kaisers aus Dresden abwarten, die Verlängerung des Waffenstillstandes ist wieder unsicher. Wenn er jetzt endet, können sie sich nur 48 Stunden lang sehen.

Eine berittene Militäreskorte begleitet die Kutschen der Prinzessin und ihren Gepäckwagen durch das Land, dessen Aufstände gerade erst niedergeschlagen wurden. Ihre Gesellschafterin Mademoiselle Duchemin und eine Zofe reisen mit ihr, die achtjährige Josephine und die sechsjährige Napoleone – genannt Leonie – mit ihren Kinderfrauen, drei Diener, Koch, Kutscher, Pferdeknechte. Die Länge ihres Besuchs in Hamburg hängt von den Verhandlungen der Diplomaten in Prag ab – wird es Frieden geben oder weiter Krieg? Immerhin hat der Kaiser ihr die Reise erlaubt.

Aimée – Herzogin von Auerstedt, Prinzessin von Eckmühl – trägt die Namen von Orten, in deren Nähe ihr Mann berühmte Schlachten gewonnen hat. Trotzdem heißt es von ihr, sie wisse nicht, was in Europa los sei. Dabei liebt sie nur das Reisen nicht. Wenn sie reisen will, wird ihre Mutter krank oder droht,

Savigny für immer zu verlassen, und dann müsste sie ganz allein leben.

Sie hat ein kleines Gesicht, das dunkle Locken umrahmen. Die Zofe hat sie ihr à la Josephine in die Stirn gelegt und an den Schläfen zu kurzen Korkenzieherlocken gedreht. Aimée sieht mädchenhaft aus, etwas pausbackig, sie hält sich anmutig und lächelt gern.

Der Prinz durfte nach dem Russlandfeldzug als Einziger der Marschälle nicht zu seiner Familie. Sie weiß, wie er leidet. Er will, dass der Kaiser ihn wieder schätzt wie früher, dass er ihn wieder für seinen besten Marschall hält. Von Anfang an hat Neid ihn umgeben. Der Neid auf seine Erfolge hat auch ihr das Leben schwer gemacht.

Er ist streng und verschlossen, sie ist seine Einzige Vertraute. Vor einem Jahr hat er ihr aus Königsberg über den Kaiser geschrieben: »... einige Worte von ihm geben mir neuen Eifer und stärken mich gegen den Neid.« Doch nach dem Russlandfeldzug ist alles schlimmer geworden. Man sagt, er habe große Verluste verschuldet.

Er hat nachts, bei Schneesturm und minus 25 Grad, einem Pferd den Bauch aufschlitzen lassen und sich hineingelegt, damit er nicht erfriert. Er ist immer noch der kampfbereite Mann, den sie geheiratet hat, stark, angriffslustig. Nur seine Uniformen haben sich mit jedem Wiedersehen geändert, wurden prächtiger, mit noch mehr Gold bestickt, noch mehr Ordenssternen behängt.

Zehn Jahre lang haben sie sich oft nur für wenige Tage gesehen, und jedes Mal, wenn sie sich trennten, war sie schwanger. Sie ist immer schwanger, außer wenn er nicht kommen kann – dann erholt sie sich. Die Geschichte seiner großen Militärkarriere ist auch die Geschichte ihrer Geburten.

2.

Napoleon hat die Heirat von General Davout mit Aimée Leclerc befohlen – am 25. Oktober 1801, als er in den Tuilerien den General Leclerc empfing. Victor Leclerc war mit Napoleons Lieblingsschwester Paulette verheiratet und sollte eine Strafexpedition in die Kolonie San Domingo leiten und gegen den schwarzen General Toussaint Louverture kämpfen. Aber er wollte nicht, brachte Gegengründe, sagte, er müsse für seine Schwester sorgen.

Napoleon versprach, sich selbst um die junge Dame zu kümmern. Wenige Minuten später war General Davout, der zufällig im Vorzimmer wartete, verlobt. Davout zögerte, Napoleon befahl, und Leclerc begleitete Davout zum Mädchenpensionat Campan in St. Germain zu seiner nichtsahnenden Verlobten.

Madame Campan war eine ehemalige Kammerfrau der Königin Marie Antoinette und erzog die jungen Damen der neuen Klasse aus reichem Bürgertum und kleinem Adel. Zu Aimées Pensionatsfreundinnen gehörten Hortense de Beauharnais, die Tochter von Josephine, und Caroline, Napoleons Schwester, auch die späteren Frauen der Marschälle Duroc und Ney. Madame erzog sie zur Ehe, zu Grazie und Einfachheit. Sie sollten zu allen Leuten freundlich sein und das Glück eines Einzigen zu ihrem Lebensziel machen.

Davout fand Aimée freundlich und sehr schön und verliebte sich sofort in sie. Aimée war schon einmal verlobt, aber sie hatte die Verlobung gelöst. Davout gefiel ihr. Zwei Wochen später heirateten sie. Er war 31, sie war 19. Napoleon und Josephine unterschrieben die Heiratsurkunde. Madame Campan weinte, als sie von der Hochzeit hörte.

Napoleon machte Davout zum Kommandeur der Grenadiere in der Garde des Ersten Konsuls. Zum neuen Rang gehörte eine Wohnung in der Rue Saint Florentin, in der Nähe der Place de la Concorde. Aimées Bruder Victor war nun unterwegs nach San Domingo, er hatte den Oberbefehl über 35 Linienschiffe, 41 Transporter, 10 Fregatten, über 22 000 Soldaten und die Schiffsbesatzungen. Auch Aimées ältester Bruder Nicolas Marin unterstand seinem Kommando, und Victor hatte seine Frau Paulette und seinen dreijährigen Sohn mitgenommen.

Aimée erhielt von ihrer Familie 150 000 Francs Mitgift und

eine Aussteuer im Wert von 10 000 Francs. Sie war eine reiche
Erbin, sie stammte aus dem wohlhabenden Bürgertum von
Pontoise, ihr verstorbener Vater war Getreidehändler.

Davout war arm, er kam aus einer Offiziersfamilie in Burgund, aus kleinem Adel, die Familie d'Avout führte sich bis
ins 13. Jahrhundert zurück. Seine Mutter Françoise-Adélaide
Minard de Velars kam aus einer Familie von Verwaltungsbeamten. Ihr Vater war geadelt worden, aber der Zuschnitt der Familie war der des gebildeten Bürgertums geblieben.

Louis-Nicolas d'Avout wurde am 10. Mai 1770 in Annoux geboren, in einem ärmlichen Bauernhaus. Ihm folgten drei Geschwister: seine Schwester Julie und seine Brüder Alexandre
und Charles. Als Louis neun Jahre alt war, starb der Vater nach
einem Jagdunfall.

Mit zehn Jahren trat Louis in die Königliche Militärschule
in Auxerre ein. Mitschüler hänselten ihn wegen seiner Armut
und wegen seiner Lesewut. Er las Texte von Philosophen und
Strategen. Mit fünfzehn wechselte er auf die Königliche Militärschule in Paris. Er lernte Mathematik, öffentliches Recht,
Geschichte und Geografie, Festungskunde, hatte jede Woche
fünf Stunden Deutsch, lernte Reiten, Tanzen, Umgang mit
Waffen. Mit siebzehn verließ er die Schule als Unterleutnant
und trat in das Kavallerieregiment seines verstorbenen Vaters
und eines wohlhabenden Onkels ein, das Regiment Royal
Champagne.

Der Unterleutnant König Ludwigs XVI. begeisterte sich für
die Ideen der Revolution, für Freiheit, Gleichheit, Brüderlich-
keit, und nannte sich von nun an Davout. Auf einer Regiments-
feier erwiderte er den üblichen Trinkspruch auf die Gesundheit
des Königs mit »à la santé de la Nation«, auf die Gesundheit
der Nation. Er reiste mit einer revolutionären Abordnung seines Regiments nach Paris. Die Folge für ihn: sechs Wochen
Festungshaft in der Zitadelle von Arras und erzwungene Rück-
gabe seines Offizierspatents wegen Republikanertums. Er ver-
brachte ein Jahr bei seiner Mutter in Ravières, verliebte sich in

Marie-Nicolle-Adelaide de Séguenot und heiratete. Die revolutionären Freiwilligen von Yonne wählten ihn 1791 zum Oberst-
leutnant in ihrem 3. Bataillon. Davout marschierte mit ihnen
nach Norden, wurde Divisionsgeneral.

Schwierige Jahre folgten. Die Republik wurde proklamiert,
der König hingerichtet, Adlige wurden aus der Armee der
Republik ausgeschlossen, auch Davout. Er kehrte nach Hause
zurück, seine Frau war ihm untreu gewesen, er ließ sich
scheiden. Er und seine Mutter kamen als verdächtige Adlige
und Fluchthelfer von Adligen ins Gefängnis und überlebten
nur, weil drei Monate später die Herrschaft der Jakobiner zu
Ende war. Von nun an bezweifelte er die Vorteile der Volks-
herrschaft. 1794 wurde er Brigadegeneral in der Moselarmee.
Er wollte Ordnung ohne Furcht in Frankreich: Das versprach
Bonaparte.

General Desaix stellte ihn 1798 General Bonaparte vor, und
Bonaparte nahm ihn mit nach Ägypten. Davout zeichnete sich
in den Kämpfen gegen die Engländer aus, kämpfte mit Kavalle-
risten und hundert Dromedarreitern gegen die Türken, gewann
Bonapartes Wohlwollen. Im Mai 1800 traf Davout wieder in
Paris ein. Bonaparte war jetzt Erster Konsul und führte die
Regierung. Davout wartete, was mit ihm geschehen sollte.

General Junot, der Gouverneur von Paris, sagte seiner Frau,
Napoleon habe eine Antipathie gegen Davout. Madame Junot,
die spätere Herzogin von Abrantes, verstand das: Davout war
der schmutzigste und der am schlechtesten angezogene Offizier, den sie kannte, er lief schäbig und schlampig herum.
Napoleon war immer sauber und gepflegt, jedenfalls seit er mit
Josephine zusammenlebte.

Doch Napoleon hielt Davout für sehr tüchtig. Irgendetwas
ereignete sich damals zwischen beiden, vielleicht ein Gespräch,
bei dem niemand Zeuge wurde. Von nun an war Davout dem
Ersten Konsul ergeben. Napoleon wurde in allem sein Vorbild – in der persönlichen Sauberkeit, bei der Arbeit, im Auf-
treten. Für Davout war Napoleon der Mann, der Frankreich
vor dem Bürgerkrieg gerettet hat.

Davout ging mit ihm nach Italien, wurde nach der Schlacht von Marengo Oberbefehlshaber der Konsulargarde. Er blieb ein Mann ohne Glanz und Selbstdarstellung. Dabei war er nur vor zwei Menschen schüchtern: vor seiner Frau und vor Napoleon. Kurz nach der Hochzeit schrieb er ihr: »Meine kleine Aimée, du musst das Herz deines kleinen Louis genug kennen, um zu wissen, dass er keine andere Leidenschaft, keinen anderen Ehrgeiz hat, als dem Ersten Konsul dienen zu können.«

Das erste Kind, Paul, kam im August 1802 zur Welt. Aimée hatte monatelang unter der Schwangerschaft gelitten, aber Davout war zum Dienst bei Napoleon abgestellt, in Malmaison oder in Paris, und sie war damals noch nicht so allein wie später.

Damals kauften sie das Schloss in Savigny-sur-Orge, nicht weit von Paris, für 760000 Francs, seitdem zahlen sie es ab: Die letzte Zahlung soll 1829 sein. Das Schloss hat dicke Türme und auf drei Seiten einen Wassergraben, über den eine Brücke zum Tor führt, auf der vierten Seite einen See, dahinter einen verwilderten Park. Ein Gutshof mit 451 Hektar gehört dazu, zwei Bauernhöfe, eine Mühle, Wälder. Aimée liebt Savigny, sie geht nur im Winter nach Paris.

Im Herbst nach Pauls Geburt kam die Nachricht, dass in San Domingo unter den Truppen das gelbe Fieber ausgebrochen war. Victor Leclerc starb daran. Sein Tod ließ Aimée in eine tiefe Verzweiflung versinken. Paulette und Nicolas Marin, der älteste Bruder, kamen mit der Leiche zurück nach Frankreich. Paulettes Trauer ließ Aimée ihr alles verzeihen, Capricen, Kapriolen und frühere Kränkungen. Napoleon vergab sie den Tod ihres Bruders nie.

Ihr Mann und sie zeigten sich wenig in der Pariser Gesellschaft. Man sah sie auch kaum in Malmaison bei Josephine. Das Frühjahr verbrachten sie mit ihrem kleinen Sohn in Savigny. Sie begannen, ihr Schloss instand zu setzen, möblierten es – wenigstens teilweise –, kauften erste Kunstwerke, planten eine Orangerie. Sie pflanzten Pappeln am Fluss Orge, später ließ Aimée sie durch Ulmen ersetzen. Davout war ein begeisterter Jäger und züchtete rote Rebhühner. Sie luden Freunde zur Jagd ein und zum Fischen. Seitdem ist Davout nie wieder so lange dort gewesen.

Napoleon verließ Paris im Juni 1803 und nahm Davout mit. Paul, der kleine Sohn, starb im August 1803 an Krämpfen, innerhalb von Stunden. Davout kehrte sofort nach Savigny zurück.

Im September bekam er das Kommando im Militärlager Brügge, der Basis des 3. Armeekorps. Aimées Bruder Nicolas Marin ging mit ihm, er ist seitdem fast immer bei ihm. Die Franzosen schützten mit 100 000 Mann die Atlantikküste vor britischen Angriffen und dachten über eine Invasion Englands nach.

Aimée durfte nur bei ihrem Mann sein, wenn Napoleon es erlaubte, und Napoleon und damit auch Davout meinten, es wäre besser, wenn Offiziersfrauen nicht im Lager lebten. Sie litt unter ihrer Verlassenheit nach Pauls Tod. Davout schrieb ihr fast täglich: Er liebe sie sehr, sie fehle ihm, er sorge sich um ihre Gesundheit, um ihr Wohlergehen, warte auf ihre Briefe. Aber er meine, dass es unmöglich sei, der Armee richtig zu dienen, wenn man seine Frau bei sich habe. Das sage er sich immer wieder.

Aimée fuhr im Dezember zu ihm nach Brügge. Sie fragte niemanden um Erlaubnis. Sie war wieder schwanger.

Das zweite Kind, Josephine, kam im Mai 1804, Taufpatin war Josephine. Davout war in Paris. In diesem Monat wurde er Marschall.

Der Senat rief Napoleon zum Kaiser von Frankreich aus. Napoleon wollte Royalisten und Jakobiner versöhnen und die Ideen der Revolution in einem Gesetzbuch der bürgerlichen Gesellschaft sichern, dem Code Civil, der die Gleichheit aller vor dem Gesetz festlegte, die Trennung von Staat und Kirche, die Sicherheit des Besitzes. In Europa wollte er ein französisches Imperium anstelle des Heiligen Römischen Reiches deutscher Nation sehen und sich selbst als Imperator.

Der neue Kaiser brauchte einen Hofstaat. Er hatte schon den geflohenen Aristokraten erlaubt zurückzukehren. Nun ernannte er achtzehn Generäle zu Marschällen des Imperiums – bislang gab es Marschälle von Frankreich. Louis Davout, 34 Jahre alt, wurde jüngster Marschall des Imperiums.

Er musste sich einen riesigen Zweispitz kaufen, mit weißen Federn und breiter Goldstickerei an der Krempe, und den schwer mit Gold bestickten schwarzen Uniformfrack für Marschälle, den Napoleon entworfen hatte, mit hohem Stehkragen, goldenen Epauletten und einer üppigen seidenen Schärpe mit großer Schleife und langen Fransen. Dazu gehörten weiße enge Hosen, schwarze hohe Stiefel, die über die Knie reichten, weiße Handschuhe und ein mächtiger Prunksäbel. In dieser Uniform musste Davout sich auf Napoleons Wunsch für den neuen Marschallsaal in den Tuilerien malen lassen.

Napoleon schickte ihn zurück nach Brügge. Zur Kaiserkrönung am 2. Dezember musste er wieder in Paris sein. Bis dahin beschäftigten er und Aimée sich in ihren Briefen mit Fragen wie: Welche Livreen sollen unsere Diener von nun an tragen? Warum lässt sie sich nicht, wie alle anderen Damen, zwei Hoftoiletten schneidern statt nur einer? Wie stellen wir es an, am Tag der Krönung eine der gefederten Kutschen zu bekommen, aus denen man leicht aussteigen kann?

Alle Marschälle kamen zur Krönung nach Paris. Der Kaiser redete Davout jetzt mit *mon cousin* an. Hauptthema auf den Gesellschaften waren die Kleider. An den Empfangsabenden des Kaisers erschien man in großem Luxus, der Kaiser wollte, dass seine Frau und seine Schwestern sich die prachtvollsten Toiletten entwerfen ließen. Leroy, der Schneider der Prinzessinnen und der Marschallinnen, verdiente ein Vermögen. Napoleon zeigte sich im roten goldbestickten Samtfrack mit breiten Schößen über einer langen Weste und weißen Kniehosen und in weißen seidenen Strümpfen mit Schnallenschuhen. Mit dem zivilen Frack anstelle einer Uniform betonte er seine Verbindung zum reichen Bürgertum. In Paris und in ganz Frankreich

waren Ordnung und Sicherheit zurückgekehrt, und die meisten
Bürger waren mit dem neuen Kaiserreich sehr einverstanden.

Der 2. Dezember 1804 war ein kalter Tag, aber die Sonne
schien, der Himmel war blau. Die Trikoloren flatterten, und an
den Straßenrändern drängten sich die Menschen, um die höchsten Militärs und Staatsbeamten und die vornehmsten Damen
zu sehen.

Aimée stand mit den anderen Marschallsgattinnen in der
Kathedrale Notre-Dame auf einer Estrade. Die Damen trugen
Rosa und hatten weiße Straußenfedern im Haar. Eine Stunde
später als vorgesehen traf der Krönungszug ein.

Kaiserin Josephine schien mit Brillanten bestreut zu sein und
strahlte wie eine Sonne. Ihre Robe aus weißem Atlas war mit
Gold bestickt, ihr purpurroter Krönungsmantel mit Hermelin
besetzt. Sie trug ein Brillantdiadem und einen breiten Gürtel
aus Brillanten.

Die Robe des Kaisers war aus weißer Seide, sein Samtmantel
mit goldenen Bienen bestickt. Bienen schmückten das Grab
von Childerich, dem Begründer der Merowinger-Dynastie –
Napoleon stellte sich mit der Wahl seines Wappentiers in die
Nachfolge der ersten Dynastie Frankreichs. Im Herbst war er
in Aachen am Grab Karls des Großen gewesen. Nun ließ er den
angereisten Papst stehen und krönte sich selbst mit einem
doppelten goldenen Lorbeerkranz, dem Zeichen der römischen
Imperatoren.

Drei Tage nach der Krönung begab sich der Kaiser mit
Familie und Gefolge zur Verteilung der Adler an die Regimenter auf das Marsfeld von Paris. Er und Josephine trugen die
Krönungsroben, die Krönungsmäntel und die Kronen. Es goss
in Strömen. Napoleon überreichte jedem Regiment eine blau-
weiß-rote Standarte. Auf dem Kopf der Fahnenstange saß ein
vergoldeter Bronzeadler mit ausgebreiteten Schwingen auf
einem kleinen Kasten mit der Nummer des Regiments: Der
Kaiser war Nachfolger der römischen Militärkaiser, und dies
war die Macht, auf die er sich stützte, die Armee. Diese Adler,
rief er, dürften niemals in Feindeshand fallen. Stundenlang

zogen die Regimenter vorüber, stundenlang mussten die Marschälle und ihre Frauen stehend die Parade abnehmen. Die Damen fuhren irgendwann durchnässt nach Hause bis auf Napoleons Schwester Caroline, die fand, als Prinzessin müsse sie das aushalten.

Die neu ernannten Marschälle gaben zu Ehren der Kaiserin ein Fest, für das sie die Große Oper mieteten. Theaterdekorateure verwandelten das Haus mit Blumen, Laubgirlanden und Kerzen in einen riesigen Festsaal. Kaiser, Kaiserin und Hof erschienen in voller Pracht, die Kapelle spielte die Marseillaise, man speiste und tanzte bis zum frühen Morgen. Es wurde das schönste Fest eines glanzvollen Winters, alle Marschälle und ihre Frauen waren da, alle waren jung, erfolgreich, lebensfroh.

Dann mussten die Marschälle abreisen. Der Kaiser empfahl seinem Polizeiminister Fouché, auch ihre private Korrespondenz zu beachten.

Der Kaiser gab seinen Brüdern und Schwestern Hofstaaten, und Etikette und Steifheit zogen in die Tuilerien ein. Aimée wurde zur Ehrendame von Madame Mère ernannt, der Mutter des Kaisers. Sie schrieb Davout sofort, sie werde den Posten ablehnen, sie sei schwanger und leidend. In Paris hieß es, sie sei nur enttäuscht, weil sie nicht in den Haushalt der Kaiserin durfte. Madame Mère galt als ruhig und langweilig, sie sprach kaum richtig Französisch.

Davout versuchte, Aimée umzustimmen: Der Kaiser hat uns Freundlichkeit und Gunst erwiesen, du musst Dankbarkeit zeigen, wir verdanken alles dem Kaiser. Zwei Monate lang wechselten sie Briefe über dieses Thema. Aber sie blieb bei ihrer Weigerung und erbat – und erhielt – wegen schlechter Gesundheit die Entlassung von Madame Mère.

Ihr ging es wirklich nicht gut. Sie hatte Angstzustände, litt unter Migräne, Fieber, Mattigkeit, Herzklopfen, Koliken, Nervosität, Gedächtnisverlust, Reizbarkeit – sie nannte ihr Leiden selbst »L'habitude de chagrin«, die Angewohnheit des Kummers.

Sie ging nur zu Empfängen an den Hof, wenn der Kaiser in Paris war. Der Kaiser meinte, ihre Lebensweise und ihre Stellung als Marschallin stimmten nicht überein. Davout machte ihr Vorwürfe, sie antwortete mit Klagen: Sie habe nicht genug Einladungen, er schreibe ihr nicht oft genug, sie sei so allein in Savigny.

Im Juni 1805 starb die Tochter Josephine im Alter von einem Jahr, auch sie innerhalb weniger Stunden. Der Verlust der kleinen Tochter stürzte Aimée in Hoffnungslosigkeit. Davout fürchtete um ihre Gesundheit und bat den Kaiser um Urlaub, begründete sein Gesuch mit »*un nouveau malheur domestique*«, einem neuen häuslichen Unglück. Aber schon nach einer Woche musste er zurück an die Küste.

Im August 1805 bekam sie ein drittes Kind, ein Mädchen, das sie auch Josephine nannte. Davout wagte nicht, den Kaiser um Urlaub zu bitten. Sie konnte lange nicht glauben, dass er nicht kam.

Ende August verließ die französische Armee die Kanalküste und zog im November kampflos in Wien ein. Österreicher und Russen vereinten ihre Truppen bei Austerlitz in Mähren, und Napoleon stellte seine Truppen zu einer später viel bewunderten taktischen Falle auf. Davout und sein Korps erschienen nach einem Gewaltmarsch von 48 Stunden in dem Augenblick in Austerlitz, in dem die Schlacht am 2. Dezember begann. Napoleons Sieg war vollständig, wenige Monate später legte Kaiser Franz die Krone des Heiligen Römischen Reichs deutscher Nation nieder. Nach dem Sieg bei Austerlitz hieß es zum ersten Mal »*Davout et ses diables*«, Davout und seine Teufel: die Divisionsgeneräle Friant, Morand, Gudin. Mit Morand und Friant war er seit Ägypten zusammen, Gudin war kurz danach dazugekommen.

Am Ende des Sommers 1806 kam Davout überraschend für ein paar Tage nach Paris und sah zum ersten Mal seine nun einjährige Tochter. Vier Wochen später war er ein Kriegsheld und in der ganzen Armee bekannt. Am 14. Oktober 1806, einem nebligen Herbsttag, schlug er in Auerstedt die Hauptarmee der Preußen, die mehr als doppelt so stark war wie sein 3. Korps.

Dem Ganzen lag ein Irrtum zugrunde. Napoleon war mit 56 000 Mann bei Jena, um selbst gegen die Hauptarmee zu kämpfen, stattdessen traf er dort auf ein kleineres Heer. Der König von Preußen und sein Oberbefehlshaber, der Herzog von Braunschweig, waren weitergezogen, und Davout mit seinen 28 000 Mann hatte über 60 000 Gegner vor sich.

Davout hatte sein Korps pedantisch vorbereitet, hatte wie immer von seinen Offizieren Ordnung, Disziplin und Ernsthaftigkeit verlangt. Die meisten Soldaten starben schon vor einer Schlacht an Entbehrungen. Napoleons erfolgreiche Strategie war eine Ursache für ihre schlechte Versorgung. Sein Heer sollte beweglich sein, schnell marschieren, den Feind blitzschnell überfallen können. Das bedeutete oft Verzicht auf einen Tross. Die Armee war 1805 von Flandern durch Deutschland nach Austerlitz mit einem Paar Schuhe pro Mann gezogen, nach Preußen im Herbst 1806 ohne Mäntel. Die Soldaten sollten aus dem Land leben, rauben und plündern. Davout sorgte jedoch für seine Soldaten, und das war ungewöhnlich. Schon in Brügge hatte man über ihn gelacht, als er ihnen auf eigene Kosten Holzschuhe kaufte. Er wollte auch, dass sie schnell marschierten, dazu brauchten sie aber gute Schuhe. Damit sie die nicht vorher unnötig verschlissen, sollten sie im Lager Holzschuhe tragen. Er bezahlte auch die Wollsocken dazu. Er wollte nicht, dass seine Leute stehlen mussten, wenn sie hungrig waren. Plündern verdarb die Disziplin. Vor der Schlacht bei Auerstedt ließ er für jede Kompanie Kochtöpfe kaufen. Seine Soldaten mussten Verbandszeug in ihren Tornistern haben.

Während einer Schlacht organisierte, befahl, kontrollierte er weiter, er kämpfte und brüllte, setzte seine große Kraft voll ein. Bei Auerstedt galoppierte er drei Tage von morgens um vier bis in die Dunkelheit von einer Stellung zur anderen, schrie, feuerte an. Seine Uniform war schwarz von Pulver, sein Hut von Kugeln durchlöchert. Seine Jäger waren erschöpft, seine Generäle ließen sich vor Müdigkeit fallen. Am 14. führte er seine

Truppen ein drittes Mal zum Sturm. Sie töteten 10 000 Preußen, 8000 Franzosen verbluteten. Die Preußen gerieten in Panik, als ihr Oberbefehlshaber tödlich verwundet wurde. Mit dem König voran liefen sie davon. Auf dem Zug der Franzosen nach Norden öffneten sich die preußischen Festungen wie von selbst, und die Kommandanten übergaben ihnen die Schlüssel. Beim Einzug Napoleons in Berlin durfte das 3. Korps als Erstes marschieren, und als der Kaiser am nächsten Tag Ehrenkreuze und Beförderungen verteilte, lobte er Davout und sein Korps. Davout freute sich über seinen Ruhm, aber am meisten freute ihn, dass er seinem Kaiser nützlich war. Aimée wollte den Hut gerne haben, der ihm bei der Schlacht durchlöchert worden war, aber er hatte ihn schon weggeworfen.

Adèle Napoléone, das vierte Kind, kam Ende Juni 1807 zur Welt. Davout war in Tilsit, wo Napoleon und Zar Alexander sich in der Mitte des Njemen auf einem Floß trafen.

Napoleon schickte Davout als Militärgouverneur nach Warschau: Er sollte das neu geschaffene Großherzogtum Warschau mit dem 3. Korps besetzen, eine Regierung einrichten und die Verwaltung aufbauen, nachdem Russland, Österreich und Preußen das Land Polen vor Jahren unter sich aufgeteilt hatten. Der Kaiser und der Marschall waren unterschiedlicher Meinung in der Frage, wie viel Freiheit die Polen erhalten sollten. Davout vertrat die Ansicht, ein Alliierter wäre mehr wert als ein Sklave. Seine Feinde verbreiteten, er wolle König von Polen werden, und Napoleon wurde misstrauisch.

Aimée schlug sich damals mit Geldsorgen herum, die Abzahlungen für Savigny waren eine große Last. Napoleon schenkte Davout 300 000 Francs, damit er sich ein Haus in Paris kaufte. Der Kaiser gab Domänen in Polen an Marschälle und Generäle, und Davout erhielt die größte im Wert von 4 831 238 Francs – Napoleon ließ es genau ausrechnen.

Aimée kaufte ein Palais in der Rue Saint Dominique, das Hotel Monaco. Es kostete 325 000 Francs, und Davout ließ sie weitere hunderttausend hineinstecken, damit er ein großes

Haus führen und viele Gäste bewirten konnte. Gerüchte erreichten sie, er hätte eine Geliebte in Warschau, eine Französin, Madame Martin, die Frau eines Beamten, die ihr sehr ähnlich sehe. Sie war eifersüchtig, beklagte sich bei ihm, und er beklagte sich, dass sie sich beklagte, schrieb, er sehne sich nach den Nächten mit ihr, schrieb ihr weiter Liebesbriefe. Gewissheit gab es für sie nicht. Vielleicht war der Kaiser der Urheber der Gerüchte. Er erzählte gern den Frauen seiner abwesenden Generäle von erfundenen oder wahren Seitensprüngen ihrer Ehemänner.

Davout und Aimée hatten sich seit September 1806 nicht gesehen. Er bat den Kaiser um Urlaub, der verweigerte ihn, gab aber Aimée die Erlaubnis, nach Warschau zu reisen. Außerdem verlieh der Kaiser Davout den Titel Herzog von Auerstedt. Dem Titel folgten 100000 Francs und ein Wappen mit zwei Leoparden. Davout wurde zu einem der reichsten Männer des Kaiserreichs.

Aimée verließ Paris Anfang April 1808 mit beiden Töchtern, Davout wartete in Posen auf sie, und nach ein paar Wochen in einem Landhaus reisten sie gemeinsam nach Warschau. Generäle und Beamte kamen ihnen zu Pferd entgegen, und die Militärkapelle spielte, als sie den Regierungspalast betraten, in dem die Minister sie erwarteten. Aimées Ankunft war ein Startschuss für Diners und Bälle der polnischen Gesellschaft. Sie genoss das nicht, erwiderte Einladungen kaum. Man rühmte ihre entgegenkommende Höflichkeit, ihre besondere Liebenswürdigkeit, aber sie wurde nicht sehr beliebt in Polen. Ihr Mann hatte noch weniger gesellschaftliche Talente als sie. Im September verließ sie Warschau.

Das fünfte Kind sollte Ende Februar 1809 kommen. Diesmal war Davout bei Aimée und wartete mit ihr auf die Geburt. Aber am 6. März musste er Paris verlassen, der Kaiser führte wieder Krieg gegen Österreich. Der Sohn kam ein paar Tage später zur Welt und erhielt den Namen Napoleon.

Der Kaiser siegte in der Ebene von Eckmühl nach einer

Schlacht, die drei Tage dauerte. Davout hatte mit dem 3. Korps wieder eine Armee vor sich, die ihm zahlenmäßig weit überlegen war. Er hielt seine angriffslustigen Generäle lange zurück, und erst als er endlich Napoleons Kanonen hörte, griff er an und gewann durch überlegene Manöver. Sechs Wochen später siegte der Kaiser bei Wagram, wieder zeichnete Davout sich aus. Die Schlacht war ein Massaker, über 50000 Tote lagen in ihrem Blut.

Österreich war wieder besiegt, und der Kaiser machte an seinem Geburtstag, am 15. August, Davout zum Prinzen von Eckmühl. Napoleon gab ihm das Schloss Brühl am Rhein und schenkte ihm Landgüter. Davout war das alles unheimlich. »*L'Empereur me comble* – der Kaiser schüttet mich zu«, schrieb er Aimée etwas hilflos. »Was muß man tun, um würdig zu sein für so viele Wohltaten?« Trotz des Reichtums blieb es bei den finanziellen Schrecken im Haushalt der Davouts. Beide schienen immer in Geldnöten zu sein, zählten und rechneten. Napoleon gab keinem anderen so viel wie Davout: »Dem da muß man geben, weil er sich niemals selbst etwas nimmt.«

Aimée durfte im Herbst 1809 zu ihrem Mann nach Wien. Ab Februar 1810 waren beide in Paris, er war nun für die Festungen in Preußen und Polen zuständig und blieb fast zehn Monate lang bei Frau und Kindern. Er war oft beim Kaiser in Fontainebleau, in St. Cloud, und gelegentlich kam Aimée mit.

Sie konnte niemals pünktlich sein. Wenn er mit ihr wegfahren oder sich zu Tisch setzen wollte, selbst wenn sie Gäste hatten, musste er auf sie warten. Gereizt ging er auf und ab, sah auf seine Uhr, schickte als Botschafter junge Verwandte und ließ ihr sagen, dass alle Welt seit Langem versammelt sei. Wenn sie endlich erschien, empfing er sie lächelnd.

Davout begleitete den Kaiser nach Compiègne, um die Erzherzogin Marie-Louise abzuholen, die achtzehnjährige Tochter des Kaisers in Wien: Napoleon hatte sich von Josephine scheiden lassen, weil sie keine Kinder mehr bekommen konnte, und heiratete in den höchsten Adel ein. Sein Sohn und Nachfolger wäre über Jahrhunderte zurück mit Königen und Kaisern verwandt, könnte seinen Herrschaftsanspruch bis in römische Zeiten zurückführen.

Aimée präsentierte sich der neuen Kaiserin in einem langen Kleid aus cremefarbener Seide, über der gleichfarbiger, mit dicken Gold- und Silberfäden bestickter Tüll lag. Die Ärmel waren kurz und gepufft, der Ausschnitt hoch und gerade. Vom hohen Gürtel an teilte sich der Rock des Tüll-Überkleides und wurde zur Schleppe. Das war die elegante Andeutung eines Manteau, machte das Kleid zu einem politischen Kunstwerk zwischen Ancien Régime und Empire – Marie-Louise war eine Nichte der letzten Königin Marie Antoinette.

Auf dem Kopf trug Aimée ihre Löckchen mit einer Kreation aus Straußenfedern, um den Hals eine Brillantkette – Davout hätte sie gern in mehr Brillanten gesehen – und in den Armbeugen einen roten Shawl mit eingewebten Blumenmustern. Davout hatte sich einen Frack schneidern lassen – statt phantastischer Marschallsuniformen war nun ein schwarzer Samtfrack mit dick gestickten goldenen Eichenblättern an den Kanten gefragt.

Davout hatte beim Kaiser Dienst, als Anfang Juni 1810 sein einziger Sohn starb. Aimées Verzweiflung war schrecklich. Davout konnte nur wenige Tage bei ihr bleiben: Der Kaiser war sehr erstaunt – um nicht zu sagen: ungehalten – über seine Abwesenheit.

Ihr sechstes Kind bekam sie am 6. Januar 1811, einen Sohn. Er erhielt die Namen seines Vaters und seines Kaisers: Louis Napoleon. Diesmal blieb Davout, obwohl er zum Gouverneur der 32. Militärdivision mit Hauptsitz in Hamburg ernannt worden war, fast vier Wochen bei ihr. Er fand sie unvernünftig. Er wollte nicht, dass sein Sohn in geheizten Räumen lebte – das mache ihn krank. Er drängte sie wieder, mehr Zeit in Paris zu verbringen, am Hof, in Gesellschaften

Am 1. Februar reiste er nach Hamburg ab. Er sollte das 1. Korps der Großen Armee für einen Krieg gegen Russland schaffen, ein Modell-Korps, ein Beispiel für andere.

Der Kaiser bekam seinen Sohn am 20. März 1811. Die Geburt war lang und schwer, der Kaiser war die ganze Zeit bei Marie-Louise. Aimée musste schon am Vortag in die Tuilerien fahren und sich bereithalten, der Kaiserin ihre Glückwünsche auszusprechen. Seit vier Uhr nachmittags hatte die Kaiserin große Schmerzen, doch die Geburt verzögerte sich, man rechnete mit Mitternacht. Alle Befehle ergingen entsprechend der Etikette, jedes Mitglied der kaiserlichen Familie war einbestellt – man sah sie nacheinander in großer Hast ankommen – und auch der Kardinal von Paris begab sich in den Palast. Um Mitternacht konnte Aimée nicht mehr und zog sich zurück, nun erwartete man die Geburt erst in einigen Stunden. Sie sah schon viele Leute in den Straßen zu den Tuilerien gehen, morgens um sechs standen sie dicht an dicht im Hof, die Kaiserin schlief noch. Als das Kind endlich geboren wurde, freute Aimée sich sehr. Es war schwach, sie war bei der Nottaufe am selben Abend.

Als der Frühling kam, reiste sie nach Hamburg und kehrte erst im Oktober nach Paris zurück. In den Salons war man neidisch auf Davouts Kommando, auf das Vertrauen, das der Kaiser ihm zeigte, und auf seine hohen Einkünfte. Die Kronprinzessin von Schweden brachte Phantasiesummen in Umlauf – Desirée Clary, die Tochter eines Seidenhändlers aus Marseille, die mit Napoleon verlobt war und Marschall Bernadotte heiratete, der mit Erlaubnis des Kaisers adoptierter Kronprinz von Schweden wurde. Davout und Bernadotte konnten sich noch nie ausstehen. Es gab auch wieder Gerüchte, die auf Aimées Ehe zielten: Die Hamburger Gesellschaft sträube sich, seine bei ihm wohnende Freundin aufzunehmen.

Davout war immer der Ansicht gewesen, ein Mann dürfe sich nicht zu viel mit Frauen befassen. Wer das tue, bleibe mittelmäßig. Jetzt erklärte er ihr, dass »die Frauen einen allein deshalb vorziehen, weil man die Macht hat«. Sie versuchte, sich den Verdacht aus dem Kopf zu schlagen. Trotzdem machten die Gerüchte und die Ablehnung ihres Mannes in der Gesellschaft sie bitter.

Sie sah ihn noch einmal im März in Stettin. Er war stolz auf die Armee, mit der er Hamburg verlassen hatte, 70 000 Mann, deren Organisation er »vollendet« nannte. Zu jeder Kompanie gehörten Maurer, Bäcker, Schmiede, Handwerker jeder Art, die alles bei sich hatten, was sie brauchen würden, und die Kompanie führte Lebensmittel für 24 Tage mit sich.

Im Dezember 1812 brachte sie einen Sohn zur Welt. Sie nannte ihn Jules. Da war der Feldzug schon zur Katastrophe geworden, und sie wusste nicht, ob ihr Mann noch lebte.

Er hatte versprochen, zur Geburt da zu sein. Einige Tage später bekam sie einen Brief aus Gumbinnen in Ostpreußen: Ihm sei es gleich, ob Junge oder Mädchen, jedes Kind sei willkommen, wenn nur die Mutter gesund sei.

Mochte man Davout früher nicht, weil er tüchtig war und die Aufmerksamkeit des Kaisers auf sich zog, so hasste man ihn jetzt. Der Kaiser hörte auf Davouts Feinde, allen voran auf Berthier, seinen Generalstabschef. Napoleon hatte immer Sündenböcke für seine Fehler gebraucht, und nun bot seine Umgebung ihm Davout an.

Davout aber hielt am Kaiser fest. »Was wäre Frankreich ohne ihn? Wir wären geteilt und die Beute von Bürgerkriegen und Revolten«, schrieb er ihr Anfang Mai 1813. »Er hat uns gegen unseren Willen gerettet, hat alle Eroberungspläne ausländischer Feinde zerstört, hat den Krieg zu denen getragen, die uns überfallen wollten, und er hat das Monster der Französischen Revolution besiegt, ohne einen Tropfen Blut zu vergießen.«

In Davouts Augen gab man ihm von allen Marschällen die Schuld am Ausgang des russischen Krieges nur aus Neid und Eifersucht – »seit die Welt besteht ist dies die Belohnung derer gewesen, die nichts kennen als ihre Pflicht. Ich wäre eine Ausnahme von dieser Regel.« Aber er wolle dieses Glück, Ausnahme zu sein, gar nicht. Er brauche sein Glück für den Krieg, weil es dort nützlich sei für den Kaiser.

3.

Sie will ihn beschützen. Er schreibt zu oft von Neid und Eifersucht der anderen und seinen Pflichten gegenüber dem Kaiser. Auch ihm macht der Hass zu schaffen.

Sie weiß: Er liebt sie. Er schreibt ihr zärtliche Briefe, voller Sehnsucht. Er schickt ihr Geld, damit sie sich Diamanten kauft, was sie nicht tut. Er hat ihr aus Holland Tulpenzwiebeln für ihren Garten geschickt, ihr in Moskau Pelze ausgesucht, die allerdings mit seinem Gepäck verlorengingen. Sogar jetzt noch, nach der großen Katastrophe, hat er seiner kleinen Frau im Frühling aus Sachsen Leinen geschickt.

Es heißt von ihr immer, sie habe keinen politischen Verstand. Das mochte so gewesen sein, als sie jungverheiratet war. Am Hof Napoleons spricht man nicht über Politik, und Damen sprechen schon gar nicht darüber.

Sie hat aber Verstand, gutes Urteil. Sie verwaltet seit Jahren ein Vermögen. Sie ist eine Kaufmannstochter und liest die Wertschätzung, die der Kaiser bei den besitzenden Bürgern hat, an den Kursen der Staatsanleihen an der Börse ab. Sie geht wenig in Gesellschaft, aber doch hin und wieder, und sie besucht die Kaiserin Josephine und die Kaiserin Marie-Louise und trifft dort wichtige Leute oder Leute, die sich wichtig machen: Sie kennt die Stimmung in Paris. Im Winter 1810/11 war sie fröhlich, und man traf sich auf ausgelassenen Festen. Im Winter vor dem Russlandfeldzug saß man gedrückt in den Salons, und es gab kaum Feste. Im Winter danach waren die Konversationen voller Unglauben und Unwillen, und das sind sie noch. Aber man muss vorsichtig sein, der Kaiser hat überall Spione.

Sie muss ihren Mann vor dem Kaiser warnen und vor dem, was er von ihm verlangt.

Sommer der Soldaten

1.

Davout und seine Familie wohnen in Hamm, vor der Stadt, in einem großen Landhaus mit Platz für die Offiziere, die Sekretäre, die Dienerschaft. Die Sommerhäuser, von denen es rings um die Festungswälle so viele gibt, liegen hier in langer Reihe zu beiden Seiten der Landstraße nach Osten. Die Bewohner der Gärten auf der höher gelegenen Seite der Straße haben einen weiten Blick nach Süden über die flache Marsch mit ihren schnurgeraden Entwässerungsgräben und das breite Tal der Elbe.

Manche Häuser sind umgebaute Bauernhäuser, strohgedeckt und anheimelnd, andere elegante Villen mit Säulenvorhallen, einem Gartensaal im Erdgeschoss, mit Salons voller Gemälde und Statuen und mit einem großen Fest- und Speisesaal im ersten Stock, von dem man die beste Aussicht über das Land hat. In den Gärten an den Villen blühen seltene Blumen, und fremde Früchte reifen. Kleine Spazierwege zwischen Parkbäumen führen zu einem See mit Gartentempel, zu Fischteichen oder bergauf zu einem Aussichtspavillon und weiter in Wälder zu schönen Ausblicken. Die Wirtschaftsgebäude mit Ställen und Treibhäusern liegen meist etwas versteckt in der Nähe des Haupthauses.

Jetzt im Hochsommer sind alle Gärten bewohnt, erst im Herbst, wenn der Nebel vom Fluss her zieht, kehren die Bürger mit ihren Familien in die Stadt zurück. Aber jetzt haben die Kaufleute Besuch von Verwandten und Freunden mit ihren Familien, beschäftigen Gärtner, Kutscher, Köchinnen. Manche der weniger Gutgestellten wie Schullehrer haben eine kleine

Landwirtschaft oder halten wenigstens Hühner, Gänse, Enten und Kaninchen.

Für die kleinen Mädchen aus Frankreich gibt es viel zu sehen. Die Kinderfrauen begleiten sie auf Spaziergängen, und manchmal kommt die Mama mit. Sie trägt dann ein helles schmales Kleid mit langen Ärmeln und um den Kopf einen Schleier mit goldenen Kanten. Der Papa hat lange Arbeitstage.

Der Marschall soll mit seinen Offizieren und Unteroffizieren 30 000 Soldaten für den Krieg ausrüsten und ausbilden, für Napoleons lange Märsche und schnelle Angriffe, bei denen die Infanteristen ihr Gepäck von über 25 kg und ihre schweren Gewehre und Patronentaschen tragen müssen.

Die Rekruten für das neue 13. Armeekorps kommen in Marschregimentern auf der Militärstraße aus Wesel, ein Drittel läuft unterwegs weg. Diejenigen, die ankommen, haben weder Uniformen noch Waffen. Auch die neue Kavallerie kommt zu Fuß – ohne Pferde, ohne Sättel, ohne Zaumzeug –, und reiten können viele Wehrpflichtige auch noch nicht. Dänemark hat die Lieferung von 10 000 Pferden zwar vertraglich zugesichert, aber jeden Tag kommen nur 200 über die Grenze, und schließlich verbietet Dänemark den Export von Pferden aus Holstein nach Hamburg ganz.

Die neuen Truppen brauchen Kasernen. Eine Kommission legt dem Marschall eine Liste von Privathäusern vor, die nahe an den Wällen liegen und von Dirnen und Gesindel bewohnt werden oder deren Besitzer geflohen sind. Er billigt die Liste, und die Häuser werden zwangsgeräumt und umgebaut. Er lässt *maire* Rüder Bettstellen und Strohsäcke bei den Bürgern beschlagnahmen. Die Offiziere bleiben in Bürgerquartieren wohnen und erhalten von nun an ein Verpflegungsgeld von der Stadt ausgezahlt.

Davout lässt auch Lazarette einrichten, und *maire* Rüder verlangt von den Bürgern alte Leinwand für Verbände und Charpie – Verbandsmull aus Lumpen.

Ab August sind 30 000 Soldaten täglich zu ernähren. Außerdem muss für die Festung ein Kriegsvorrat an Lebensmitteln für 10 000 Mann auf sechs Monate angelegt werden. Kämpfe um Zuständigkeiten zwischen Militär- und Zivilbehörden halten die Arbeit auf. Davout kümmert sich schließlich selbst um Fleisch für die Soldaten. Die Bauern liefern zu kleine und zu magere Kühe. Die Versuche, Pökelfleisch im Sommer herzustellen, scheitern, und so befiehlt er, das Vieh bis Oktober auf der Elbinsel Wilhelmsburg weiden zu lassen.

Er lässt die Qualität des Brotes für die Soldaten täglich durch einen Hauptmann prüfen, und er lässt Salz für sie kaufen. Er kümmert sich um die 10 000 Zentner Reis, die Napoleon für Dresden, und die 50 000 Zentner Getreide, die er für Magdeburg verlangt. Die Lebensmittel werden in Speichern gelagert, in Privathäusern und in der Johanniskirche. Viele verschimmeln, es ist zu feucht, die Verantwortlichen lüften nicht richtig.

Der Festungsbau macht Davout in diesen Sommertagen die geringsten Sorgen. Der Kaiser hat ihm einige seiner besten Ingenieure geschickt. Der Oberst des Geniewesens Charles de Ponthon leitet die Bauarbeiten. Der Bau der beiden Zitadellen in der Stadt untersteht dem Major der Pioniere Vinache. Der Artilleriegeneral Jean-Pierre Jouffroy sorgt für die Aufstellung der Kanonen auf den Wällen – er hat schon im Militärlager von Brügge mit Davout zusammengearbeitet –, und im Arsenal montieren Schiffszimmerleute, die aus Antwerpen gekommen sind, Kanonen auf neue Lafetten. Jouffroy richtet eine Artilleriewerkstatt am Teerhof ein und eine Gießerei, in der Schmiede unbrauchbare Kugeln und Geschütze zu brauchbaren umgießen. Den Bau der Brücke über die Elbe leitet Louis-Didier Jousselin, Chefingenieur der Brücken- und Chausseenverwaltung, ein Zivilist. Er arbeitet mit Zimmermeister Lange zusammen, der den Brückenbau als einen Höhepunkt seiner Berufslaufbahn betrachtet und sich mit Jousselin gut verträgt. In Davouts Büro laufen auch vielversprechende Berichte über die Arbeiten an den Forts und Batterien an der Elbe, der Weser und der Jade und in Lübeck, Stade, Bremen, Lüneburg ein.

Ein großes Problem für ihn sind dagegen immer noch die Strafzahlungen, Napoleon braucht Geld. Chaban, der Intendant für Inneres und Finanzen, bemüht sich unermüdlich, dem Kaiser alles zu schicken, was man nur aus dieser Stadt Hamburg pressen kann, ohne sie zu ruinieren und ohne die Kaufleute zu vertreiben, verhandelt mit den Kaufleuten immer wieder über die Zahlungen. Die sagen jetzt, die Stadt könne unmöglich zwanzig Millionen Francs in bar geben. Chaban und Davout sehen das inzwischen auch so, aber Napoleon nicht. Der Kaiser gestattet nur, die zwanzig Millionen in Wechseln von 100 000 abzutragen: Vom 1. Oktober 1813 bis 1. August 1814 sind monatlich zwei Millionen fällig. Die Kaufleute sind entsetzt. Chaban sagt ihnen, der Wert beschlagnahmter Güter solle genau auf die Strafe angerechnet werden, auch der Wert der zerstörten Häuser. Er sagt, die verfassungsmäßigen Rechte könnten bald wieder gelten. Er versichert, alle Requisitionen – die Beschlagnahmen – würden bei einem Gesamtbetrag von 15 Millionen erledigt sein. Diesmal akzeptiert der Munizipalrat, weil er keinen anderen Ausweg mehr sieht. Aber der Kaiser drückt immer weiter aufs Geld. Davout muss sich dafür rechtfertigen, weshalb von den ersten zehn Millionen erst sechs an ihn abgegangen sind.

Davouts Amnestie zeigt jetzt Wirkung, zahlreiche Flüchtlinge kommen zurück oder melden sich von ihren Gartenhäusern und holen sich Pässe. Davout erlaubt Abendroth, sich um seine Angelegenheiten in Hamburg zu kümmern, und gibt ihm für eine Reise nach Paris ein Empfehlungsschreiben: Ein Mann, der einen Eid als *maire* geschworen habe, bedürfe von seinem Souverän alle Nachsicht. Er erlaubt dem früheren Bürgermeister Bartels noch nach dem letzten Termin, dem 5. August, zurückzukommen. Angesehene Bürger ziehen die einfachen Einwohner nach sich, und er braucht sie alle für die Armee – Männer und Frauen und Kinder, um an der Festung zu arbeiten und um Soldatenhemden zu nähen, Schuhe herzustellen, Sättel zu fertigen.

Neben der Arbeit für das neue Armeekorps und für die Festung muss Davout sich mit dem Kleinkrieg der Schmuggler an der Küste beschäftigen. Jetzt ankern eine englische Fregatte, ein Kutter, vier Briggs und neun Kanonierschaluppen vor der französischen Batterie in Cuxhaven, außerhalb der Schussweite der Kanonen, und greifen bei auflaufendem Wasser das Fort Napoleon an. Zöllner sehen kleine Handelsschiffe und dänische Fischerboote die Elbe hinauf- und hinuntersegeln. Davout vermutet, dass die Kriegsschiffe sie schützen sollen, wenn ihre Besatzungen englische Waren an Land bringen. Seine Elbflotte richtet wenig aus. Er schickt Kavallerie an die Küste, die englische Seeoffiziere an Land gefangen nimmt, worauf der Kapitän der Fregatte Matrosen hinterherschickt, um sie wieder zu befreien.

Bei Norderney erobern die Engländer vier französische Kanonenboote. Davout lässt die Patrouillen verstärken – 1150 Seeleute aus Boulogne, Le Havre und Cherbourg sind eingetroffen. Aber er glaubt nicht an einen Erfolg, er sieht nur ein Mittel, den Engländern den Schmuggel zu versalzen, nämlich die Inseln zu evakuieren: Man müsste die Einwohner drei Tagesmärsche weit ins Binnenland bringen, denn sie sind alle wohlbekannte Schmuggler.

Zur Sorge für die Armee gehört auch die Unterhaltung der Soldaten und Offiziere. Der Marschall selbst geht, wie sein Kaiser, gerne ins Theater. Davout übt in Hamburg eine strenge Zensur über die Theater aus, sie müssen Listen der Stücke, die sie aufführen wollen, dem Generalpolizeikommissar zur Genehmigung einreichen. Das Theater am Gänsemarkt spielt am Mittwoch, dem 28. Juli 1813, ›Das getheilte Herz, Lustspiel in 1 Aufzug‹, anschließend: ›Liebe wagt alles‹, eine Oper, und am Dienstag, dem 3. August, »auf hohes Begehren« des Marschalls ›Aschenbrödel, Oper in 3 Abtheilungen‹, und anschließend das Ballet ›Harlequins Reise über den Blocksberg‹. Aber dann sagt der Marschall doch ab und bleibt mit seiner Familie zu Hause.

2.

Immer mehr Bürger verzweifeln unter dem Druck, den Davout
ausübt. Der Pastor an der Katharinenkirche Bernhard Grautoff
kann seinen Anteil an der Strafkontribution nicht zahlen, und
seine Tochter Henriette will Geld verdienen. Sie ist 26 Jahre
alt und sucht eine Stellung als Haushälterin, Nähmamsell,
Wirtschafterin oder Erzieherin. Doch niemand kann in diesen
Zeiten jemanden einstellen und in seinen Haushalt aufnehmen.

Die Familie hat überlegt, ob sie die Stadt verlassen soll. Aber
der Vater will bei seiner Gemeinde bleiben. Zum zweiten Mal
ist die Familie mit Exekution bedroht, erwartet sie täglich.
Exekution heißt: Militär kommt ins Haus, und Beamte beschlagnahmen alles, was Wert hat, und treiben das Doppelte der
Rückstände ein.

Henriette sieht mit Kummer, wie ihre Stadt sich verändert,
wie alles ein »grausenvolles« Aussehen bekommt. Die herrlichen Spazierwege auf dem Wall sind vernichtet, die alten
Ulmen-Alleen vor allen Toren umgehauen. Auf den Straßen
sieht man fast nur Soldaten, aus Italien, aus Holland. Viele sind
sehr jung, ausgehungert, halbkrank, betteln bei den Bürgern
um Brot und Geld.

In der Katharinengemeinde verlässt eine Familie nach der
andern die Stadt, weil sie ihren Anteil an der Strafe nicht zusam-
menbekommt. Henriette fürchtet, dass der größte Teil der Einwohner zu Bettlern wird, wenn sich nicht bald alles ändert.

»Du würdest Deine Vaterstadt nur an den Thurmspitzen aus
der Ferne noch kennen, so ganz haben sich ihre Umgebungen
gewandelt«, schreibt der Kaufmann Michael Speckter an Martin Lappenberg, Medizinstudent in Edinburg. Brückenköpfe
vor allen Thoren, Palisaden auf dem Wall und am Stadtgraben,
das von Häusern und Gärten geräumte Schussfeld »geben ihr in
der Nähe ein furchtbar fremdes Aussehen«.

Manche Einwohner behaupten, die Russen und die Bürger,
die mit ihnen im Frühling gegen die Franzosen gekämpft haben,
seien an allem schuld. Andere freuen sich immer noch, dass sie

diesen Frühling erlebt haben, und die Erinnerung an den Mut der jungen Männer, die für die Freiheit der Stadt kämpften, wärmt sie. Martins Vater, der Arzt Dr. Lappenberg, hatte damals mit Friedrich Perthes Auseinandersetzungen, weil Lappenberg seinen Sohn, der sich schon als Freiwilliger bei Tettenborn vorgestellt hatte, nach Schottland zum Studium schickte, anstatt ihn mitkämpfen zu lassen. Im Augenblick ist alles ruhig in der Stadt, aber diese Ruhe versetzt die Bürger in Angst vor dem, was noch kommen kann.

Speckter schreibt seinen Brief außerhalb der Stadt, in Sicherheit, ein Bekannter wird ihn mit nach Schottland nehmen. Der Kaufmann nennt Davout ein Ungeheuer, »das langsam mit gehaltener Wuth an unserm Herzen saugt und saugt«.

Dorothea Moller, die Schwägerin von Andreas Prell, lebt noch im Gartenhaus vor dem Rothenbaum. Die beiden Schwestern Moller und ihre Mutter leiden unter den Klagen und Sorgen, die sie überall hören und antreffen. Die ewigen Beschlagnahmen für die Armee und für den Festungsbau machen alle arm und lassen nur die traurigste Aussicht, nämlich dass die Franzosen bleiben wollen. Das aber kann nur heißen, dass die Stadt bald von Russen und Preußen belagert und mit Gewalt erobert wird. Die Angst vor Plünderung und die Ungewissheit, ob es so weit kommen wird, sind für Dorothea Moller am schwersten zu ertragen.

3.
Napoleon rechnet damit, dass der Krieg zwischen dem 15. und dem 20. August wieder beginnt. Konvois von oder an Davout dürfen nach dem 16. August nicht mehr auf der Straße von Mainz nach Hamburg unterwegs sein, weder Soldatentransporte nach Norden noch Geldtransporte nach Frankreich. Mit jedem Brief an Davout entwickelt Napoleon seinen Angriffsplan für ihn weiter. Der Kronprinz von Schweden ist vor zwei Wochen der Koalition gegen Frankreich beigetreten und wird wohl Berlin mitverteidigen. Aber Marschall Oudinot – ein

enger Freund Davouts – wird drei Tage nach Beendigung des Waffenstillstands mit 80 000 Mann vor Berlin stehen. Davouts 30 000 müssen zum Losschlagen bereit sein.

Ein Brief von Berthier trifft ein, dem Generalstabschef des Kaisers: Aimée muss abreisen. Alle Offiziersfrauen in Deutschland sollen bei Ablauf des Waffenstillstands in Frankreich sein.

Doch die Geburtstagsfeier des Kaisers wird vom 15. August auf den 10. vorverlegt, und Aimée und die kleinen Mädchen dürfen noch bis dahin bleiben. Die Prinzessin lädt die großen Kaufleute Hamburgs und Altonas mit ihren Frauen und Töchtern zum Ball ein.

In der Zeitung erscheint die Verkehrsregelung für die Auffahrt der Kutschen vor dem Regierungspalast am Festabend. Die Straße Große Bleichen wird vom Jungfernstieg aus zur Einbahnstraße, damit die Kutschen, wenn die Gäste ausgestiegen sind, zügig abfahren können. Während des Balls dürfen hier gar keine Wagen fahren.

Am 10. August verkünden hundert Kanonenschüsse um sieben Uhr morgens den Festbeginn, und die Glocken aller Kirchen läuten. Um elf Uhr defilieren Elite-Kompanien der Garnison auf dem Gänsemarkt, um halb eins begibt man sich vom Haus des Marschalls zum Tedeum in die katholische Kleine St. Michaelis-Kirche. Der Marschall ist mit der Predigt zufrieden: »Predigten alle Diener der Gottesverehrungen auf solcher Art die Liebe zu Gott und die Unterwerfung gegen die weltlichen Mächte, so würde der von den Engländern erregte Geist der Anarchie wegfallen, und Europa die Ruhe wiedergegeben werden.«

Alle Soldaten der Garnison bekommen um vier Uhr nachmittags eine dicke Suppe aus Graupen, Erbsen und Speck auf den Wällen und in den Bastionen – das sind 15- bis 20 000 Mann, meinen manche, aber der Marschall lässt die Zahl 35 000 bis 40 000 verbreiten. Außerdem bekommen 4000 Arme eine Suppe. Während die Soldaten ihre Suppe essen, sind die Offiziere auf Banketten bei ihren Generälen. Davout und der Befehlshaber der dänischen Hilfstruppen essen bei Gouverneur

Hogendorp in dessen Haus am Gänsemarkt. Der Marschall bringt einen Trinkspruch auf den Kaiser aus und einen auf die Offiziere und Soldaten: »Bricht der Krieg wieder aus, so werden sie kämpfen, um Europa dem Einflusse der Engländer zu entziehen, die die Urheber aller Kriege sind, welche dasselbe seit Jahrhunderten verheert.«

Abends gibt es im Theater am Gänsemarkt freies Schauspiel für alle, die eine Karte ergattern konnten, danach ein Feuerwerk auf der Binnenalster und eine Illumination der ganzen Stadt. Der Journalist, der den Artikel über den Kaisergeburtstag schreibt, berichtet später vom tiefen Eindruck des imponierenden Festes auf den Geist der Zuschauer. In Wirklichkeit nehmen außer den üblichen Gaffern die Bürger kaum Anteil daran. Die Läden bleiben geöffnet, nur Amtsgebäude sind beleuchtet, in Privathäusern steht eine Öllampe im Fenster und bei vielen nicht einmal die.

Der Ball der Prinzessin ist aber offenbar gut besucht und er dauert bis tief in die Nacht. Davout ist zu Damen stets ausgesucht höflich, und er ist ein leidenschaftlicher Walzertänzer. Die dänischen Offiziere sind da, die französischen Generäle und ihre Frauen, die höchsten Beamten aus Altona und Hamburg, der Gouverneur Hogendorp, Staatsrat Chaban, der Polizeidirektor, Präfekten, Unterpräfekten. Der Unterpräfekt David aus Stade ist der Sohn des berühmen Malers Jacques-Louis David, der die Krönung Napoleons gemalt hat und die Spitzen der Pariser Gesellschaft, kriegerische Männer und zarte Frauen in durchsichtigen Gewändern, und immer wieder, über all die Jahre seines Aufstiegs vom General zum Imperator: Napoleon.

Auch in Lübeck lässt Davout den Geburtstag Napoleons feiern, und am Abend gibt der neue Gouverneur General Thiébault ebenfalls einen Ball. Die Lübeckerinnen haben zunächst in großer Zahl abgesagt. Thiébault ist seit Ende Juni Gouverneur von Lübeck, er soll in Travemünde eine kleine Festung bauen, aber er ist Davout, dem »ungeleckten Bären«, nicht entkommen, erhält von ihm oft zehn Briefe in vierundzwanzig Stunden. Am meisten regt ihn der Schlusssatz auf, mit dem Davout seinen Einwänden zuvorzukommen pflegt: »Monsieur le Maréchal wünscht, dass Sie alle Schwierigkeiten überwinden.«

Als Antwort auf die Absagen der Damen hat Thiébaut ihnen die Warnung ins Haus geschickt, er werde jede Dame, die nicht zum Ball kommt, am folgenden Tag bei den Festungsarbeiten einsetzen lassen. Die Damen geben ihren Widerstand auf, und so tanzen an diesem Abend auch die Lübecker Honoratioren Walzer zu Ehren Napoleons.

In Hamburg heißt es später, der Ball hier sei nur wegen der bekannten Liebenswürdigkeit der Prinzessin zahlreicher und glänzender gewesen, als er es hätte sein sollen.

Am nächsten Morgen ist die Prinzessin mit ihren kleinen Töchtern abgereist. Davout begleitet sie über den Fluss. Er hat die fast fertige Brücke vor wenigen Tagen besichtigt und geprüft.

Die Brücke

Aimée und die kleinen Töchter Josephine und Leonie gehören zu den Ersten, die über die neue, fast fertige Elbbrücke fahren dürfen. Der Verkehr über den Fluss war bislang von Wind und Wetter abhängig, und oft dauerten Übersetzen und Kutschfahrten über Werder und Inseln drei bis vier Stunden und manchmal waren sie sogar unmöglich. Von jetzt an wird man nur eine gute halbe Stunde für die insgesamt 7,5 km lange Strecke brauchen.

Davout bewundert die Brücke, ihre kurze Bauzeit, ihre Festigkeit und Schönheit. Er bewundert auch den Bauingenieur Jousselin – »Er kennt keine Hindernisse« – und will ihn für einen Orden der Ehrenlegion vorschlagen. Jousselin hat eine schnurgerade Verbindung zwischen dem Brooktor – einem Stadttor in der Nähe des Hafens – und dem Schloss der kleinen Stadt Harburg auf der Südseite des Flusses gebaut. Er begann damit vor sechs Wochen, am 28. Juni, und die kurze Bauzeit war nur möglich durch seine ausgefuchste Planung und straffe Organisation.

Baumaterial fand er in der Hafenstadt reichlich. Das Holz für Brückenpfeiler, Joche, Straße und Geländer kommt aus Pierre Godeffroys Holzlager: Die Behörden beschlagnahmten Eichen- und Kiefernholz und zogen den Preis von Godeffroys Anteil an der Strafkontribution ab. Teer und Eisen lagern auf Werften, dem Teerhof und in Speichern.

Die Arbeiterfrage war wesentlich einfacher zu lösen als beim Festungsbau. Jousselin hat über die Zeitung Zimmerleute gesucht und war erfolgreich: Den Hamburger Zimmerleuten gefällt das Bauprojekt, es ernährt sie, und sie sind stolz, daran beteiligt zu sein. Außerdem führt ein Meister, den sie alle kennen, die Oberaufsicht: Christian Friedrich Lange.

Ingenieur Jousselin und Meister Lange teilten die gesamte Baustelle in fünf Abschnitte unter fünf leitenden Zimmermeistern auf und richteten zwanzig Zimmerplätze ein, auf denen Bauteile vorgefertigt werden. 26 Poliere, 2214 Zimmergesellen, 1228 Tischler und 330 Arbeitsleute arbeiteten gleichzeitig an der Brücke, insgesamt 3798 Menschen, außerdem 1800 Soldaten an 60 Rammen. Jousselin ließ 1,15 m breite Arbeitsstege über Sümpfe und Moraste bauen, damit die Handwerker überall schnell hinkamen.

Soldaten rammten für die Brücke stabile Pfähle in den weichen nassen Boden der Elbinseln, immer fünf quer nebeneinander, und Zimmerleute verbanden die Pfähle mit dicken Stämmen, auf die sie die Holzstraße legten: starke Eichenbohlen, fast 7 m lang und über 10 cm dick. In die Mitte der Holzstraße nagelten sie eine Fahrbahn aus fast 5 cm dicken Kieferndielen auf, denn Pferde gleiten auf hartem Eichenholz leicht aus. Die Fußwege für die Infanterie auf beiden Seiten der Fahrbahn wurden 1,7 m breit. Als Geländer bauten die Zimmerleute an vielen Stellen Brustwehren – zwei hohe parallele Zäune, deren Zwischenraum sie mit Erde füllten – zum Schutz gegen Beschuss vom Wasser her.

Der erste Brückenabschnitt, über den Davout und seine Familie fahren, führt über den Grasbrook, ein sumpfiges Weideland vor der Festungsmauer, das die Elbe fast jeden Winter überschwemmt. Diese erste Holzbrücke ist 500 m lang, über 6 m breit und endet am Ufer der Norderelbe auf einer Plattform, auf der ein zweistöckiges Wachthaus mit Turm steht. Das Haus hat Schießscharten für zwei bis drei leichte Kanonen in seinem Innern, und im Turm hat es einen Wachraum, von dem aus Offiziere Fluss und Inseln beobachten. Eine Palisade mit großen Toren umgibt es – die Tore können den Weg von der Brücke her und weiter zu den Rampen versperren.

Zwei unterschiedlich lange Rampen führen zum Wasser, damit die Fähre unabhängig von Ebbe und Flut – die Elbe hebt

und senkt sich zweimal am Tag um 1,80 m – jederzeit anlegen
kann. Die Fähre ist auf der Marinewerft erbaut worden, die
Konteradmiral L'Hermite leitet, und ist ein Prahm, eine Plattform mit zwei gegenüberliegenden Ladeklappen. Sechs Fährleute an Bord bewegen sie über den Fluss. Dazu ist ein dickes
Tau über die Norderelbe gespannt und läuft über die Fähre – an
senkrechten Rollen die Reling entlang. Die Fährleute haben ein
kurzes Zugseil über der Schulter, das an einem Ende kleine Ketten mit Kugeln hat. Diese kleinen Ketten werfen sie um das
dicke Tau, ziehen an ihrem Zugseil und gehen dabei vom Bug
zum Heck: Sie treten die Fähre unter sich weg und bringen sie
so ans andere Ufer.

Nach der Überfahrt fährt, reitet oder marschiert man eine
der Rampen am Südufer der Norderelbe hoch und ist wieder an
einem Brückenkopf mit Wachthaus, Turm und Kanonen,
Palisade und Toren. Nun geht es auf einem Erddamm weiter,
den Jousselin für eine Steinstraße aufwerfen ließ. Er ist fast
12 m breit und gewölbt, damit die Straße auch nach heftigem
Regen trocken bleibt, und er hat rechts und links zwei Meter
tiefe Gräben, damit das Wasser ablaufen kann. Die Straße ist
noch nicht gepflastert, weil Jousselin bis jetzt keine Steine auf-
treiben konnte.

Auf diesem Damm kommen die Reisenden quer über die
Wilhelmsburg bis zum Deich, der die Insel ringsum vor
Sturmflut von der Nordsee und Hochwasser vom Oberlauf
der Elbe schützt. Außerhalb liegt das ungeschützte Deichvor-
land mit Gestrüpp und Schilf. Über das Vorland – die Harburger Schweineweide – läuft die Fahrbahn auf einer zweiten
Holzbrücke. Sie ist 1205 m lang und endet an der Süderelbe –
wieder an einem Brückenkopf mit Wachthaus und Turm, Palisade und Toren und zwei Rampen für die Fähre. Auch diese
Fähre landet auf der anderen Seite des Flussarms in einem bewachten Brückenkopf, und nach den Toren in dieser Palisade
beginnt eine letzte 239 m lange Holzbrücke bis zum Glacis am
Schloss.

Die Zimmerleute haben im Akkord geschuftet. Die Teilbrücken an beiden Seiten der Süderelbe sind noch nicht ganz fertig, und die 6000 Soldaten, die der Marschall in ein paar Tagen erwartet, müssen, ebenso wie seine Familie, streckenweise noch den Arbeitssteg benutzen. Aber Davout ist stolz auf die gesamte große Elbbrücke und will sie unbedingt am 15. August, am Geburtstag des Kaisers, für den Verkehr freigeben.

Jede Fähre kann 70 Pferde und 400 bis 500 Mann auf die andere Seite bringen und braucht dazu sieben Minuten bei Flut, hat er Napoleon geschrieben, »wenn man 7 bis 8 Minuten rechnet für die Rückfahrt und das Einladen von Leuten oder Pferden, so wird man pro Viertelstunde 140 Pferde und an Infanterie wenigstens 800 Mann übersetzen können. Im Falle einer Armeebewegung würde man die Fähren lediglich zum Übersetzen der Pferde und Wagen ausnutzen und besondere Fahrzeuge für die Infanterie verwenden. Auf diese Weise würde man in 24 Stunden ein Truppenkorps von 30000 bis 40000 Mann mit seinem ganzen Troß hinüberbringen«.

Der Abschied in Harburg ist schwer. Zwanzig Tage hat Davout mit Aimée und den beiden Töchtern verbracht. Sie reisen über Bremen, Osnabrück, Wesel, Brüssel. Er weint, als die Kutsche nicht mehr zu sehen ist, will nach Hamburg zurückkehren und läuft dann aber wie blind auf der Wilhelmsburg umher.

Er hat alles erfüllt, was Napoleon von ihm verlangt hat, so gut es ging in der sehr kurzen Zeit. Er hat dem Kaiser geschrieben, dass die Festung jetzt in einem Zustand sei, der sie gegen mehr als einen bloßen Handstreich sichere. Aber das stimmt nicht ganz. Wie immer, will er Napoleon beruhigen.

Der größte Teil der Festungswälle ist zwar durch den tiefen und breiten Festungsgraben vor einem Überfall geschützt, und im Westen – nach Altona hin – sind die Tore mit Zugbrücken gesichert. Aber mit der Räumung des Glacis von Häusern und der Verpalisadierung haben die Ingenieure noch nicht einmal angefangen. Die Bürger kümmern sich nicht um die Befehle, ihre Gartenhäuser abzureißen, und so zerstören jetzt Soldaten die Häuser und fällen Bäume. Trotzdem ist das Schussfeld innerhalb einer 500-m-Linie noch lange nicht frei.

Im Osten gibt es am Steintor noch eine Lücke im Festungswall für einen vorspringenden Bau, von dem aus man Angreifer am Tor mit Kanonen beschießen kann. Hier arbeiten die Soldaten zwar auch am Glacis, aber der Graben ist an manchen Stellen so seicht, dass man bequem hindurchwaten kann. Die Schleusen am Flüsschen Bille und an der Elbe hat Davout auf Vorschlag von Jousselin für eine Überschwemmung des Hammerbrooks, des Billwerders und Ochsenwerders vorbereiten lassen und sie durch kleine Verschanzungen gedeckt.

Die beiden Zitadellen in der Stadt, die eine kleine Besatzung, wenn nichts mehr hilft, vor wütenden Einwohnern oder erobernden Feinden schützen sollen, sind fertig. Im Innern gibt es Unterkünfte für Soldaten, Lebensmittelmagazine, eine Bäckerei und bombensichere Pulver- und Munitionsmagazine. Mörser und Kanonen sind auf die Stadt gerichtet.

Auch die Ausstattung der Festung mit Artillerie ist fertig. Davout hatte den Kaiser um hundert Geschütze großen Kalibers gebeten, um Pulver, Kugeln und Bedienungsmannschaften, und ab Anfang Juli trafen die schweren Transporte ein. Kanonen, Pulver und Männer kamen meist aus holländischen Festungen, die Fahrer benutzten die Linie der Relaisstationen über Delft, Groningen und Bremen, an denen frische Pferde auf sie warteten. Jetzt befinden sich 279 gebrauchsfertige Geschütze in Hamburg und 600 000 Pfund Pulver.

Aber Gewehre und Patronen fehlen. Von den 4000 Gewehren, die die Bürger nach strengsten Befehlen abgeliefert haben, sind viele unbrauchbar. 2000 musste Davout an die Armee in Dresden abgeben, mit dem Rest hat er die Zöllner und die Marinemannschaften ausgerüstet. Er muss den Soldaten die Waffen der Lazarettkranken geben lassen. In der neuen Gewehrreparaturwerkstatt und in der Patronenfabrik arbeiten Männer aus der Stadt im Akkord.

Wenn die Feindseligkeiten wieder beginnen, kann eine Garnison von einigen tausend Mann die Festung für einige Tage

gegen ein stärkeres Streifkorps halten, aber dem Angriff über-
legener Truppen kann sie nicht lange widerstehen. Die Festung
ist noch nicht fertig.

Als der Marschall in das Landhaus in Hamm zurückkehrt, fallen Trauer und Qual wieder über ihn her. Er unterhält sich mit
einigen Offizieren und glaubt plötzlich, den Schrei einer seiner
Töchter zu hören. Er springt auf, will zu ihr laufen, dann fällt
ihm ein, dass alle abgereist sind.

Am 14. August ist er noch in Hamm. In der Nacht erhält er
die Nachricht, dass Napoleon die österreichischen Forderungen ablehnt – eine der letzten war, dass er die Hansestädte
aufgibt, die aber doch Teil des Imperiums sind – und dass nun
auch Österreich sich mit Russland und Preußen verbündet und
Frankreich den Krieg erklärt hat.

Der Marschall rückt sofort aus, noch vor Sonnenaufgang.
Am Abend des 15. ist er im Osten bei Bergedorf, wo hinter der
Bille schon 25 000 Mann auf ihn warten. In Hamburg bleiben
vier Fünftel der Kavallerie zurück, weil sie keine Pferde haben.
Es regnet in Strömen.

»Der Kaiser konnte keinen Frieden schließen, die Engländer
beherrschen die Kabinette«, schreibt er noch am selben Abend
seiner Frau. Er begrüßt die Fortsetzung des Krieges als Napoleons guter Diener, der immer seine Pflicht tun wird.

Der Marschall im Felde

1.

Der Marschall hat die Stadt verlassen, aber der Druck auf
die Bürger wird stärker. Am selben Tag, am Sonntag, dem
15. August, gibt Gouverneur Hogendorp ein Belagerungs-
gesetz bekannt. Er lässt es auf Französisch und Deutsch aus-
rufen, an den Straßenecken anschlagen und in die Zeitung
setzen.

Versammlungen in den Straßen sind verboten. Wer auf Aufforderung nicht weitergeht, wird erschossen, Frauenzimmer
werden mit Ruten ausgepeitscht und eingekerkert, das Zusam-
menstehen von mehr als vier Personen gilt als Versammlung.
Bei einem Angriff müssen die Bürger beim ersten Kanonenschuss in ihre Häuser gehen und die Türen schließen. Wer ohne
Sondererlaubnis auf der Straße angetroffen wird, wird erschossen. Wer auf den Wällen angetroffen wird, wird erschossen.
Wer Hand an einen Soldaten legt, wird erschossen.

Am Montag wird der Hutmachergeselle Nelles erschossen,
weil er versucht hat, einen Soldaten zum Desertieren aufzufor-
dern.

Am Dienstag bestellt Hogendorp Munizipalräte und Geist-
liche aufs Stadthaus und verlangt von ihnen Unterwürfigkeit.
Die Prediger sollen dafür sorgen, dass jeder in ihrer Gemeinde
ruhig bleibt und ihm klar ist, dass sein gesamtes Eigentum dem
Kaiser gehört. Hogendorp: Ohne Unterwerfung gibt es keine
Garantie gegen die »Unordnungen der Anarchie«. Er bestellt
auch die Damen der Stadt, die Fahnen für die Hanseatische
Legion gestickt haben, und überhäuft sie »mit Schimpfwörtern«, wie sie später berichten.

Pastor Grautoff erzählt zu Hause, der Gouverneur habe versichert, er würde die Stadt bis aufs Äußerste verteidigen.

»Gott helfe uns allen glücklich durch diese Gefahr!«, sagt seine Tochter Henriette.

Dorothea Moller ist empört darüber, dass Frauen, die sich auf der Straße miteinander unterhalten, ausgepeitscht werden sollen. Die Möglichkeit einer Belagerung »bis aufs äußerste« erschreckt sie. Ihre Mutter, ihre Schwester und ihre Bekannten auf den Gärten müssen jetzt einen harten Entschluss fassen: fliehen oder im Gartenhaus bleiben oder in die Stadt ziehen.

Flucht scheint im ersten Augenblick die beste Lösung zu sein, doch bei näherem Nachdenken weiß niemand, wohin. Auch in Holstein wird es Kämpfe geben. Wagen und Pferde sind außerdem kaum noch zu bekommen, man muss sein Eigentum zurücklassen, ist von Verwandten und Freunden getrennt und wird lange nichts von ihnen hören.

Trotzdem flüchten viele ins Holsteinische. Einige bleiben noch in ihren Gärten, aber die meisten beschließen, wie Mollers in die Stadt zu ziehen und alles über sich ergehen zu lassen, was da kommen möge.

Der alten Frau Moller, Witwe eines Versicherungskaufmanns und Besitzers einer Stadtpost, und ihren beiden unverheirateten Töchtern – Dorothea ist 45, Henriette etwas jünger – geht es finanziell gut. Sie haben eine Wohnung in einem stattlichen Haus an der Nordseite des Fischmarkts. Doch es fällt Dorothea schwer, aus der Sommerfrische in eine Stadt zurückzukehren, die sich auf eine Belagerung vorbereitet. Sie hat durchaus Humor, aber vor allem einen Sinn für das passende Maß, und was sie sieht, empört sie.

Die erste Zeit ist die unangenehmste, die sie je erlebt hat. In den heißen Hochsommertagen ist sie eingeschlossen, kann auf den Wällen nicht mehr spazieren gehen. Unter den Soldaten ist die Ruhr ausgebrochen, auf den Straßen liegen Durchfälle, sie hält es vor Gestank auf ihnen kaum aus und hat Angst, sich anzustecken. Sie sieht nur kranke, verwundete und verkrüppelte Soldaten »und unaufhörliches Trommeln und exerciren um mich herum, unsere Freunde und Verwandte zum Theil abwesend, und die gänzliche Ungewissheit über das künftige Schicksal der Stadt – ...« Es geht ihr nicht gut.

Wieder lassen Intendant Chaban und Präfekt Breteuil Kaufleute als Geiseln ins Gefängnis bringen, weil sie die Strafkontribution nicht bezahlen. Die Nachtwächter liefern in allen Haushalten Zettel ab, auf denen *maire* Rüder Bettlaken, Charpie und Strohsäcke von ihnen verlangt. Auf Hogendorps Befehl müssen täglich siebzig zweispännige Wagen der Bürger für Militär- und Zivilverwaltung bereitstehen.

Henriette Grautoff, die Pastorentochter, wartet auf Nachrichten von den Kämpfen der Armeen. Ihr Vater muss in der Kirche laut für Napoleon beten. Sie betet still für sich: »Möchte doch Gott Deutschlands Waffen segnen und dem Kampf fürs Vaterland Gedeihen schenken!«

2.

Der Buchhändler Perthes, der Rechtsanwalt Beneke, die beiden Senatssyndici Curtius und Gries und Sieveking, die rechte Hand von Gries, gründen am 15. August in Güstrow das »interimistische Direktorium der hanseatischen Angelegenheiten«. Pastor Johann Geibel aus Lübeck und der Kaufmann Peter Godeffroy jun., der schon lange die Kasse der Widerstandskämpfer führt, treten dem Direktorium Anfang September bei.

Hauptziel des Direktoriums ist – laut Protokoll der konstituierenden Sitzung –, »die politische Existenz der Städte bei den für Deutschland interessierten Mächten aufrecht zu erhalten«. Das Direktorium sucht sofort bei den Verbündeten um seine Anerkennung als Vertretung der Hansestädte Hamburg, Lübeck und Bremen nach.

Perthes und Beneke wollen nach der Befreiung von den Franzosen keine ungeprüfte Rückkehr zur alten Verfassung, die nur etwa 3000 wohlhabenden oder gebildeten lutherischen

Bürgern ein politisches Mitspracherecht gibt. Sie wollen diesen Kreis erweitern, und sie wollen eine Stärkung der Bürgerschaft gegenüber dem Rat. Aber nach langen Diskussionen einigen die Mitglieder des Direktoriums sich schließlich auf nur bescheidene Reformvorschläge. Die christlichen Konfessionen sollen gleichgestellt bleiben – nur Juden, die jetzt unter den Franzosen die gleichen politischen Rechte haben wie Christen, sollen sie wieder verlieren. Doch sonst wollen die Herren es bei der alten Verfassung belassen, zumindest vorläufig.

Hauptgrund dafür: Bislang haben der Kronprinz von Schweden, der preußische Gesandte Graf Grote und der russische Staatsrat von Alopeus sie ermuntert, das Direktorium zu gründen, aber nun, wo sie um seine Anerkennung bitten, bekommen sie ausweichende Antworten. Vorschläge zu einer Verfassungsreform könnten sie bei Militärs und Diplomaten der großen absolutistisch regierten Fürstenstaaten als Revolutionäre verdächtig machen, und dann würden diese die drei kleinen Handelsrepubliken doch schlucken.

Sieveking, der Verbindungsmann zu Kreisen um den Kronprinzen, meint, dass die Städte den Fürsten keinen Anlass geben dürften, sich in irgendetwas Internes einzumischen. » Lassen Sie uns klare Sinne und freie Hände behalten, damit der Untergang der Städte, den die Richtung des Zeitalters vielleicht unwiderstehlich herbeiführt, nicht auf unsere Rechnung gesetzt wird «, schreibt er Perthes. Die Fürsten wollen die Welt auf den Stand vor der Französischen Revolution zurückdrehen: » Mich macht die Reaction, die sich jetzt schon nachdrücklich äußert, immer sicherer, daß jeder Schein der Neuerungssucht vermieden werden muß. «

Friedrich Perthes reist unermüdlich zu den Sitzungen des Hanseatischen Direktoriums, das in Güstrow, Rostock und Wismar zusammenkommt, reist zur Bürgergarde und zur Hanseatischen Legion. In Parchim spricht er mit Wilhelm, seinem Cousin und Gehilfen in der Buchhandlung, und gewinnt einen traurigen Eindruck.

Der Hanseatischen Legion geht es nicht gut. Das Geld aus England ist ausgegeben, Kleidung und Schuhe sind zerschlissen, viele Männer sind krank. Das Berufsmilitär braucht die bewaffneten Freiwilligen, die Bürger in Uniform, zugleich will es sie nicht haben. Der preußische König, der noch im März alle Bürger zur Verteidigung Preußens aufrief, hat inzwischen einen Widerwillen gegen die bewaffneten Bürger und ihre Erwartungen auf mehr Teilnahme an Staat und Gesellschaft, und er hat verboten, dass ihre Frauen ihnen Fahnen überreichen – das ist sein Privileg als von Gott eingesetzter Obrigkeit.

Die Hanseaten haben sich bei General von Wallmoden über die Berufsoffiziere beklagt, denen sie unterstellt sind, weil sie sich von ihnen zu hart behandelt fühlen. Wallmoden hat der Kavallerie einen anderen Chef gegeben: Major von Arnim, einen altgedienten Soldaten, der bei Jena und Auerstedt 1806 ein Auge verloren hat, einen strengen Mann, düster und ernst. Er bestrafte anfangs die geringsten Dienstvergehen, um die eingerissene Unordnung zu beseitigen, ließ die Leute täglich zu Fuß und zu Pferd in seiner Gegenwart exerzieren. Sie gehorchten nicht gut, und er kündigte an, er werde sie von nun an mit Er anreden, wie Diener, und führte Stockprügel ein. Die Hamburger und Lübecker waren empört, sie sind Bürger, die freiwillig ihre Kontore, Werkstätten und Universitäten verlassen haben, um hier zu kämpfen. Rittmeister Hanfft, der Hamburger Schlachtermeister, der auf eigene Kosten ein Korps aufgestellt hat, sprach lange mit Arnim, und Arnim widerrief die Stockprügel.

Der Major ist erstaunt über den Mut dieser Bürger. Es gibt die Geschichte, wie sie – sie hatten nur Lanzen – unbeweglich auf ihren Pferden saßen, die Lanzen in der Hand, und nicht zuckten, als die Franzosen auf sie zukamen. Den französischen Soldaten wurde das so unheimlich, dass sie wegliefen.

Die Hanseaten wollen unbedingt verhindern, dass Davout mit seinen Truppen nach Berlin vorrückt. Major von Arnim verfolgt den Feind äußerst hitzig, die hanseatische Kavallerie ist jetzt immer unterwegs. Die französischen Wehrpflichtigen haben große Angst, wenn sie gefangen werden, denn sie plündern schrecklich in den Dörfern. Auch die Hanseaten plündern.

Die Hanseatische Bürgergarde steht noch unter Mettlerkamp, der nun Oberst ist oder sich so nennt, Perthes ist Major. Die beiden lassen in Hamburg, unbemerkt von der Polizei, an den Straßenecken den Aufruf anschlagen, junge Männer mögen sich zur Garde melden. Auch hier fehlt es an allem, Perthes wendet sich an das englische Hilfskomitee und erhält Geld, der Kronprinz gibt Geld und befiehlt, dass General von Vegesack die Bürgergarde unter seine besondere Obhut nimmt.

»Mißachten Sie uns nicht, Herr General«, schreibt Perthes an Vegesack. »Wir sind freilich militärisch ungeübt, aber wir haben Mut und könnten Eurer Excellenz in vielen Beziehungen nützlich sein. Unsere Verbindungen mit den Städten sind in einen so regelmäßigen Gang gebracht, daß wir stets die genaueste Nachricht über den jedesmaligen Stand der Dinge geben können.«

Mettlerkamp hat in Güstrow in einem Arzneiwagen die Karte der Festung Hamburg-Harburg gefunden, die General Haxo im April 1812 für Napoleon gezeichnet hat. Die Franzosen haben sie im März in einer Kiste versteckt zurückgelassen. Er gibt sie General Wallmoden.

Auch Teile des Freikorps Lützow kämpfen in Mecklenburg gegen die Franzosen unter Davout. Sie kämpfen in schwarzer Kleidung, mit roten Kanten und goldenen Knöpfen – nur mit Schwarz lässt sich Alltagskleidung einheitlich zu Uniformen färben. Einige haben den Totenkopf als Emblem im Tschako. Die Lützower würden lieber vor Berlin stehen und ihre eigene Stadt verteidigen, genau wie die Hamburger nur für Hamburg kämpfen wollen.

Der berühmteste Lützower ist Theodor Körner, ein Sachse, 22 Jahre alt, der in Wien Theaterdichter ist und von dort anreiste. Sein Vers »Das Volk steht auf, der Sturm bricht los« hat ihn berühmt gemacht, ebenso wie jetzt sein Lied:

»Frisch auf, mein Volk! Die Flammenzeichen rauchen,

Hell aus dem Norden bricht der Freiheit Licht.

Du sollst den Stahl in Feindes Herzen tauchen ...«

Das ist Bühnendramatik, Pathos voller Schwung und Rhythmus, die Freiwilligen aus den Hansestädten schreiben die Lieder ab, geben sie weiter. Lützower, Hanseaten, die Freiwilligen in der Russisch-Deutschen Division, in der Britisch-Deutschen Division wollen sich in Kämpfen gegen den berühmten Marschall Davout auszeichnen. Sie überfallen seine Aufklärungstrupps, beschießen Munitionstransporte, werfen seine Kuriere aus dem Sattel. Bei einem solchen Scharmützel wird Theodor Körner erschossen, morgens früh an der Straße nach Schwerin, bei Gadebusch, am 26. August.

Tausende von Männern stehlen und rauben, ganz ohne Pathos – Franzosen und Dänen, Schweden, Russen, Kosaken und Hanseaten. Die Landbevölkerung ist erbittert: Ihr Korn wird niedergetrampelt, jetzt kurz vor der Ernte, ihr Vieh weggeschleppt, in ihre Höfe, Scheunen und Ställen wird eingebrochen. Berufsmilitärs aller Seiten nennen das poetisch: Versorgung »auss dem Felde«.

3.

Die Sommerhitze ist vorbei, und Dorothea Moller geht es wieder besser. Sie gewöhnt sich etwas an das veränderte Leben, die Krankheit der Soldaten geht zurück, die Straßen sind gereinigt. Ihre Bekannten, die in den Gärten geblieben sind, kommen nun auch in die Stadthäuser. Man muss keinen bevorstehenden Angriff fürchten, und hier und da erhält man auf verbotenen Wegen Nachrichten von den Siegen der Alliierten. Doch die Nachrichten sind nicht sicher, und man kann den Gerüchten, die durch die Stadt laufen, nicht trauen.

Hogendorp legt jetzt Wert darauf, dass die Leute ihn grüßen, und hat mehrere gerügt, die es unterlassen haben. Er lässt Kanonen vor seinem Haus aufstellen, und die Bürger spotten, sie erwarteten nichts Geringeres, als auf dem Gänsemarkt vor seiner Wohnung nächstens den Hut des Geßler zu erblicken – der in Schillers ›Wilhelm Tell‹ die Leute zwang, bei seiner

Abwesenheit seinen Hut zu grüßen. Die Bürger verachten den Gouverneur, und es heißt, der Prinz halte auch nichts von ihm.

Maire Rüder verlangt von den Haushalten 32 000 Betttücher für die Lazarette sowie Seife, Hemden und Küchengeräte für die Truppen in den Kasernen. Die Hamburgerinnen haben noch nicht alle Hemden genäht, als Rüder Bettdecken anfordert, 12 000 Stück innerhalb von zwei Tagen. Er beschlagnahmt den Besitz von fünfzig Personen, die mit den Lieferungen im Rückstand sind, und verkauft ihn. Er lässt alle Versammlungen der Bürger in der Börsenhalle verbieten. Jeder muss ab zehn Uhr abends zu Hause sein.

Die Bürger finden ihn beschränkt. Er stammt aus Oldenburg, und sie monieren »seine geringe Localkenntniß« und seine blinde Unterwerfung vor den Franzosen, »so daß er zum Besten der Stadt auch gar nichts zu tun« vermag.

Christian Wehrs hat nun doch bei seinem Stiefvater eine Lehre als Wagenmaler und -lackierer begonnen, aber die Werkstatt hat nichts zu tun, und so stromert er wieder mit seinen Freunden durch die Stadt. Sie entwerfen Pläne zum Aufruhr, sind sich aber uneinig. Wehrs findet, dass bei den vielen Soldaten des Marschalls jeder Versuch, Hamburg von innen heraus zu befreien, »Tollheit« sei.

Als Reisende die Nachricht bringen, die Russen hätten schon Lüneburg besetzt, glauben viele Einwohner, ihre Befreiung sei nahe, und schnell herrscht Aufregung in der Stadt. Zugleich verbreitet sich das Gerücht, die Stadttore würden bald geschlossen. Aber nichts geschieht. Die Strafkontribution wird weiter mit Gewalt eingetrieben, und Soldaten reißen weiter Gartenhäuser ein und Häuser in den Vorstädten.

Wehrs sieht Familien, die jämmerlich mit voll bepackten Handwagen davonziehen, meist auf dänisches Gebiet, sieht, wie Zöllner und Gendarmen ihnen am Tor oft noch das Beste abnehmen. Wer sich wehrt, kriegt Säbelhiebe. Einmal gibt ein Gendarm einem alten Mann einen Faustschlag, so dass er hintenüberfällt und mit dem Kopf auf das Vorderrad seines Wagens prallt, ein zweiter Gendarm schlägt ihn mit dem flachen Säbel. Wehrs springt dazwischen. Er bekommt Säbelhiebe auf Rücken und Schultern, und Zöllner stoßen ihn mit Faustschlägen zur Torwache. Angst überfällt ihn, er denkt, jetzt wird er erschossen, und läuft den Zöllnern davon. Er versteckt sich in einer Ruine, geht irgendwann nach Hause. Nachts glaubt er, er werde gesucht, und kann vor Angst nicht schlafen. Zwei Monate bleibt er zu Hause aus Angst, Gendarmen oder Zöllner erkennen ihn auf der Straße.

Er besucht nur seinen Freund und Nachbarn Otto Willich durch die Gartenpforte. Willich hat die Weinhandlung erlernt, aber das Geschäft läuft nicht mehr. Er hat sich lange um eine Stelle im Comptoir bemüht, bis ein Freund seines Vaters ihm eine kleine Schreiberstelle in einem französischen Büro anbot. Er nahm an, um seinen Eltern nicht auf der Tasche zu liegen.

Wehrs' Stiefvater muss Leute entlassen. Christian Wehrs malt nun Stillleben in Wasser- und Ölfarben. Seine Mutter ist mit den Schwestern wieder zur Stadt gezogen, als es hieß, Eimsbüttel werde auch abgerissen. Außerdem sind die Mädchen hier sicherer vor Soldaten, solange sie nur ruhig zu Hause bleiben.

Pierre Godeffroy ist mit seiner Tochter Friederike aus Mecklenburg in sein Weißes Haus an der Elbe zurückgekehrt. Er habe heute »sehr fröhliche Nachrichten« über einen Sieg der Preußen bei Berlin bekommen, schreibt er seiner Tochter Charlotte am 14. September nach England. Er ist noch nicht sicher, wie zuverlässig diese Nachrichten sind, aber »wenn sich alles das bestätigt, so sehe ich Dich, Susette, Richard und Pieter gewiß alle künftigen Frühjahr bei mir versammelt, das gebe Gott, Amen. –«

Er geht so wenig zur Stadt wie möglich, selten mehr als zwei-, dreimal in der Woche. Der Anblick der Stadt ist traurig, von außen und von innen. Jede Woche werden neue Sachen angefordert. Er muss für die Verpflegung der Truppen monatlich 4500 Francs bezahlen. Alles, was er an Kupfer und Eisen besitzt, hat man ihm weggenommen, außerdem Holz im Wert von 600 000 Mark, und man nimmt immer weiter. Er ist froh, dass er aus Mecklenburg zurückgekommen ist, »denn durch meine Gegenwart kann ich das Meinige nicht allein besser vertheidigen, sondern ich rette sehr viel, was sonsten verlohren worden wäre und verhindere das Unglück und die gänzliche Verarmung vieler Menschen«.

Am meisten quält und betrübt ihn die Trennung von den Töchtern und seinem Sohn Peter, »doch ich suche diese Traurigkeit durch die Hofnung zu vermindern die wir haben, daß es noch in diesem Jahr anders werden kann, auch diese Hofnung muß Dir, liebe Lotte, aufheitern«. Eine Woche später schreibt er seiner Tochter Susette über ein Wiedersehen im Frühling: Die »Aussichten sind dazu hofnungsvoll, aber auch nichts weiter als Hofnung – ...«

Die Hamburger warten auf Nachrichten. Im ›Correspondenten‹ können sie lesen, was Polizeidirektor d'Aubignosc gestattet. Aber zuverlässige Nachrichten kommen nur langsam in die Stadt, und wenn sie kommen, erkennt man sie oft nicht bei all den Gerüchten und gedruckten Lügen.

Dabei ist Hamburg, ehe die Franzosen es besetzten, eine große Zeitungsstadt gewesen, vielleicht die größte der Welt. Auch damals gab es eine Pressezensur, aber der Rat war milde. Hamburger Zeitungen wurden in ganz Deutschland, ganz Europa gelesen, reitende und fahrende Postkuriere brachten sie über die Landstraßen in alle bedeutenden Städte. Der ›Hamburgische Correspondent‹ erschien in fast 30 000 Exemplaren – die englische ›Times‹ brachte es nur auf 8000 –, vom ›Correspondenten‹ nahmen allein die abgehenden Schiffe 4000 Exemplare mit. Die ›Hamburgische Neue Zeitung‹ hatte eine ebenso hohe Auflage. Fünfzehn Zeitungen gab es, dazu Zeitschriften, Wochenblätter, Monatsschriften, Fachzeitschriften. Im Alsterpavillon am Jungfernstieg, in verräucherten Kaffeehäusern hingen Zeitungen aus. Im Lesezimmer der »Harmonie« auf den Großen Bleichen – dem größten Klub der Stadt, in dem man sich zum Kartenspiel und zum Billard traf, zu wissenschaftlichen Vorträgen und Konzerten – wurde es voll, wenn die Post mit den Zeitungen kam. Fünf Tische standen dort an den Wänden: für Zeitungen aus Berlin, Leipzig, Frankfurt, Mainz, Wien, für englische, holländische, französische Zeitungen. Auf dem runden Tisch in der Mitte lagen damals neue Bücher und literarische Zeitschriften: 48 deutsche, neun französische, drei englische. Zum Lesezimmer gehörte eine Sammlung von Karten für die Zeitungsleser – Landkarten, Seekarten, Kriegskarten, die die Buchhandlung Perthes besorgte. Aber auch Leute ohne Geld und Bildung wollten sich informieren. Weinhändler Meyer, der verstorbene Vater von Demoiselle Louise Meyer, hat in einem kleinen Aufsatz über die täglichen Zeitungen festgehalten: »In den Morgenstunden, wenn diese erscheinen, sieht man vor den Zeitungsbuden oft Arbeiter, Hausknechte reihenweise stehen und aufmerksam die für ihre Herren geholten Zeitungen lesen.« Wer nicht lesen konnte, ließ sich vorlesen.

Als Davout kam, verbot er neun der fünfzehn Zeitungen. Der ›Correspondent‹ erscheint jetzt nur noch in 6000 Exemplaren. Die Ausgabe für Davout wird auf grünem Papier gedruckt, weil die Ärzte meinen, Grün sei für seine Augen besser – er kontrolliert wie stets alles selbst. Oberpolizeidirektor d'Aubignosc lässt nun Artikel in seinen Büros schreiben. Den Hamburgern geht es aber nicht schlechter als den Franzosen. In jedem Departement erlaubt Napoleon nur eine Zeitung. In Paris gibt es noch vier und in manchen Teilen Frankreichs keine mehr. Deutsche Zeitungen sollen nur Nachrichten drucken, die zuerst – und gründlich überprüft – im ›Moniteur‹ in Paris erschienen sind.

Napoleon hat eine staatliche Propagandamaschinerie eingerichtet, um die öffentliche Meinung zu beeinflussen. Davouts Vorbild ist ein Meister der Propaganda. »*L'homme du destin*« – so hat Davout den Kaiser vor den Lüneburgern genannt, die sich aufgelehnt hatten: der Mann des Schicksals, der Vorherbestimmte. Dieser Name geht auf eine Ode des Dichters Charles Etienne zurück und besagt, dass Napoleon die Qualitäten aller großen Männer der Geschichte in seiner Person vereine. Die französischen Zeitungen hämmern seitdem ihren Lesern ein: Er ist das tätigste Genie, das je in der Geschichte erwähnt wurde, ist nur Kaiser geworden, um die Interessen Frankreichs besser vertreten zu können.

Doch eines der besten Mittel, die öffentliche Meinung zu lenken und dabei im Hintergrund zu bleiben, sind Gerüchte. Napoleons Agenten flüstern auf Märkten und belebten Straßen, Kaiserin und Herzoginnen flüstern in den Salons, Militärgouverneure in den Büros der besetzten Länder. Kriege sind für Napoleon – und damit für Davout – auch Propagandakriege. Davout war in Warschau, als Napoleon ihn lehrte: Man »muß dauernd darauf achten, die öffentliche Meinung in die richtigen Bahnen zu lenken«. Auch Davout gibt Generälen Befehl, bestimmte Gerüchte zu verbreiten. Seine Spione flüstern in Schauspielhäusern, auf Bällen und Tanzböden, in Kaffeehäusern und Schenken, verbreiten Gerüchte in Versammlungen und sogar in Familienkreisen.

Die Hamburger informieren sich immer noch aus Zeitungen – jetzt vorzugsweise aus dem ›Altonaischen Mercur‹, obwohl Dänemark nun mit Frankreich verbündet ist –, durch Reisende und – besonders die Kaufleute – durch Privatbriefe. Die Kaufleute sind seit Jahren im Schmuggel von Nachrichten geübt. Nachrichten aus London gehen über Helgoland auf die Inseln vor der Küste, oft über Neuwerk, und weiter durchs Wattenmeer zum Festland – nachts bringt ein Läufer oder ein Mann in einem kleinen Boot, je nach Wasserstand, die Nachricht hinüber und vergräbt sie in einem Erdversteck. Es soll Ketten von Nachrichtenläufern bis Altona geben, die sich untereinander nicht kennen. Auch Blankeneser Fischer bringen trotz ihrer Scharmützel mit französischen Zollbooten Nachrichten mit. Hamburg summt vor Gerüchten, und die meisten Einwohner wissen nicht, woran sie nun sind.

»Brechen Sie mit Pomp aus Hamburg auf«

1.

Marschall Davout ist am Abend des 18. August in Lauenburg an der Elbe. Ein Kurier bringt eine Nachricht des Kaisers: Oudinot ist aufgebrochen, Bernadotte – der feindliche Kronprinz von Schweden – steht in Oranienburg, nördlich von Berlin. Zwei Tage später setzt Davout sich in Marsch auf Schwerin. Kleine Abteilungen der Freiwilligen und die Kosaken greifen ihn immer wieder an, nutzen jeden Hinterhalt, verwirren ihn.

Napoleon hat ihm seine Aufgabe in langen Briefen entwickelt. Oudinot wird mit 80000 Mann Berlin erobern. Es kann sein, dass der Feind alle Kräfte gegen ihn wirft. Davout soll verhindern, dass General von Wallmoden mit dem Drittel der Nordarmee, das ihm unterstellt ist, aus Mecklenburg nach Berlin marschiert und dort die Truppen des Kronprinzen verstärkt. Davout soll Wallmoden so stark bedrohen, dass er große Teile seiner Armee ablenkt und beschäftigt. Er soll aber erst nach Schwerin marschieren und die Nachrichten von Oudinot aus Berlin abwarten.

Die Alliierten haben drei große Armeen in einem weiten Halbkreis um Napoleon aufgestellt.

Zur Nordarmee unter dem Kronprinzen gehören Schweden, Russen, Mecklenburger, auch Preußen, dazu Kosaken und mehrere Freiwilligenkorps. In der Schlesischen Armee in der Mitte, die auf Wunsch des Zaren der energische 70-jährige General Leberecht von Blücher kommandiert, kämpfen vor allem Russen und Preußen. Die Böhmische Armee aus Österreichern, Russen und Preußen steht unter dem Oberbefehl von Fürst Schwarzenberg. Jede Armee wird einem Angriff Napoleons ausweichen, aber vormarschieren, wenn Napoleon eine der anderen beiden angreift, und ihn von der Seite oder sogar im Rücken bedrohen.

Eine Million Männer stehen sich gegenüber.

Napoleon rechnet damit, dass Oudinot am 20. oder 21. August in Berlin ist. Wenn er Berlin erobert hat, soll Davout weiter nach Mecklenburg marschieren, die schwedischen Truppen abschneiden, die dort gelandet sind, und zugleich den Schweden in Berlin den Rückzug verlegen. Wenn Oudinot aber den Feind so schlägt, dass er ihn entwaffnen kann, dann könnte Napoleon Truppen von Oudinot abziehen und mit ihnen seine Truppen in der Mitte gegen die anderen beiden Armeen verstärken. Davout könnte dann – je nach Umständen – von Stettin aus gemeinsam mit Oudinot drohen, Danzig zu entsetzen, und die Russen so dazu bringen, sich von den Österreichern zu trennen und schnell gegen ihn zu marschieren. Alles hängt vom Ausgang des großen Coups in Berlin ab.

Napoleon nennt die Freiwilligenkorps nur »canaille«, die sich schnell zerstreuen wird, wenn Davout sie einmal angegriffen und geschlagen hat. Acht Tage Feldzug werden, selbst ohne große Siege, die Hälfte der feindlichen Truppen verschwinden lassen. Davout soll sich nicht von unterlegenen Kräften täuschen lassen, die den Anschein von Stärke verbreiten, »und schon gar nicht von dieser Canaille, die nichts bedeutet«.

Die Armee, mit der Davout den Kronprinzen aufhalten soll, einen erfahrenen französischen Marschall, ist allerdings immer noch in keinem guten Zustand. Davout fehlen Offiziere. Ihm fehlt Kavallerie, die ihm Informationen über den Gegner holen kann, damit er weiß, wo welche Truppen stehen und wie stark sie sind. Seine Infanteristen sind zu jung und immer noch zu schwach für ihre schweren Tornister und Gewehre, und sie sind unerfahren. Auch zahlreiche Artilleriepferde sind noch zu jung und zu schwach für die Kanonen, die sie durch den mecklenburgischen Sand ziehen sollen. Seine dänischen Hilfstruppen sind vernachlässigt und verkommen.

Am 23. August ist er mit seinem Hauptquartier in Schwerin.

Das Wetter ist herrlich, Oudinot müsste schon seit mehreren Tagen in Berlin sein. Davout wartet auf seine Nachricht. Er ist ungeduldig.

»Du wirst finden, dass ich mich hier sehr lange aufhalte«, schreibt er Aimée am sechsten Tag, »ich muß hier Hauptereignisse abwarten, die schon stattgefunden haben müssen, aber deren Ergebnis ich noch nicht kenne…«

Dann kommt ein Kurier aus Magdeburg: Preußische Truppen haben Oudinot am 23. August bei Großbeeren geschlagen.

Weitere schlechte Nachrichten treffen in Schwerin ein. Blücher hat Marschall Macdonald an der Katzbach besiegt. Märkische Landwehr hat eine Abteilung unter General Girard bei Hagelberg besiegt.

Girard hat das Warten auf Nachricht nicht ausgehalten und ist einfach von Magdeburg auf Berlin marschiert. Er wusste nichts, hörte nichts, und Bernadotte ließ ihn auch nicht hin, sondern stellte ihm fünfzehn Landwehr-Bataillone in den Weg. Die Landwehr drehte ihre Gewehre um und schlug mit den Kolben 3000 Soldaten tot und verwundete weitere 3000. Granatsplitter haben Girard schwer getroffen.

Napoleon meldet sich nicht.

Genau zwei Wochen nachdem Davout Hamburg verlassen hat, am Sonntag, dem 29. August, schreibt er einen vertraulichen Brief an Chaban. Vielleicht wird ein Rückzug auf Hamburg notwendig, und dann muss die Festung nicht nur eine Blockade von ein paar Wochen überdauern können, sondern eine lange Belagerung. Chaban soll Lebensmittel für 30 000 Mann kaufen und Futter für 5000 Pferde – für sieben bis acht Monate. Er soll auch Viehfutter und Stroh in die Festung bringen, denn wenn Davout gezwungen wird, sich zurückzuziehen, wird er lebendes Vieh nach Hamburg schicken. Chaban soll Salz in Lüneburg und Branntwein in Holstein kaufen. Er soll mit niemandem über diesen Brief sprechen. Wenn er eine Erklärung für diese Käufe braucht, kann er sagen, er habe Befehl, Vorräte für Paris zu sammeln. Alle werden Chaban glauben, denn alle mögen ihn. Er ist ein älterer, trauriger, sehr freundlicher und fähiger Mann, dessen Sohn in Russland gefallen ist.

Drei Tage später treffen in Schwerin Nachrichten aus Magdeburg von großen Erfolgen Napoleons bei Dresden ein: Er hat Schwarzenbergs Armee geschlagen, die größte der drei Armeen der Verbündeten, der Feind flieht nach Böhmen, Vandamme verfolgt ihn.

Für Davout ist die Schlacht bei Dresden, die zwei Tage dauerte, so herrlich wie die Schlachten vor dem Russlandfeldzug, in ihrer Anlage zeigt sich für ihn wieder der Sieger von Ulm, Austerlitz, Friedland, Wagram. Dieser große und entscheidende Erfolg des Kaisers bei Dresden, schreibt er Aimée, wird endlich unsere Feinde zur Vernunft bringen. Aimée hat ihm gerade berichtet, man sei in Paris ohne Nachricht und unruhig, und alle glauben an eine Niederlage des Kaisers, wollen ihn nicht mehr.

Davout findet die Aufstellung seiner Truppen bei Schwerin jetzt zu gefährlich. Sie stehen zu weit auseinandergezogen, was die Feinde zu kleinen Angriffen ermuntert. Er gibt am 2. September den Befehl zum Rückzug an die Flüsschen Stecknitz, Wakenitz und Trave und damit auf eine Linie zwischen Lauenburg im Süden und Lübeck im Norden. Sein Hauptlager lässt er nicht weit von Ratzeburg errichten, die Soldaten bauen für sich zahlreiche Reihen von kleinen niedrigen Hütten aus Holz und Laub. Diese neue Stellung an Flüssen und Seen entlang ist sehr sicher, aber er ist jetzt kaum weiter im Osten als am 18. August.

Wallmoden besetzt Schwerin, und Davout wartet in Ratzeburg auf Napoleons Befehle. Nicht der Feind habe ihn gezwungen, sich zu konzentrieren und diese gute Position einzunehmen, erklärt er Aimée: »Ich mußte Schwerin verlassen, wo ich ohne Ziel war, da der Marsch auf Berlin vertagt wurde; die entscheidenden Ereignisse von Dresden werden ihn in kurzem beginnen lassen.«

Aber General Vandamme, der den Feind bis nach Böhmen verfolgen soll, verliert eine Schlacht bei Kulm und Nollendorf. Ein paar Kosaken reiten mitten in die abziehenden Franzosen hinein und holen Vandamme heraus. Der Zar wird ihn nach Sibirien schicken, weil er Regierungsvertreter in Oldenburg und Bremen erschießen ließ.

2.

Seit dem Ende der ersten Septemberwoche regnet es, und die Wege zwischen Lauenburg, Ratzeburg und Lübeck weichen auf. Eine gute Stunde von Davouts Lager in Ratzeburg entfernt liegt das Lager der Hanseaten, Reveille und Zapfenstreich hallen hin- und herüber. Aber diese neue Position Davouts ist sicher, und es lohnt die Mühe nicht, sie wegen ein paar bewaffneter Bürger zu verlassen.

Er ist hierhergekommen, weil »der Angriff auf Berlin keinen Erfolg hatte und weil die Streitkräfte, die ich kommandiere, nicht gut genug sind, um den Rückschlag wiedergutzumachen«, erklärt er Aimée. Also muss er sich darauf beschränken, Hamburg und Holstein von hier aus zu schützen. So lauten seine Befehle. Er hält alles bereit, um sofort wieder vorzurücken, sobald er erfährt, dass man auf Berlin marschiert.

Aber viele junge Soldaten sind krank, und die Zahl der Kranken steigt. Sie leben in nassen Zelten und Laubhütten, Schuhe und Uniformen trocknen nicht, das Feuerholz will nicht brennen. Sie leiden an Erkältung, Lungenentzündung, Durchfall und Nervenfieber – das ist Typhus.

Der Marschall ist um sie besorgt und lässt in den Dörfern plündern, damit die Lazarette einigermaßen ausgerüstet sind. Er will die Soldaten abhärten. Er lässt große Portionen Wein und Gewürze unter ihnen verteilen, besonders Pfeffer. Doch die Zahl der Kranken steigt weiter.

Die Antwort von Chaban auf seinen geheimen Befehl, die Festung auf eine Belagerung vorzubereiten, ist zwei Tage später gekommen. Chaban bezweifelt, dass in den Unterpräfekturen bis zur Weser schon Getreide für 30000 Mann auf sieben bis acht Monate vorhanden ist, denn die Bauern haben gerade erst angefangen zu dreschen. Außerdem hat er kein Geld – weder für Hafer, den Holstein anbietet, noch für Salz oder für Transporte. Er kann kaum den laufenden Dienst in Gang halten. Die zweite Rate der Strafkontribution ist nicht eingegangen, die reichen Hamburger können teils nicht zahlen, teils wollen sie nicht – immer mehr verlassen die Stadt. Alles, was an Geld bislang gekommen ist, hat er dem Kaiser geschickt. Er hat Davout eine Übersicht über den Bestand der Kassen gemacht. Bis Oktober hat er noch Geld, aber dann garantiert er für nichts mehr: »Ich muß Ihnen erklären, daß ich für Lebensmittel, Artillerie und Genie keine Fonds mehr haben werde. Es ist notwendig, daß Se. Majestät Befehle erteilt und Maßregeln trifft.«

Ein Pulvertransport ist von Minden nach Magdeburg unterwegs. Davout schickt General Pécheux mit etwa 3500 Soldaten über die Elbe. Der General soll die Aufmerksamkeit feindlicher Streifen vom Konvoi ablenken und dann mit ihm nach Magdeburg gehen: Napoleon hat Davout im August geschrieben, dass er über Magdeburg immer Nachrichten von ihm bekommen könne. Jetzt besagen Gerüchte, dass Napoleon selbst Blücher angreifen wolle und Marschall Ney von Wittenberg nach Berlin geschickt habe, um die Stadt zu erobern, aber Blücher sei Napoleon ausgewichen und habe Ney bei Dennewitz besiegt. General Pécheux soll den Nachrichtenweg über Magdeburg wieder öffnen.

Doch General Wallmoden erfährt durch abgefangene Briefe von diesem Auftrag. Er stellt sich mit 13 000 Mann bei Dannenberg auf und schickt Tettenborn mit seinen Soldaten zum großen Wald bei Göhrde. Am 16. September kommt es dort zum Gefecht. Nur durch einen schnellen Rückzug – viele Soldaten werfen die Gewehre und die Tornister weg – kann Pécheux sich mit weniger als 2000 Mann nach Hamburg zurückziehen.

Die Offiziere des Marschalls sind kampflustig, sie wollen sich auszeichnen, Belohnungen verdienen und Beförderungen, sie langweilen sich im Lager. Der Marschall lässt sich auf kleine Kämpfe beim einen oder anderen Dorf ein, um sie zu beschäf-

tigen. Besonders die Dänen sind unzufrieden mit seiner Un-
tätigkeit, seiner – wie ihr Oberst Jacques Aubert findet – zu
großen Vorsicht. Auch französische Offiziere halten den eisernen Marschall für einen gebrochenen Mann. Seit dem Rückzug
aus Russland sei an die Stelle seiner raschen Entschlossenheit
und seines Unternehmungsgeistes jetzt Ängstlichkeit getreten,
und man könne nun nicht mehr hoffen, große Dinge unter seiner Leitung zu vollbringen.

Oberst Aubert macht Davouts Generalstabschef Laville er-
bitterte Vorhaltungen, und General Thiébault, der Lübeck verlassen hat, war schon in Schwerin der Meinung, Davout müsse
mit seinen Truppen weiter nach Magdeburg und so Oudinot
helfen. Laville sagt nur, er habe großes Vertrauen in Davouts
Vorsicht.

Davout ist verändert seit dem Russlandfeldzug. Manche
Generäle halten ihn für wirr.

3.
Manchmal wacht Davout nachts aus schweren Träumen auf
und schläft nicht wieder ein. Die Ungerechtigkeit des Kaisers
lässt ihn nicht schlafen. Die Verräter sind beim Kaiser, und er
bekommt keine Nachricht von ihm.

Er ist mit einem beispielhaft ausgerüsteten 1. Korps nach
Russland ausgezogen, mit fast 70 000 Mann. Die drei Teufel
waren dabei – die Generäle Morand, Friant, Gudin –, die seine
Freunde geworden waren, schwierige Männer, ehrgeizig und
eifersüchtig, immer kurz davor, aufzubrausen und zu streiten,
wie er selbst. Das 127. Linienregiment aus Hamburg, das 128.
aus Bremen und das 129. aus Oldenburg waren Gudin unterstellt. Die Soldaten hatten neue Uniformen: weiße Hosen,
weiße Westen, blaue Jacken mit rotem Kragen und roten Man-
schetten, schwarze Stiefel, hohe Hüte mit Schirm.

Über 600 000 Männer marschierten, aus dem Rheinland, aus
Sachsen, Bayern, Westfalen, aus Spanien, Portugal, Italien,
Dalmatien, aus der Schweiz, aus Holland und Polen – es war
die größte Armee, die Europa je gesehen hat. Kutschen für die

Generalstäbe und Zahlmeister folgten, Kanonen, Ambulanzen, Lebensmitteltransporte, Wagen mit Handwerkern, Händlern, Frauen, die ihre Männer in den Krieg begleiteten. Wo die Regimenter durchkamen, hinterließen sie verwüstetes Land. Davout war bald davon überzeugt, dass die Organisation dieser Armee und die Kommunikation ihrer Teile untereinander nicht zu bewältigen waren. Auch andere Marschälle wurden zunehmend besorgt.

Seine Feinde arbeiteten von Anfang an gegen ihn: Berthier, der Generalstabschef des Kaisers, Jérôme, der Bruder des Kaisers und König von Westfalen, und Marschall Joachim Murat, der Draufgänger im Pantherfell, Schwager des Kaisers und König von Neapel.

Gleich in den ersten Junitagen, in der Marienburg in Ostpreußen, griff Berthier ihn vor dem Kaiser an. Davout wollte seine Befehle nicht von Berthier haben, sondern direkt vom Kaiser, und Berthier brüllte, er verlange maßlose Unabhängigkeit, nehme sich zu viel heraus, erhebe sich über den Meister. Davout brüllte zurück, und Napoleon hörte schweigend zu, erschrocken über die ungehemmte Wildheit seiner Marschälle. Aber Berthier saß danach täglich im Hauptquartier beim Kaiser, und Napoleon wurde Davout gegenüber kühler. Er übersah, dass Davout sein Korps beispielhaft ausgerüstet hatte.

Jérôme und Murat flüsterten dem Kaiser ins Ohr, Davout wolle immer noch König von Polen werden und strenge sich hier nur so an, um sich dafür hervorzutun. Er führe sich auf, als hätte er alles allein gemacht. Und Napoleon soll genickt und darauf gesagt haben, man könne denken, Eckmühl kommandiere die Armee.

Die Armee ging Ende Juni über den Fluss Memel, den die Russen Njemen nennen, und weiter in Eilmärschen Richtung Wilna. Davout ließ sein Korps wegen der großen Hitze nachts durch das leere stumme Land aus sandigen Hügeln und düsteren Wäldern marschieren. Es gab kein sauberes Trinkwasser, und viele Soldaten hatten Ruhr. Zwei Wochen nach dem Übergang über die Memel fehlten schon 135 000 Mann, und General

Gouvion St. Cyr behauptete, jeder Tag auf dem Marsch koste den Verlust eines Regiments.

Sie kamen nach Wilna und glaubten, hier würde die russische Armee sich stellen, hier würde man sie zerschmettern und umkehren. Aber die Russen wichen zurück, und weiter ging es durch das glühende Land.

Mitte August war ein Drittel des Heeres verschwunden – weggelaufen, an Ruhr gestorben, gefallen. Die Franzosen siegten bei Smolensk über zwei russische Armeen, und Davout und sein Korps eroberten die Stadt, die Hamburger kämpften sich von Haus zu Haus. Gudin wurde tödlich verwundet und starb, General Gérard übernahm sein Kommando. Davout weinte wie ein Kind.

Nach diesem Sieg riet er dem Kaiser, den Feldzug abzubrechen. Einen Augenblick schien Napoleon zu schwanken. Aber dann hörte er auf Murat und setzte den Marsch fort.

Napoleon beorderte Davout und sein Korps zur Vorhut, und Murat, sein schwatzhafter Feind, wurde nun sein Vorgesetzter. Davout war empört darüber, wie Murat die Divisionen behandelte. Murat war tapfer und wagemutig, aber er ließ die Männer unter glühendem Himmel den ganzen Tag ohne Essen und Getränke marschieren und reiten. Spätabends, wenn sie biwakierten, war nichts vorbereitet. Die Soldaten tranken den eigenen Urin, und Pferde starben vor Überanstrengung. Davout weigerte sich, Murat seine Infanterie länger zu überlassen. Ende August kamen beide aufgebracht zu Napoleon. Aber Napoleon hörte auf Murat, unterstellte einige Einheiten des 1. Korps direkt seinem Befehl und umging damit Davout.

Napoleon war von nun an offen unzufrieden mit ihm, unzufrieden mit der Art, in der das 1. Korps marschierte, unzufrieden, weil er oft angeblich nicht wusste, wo Eckmühl war. Davout entschuldigte sich nicht, verteidigte sich nicht. Man hasste ihn, weil er so oft recht hatte. Er war jetzt dauernd wütend.

In der Schlacht von Moskova oder Borodino, wie die Russen sagen, wurde er schwer verwundet. Auch hier hatte der Kaiser nicht auf seinen Rat gehört, die russische Armee von der Seite anzugreifen, und sich für den riskanteren frontalen Angriff entschieden. Franzosen und Russen waren wohl gleich stark, alle zusammen etwa 300 000 Mann.

Die Schlacht begann um sechs Uhr morgens. Zwei Divisionen des 1. Korps griffen als Erste an. Plötzlich hieß es, Davout sei tot, es war noch keine Stunde vergangen. Man hatte gesehen, wie eine Kanonenkugel ihn und sein Pferd traf, wie Marschall und Pferd sich überschlugen und in Staub und Rauch verschwanden. Murat jagte heran und wollte das Kommando des 1. Korps übernehmen, doch da war Davout aus einer Ohnmacht wieder zu sich gekommen und zeigte sich vor dem Kaiser: Er habe nur einen starken Bluterguss und wolle seine Truppen weiter anführen. Seine Uniform war in Fetzen, mit Schlamm und Blut verschmiert, und das Pferd war tot. Trotz der großen Schmerzen im Unterleib griff er mit seinen Kolonnen immer wieder an. Später am Morgen traf eine Kugel seine rechte Hüfte, und am Nachmittag konnte er sein Pferd nicht mehr antraben lassen. Aber er blieb und ermutigte die Leute, und als der rothaarige Marschall Ney auf seinem großen Schimmel mit seinen Truppen kam, griffen beide Marschälle gemeinsam zwei russische Schanzen an.

Die Schlacht endete unentschieden. Die Russen hatten, nach französischer Schätzung, 44 000 bis 50 000 Tote, die Franzosen zwischen 30 000 und 50 000 Tote und 30 000 tote Pferde. Überall lagen Leichen und Kadaver in Blutlachen. Die ganze Nacht hörten die Überlebenden die Schreie der Verwundeten. Bei Fackelschein amputierte Dominique-Jean Larrey, der leitende Arzt, Arme und Beine.

Eine Woche später erreichte Napoleon Moskau mit weniger als 100 000 Mann. 24 Stunden später brannte die hölzerne Stadt. Der Zar war in St. Petersburg.

Davout blieb vier Wochen in Moskau. Sein Korps besetzte die Vorstadt Kalonga, und er zog in ein Haus am Grünen Platz. Er badete und legte sich einige Tage ins Bett, die Entzündungen klangen ab, und beide Wunden begannen zu heilen. Napoleon ließ ihm 300 000 Francs geben, und er rüstete seine Leute wieder aus und kaufte ihnen Lebensmittel. Moskau gefiel ihm. Er genoss das sonnige Herbstwetter, in Frankreich konnte es jetzt nicht schöner sein.

Napoleon wartete auf eine Botschaft des Zaren. Aber es gab keine Verhandlungen. Es war niemand da.

Als Napoleon den Rat seiner Marschälle über den besten Rückweg hören wollte, schlug Davout die Straße über Medyn nach Smolensk vor, durch ein Land mit unzerstörten Dörfern und hohem Gras auf den Weiden. Murat unterbrach ihn, sagte, Wald und weglose Sümpfe lägen in diesem Land, und nirgends warteten Lebensmitteldepots auf die Soldaten, Davout wolle die Armee zerstören. Wieder gab es einen hitzigen Streit. Sein Ergebnis: Der Kaiser schickte die Reste seiner Armee zurück durch ein bereits zerstörtes, aber bekanntes Land.

Den mit Raubgut schwer bepackten Soldaten folgten mehrere Tausend Zivilisten, Frauen, Kinder, folgten Karren und Wagen mit geplünderten Gegenständen, sogar Klavieren und Sofas, Kleidern, Pelzen, Seidenballen, Teppichen. Die Reiter zogen brüllendes Vieh hinter sich her. Lejeune, Davouts Generalstabschef, führte mehrere Kühe mit sich, sechs Fahrzeuge und 25 Pferde.

Davout übernahm mit seinem Korps die Nachhut, seine Divisionen marschierten getrennt und übernachteten in verschiedenen Dörfern. Am vierten Tag sah er morgens die ersten Verfolger. Von nun an musste die Nachhut sich gegen die russische Kavallerie wehren.

Sie kamen zum Schlachtfeld von Borodino. Die Leichen von Menschen und Pferden lagen noch im Gras, die Menschen nackt, von Tieren angefressen, halb verwest. Niemand hielt an. Das Atmen wurde schwer vor Entsetzen und Furcht.

Kosaken überfielen das 1. Korps an einem kleinen Fluss. Von nun an musste Davouts Korps sich Tag für Tag den Rückzug erkämpfen, die Pferde starben, die Wagen blieben liegen. Wenn Davout sich zum Kampf stellte, zogen die Kosaken sich zurück. Als das Korps nach Viazma kam, wo Lebensmittel bereitliegen sollten, hatte die eigene kaiserliche Garde die Magazine geplündert. Die Disziplin war zusammengebrochen, jeder raubte, wo er etwas fand, das 1. Korps litt nun auch noch unter Hunger. Im Hunger sah Davout den Hauptgrund für den katastrophalen Rückzug.

Dann griffen zwei russische Generäle mit zwanzig Regimentern Kosaken die Nachhut an. Eugène Beauharnais schickte Davout Unterstützung, aber die Männer hatten keine Kraft mehr vor Hunger und Müdigkeit. Der Kaiser schickte von vorne den Befehl, sie sollten schneller marschieren, und ließ Marschall Ney mit 6000 Mann Davouts Korps ablösen.

Sie erreichten Smolensk am 11. November, Davout hatte nur noch 10000 Mann. Fast alle Pferde waren gefallen, die wenigen, die sie noch hatten, waren erschöpft vor Hunger und nun auch von Kälte und Schneetreiben. Davout schlief zum ersten Mal seit dem Abmarsch von Moskau unter einem Dach, wie immer auf dem Bärenfell, das Aimée ihm für Russland geschenkt hatte.

In Smolensk waren Lebensmittelvorräte aus Frankreich eingetroffen, Reis, Wein, Schnaps, Kleidung, Schuhe, aber es gab keine geordnete Verteilung, jeder plünderte in den Magazinen, wer Geld hatte, kaufte Alkohol und betrank sich. Die Armee zählte insgesamt vielleicht noch 50000 Mann, genauso viele zogen auf der Suche nach Essbarem in Banden nach Westen, meldeten sich manchmal bei ihren Korps oder überfielen sie, plünderten ihre Kameraden aus und zerschnitten noch lebende Pferde.

Auf dem weiteren Rückzug wurde Davout zum Sündenbock für die Katastrophe, in die sie marschierten. Die schlimmste Ungerechtigkeit ihm gegenüber, fand er, geschah bei Krasnoje, und sie war so groß, dass sie ihn Tage später, als sein Leben nur noch Schmerz war, vom Selbstmord abhielt, um Gerechtigkeit zu erlangen. Man beschuldigte ihn, Marschall Ney mit seinen Soldaten in Stich gelassen zu haben.

Napoleon verließ Smolensk mit der Garde am 14. November. Davout sollte bis zum 16. bleiben, Ney mit seinem Korps bis zum 17. Ney kam erst am 15. an, als alle Magazine bereits ausgeplündert waren und die Vorräte auf den Straßen lagen und verkamen.

Davouts Korps marschierte am 16. hinter dem Vizekönig Eugène Beauharnais und einen Tag vor Marschall Ney. Abends hörte Davout von einem Gefecht, das der Vizekönig verloren hatte: Jetzt standen Russen vor Davout und schnitten ihn und Ney von der Hauptarmee ab, wenn er sie nicht angriff und die Straße zurückeroberte. Er schickte einen Boten zu Ney mit der Nachricht, dass er nicht länger auf ihn warten könne und angreifen müsse, und brach am 17. um drei Uhr morgens mit dicht aufgeschlossenen Divisionen auf. Sein Korps zählte noch 7500 Mann und 15 Geschütze. Gegen neun Uhr griff das 2. Russische Korps sie an. Davout gelang es nach zwei Tagen erbittertem Kampf, sein Korps nach Krasnoje zu bringen.

Dort sah er Napoleon. Der Kaiser ging zu Fuß an der Spitze seiner Garde, er hatte einen Stock in der Hand, und seine Offiziere und Leibdiener umringten ihn. Seine Kutsche wartete so lange. Napoleon befahl Davout standzuhalten, damit Ney Zeit zum Aufholen bekam. Die Kälte hatte nachgelassen, es schneite, und die Wege waren schneeverweht.

Davout wartete in Krasnoje auf Ney, aber wieder griffen die Russen ihn an. Er hatte nun keine Kanonen mehr, und sein Korps stellte sich zu Verteidigungsvierecken auf, während Morand mit seiner Division die Verfolger angriff und aufhielt. Aber Tausende fielen, wurden verwundet, Davout musste abziehen. Nun standen Russen zwischen ihm und Ney.

Er schickte einen Reiter mit dieser Nachricht nach vorne zum Kaiser, der in Orsha übernachtete. Aber es war zu spät, Napoleon hatte seine Armee zu weit auseinandergezogen, Ney war mehrere Tage hinter ihm. Napoleon und Berthier hielten Ney und seine 6000 Mann für verloren und warfen Davout vor, er sei zu schnell nach Westen marschiert und habe Ney im Stich gelassen.

Da der Kaiser offen wütend war, zeigten nun viele Generalstabsoffiziere ebenfalls Wut auf den Marschall Eckmühl. Bei seiner Ankunft in Orsha empfing ihn der Hohn der Generäle.

Er hatte unterwegs alles verloren, die Russen hatten die Gepäckwagen seines Korps erobert, der Wagen mit seinen kostbaren Landkarten war in eine Schlucht gestürzt und der Wagen mit dem Bärenfell, seinem Marschallstab, Aimées Briefen und seiner Kleidung an die Kosaken verloren. Seine Uniform war zerrissen, und man sah, dass er kein Hemd und keine Unterwäsche mehr trug. Er war ausgezehrt vor Hunger. Er griff nach einem Brot, das jemand ihm hinhielt, und verschlang es – er ist gefräßig, sagte man, er frisst, er ist ein Tier, *l'animal,* das blieb an ihm hängen. Ein Taschentuch wurde ihm gegeben, um den Schmutz von seinem Gesicht abzuwischen.

Am nächsten Morgen kam die Nachricht, Ney sei abseits der Straße nachts über das Eis des Dnjepr gegangen, nachdem er den Weg von der gesamten russischen Armee blockiert gefunden hatte. Die Freude war groß, aber die Wut auf Marschall Eckmühl blieb. Ney war nun ein Held, Davout ein Schuldiger. Besonders Berthier machte ihn zum Sündenbock für die vielen Verluste. Napoleon und Berthier warfen Davout vor, was sie selber taten: Er renne zu schnell nach Westen, es blieben zu viele zurück und mussten deshalb sterben. Berthier zeigte jedem die Befehle, die er Davout geschickt hatte – Ney unterstützen –, und der Kaiser sagte, Davout hätte sich nicht so schnell zurückziehen dürfen.

Der Kaiser bekam Übung in der Kunst, anderen die Schuld zu geben. Nur wenige Generäle standen Davout bei und sagten, Ney sei aus freier Entscheidung zurückgeblieben, um irgendwoher etwas zu essen für seine Soldaten aufzutreiben. Davout sagte kein Wort zu den Angriffen. Neys Korps wäre zu klein, um als Letztes zu marschieren, hieß es nun, und Davout bekam wieder die Nachhut.

Er sah Napoleon noch einmal, am 5. Dezember, zum letzten Mal. Der Kaiser gab den Kommandeuren der Armeekorps ein Diner in Smogorny. Nach dem Essen sagte er, dass er den Oberbefehl über die Armee Murat gebe, weil er selbst am nächsten Tag die Armee verlassen und nach Paris zurückkehren würde. Die Marschälle baten ihn zu bleiben, aber in Paris hatte es einen

Staatsstreich gegeben, und außerdem wollte der Kaiser eine neue Armee ausheben.

Napoleon sah Davout an, ging zu ihm: »*Je ne vous vois plus. M'avez vous abandonné?*«, Ich sehe Sie nie mehr, haben Sie mich verlassen – glauben Sie nicht mehr an mich?

Davout antwortete, er denke, er habe das Missfallen des Kaisers erregt, und ziehe es deshalb vor, sich zurückzuhalten.

Der Kaiser unterhielt sich nun freundlich mit ihm, erzählte, auf welcher Strecke er mit der Kutsche reisen wolle, die man bei Schnee auf Kufen setzen konnte, und fragte ihn um Rat. Alles schien wieder gut zu sein. Der Kaiser brauchte ihn.

Als Napoleon abgereist war, setzte starker Frost ein und tötete ganze Truppenteile in einer Nacht. Das Thermometer des Arztes Larrey zeigte am 8. Dezember 35 Grad minus. Man ging wie durch eine halbfeste Materie, die einen bedrohlich umschloss, jede Bewegung war Kampf, selbst das Atmen.

Davout marschierte als Erster, damit die Männer folgten und nicht aufgaben. Er hielt nur an Flüssen und ging dort als Letzter über das Eis. Sie erreichten Wilna und den Haupttrupp des Heeres bei minus 30 Grad am 9. Dezember, keine hundert Mann des 127. Linienregiments mit den Hamburgern lebten noch. Am nächsten Tag zeigten sich Kosaken in der Stadt, es kam zu Gefechten in den Straßen, das Heer räumte Wilna in Hast, die Pferde hatten keine Stollen unter den Hufen, glitten aus, kamen nicht hoch, die Russen machten 15 000 Gefangene: 10 000 blieben zurück, weil sie zu langsam waren, 5 000 lagen in den Lazaretten. Kosaken und Bewohner Wilnas schlachteten sie ab.

Drei Tage später waren die Franzosen wieder am Njemen. Mit weit über 600 000 Soldaten war Napoleon im Juni in Russland einmarschiert, etwa 30 000 hatten den Feldzug überlebt. Wie viele Frauen und Kinder der Soldaten umgekommen waren, wusste niemand.

Die letzten Transportwagen fuhren sich fest. Soldaten versuchten wie wahnsinnig, ihre Habseligkeiten zu retten. Sie brachen die Kassenwagen auf, plünderten die Säcke mit den Goldmünzen.

Murat rief einen Kriegsrat ein und griff den Kaiser an. Davout unterbrach und sagte, man müsse jetzt vor allem die Armee retten und beschließen, welche Korps sich wo sammeln. Das 1. Korps sollte sich in Thorn treffen.

Am nächsten Morgen kamen wieder die Kosaken, und die Marschälle, die Generäle und die letzten zerlumpten Soldaten flohen unter dem Gewehrfeuer ihrer Verfolger weiter und weiter durch das vereiste Ostpreußen, Ney und Gérard und Davout nach Gumbinnen bei 20, 25 Grad Kälte und Schneegestöber.

In Gumbinnen hielt Murat noch einmal Rat mit den Marschällen und Korps-Kommandeuren, und noch einmal kam es zu einer heftigen Szene mit Davout. Murat wollte sein Königreich Neapel für sich retten und sich den Engländern nähern. Er war verzweifelt. Er könne keine fliehende Armee führen, sagte er. Napoleon sei ein Wahnsinniger, niemand, auch kein Monarch in Europa, könne seinen Worten glauben oder seinen Verträgen. Er hätte längst Friede mit England machen können. Wenn er auf die Engländer gehört hätte, wäre er noch ein großer König wie der Zar oder der König von Preußen. Niemand glaube mehr an ihn. Er, Murat, als besserer Franzose würde die Vorschläge der Engländer anhören.

»Der König von Preußen«, schrie Davout außer sich, »der Kaiser von Österreich sind Fürsten durch die Gnade Gottes, der Zeit und der Gewohnheit der Völker; aber Sie, Sie sind nur König durch die Gnade des Kaisers und dadurch, dass man einig bleibt in Frankreich. Das ist eine schwarze Undankbarkeit, die Sie blind macht.«

Davout fügte hinzu, in der großen Stille im Raum, dass er Murats Worte dem Kaiser berichten werde. Murat antwortete, dass er König von Neapel sei wie Franz Kaiser von Österreich und machen könne, was er wollte. Er würde die Armee verlassen, nach Paris oder nach Neapel gehen und vorher das Kommando an Eugène de Beauharnais übergeben.

Für Davout war das Verrat, und auch die anderen Marschälle verrieten in seinen Augen den Kaiser, weil sie nicht mehr versuchen wollten, die Russen auf ihrem Weg nach Westen aufzuhalten. Die Marschälle hatten genug von den Kriegen und wollten nach Hause. Der Kaiser war weg, und kein General gehorchte mehr einem anderen Mann, auch dem Vizekönig nicht.

Davout hatte Fieber, im Schlitten reiste er nach Thorn, dem Sammelpunkt seines Korps, und erreichte die Stadt am 24. Dezember. Von den fast 70 000 Mann, mit denen er über die Memel gegangen war, zählte sein neuer Generalstabschef Laville im Januar noch 3000 Offiziere und Unteroffiziere und 1500 Soldaten. Viele waren krank oder verwundet.

Der Kaiser erfuhr von kritischen Stimmen über seinen Russlandfeldzug und ließ im ›Moniteur‹ zwei angebliche Briefe von Davout und von Ney abdrucken, in denen beide Marschälle erklärten, dass die Russen in jeder Schlacht geschlagen worden wären und dass nur die Kälte die Große Armee besiegt hätte.

Davout wusste nichts von einem Brief, ehe Aimée ihm nach Magdeburg davon berichtete. Sie hatte seine Art zu schreiben nicht wiedererkannt, *»qui est claire, énergique et noble«*, die klar, energisch und nobel sei, hier hatte sie nur Phrasen gelesen – sie war empört. Aber Davout verstand den Kaiser, er mache das, um den Feind irrezuführen, besänftigte er sie. Davout zweifelte nicht an der Fortsetzung des Russlandfeldzugs. Er hüte sich vor Selbstliebe und Eitelkeit, schrieb er ihr, »ich finde in der Liebe zu meinen Pflichten, in meiner grenzenlosen Ergebenheit für den Retter meines Vaterlandes den Schutz vor den kleinen Leidenschaften und die Seelenruhe, die Neider nicht erreichen können«.

4.

Von Napoleon kommt keine Nachricht nach Ratzeburg, und es regnet weiter. Davout beauftragt den Major van Ommeren in Stade, die letzte Straße offen zu halten, die das 13. Korps mit Frankreich verbindet, die Straße Stade – Bremen.

Davout hat Beobachter auf Kirchtürme gesetzt, sie sehen auch den Feind immer wieder, aber der lässt sich nicht in Kämpfe verwickeln. Wenn die französischen Offiziere mit

einem Bataillon oder einer Division manövrieren, entzieht sich
der Feind nach einigen Schusswechseln, und wenn der Feind
die Initiative ergreift, greift er dort an, wo sie nicht sind.

Auch dem Kronprinzen von Schweden, der die Nordarmee
der Alliierten kommandiert, werfen untergebene Generäle Un-
tätigkeit vor. Davout und Bernadotte verabscheuen sich seit
Jahren aufgrund zahlreicher Vorfälle und unterschiedlicher
Charaktere. Aber beide sind große Heerführer. Nun stehen sie
sich gegenüber, einer soll den anderen aufhalten, und von beiden verlangen ihre Offiziere Angriffe, und beide wissen, dass
der Ausgang des Krieges sich anderswo entscheidet.

Für Davout ist dieser »*misérable Bernadotte*« ein Mann von
übertriebener Eitelkeit, der bei allem, was er tut, an die Nach-
welt denkt. Sein Hauptmotiv für den Kampf gegen seinen früheren Kaiser: Er will den Schweden als Morgengabe Norwegen
bringen, als Trostpflaster für Finnland, das viele Generationen
lang zu Schweden gehörte und das die Russen jetzt erobert
haben. Norwegen gehört aber zu Dänemark, und daraus erklären sich Dänemarks wiederholte Seitenwechsel: Dänemark
kämpft mit dem, der ihm Norwegen garantiert. Das ist zur Zeit
Napoleon. Und der Kronprinz kämpft mit denen, die ihm
Norwegen versprechen, das sind zur Zeit Napoleons Feinde.

Der Kronprinz will bei den Kämpfen seine schwedischen
Truppen schonen, sie möglichst sogar heraushalten, denn in
Stockholm gibt es eine Partei, der seine kriegerischen Nor-
wegen-Pläne nicht gefallen. Bernadotte kennt die Gefährlichkeit Davouts, und er ist entschlossen, sich nicht den Keulen-
schlägen Napoleons auszusetzen. Er will Napoleon nur »mit
einem ermüdenden, langsamen, methodischen Krieg entgegen-
wirken, indem ich durch Ausweichen und wieder Vorgehen,
wenn er nachgibt, einen für ihn unfaßbar kleinen Krieg auf
seinen Seiten und gegen seine Verbindungslinien einrichte«.

Davout sitzt in Sumpf und nassen Wiesen fest, der Kaiser hat
ihn unbeweglich gemacht und offenbar vergessen. An manchen

Tagen erhält er nicht einmal einen Brief von Aimée, das
schlechte Wetter oder feindliche Partisanen sind der Grund, die
schon früher Briefe von ihr abgefangen haben. In ihren Briefen
ist Aimée beunruhigt: In Paris sind seit Wochen keine Nachrichten vom großen Hauptquartier eingetroffen. Einmal freut
sie sich über eine Nachricht, die besagt, der Kaiser sei in Berlin
eingezogen, aber die Kurse der französischen Staatsanleihen
bleiben niedrig, und so zweifelt sie, ob die Nachricht stimmt.
Ein anderes Mal berichtet sie von einem ihrer Besuche bei der
Kaiserin Marie-Louise und von einem Diner bei der Kaiserin
Josephine – niemand dort wusste Genaues über Napoleon.

5.

Die jungen Kaufleute, Studenten und Handwerker in der
Hanseatischen Legion und den anderen Freikorps verhöhnen
den Marschall mit Spottliedern über die Ängstlichkeit, die ihn
plötzlich so ergriffen habe, dass er sich bis an die Stecknitz
zurückzog, und verbreiten Geschichten, wie tapfere Freiwillige
ihn übertölpelten und hereinlegten – wie der neunzehnjährige
Albrecht Philipp Thaer, Sohn des berühmten Landwirtschafts-
lehrers, der angeblich bis zum Marschall persönlich vordrang,
sich von ihm als Spion anwerben ließ und mit einem Handgeld
aus Goldmünzen wieder davonzog. Freiwillige fangen waghal-
sig französische Kuriere und ihre Nachrichten ab. Auch die
Kosaken heben Kuriere und Transporte aus, und zahlreiche
Nachrichten sammeln sich bei Hauptmann Karl August Varnhagen im Hauptquartier von General Tettenborn.

Varnhagen interessiert sich für Nachrichtenwesen und Propagandakrieg. Er hat drei Jahre lang Medizin studiert, aber die
Literatur fesselte ihn mehr. In Berlin hat er Rahel Levin ken-
nengelernt, in deren berühmtem Salon sich Schriftsteller, Philosophen und Diplomaten trafen. Er will sie heiraten, wenn der
Krieg vorbei ist, und Diplomat werden. Rahel hat Berlin im
Mai mit ihrer Familie verlassen und ist nach Prag gereist, wo sie
wie viele Frauen am Krieg teilnimmt, indem sie verwundete
Soldaten pflegt.

Varnhagen und der Offizier Jakob Bendix Daevel lassen die wichtigsten Nachrichten, die Partisanen und Kosaken ihnen von Siegen und Niederlagen bringen, umgehend auf Zettel drucken und verteilen: Friedrich Perthes hat mit den Hanseaten eine geheime Kommunikation nach Hamburg aufgebaut, und sie können Flugzettel in der schwer bewachten Stadt ankleben lassen. Die Kosaken, die nachts Davouts Wachtposten mit Gewehrschüssen in Daueralarm halten, werfen den Posten gedruckte Zettel mit Nachrichten von Siegen der Russen und Preußen zu. Diese Druckblätter bilden wie »von selbst« eine Art Zeitung, meint Varnhagen.

Die erste Nummer der ›Zeitung aus dem Feldlager‹ erscheint am Donnerstag, dem 23. September 1813, im Hauptquartier von General Tettenborn in Lüneburg. Sie wird auf dem Markt unter Soldaten und Zivilisten gratis verteilt. Die Menschen drängen sich, um ein Exemplar zu bekommen.

Hauptthema des Blattes ist Marschall Davout. Varnhagen spricht von »satyrischen Ausfällen, in welchen die gute Laune unsers Hauptquartiers sich ergoß«: Die Autoren nennen Davout im Sumpf Vandale Gänserich, Robinson, Eremit von Ratzeburg. Sie informieren die Leser durch eine »Kurze Übersicht des Feldzugs des Marschalls Davout« und ein fiktives »Schreiben aus Ratzeburg, den 21sten September«: Er lebte bei Schwerin zwischen den Seen wie auf einer Insel, erfuhr nur selten von der übrigen Welt und verschmerzte standhaft, dass Kosaken seine Dienstschreiben abfingen. Als die Kosaken aber für ihn »die zärtlichen Briefe seiner Gattin annahmen, konnte er sich nicht länger halten, sondern schrieb, nachdem er lange vergebens auf Briefe gehofft und keinen erhalten, endlich an den General Tettenborn, er möchte ihm doch den einzigen Gefallen tun, und ihm den Briefwechsel, mit der Frau Marschallin wenigstens, nicht ganz und gar hemmen«. Tettenborn wollte ihren nächsten Brief auch an Davout weiterschicken, doch der Kosake, der ihn überbringen sollte, verbreitete solchen Schrecken, dass Marschall, Franzosen und Dänen eilig Schwerin verließen. Nun kann der Marschall seinen Brief abholen lassen, aber sie drucken hier schon mal, was Madame Davout ihrem Mann schrieb: »Ich hoffe, dich bald im Schoß deiner Familie zu sehen, deren Seele du bist und wo du besser angesehen bist als überall sonst... was mir am meisten Freude macht, das ist, dass du glaubst dass der Feldzug bald beendet ist.«

Davout ist tief verletzt, als er erfährt, dass seine Frau in den Propagandakrieg hineingezogen wird. Er erklärt ihr, dass er seine »excellente« Position trotz der Schmähungen des Feindes nicht aufgeben will, die in Druckschriften zwischen Elbe und Weser erscheinen und wahrscheinlich von Marschall Bernadotte autorisiert seien.

Die Zeitung erscheint von nun an immer dort, wo Tettenborns Hauptquartier ist, sie ist sehr beliebt, die Nachfrage ist groß. Die Gerüchte, die Varnhagen in der Ausgabe vom 2. Oktober über Gouverneur Hogendorp drucken lässt, verbreiten sich bis in englische Zeitungen.

Hogendorp ist außer sich, weil er sich gegen die Anschuldigungen nicht wehren kann, die seine Ehre verletzen: Er habe in Hamburg sogar Frauen durchpeitschen lassen. Er habe auf dem Gänsemarkt vor seinem Haus ein Gerüst bauen lassen, damit er nach dem Frühstück diesen Prügeleien zusehen könne: »Damit auch beständig Abzuprügelnde vorrätig sein möchten, so ward die Strafe der Stockprügel auf gar viele sog. Vergehen gesetzt.« Hogendorp bekommt diesen Flecken auf seiner Ehre nie wieder weg.

6.

Marschall Davout ist am 28. September in Hamburg und übernachtet dort. Er beschlagnahmt die öffentlichen Kassen der französischen Verwaltung, aus denen Beamte die Strafzahlungen der Hamburger umgehend nach Paris weiterleiten, weshalb Chaban kein Geld hat.

Auch am 1. Oktober ist er für einige Stunden in der Stadt, kehrt nach Ratzeburg zurück und ist am nächsten Tag wieder da. Er besichtigt mit seinem Ordonnanzoffizier Beaumont die Arbeiten an der Festung und an der Elbbrücke.

An der Festung ist kaum gebaut worden, seit Davout Hamburg verlassen hat, sein Stellvertreter Hogendorp hat sich um seine Befehle wenig gekümmert. Im Osten an der Linie von Hamm sind noch nicht alle Lücken im Wall geschlossen, die seichten Stellen im Graben nicht alle beseitigt. Auf dem Glacis stehen noch Gartenhäuser, das Alsterufer ist nicht verpfählt. Die große Brücke über die Elbe ist nicht fertig, an den Brustwehren, die Verteidiger vor Angreifern schützen sollen, wird noch gearbeitet. Mit der Chaussee auf dem Damm über die Insel Wilhelmsburg muss dringend begonnen werden, die alten Wege sind vom Regen so durchweicht, dass Wagen mit Kanonen hier nicht mehr fahren können. An den Brückenpfeilern fehlen Verstrebungen und Eisbrecher.

In Harburg auf der anderen Elbseite ist erst etwas passiert, als Hogendorp nach der Niederlage an der Göhrde Mitte September fürchtete, jeden Augenblick den Feind vor Harburg zu sehen, und General Osten und Oberst de Ponthon Befehl gab, sofort mit dem Bau von drei Redouten auf dem Schwarzen Berg zu beginnen. Man holte 600 Chausseearbeiter sowie Soldaten aus Hamburg, die General Osten mit über 1500 Mann bewachte. Aber die Holländer unter den Bewachern wollten nach Hause und liefen weg, und ihr Bataillon musste zurückgenommen werden. Alle Briefe an holländische und deutsche Soldaten werden nun vor der Ausgabe von Vorgesetzten gelesen, weil zahlreiche Eltern ihre Söhne zur Fahnenflucht auffordern.

Der Marschall macht Gouverneur Hogendorp große Vorwürfe. Aber Hogendorp ist der Ansicht, dass der Kaiser ihn zur Kontrolle des Marschalls geschickt hat. Davout sieht das ganz anders: Hogendorp hat seine Befehle auszuführen.

Der passive Widerstand der Bevölkerung nimmt zu. Die 2000 Arbeiter, die Präfekt Breteuil vom Weserdepartement für die Festung angefordert hat, kommen einfach nicht. Die 1000 Arbeiter aus dem Hamburger Landgebiet sind nie vollzählig, weil die Bauern bei jeder Gelegenheit desertieren. Die neu eingezogenen Handwerker aus der Umgebung von Stade und von

Lüneburg desertieren fast alle in den ersten zehn Tagen. Breteuil verfügt Verhaftungen, aber das hilft kaum.

Als eine Zeit lang die Franzosen den Schanzarbeitern ihren Lohn nicht zahlen – nicht alle Schanzer werden von Bürgern gestellt und besoldet –, marschieren sie eines Abends von den Außenwerken herein und singen aus vollem Hals: »Jucheißaßa die Kosaken sind da!«

Warten

1.

Der Oktober kommt mit klarer Morgenluft und goldenem Licht am Nachmittag. Die Blätter an den Ästen der Parkbäume spielen leicht im Wind, die Schatten werden tiefer, und der breite Fluss, der den Himmel spiegelt, scheint feurig zu glühen.

Pierre Godeffroy wartet auf das Vorrücken der Verbündeten nach Westen und eine große Schlacht gegen Napoleon. Er ist einer der am besten unterrichteten Kaufleute der Stadt. »Die Sachen gehen gut und stehen auch gut, allein es geht langsahm vorwärt«, berichtet er seiner Tochter Charlotte, »doch muß in ganz kurzer Zeit was Entscheidendes bei Dresden vorfallen, denn die Lebensmittel gehen daselbst zu Ende.«

Auch sein Bruder Cesar in Kiel wartet auf die entscheidende Schlacht und will nach einem Sieg der Verbündeten in sein Landhaus zurückkehren. Doch Pierre meint, dass dann die Zeit des Krieges und der Trauer für die Besitzungen an der Elbe erst beginne. Der Kronprinz drängt nach Lübeck, um von dort ins dänische Holstein einzufallen, und wenn die Franzosen ihn verfolgen, »so wird es ein zweites Sachsen werden«, ein vom Krieg verheertes Land.

2.

Auch Marschall Davout wartet. Er erfährt von Truppenzusammenziehungen an der oberen Elbe. Tettenborn erobert am 14. Oktober Bremen. Damit haben die Russen die Postverbindung über die Route 3 nach Paris unterbrochen.

Immer häufiger fangen Partisanen die Kuriere mit Briefen für Davout ab. Aimée soll nicht mehr schreiben, der Feind macht alles lächerlich und versteht nicht, dass man zu Frau und Kindern sehr sanft sein kann und zugleich ein strenger Chef: »Ich bin streng, sogar sehr streng aus Pflichtbewußtsein, und ich werde alles tun, was meine Pflichten mir vorschreiben, um dem Kaiser Hamburg zu erhalten und Holstein zu schützen.« Aimée soll nicht alles glauben, was die Partisanen über ihn drucken lassen. Sie soll sich überhaupt nicht um ihn sorgen, selbst wenn sie keine Briefe mehr bekommt: Hamburg ist ein sehr starker Platz geworden.

Doch es sind nicht genügend Lebensmittel in der Festung. Chaban hat kein Geld mehr. »Wir würden gegen den Kaiser zu Verbrechern werden«, meint Davout, »wenn wir in einer Stadt, wie Hamburg, so lange noch Geld in der Bank ist, seinen Dienst Mangel leiden lassen.« Aber eine Besetzung der Bank schiebt er noch auf. Er will erst abwarten, wie die große Schlacht ausgeht, die sich in Sachsen anbahnt.

General Thiébault, den der Marschall wieder als Gouverneur nach Lübeck geschickt hat, kann nicht begreifen, wieso Davout nicht sofort über Holland zum Kaiser marschiert oder wieso er nicht nach Magdeburg geht und mit den Besatzungen der Festungen Magdeburg, Wittenberg, Torgau und Dresden den feindlichen Armeen in den Rücken fällt. Aber am liebsten möchte Thiébault nach Frankreich.

Er fährt heimlich nach Ratzeburg und geht zu Loison, dem ältesten der Generäle. Wenn Loison das Kommando anstelle von Davout übernehmen würde, könnten sie mit ihren über 30000 Mann in wenigen Tagen schon in Bremen sein.

»Vertrauen gegen Vertrauen«, sagt Loison.

Doch das Gespräch verläuft sehr vorsichtig, sie bewegen sich am Rande von Verrat und Kriegsverbrechen. Auch Loison, so versteht Thiébault, ist der Ansicht, der Marschall habe ihnen keine andere Rolle zugedacht als die, die Garnison der Festung Hamburg zu spielen, obwohl der Feind niemals eine Stadt dieser Wichtigkeit verbrennen würde. Trotzdem ist Loison höchstens bereit, mit dem Marschall zu sprechen.

»Ich deute nicht an den erhaltenen Befehlen herum und greife höheren Absichten nicht vor«, antwortet *l'animal* ihm, das Tier. »Der Kaiser hat mir befohlen, Hamburg zu behaupten, und ich werde diese Stadt bis zum Äußersten verteidigen. Außerdem hat der Kaiser nichts verloren, solange sich Magdeburg, Hamburg und Danzig halten.«

»Aber erscheint Ihnen denn die Lage nicht ernst genug, Ihre Bedenken auszusprechen und neue Befehle zu verlangen?«, sagt Loison.

»Der Kaiser bedarf keiner Ratschläge anderer, und Befehle erwarte ich, aber ich verlange sie nie.« Solange ein Befehl nicht durch einen zweiten ersetzt wird, gilt der erste, das haben die Heerführer im Vorjahr beschlossen.

Nun schlägt Thiébault vor, dass Loison an Berthier schreibt. Das lehnt Loison ab, das ist zu gefährlich. Er hat in Russland einen Arm verloren, und er weiß, was bei einer Belagerung auf sie zukommen kann. Niedergeschlagen sagt er: »Wir werden zuguterletzt in Hamburg eingeschlossen und aus Mangel an Lebensmitteln ein ruhmloses Ende nehmen.«

Hanseaten schmuggeln die ›Zeitung aus dem Feldlager‹ vom 24. Oktober schon einen Tag nach ihrem Erscheinen in Bremen in die Festung ein und mit ihr den Bericht über eine große Schlacht bei Leipzig.

Die Nachricht von Napoleons vernichtender Niederlage rast durch die Stadt.

Drei Tage dauerte die große Völkerschlacht, vom 16. bis zum 18. Oktober, am letzten Tag gab Napoleon auf und marschierte noch in der Nacht Richtung Rhein. Der alte Blücher und Fürst Schwarzenberg verfolgen ihn. 100 000 Männer sind tot.

Gouverneur Hogendorp erinnert die Hamburger daran, dass sie sich mit Vorräten für eine Belagerung versorgen müssen. Die meisten kümmern sich nicht um seinen Befehl. Hamburg wird sowieso bald frei sein.

Auch Davout und seine Offiziere erfahren am 25. Oktober in
Ratzeburg durch die ›Zeitung aus dem Feldlager‹ von Napoleons Abzug nach Westen. Nun sind sie sich selbst überlassen.

Den Rhein können sie nicht mehr erreichen, Generalstabschef Laville rechnet es durch. Wenn eine Garnison, die Hamburg halten kann, mit den 8000 Kranken in den Lazaretten
zurückbleibt, wird die Zahl derjenigen, die sich nach Westen
durchschlagen, so klein, dass sie nicht durchkommen können.
Die holländischen Soldaten würden desertieren, ebenso die
deutschen und dann auch die Männer aus der Toskana und dem
Piemont. Die einzige Möglichkeit, das Armeekorps zu retten
und Napoleons Befehlen zu folgen, wäre, die Festung Hamburg weiter auszubauen und sich dort mit dem gesamten Korps
bis aufs Äußerste zu verteidigen.

Davout findet den Propagandabericht über die Schlacht
teils übertrieben, teils ungenau. Er lässt Ausfälle machen, um
Gefangene zu bekommen, die er befragen kann. Zwei Tage
später weiß er immer noch nichts Genaues, er wird überschwemmt von Nachrichten des Feindes, denen er aber nicht
traut. Dann steht sein Entschluss fest, er schreibt Aimée: »Dein
Louis wird das Vertrauen seines Souveräns rechtfertigen;
sein Betragen wird immer von der Liebe zu seinen Pflichten
bestimmt sein, zur Ehre, zu seinem Kaiser und seinem Vaterland.«

Er wird die Feinde so lange von der Festung fernhalten, bis
sie mit Lebensmitteln für 100 000 Einwohner und 40 000 Soldaten – diese Zahlen nennt er nun in seinen Briefen – bis zur
nächsten Ernte versorgt ist, wenn Napoleon wiederkommt und
seine Herrschaft mit Hilfe der ausgeruhten Garnisonen in den
Festungen von Hamburg bis Danzig zurückerobert. An der
Elbe hat der Kommandant von Magdeburg für eine Belagerung
gut vorgesorgt und sich eingeschlossen, der Kommandant von
Wittenberg wehrt sich erfolgreich gegen preußische Truppen,
der Kommandant von Torgau ist an Typhus gestorben, und der
Feind wartet ab. An der Oder haben die Festungen bislang allen
Angriffen widerstanden. In Danzig wartet General Rapp auf

Befehle. Auch Davout wird weiter auf Befehle warten und zugleich die Festung Hamburg-Harburg sorgfältig auf eine lange Belagerung im Winter vorbereiten.

3.

Pierre Godeffroy kann sich über den Sieg bei Leipzig nicht freuen. Jack ist gefallen, sein zweitältester Sohn. Er muss immer wieder daran denken und kann sein »sonst gewöhnliches Frohsein« nicht finden und nicht teilnehmen an der Freude über die herrliche Nachricht, die zur gleichen Zeit eingegangen ist wie die Nachricht vom Tod seines Sohnes.

Jacques Godeffroy, Seconde-Leutnant bei der 1. Escadron der Kavallerie der Hanseatischen Legion, ist am 6. Oktober gefallen, als General von Wallmoden Büchen angreifen wollte. Der Leutnant bekam einen Schuss in den Unterleib, berichtet der Regimentsarzt Boye, und starb in der Nacht darauf. Er wurde feierlich neben dem Backsteinkirchlein von Roggendorf begraben.

Pierre Godeffroy erfährt, dass der Kronprinz von Schweden nach der Schlacht bei Leipzig, in der er mitgekämpft hat, mit seiner Armee wieder nach Norden kommt, weil er ein Vorrücken Davouts erwartet oder wenigstens seinen Abzug nach Holland. Auch Godeffroy meint: »Mit jeden Tag wird die hofnung unser baldigen Erlösung größer.«

»Hamburg kann jetzt als fest betrachtet werden«

1.

Ein Bote bringt dem Kaufmann Christian Pehmöller am Abend des 4. November um halb zehn ein Billet von Graf Chaban. Trotz der späten Stunde und der Dunkelheit fordert der Intendant für Inneres und Finanzen ihn auf, sogleich zu ihm zu kommen. Als Pehmöller das Arbeitszimmer des Grafen betritt, wartet dort bereits Gendarmerie-Oberst Charlot mit einem seiner Hauptleute. Chaban kommt Pehmöller mit ausgestreckter Hand entgegen, es handele sich um nichts Persönliches, er habe im Auftrag des Marschalls einige Fragen zur Bank zu stellen.

Die vier Herren setzen sich an einen Tisch in der Mitte des Zimmers.

Chaban: »Wo befinden sich die sämmtlichen Silberbarren und alles Silber und Gold, welches zur Bank gehöret?«

In der Bank, sagt Pehmöller. Er ist ein erfahrener, gewandter Mann Anfang vierzig, der in vielen europäischen Ländern und in den USA gearbeitet hat. Dieses Gespräch beunruhigt ihn.

Chaban und Charlot wollen zu Davout gehen und verlassen das Zimmer. Pehmöller bleibt unter Aufsicht des Hauptmanns zurück.

Die Hamburger Bank ist in ganz Europa hoch angesehen. Ein Kaufmann, der hier ein Konto hat, hat auch Kredit. Sie ist eine Girobank für den bargeldlosen Zahlungsverkehr, ihre Arbeit beruht auf den Silberbarren der Kontoinhaber in den Bankgewölben. Der Stadtstaat haftet für alle Schäden, die der Bank durch Feuer oder Diebstahl entstehen. Verwaltet wird sie von drei Mitgliedern der Commerzdeputation, den Bankbürgern. Leitender Bankbürger ist in diesem Jahr Christian Pehmöller.

Gegen Mitternacht kommt Oberst Charlot zurück. Pehmöller soll sofort die Schlüssel der Bank holen und mit ihm die Bankgewölbe versiegeln. Pehmöller schickt Boten zu den beiden anderen Bankbürgern. Wenn er sich weigere, die Türen der Bank aufzuschließen, sagt Charlot, würden sie mit Gewalt erbrochen.

Vor der Bank warten schon Gendarmen und Soldaten. Pehmöller schließt auf und legt mit Charlot am Schrank beim Eingang und an acht Türen das Siegel des Gouvernements und sein eigenes Siegel an. Um zwei Uhr morgens ist er wieder zu Hause.

Am nächsten Morgen um acht sitzt er in einer Konferenz bei Gouverneur Hogendorp mit Chaban, Präfekt de Breteuil, *maire* Rüder, mehreren Militärs und Beamten der französischen Zivilverwaltung und einigen Freunden aus der Commerzdeputation. Der »Geist der Einwohner im Allgemeinen«, sagt Hogendorp, ist »den Absichten der Regierung nicht entsprechend«. Zwei Tage und Nächte ziehen sich die fast ununterbrochenen Verhandlungen über freiwillige Zahlungen oder die Herausgabe der Schlüssel zu den Gewölben hin.

Der Prinz verlangt jetzt sechs bis sieben Millionen Francs und für den laufenden Dienst der Armee künftig jeden Monat eine Million. Die Kaufleute sagen, sie könnten keine Verpflichtungen eingehen: Sie verdienen nichts mehr, und mit einer versiegelten Bank haben sie nirgends Kredit und können keine Sicherheiten für Anleihen geben. Pehmöller schreibt an Davout, doch Charlot lässt den Brief in Pehmöllers Haus zerreißen. Pehmöller sagt, dass die Bankbürger der militärischen Macht, »aber auch nur dieser«, weichen würden. Die ist schon da, sagt der Oberst und zeigt aufs Fenster: Vor dem Haus warten dreißig bewaffnete Gendarmen, um die Kaufleute mit den Schlüsseln zur Bank zu begleiten.

In der Bank öffnen die Franzosen die Gewölbe, schätzen die Zahl der Beutel mit Silbermünzen, die der Silberbarren. Sie verlangen die letzte Bilanz, schreiben ein Protokoll und entlassen die Kaufleute um drei Uhr morgens.

Zwei Tage später fahren mehrere Wagen mit Silbermünzen zur Kasse des Generaleinnehmers, nach weiteren zwei Tagen wird das wiederholt, am 24. November nehmen die Franzosen 48 Barren Silber und am 30. November 164 Barren.

Der Kaiser Napoleon selbst hat uns die Bank garantiert, klagt Dorothea Moller, und im Vertrauen auf sein Wort haben viele Bürger den größten Teils ihres Vermögens dort deponiert. Die Bank ist in Hamburg »die Seele aller Geldgeschäfte«, und nun geraten Handelsgeschäfte in Stockung und Haushalte in Verwirrung, denn es ist gerade Martini: Hausmieten müssen bezahlt werden, Dienstboten, die ihre Stellung wechseln, bekommen ihren Lohn, Torf und Feuerholz für den Winter wird jetzt gekauft, und die gewöhnlichen Zahlungen an die Besatzung laufen weiter und werden mit großer Strenge eingefordert. Die Bürger müssen sich gegenseitig Kredit geben, und es gibt »ganz sonderbare und höchst traurige Verhältniße, und Verwirrung über Verwirrung«.

2.

Ein Mann kommt am 11. November durch die feindlichen Linien und bringt einen Zettel für Marschall Davout. Der Zettel ist von General Carra St. Cyr, ein paar chiffrierte Sätze nur stehen darauf: Münster, den 5. November. »Herr Marschall. Der Wille des Kaisers, laut seiner Befehle von Mainz, den 1. November, ist, daß Sie eine gute Besatzung in Hamburg zurück lassen und sich selbst Holland nähern, oder, wenn die Zeit es nicht mehr gestattet, diese Bewegung zu machen, auf Hamburg zu manövrieren.« Es folgen 13 verschlüsselte Buchstaben, die niemand in Davouts Hauptquartier auflösen kann. Weiter steht da: »Ich habe ausgemacht, daß der Ueberbringer von Ew. Excellenz dreißig Friedrichsd'or empfängt, wenn er seine Sendung gut ausrichtet.« Dreißig Goldtaler sind ein kleines Vermögen.

Davout fragt den Mann aus. Carra St. Cyr hat Münster geräumt, eine russische Division hat die Stadt am selben Tag besetzt.

Einen Tag nachdem Carra St. Cyr dem Boten diesen Zettel mit dem ersten Befehl Napoleons für Davout seit dem 18. August gab, hat Davout dem Kaiser geschrieben: »Hamburg kann jetzt als fest betrachtet werden.«

Von Aimée treffen keine Briefe mehr ein. Davout hat nichts, worauf er sich den ganzen Tag freuen kann. Jetzt warten auf ihn nur noch Bett und Buch und der Tee, den Mayer bringt.

3.

Die Bürger beobachten, wie Lebensmittel in die Festung kommen. Soldaten treiben 610 Stück Rindvieh aus dem Lauenburgischen in die Stadt und 420 Ochsen, die sie in Lübeck und Travemünde beschlagnahmt haben. Sie bringen Hühner, Gänse, Gemüse. Manchmal haben sie den Gemeindevorständen Belege dafür gegeben, manchmal ist es zu Raub, Plünderungen, Mord gekommen. Häufig müssen die Bauern ihr beschlagnahmtes Vieh selbst in die Festung treiben. Herden von Schafen, Schweinen, Ziegen ziehen blöckend, grunzend und meckernd durch die Großstadtstraßen zu einer Weide vor der Festungsmauer.

Schiffe aus Stade bringen Getreide, Dörrgemüse, Viehfutter. Aus dem Sachsenwald kommen Wagen mit Brennholz für Küchenherde und Stubenöfen und aus den Elbmarschen Wagen mit Torf. Die französische Zivilverwaltung und die Militärverwaltung requirieren bunt durcheinander in den Landgemeinden, und es kommt unter ihnen zu erbitterten Streitigkeiten. Jede versucht, sich mit Pferdefutter und Stroh, Kartoffeln, Ochsen und Getreide zu versorgen. Alle Mühlen rings um die Stadt werden von Soldaten bewacht. In der Stadt werden weitere Militärbäckereien eingerichtet.

General Thiébault, der jetzt für die Verpflegung der Soldaten verantwortlich ist, schlägt vor, aus Tierköpfen, Knochen und Schlachtabfällen eine Bouillon zu kochen und einzudampfen, das hat er in Rainvilles Restaurant in Altona gesehen. Gouverneur Hogendorp wiederholt für die Einwohner die Aufforderung, sich bis Juli 1814 mit Lebensmitteln und Feuerung

zu versorgen. Für jede Person soll pro Tag angeschafft werden: 1 Pfund Korn oder Mehl, ⅔ Pfund Fleisch, ½ Pfund
Gemüse oder Hülsenfrüchte, ⅟₁₈ Flasche Wein oder Branntwein, ⅟₆₄ Pfund Salz.

Nur Bürger, die Geld und Platz haben und es gewohnt sind,
im Herbst Vorräte für den Winter einzulagern, kaufen ein.
Anna Dorothea Moller bestellt die gewöhnlichen Mengen für
sich und die beiden Töchter Dorothea und Henriette. Die
kleine Enkelin Marianne Prell sieht, wie zur Großmutter in das
Haus am Fischmarkt nun große Bauernwagen aus Billwerder
kommen, dem fruchtbaren Marschland im Osten der Stadt, mit
weißem Kohl, Steckrüben, Rote Beete und gelben Wurzeln,
und ein ganzer Wagen mit Kartoffeln. Die Großmutter lagert
ein Fass Reis ein, mehrere Fässer mit Schiffszwieback, eine
Kiste Pflaumen, rohe und getrocknete Äpfel, weiße Bohnen,
gelbe Erbsen und mehrere Kisten mit Talglichtern. Das Pökelfleisch in den Fässern unten im Keller findet Marianne wider-
lich. Rauchfleisch und Schinken hängen oben im Dachboden.

Mariannes Vater Andreas Prell, der gute Freund von Friedrich Perthes, rechnet damit, dass die Tore geschlossen werden
und dann keine Milchleute von den Elbinseln mehr in die Stadt
kommen, und lässt durch einen ehemaligen Kutscher seiner
Schwiegermutter eine Kuh kaufen. Die Kuh wird eines Abends
in der Dämmerung in das Haus geführt und über den Hofplatz
hinten in einen leeren Speicherraum gebracht. Verboten ist das
nicht, aber es ist der Familie doch »angenehmer«, wenn die
Franzosen es nicht wissen. Die Kuh war billig, die Bauern verkaufen lieber, als sich ihr Vieh von den Franzosen beschlagnahmen zu lassen.

Auch die Mutter von Christian Wehrs am Valentinskamp
lagert Lebensmittel ein. Der Bauer Witt aus Billwerder bringt
ihr auf mehreren Wagen seinen Kartoffelvorrat, weil sie einen
großen Keller hat. Wenn die Russen kommen, sagt er, werden
die Kartoffeln ihm sowieso weggenommen, und in der Stadt
kann er sie vielleicht nach und nach verkaufen. Es sind so viele
Kartoffeln, dass sie bei einer Hausdurchsuchung im Keller auf-

fallen müssen, und so wird in der Werkstatt der Fußboden aufgebrochen, ein mehrere Meter tiefes und breites Loch gegraben, voll Kartoffeln geschüttet und mit Stroh und Brettern abgedeckt. Als Gegenleistung für das Versteck darf die Familie so viele Kartoffeln nehmen, wie sie braucht, und muss dafür nur den bislang üblichen Preis zahlen.

In diesem Herbst fangen die Elbfischer eine große Menge Hering und bringen sie zur Stadt. Hering isst man in Hamburg geräuchert, gesalzen oder gebraten. Wehrs' Mutter brät sie in großer Zahl und legt sie in Essig ein.

Die Befehle, sich zu verproviantieren, haben etwas Beängstigendes, und wieder verlassen viele Menschen die Stadt. Aber noch mehr wissen nicht, wohin sie fliehen sollen. Kutscher, Schiffer, Tischler, Maurer, Scheuerfrauen, Waschfrauen, Näherinnen fürchten, dass sie das Geld für ihren Lebensunterhalt außerhalb der Stadt nicht verdienen können, und zögern einen Entschluss von Woche zu Woche hinaus und sagen, es wird schon nicht so schlimm.

4.

Für über 40 000 Mann sucht die Militärverwaltung Wohnraum in der Festung, für 7500 Pferde Ställe. Der Marschall lässt auch die Garnisonen von den Mündungen der Weser, Elbe und Trave herbeibefehlen. Aus der 32. Militärdivision kommen Gendarmen, Zöllner, Beamte mit ihren Frauen und Kindern. Die leeren Häuser der Ausgewanderten werden zu Kasernen umgebaut – etwa 400 Häuser innerhalb der Wälle und 50 in der Vorstadt St. Georg sind dafür vorgesehen. Ein Teil der Soldaten wird in Verteidigungsbauten wie der Sternschanze leben, in den Hauptschanzen auf der Wilhelmsburg, vor Harburg und in den Redouten des Schwarzen Berges – dort in beheizbaren Winterhütten aus Holzgerüsten, Heide, Strauchwerk und Erde, die Platz für 70 bis 100 Mann bieten.

Offiziere wohnen bei den Bürgern. Davout erlässt ein genaues » Reglement « für Heizung und Beleuchtung. Ein Divisionsgeneral hat Anspruch auf drei warme Zimmer, eine Küche

sowie auf vier Wachs- und zwei Talglichter am Tag, ein Brigadegeneral auf zwei warme Zimmer, eine Küche und ebenso
viele Lichter. Ein Oberst ist in der Heizung dem Brigadegeneral
gleichgestellt, erhält aber nur zwei Wachs- und zwei Talglichter,
ebenso ein Major, der Regimentskommandeur ist. Allen übrigen Offizieren steht ein warmes helles Zimmer zu.

Der Marschall achtet auf gute Straßendisziplin und sorgfälti-
gen Anzug, und wenn Offiziere ohne Waffen oder Epauletten
gesehen werden, können sie bestraft werden. Alles soll ordent-
lich und gesittet zugehen, und Offizieren wird es verboten, eine
Frau bei sich wohnen zu lassen, mit der sie nicht verheiratet
sind.

Aber das Zerstören von Häusern und Beschlagnahmen von
Eigentum der Bürger untergräbt die Zucht der Soldaten. Davout unterdrückt das Stehlen und Rauben – deswegen gilt
er bei seinen Untergebenen als hartherzig: Offiziere, die man
sich selbst überlässt, nehmen alles mit, Möbel, Gemälde, Haus-
rat, Bücher, Weine, sogar Fensterrahmen. Er verbietet den
Offizieren ausdrücklich und wiederholt jedes Überschreiten
ihrer Vollmachten und bestraft Übergriffe. Besonders die Ka-
vallerie-Regimenter in St. Georg fallen durch schlechtes Benehmen, kleine Diebstähle und Ausschreitungen gegen Bürger
auf. Jeden Abend kontrollieren starke Patrouillen Wirtshäuser,
Tanzböden und Mamsellenhäuser.

Die Armee verlangt von den Einwohnern Strohmatratzen,
Wolldecken, Bettdecken, Betttücher für die Kasernen. Sie verlangt Bauholz, Eisen, Kupfer, Blechkessel und Apotheker-
waren für die Hospitäler. Wer Waren liefert, erhält Gutschriften
im Geldwert, die von der Strafkontribution abgezogen werden.
Umgekehrt können die Bürger anstelle einer Ware deren Geldwert bezahlen – aber nur, wenn man die Gegenstände außerhalb des Departements kaufen kann, was fast unmöglich ist.

Die Kaufleute müssen die Materialien für die Waffenproduk-
tion in den Werkstätten des Arsenals liefern, für Gewehr- und
Kanonengeschosse und für die Brandraketen des englischen
Ingenieuroffiziers Congreve – Muster dieser neuen Waffe hat

offenbar General Pécheux aus dem Gefecht an der Göhrde mitgebracht. Der Marschall rüstet seine Truppen für den Winter mit Stollen aus, die man bei Glatteis unter die Hufe der Pferde schrauben kann, und mit eisernen Krallen für die Schuhe der Männer, auch mit Kragen und Ärmeln aus Pelzen und großen Wollhandschuhen, die die Bürgerinnen stricken müssen.

Der Marschall lässt das Lager vor Ratzeburg räumen. Die Soldaten zünden die Strohhütten an, aber das Feuer erlischt im heftigen Regen. Schwedische Truppen folgen den abziehenden Franzosen, und Davout lässt trotz des Regens in Ratzeburg die hölzerne Brücke, die auf der Ostseite der Stadt über den See führt, verbrennen. Hanseaten schießen auf ihn, treffen ihn aber nicht. Sie liefern sich Scharmützel mit den Franzosen, es gibt Verwundete und Tote auf beiden Seiten. Davout nimmt sein Hauptquartier in Schwarzenbek.

5.
Am selben Tag, am 14. November, hat Karl Sieveking in Hannover eine Audienz beim Kronprinzen von Schweden. Sieveking will Wünsche der Hanseatischen Legion vortragen, doch der Kronprinz hat zuerst einen Auftrag für ihn: Er soll Marschall Davout das Angebot überbringen, mit allen Truppen abzuziehen. Der Kronprinz weiß, dass Davout »seine Rückkehr nach Frankreich nicht mehr bewirken« kann, und stellt trotzdem für den freien Abzug nur drei Bedingungen: die Entlassung der Rheinländer, die Entlassung der politischen Gefangenen und die Erhaltung des hamburgischen Privateigentums und der Bank – dahinter stehen die hamburgischen Kaufleute, die ihm englische Hilfsgelder vermitteln.

Sieveking ist klar, dass der Kronprinz den Marschall loswerden will, um mit den dann zurückbleibenden Dänen schneller fertig zu werden und ihnen Norwegen abzunehmen. Sein Angebot entspricht keineswegs den Absichten des Großen Hauptquartiers der Verbündeten, die im Gegenteil planen, auch das isolierte Armeekorps von Davout aufzureiben. Aber dann würde Hamburg vollkommen ruiniert sein. Sieveking nimmt den Auftrag an.

Als Bürgergardist ist er aus der Stadt verbannt, und so bittet er den dänischen Elbzollverwalter und Etatsrat Meyer in Altona, Davout das Angebot des Kronprinzen vorzutragen. Nach dem Besuch beim Marschall sagt Meyer, er sei froh, mit dem Leben davongekommen zu sein. Davout habe gebrüllt: »Lieber wolle er sich unter den Trümmern Hamburgs begraben lassen.«

6.

Die Truppen des Kronprinzen greifen Stade an. Major van Ommeren schlägt sie mit 400 Mann zurück. Davout lässt auch diese Garnison mit Zollbeamten, Frauen und Kindern per Schiff nach Hamburg kommen.

Der Kronprinz geht mit seinen Schweden und dem russischen Korps unter General Woronzow zurück auf das rechte Elbufer – mit 45 000 Mann und 153 Geschützen. In Lübeck kapituliert General Lallemand vor Woronzow und ist nun kriegsgefangen.

Davout zieht sich mit seinen Truppen Richtung Hamburg hinter das Flüsschen Bille zurück. Dem Befehlshaber der dänischen Truppen, von denen er sich nun trennt, schreibt er: »Ich weiß wohl, daß diese Bewegung einen Theil Holsteins bloß giebt, man muß sich indessen der Nothwendigkeit fügen und sein Verhalten mit Einsicht und Klarheit nach militärischen Grundsätzen treffen.«

Am 3. Dezember marschiert er weiter Richtung Hamburg.

»*Nur den kleinen Raum in unserer Gegend...*«

Die Zivilisten können sich gegen die immer neuen Forderungen, Befehle und Verordnungen der Militärs nicht wehren, können die Franzosen nur – selten – lächerlich machen. Als ihnen befohlen wurde, abends nach zehn Uhr nicht ohne Leuchte auf die Straße zu gehen, wenn sie nicht verhaftet werden wollten, haben sie sich auch Laternen vorne an die Mäntel geknöpft. Den Patrouillen, die sie anhielten, weil die Laternen nicht brannten, antworteten sie, »dass man wohl eine Laterne, aber ohne Licht mitnahm, da davon nichts gesagt sei.«

Doch jetzt verkünden die heimlich eingeschmuggelten Nachrichten der Hanseaten, dass sie nur noch eine kleine Weile durchhalten müssen und dann gerettet sind. Die Stimmung zwischen Bürgern und Offizieren wird angespannter. Als während einer Aufführung des Singspiels ›Rochus Pumpernickel‹ im Schauspielhaus im Parterre Streit ausbricht, rufen die Jungen, die auf der Bühne den Pumpernickel gerade herumjagen, plötzlich: »Die Russen! Die Russen!« Im Saal entsteht ein allgemeiner Aufruhr: »Die Französischen Herren, groß und klein, fallen zum Theil in Ohnmacht und müssen weggetragen werden«, erzählen die, die dabei waren, »die Gendarmen sind versteinert und das Ganze ein einziger Anblick. – Diese Sache hat viel Jubel und Muth erregt.«

Die ›Neue Bremer Zeitung‹, die man auch in Altona lesen kann, übernimmt einen Bericht der ›Zeitung aus dem Feldlager‹: Kosaken streifen durch Holland, in Amsterdam sah man in allen Straßen ein Gewühl und Getümmel von Menschen, die fast alle mit orangefarbenen Bändern geschmückt waren und laut »Oranje boven!« riefen. Wachthäuser des französischen Zolls und der Polizei, ungefähr 200 an der Zahl, brannten. In allen Provinzen haben die Einwohner orangefarbene Kokarden aufgesteckt, in allen Dörfern wurden die Glocken geläutet, und von den Kirchtürmen wehten Flaggen und Fahnen, »und bald werden die gesammten Niederlande in Flammen stehen«. Unter dem Bericht stehen recht schwülstige »Worte an die Einwohner Hamburgs«, in denen es aber wieder heißt: »endlich ist die Zeit erschienen, da auch Eure Wiederbefreiung nicht mehr fern ist.«

Am 1. Dezember kommen die ersten Soldaten in die Festung zurück. Sie ziehen mit gestohlenem Gut und ihrem Gepäck in den Straßen umher, die Offiziere mit Mantelsäcken und Koffern, und suchen die Bürgerhäuser, in die sie einquartiert worden sind. Andere Soldaten schleppen Heu und Stroh durch die Festungstore, zahlreiche Wagen mit Lebensmitteln fahren noch herein, Bewohner von Gartenhäusern strömen in die Stadt, es heißt, die Tore würden geschlossen.

Am 2. Dezember kommt es außerhalb des Steintors im Osten zu einem gefährlichen Gedränge von Mensch und Vieh. In Ochsenwerder, Billwerder und anderen Orten im flachen Marschland verlegen Soldaten vor den Brücken Minen, die bei Bodenerschütterungen – wie zum Beispiel bei einem Angriff – hochgehen und die Brücken sprengen.

Am 3. Dezember wird das Millerntor im Westen für Zivilisten geschlossen. Viele Leute wollen noch mit Gepäck herein, andere wollen hinaus, die Situation wird so unklar und bedrohlich, dass man das Tor kurzzeitig wieder öffnet. Den ganzen Tag über treffen Tausende von Soldaten ein.

Am 4. Dezember werden die Tore zu den Landstraßen nach Nordosten und Osten für Zivilisten gesperrt, damit die Straßen für das Militär und die Transporte des 13. Korps frei bleiben. Das Millerntor wird ganz geschlossen. Bis zum Abend treffen fast alle Soldaten der 32. Militärdivision in der Festung ein.

Am 5. Dezember, einem Sonntag, wird mit der Pflasterung des Straßendamms auf der Wilhelmsburg begonnen. Die Steine stammen zum Teil aus aufgerissenen Straßen in den Vorstädten.

Am 6. Dezember abends kommt der Marschall in die Festung.

»Fast ganz Deutschland ist jetzt schon von den Franzosen geräumt«, notiert Henriette Grautoff. »Nur den kleinen Raum in unserer Gegend und mehrere Festungen haben sie noch besetzt ...«

Sie ist stolz darauf, dass ihr Bruder Eduard, der im Vorjahr über Schweden nach England geflohen ist, um nicht zum Militär und zum Russlandfeldzug eingezogen zu werden, nun mit der Bürgergarde für die Befreiung der Vaterstadt kämpft. Auch Louise Meyer ist stolz, die kleine Schwägerin von Bankbürger Pehmöller, denn ihr Bruder Friedrich, der sich im April als Erster zur Kavallerie der Hanseatischen Legion meldete, ist inzwischen Seconde-Leutnant. Nur Wilhelmine Amsinck, die Tochter von Bürgermeister Amsinck, der unter den Franzosen kein Amt übernehmen wollte, versucht seit Monaten vergeblich, ihre Brüder Johannes und Wilhelm zum Kampf gegen die Franzosen anzustacheln. Wilhelm studiert in Göttingen Jura. Jetzt schreibt sie ihm wieder, wie nahe es ihr gehe, dass ihre beiden Brüder nicht mitkämpfen, »da ich so gern in jeder Hinsicht sie zum Muster aufstellen möchte«.

Tagebücher

In der Festung

1.

Die reitenden und fahrenden Postkuriere aus dem dänischen Altona kommen nicht mehr durch den Belagerungsring. Wer Briefe abgeschickt hat, bekommt sie am 10. Dezember von der Post zurück, und der ›Hamburgische Correspondent‹ stellt aus Mangel an Nachrichten – und Papier – auf Befehl des Marschalls sein Erscheinen ein. Die Hamburger sind abgeschlossen von Verwandten und Freunden.

Einige fangen an, lange Briefe zu schreiben – Brieftagebücher, die sie eines Tages, wenn alles vorbei ist, den Verwandten geben wollen, damit auch die erfahren, wie es im Innern der Festung zugeht. Andere beginnen Chroniken, notieren mit Stichworten, was wann geschieht. Wieder andere, wie Henriette Grautoff, führen ihre gewohnten Aufzeichnungen weiter, die nun aber umfangreicher werden. Alle wollen das Unerhörte festhalten, das sie miterleben.

Die »Thore sind heute zuerst geschlossen, und alle Communication hört auf« – so beginnt Frau Professor Radspiller am 16. Dezember 1813 ihr Tagebuch.

Johanne Dorothea Friederike Radspiller ist mit Gotthelf David Radspiller, Professor an der Gelehrtenschule Johanneum, verheiratet. Sie ist 44 Jahre alt, er 58, und ihre sechs Kinder sind zwischen drei und fünfzehn. Sie wohnt mit ihrer Familie mitten in der Stadt, fast neben der Schule.

Sie hat zwei Geschwister in Hamburg: ihre älteste Schwester, die mit Pastor Hornbostel an St. Nikolai verheiratet ist, und einen Bruder, der Korsettstangen und Spazierstöcke aus Walbein herstellt. Aber besonders nahe stehen ihr der Bruder August, der Amtmann in Steinhorst bei Lauenburg ist, und ihre Schwester Sophie, die Frau des Amtmanns in Schlagsdorf bei Ratzeburg. Von beiden sind zuletzt im November Briefe durchgekommen, und sie macht sich große Sorgen: »Um diese Abgeschiedenheit von Euch zu ertragen, will ich ein Tagebuch dieser Schreckenszeit – der wir gewiß entgegensehen – halten…«

Sie ist die einzige Tagebuchschreiberin, die den 16. Dezember als Tag angibt, an dem die Festungstore geschlossen werden. Andere nennen den 18. und den 19. – vielleicht sind die Bekanntmachungen der französischen Behörden widersprüchlich, vielleicht hat Frau Professor Radspiller von ein oder zwei geschlossenen Toren gehört und verstanden, dass dies schon für alle gilt. Sie ist lebhaft und spontan, hat ein schnelles Urteil, ist aber nun verzweifelt und aufgewühlt.

Hinaus kann man noch. Gehen oder bleiben – diese Frage quält sie. Die älteren Kinder wollen gehen, sie will bleiben – aber was ist, wenn sie später doch gehen will, sie alle aber nicht mehr fortkönnen – »o mein Gott! Würde nicht der Gedanke es früher gekonnt zu haben – mich zur Verzweiflung bringen?« Aber sie könnte ihre Wohnung mit allem, was darin ist, nicht aufgeben, denn in jedes Haus, aus dem die Eigentümer fliehen, ziehen sofort Soldaten ein, die alles ruinieren. Außerdem will ihr Mann die Schule nicht verlassen, und sie würde es nicht ertragen, ihn in der Festung allein zu wissen. »›Eine Veste Burg ist unser Gott‹ sage ich mit Dr. Luther; Er hört das Flehen so vieler Tausend – Er wird gnädig die Stunde der Gefahr bei uns vorüber führen und uns erhalten!«

Der Himmel über der Stadt ist fast jeden Abend tiefrot vom flammenden Widerschein der brennenden Gartenhäuser vor den Toren.

Für Pastor Bernhard Grautoff und seine Tochter Henriette ist es ein harter Schlag, als die Katharinenkirche zum Pferdestall wird. Pastoren und Kirchenvorsteher laufen zum *maire*, zum Gouverneur, schreiben Davout, hören nur »Sottisen und Grobheiten«, aber lassen nichts unversucht, bis ein General ihnen ausrichten lässt, in 24 Stunden werde er die Kirche durch Kürassiere räumen lassen.

St. Katharinen ist die Kirche der Schiffbauer und Seefahrer, und Kaufleute und Reeder haben sie über die Jahrhunderte prachtvoll ausgestattet. Die Kanzel hat zwölf Apostel und im Dach einen Christus als Weltenherrscher – alle aus edlem Holz, die Apostel mit lockigem Haar und wallenden Bärten. Auch die Altäre sind kostbar geschnitzt und vergoldet, und an den Wänden hängen Gemälde der ehrwürdigen Hauptpastoren mit großen weißen Radkragen und einer Bibel in der Hand. Nun wird der Urin der Pferde in ihre Gräber unter dem Fußboden fließen.

Tischler Sanne und seine Arbeiter holen das Gestühl aus der Kirche, und Ewerführer Wendt bringt es zum Kalkhof. Die Männer tragen Bilder zu den Bewohnern der umliegenden Häuser, zimmern einen schützenden Verschlag um die Kanzel, und Tapezierer Ehlers verhängt die Orgel. Für Verschläge um den Altar und den Taufstein reicht die Zeit nicht mehr. Auch St. Jakobi wird eilig ausgeräumt – die Kirche, auf deren Turm der Vater von Dachdeckermeister Mettlerkamp den ersten Blitzableiter Deutschlands gebaut hat –, und auch St. Petri und St. Nikolai werden zu Ställen, nur St. Michaelis nicht, Pastor Tönnies hat ein anderes Gebäude für die Pferde gefunden, die hier stehen sollten.

Der Gottesdienst der Katharinengemeinde findet nun im zweiten Stock eines nahen Hauses statt. Den Besuch einer entfernteren Kirche fände Henriette Grautoff zu gewagt: Sobald ein Kanonenschuss oder ein Flintenschuss abgefeuert wird, müssen die Bewohner innerhalb von drei Minuten in das nächste Haus gehen, wer danach noch auf der Straße ist, wird von Davouts polnischen Lanzenreitern mit Säbeln gejagt.

Auch die kleine Gartenwohnung der Familie Grautoff am Hammerdeich ist nun zerstört und geplündert. Die Soldaten haben zum Schutz der Festung die Schleusen geöffnet und das Marschland ringsum unter Wasser gesetzt, und eines Tages ist

ein großer Tross über den Deich zu Grautoffs Wohnung
gekommen, hat sie aufgebrochen und geplündert und dort eine
Wache eingerichtet. Das Plündern empört Henriette Grautoff:
»Der Wunsch, an ihnen gerächt zu werden, wird immer leb-
hafter, da ihre Wut keine Grenzen mehr kennt.«

Bei Christian Wehrs am Valentinskamp ist die Menge der ge-
lagerten Lebensmittel das Hauptthema. Wer nicht genug hat,
wird ausgewiesen. Als der Stiefvater eines Tages hört, dass eine
Haussuchung bevorsteht, steckte er alle an mit seiner Angst. Im
Haushalt leben elf Personen: Vater, Mutter, zwei Töchter, drei
Söhne, zwei Lehrlinge, ein Dienstmädchen und eine alte Tante.
Von den Kartoffeln abgesehen, die unter dem Fußboden der
Werkstatt versteckt liegen, haben die Eltern nur ein Viertel des
vorgeschriebenen Vorrats.

Am nächsten Morgen um zehn erscheinen vier Herren, zwei
von ihnen gehören zur gefürchteten Douane, dem Zoll. Die
Mutter hat ein üppiges Frühstück aufgedeckt, und die Herren
lassen sich nicht nötigen und trinken tapfer auf das Wohl Napoleons. Christians Schwestern müssen mit ihnen Französisch
sprechen. Nach diesem Frühstück dauert die Untersuchung
kaum zehn Minuten. Als die Herren gehen, drückt die Mutter
einem »etwas in Papier Gewickeltes« in die Hand, was er ruhig
einsteckt.

Die Handwerksmeister am Valentinskamp halten zusammen. Der Schlachter Umlauff muss das Vieh, das die Soldaten
in die Festung getrieben haben, mit seinen Leuten schlachten
und teilweise auch einpökeln, und er liefert das Fleisch für den
Prinzen und die Generalität – auch Davout hat sich verproviantiert und hält Ochsen, Hammel, Geflügel in seinem Garten.
Umlauff genießt dort hohe Gunst, und etwas von dieser Gunst
geht auch auf die Familie des Wagenmalers und -lackierers
über. In Umlauffs Wohnzimmer gibt es einen Diwan, der unter
dem Sitz in seiner ganzen Länge eine tiefe Schublade hat. Diese
Schublade ist voll geräucherter Ochsenzungen, die der Schlachter vor den Franzosen versteckt und von denen er Christian für

eine kleine Gefälligkeit eine für die Eltern mitgibt. Eine ähnlich große Portion hat er noch auf dem Boden. Dort steht auch das Lieblingsreitpferd des Schlachters, seitdem alle Pferde an die Franzosen abgeliefert werden müssen, damit sie sich die besten aussuchen und die anderen abstechen. Der Schlachter hält unten im Stall eine Kuh, deren Milch er an den Prinzen liefern muss, aber natürlich bleibt immer etwas für ihn im Melkeimer übrig und auch für Christians Eltern. Die Mutter revanchiert sich bei Madame Umlauff mit Eiern, sie hat noch Hühner. Den Hahn hat sie geschlachtet, damit er sie nicht durch sein Krähen verrät.

Frau Professor Radspiller schickt ihr Dienstmädchen jeden Morgen nach Kartoffeln, aber wenn ein Schiff mit Kartoffeln überhaupt noch ankommt, »nehmen es die Aufkäufer in Beschlag und die armen Menschen, die nur dies sich noch kaufen können, gehen mit leeren Händen und blutigen Köpfen davon«. Kosakenstreifen kommen täglich näher an die Festung, und täglich steigen die Lebensmittelpreise. Einige Säcke, die sie sich in Flottbek bestellt hat, können nicht mehr hereinkommen, weil in Flottbek und Blankenese schon russische Vorposten stehen – »da sollte es einem denn wohl recht schwül werden, wenn es zur Haußdurchsuchung kommt und man nicht den gehörigen Vorrath Kartoffeln hat...!«

Dann ist es auch bei Radspillers so weit, »die Herren der furchtbaren Visitation« stehen vor der Tür, Notar Hübbe und ein Gendarmenoffizier, aber ihr Besuch verläuft ganz anders und weit freundlicher, als Frau Professor gefürchtet hat. »Ich empfing sie sehr höflich«, erzählt sie ihren Geschwistern. »Hübbe, ein sehr rechtlicher Mann, fragte mich nach dem Hauß Personal – ich nannte alle – er zeichnete aber nur 6 Personen auf, da wir mit dem Mädchen doch 10 sind, und legte mir darauf die Antwort im Munde: ›Nicht wahr Sie sind hinlänglich verproviantirt?‹ Ja wohl erwiderte ich mit meiner noblen Dreistigkeit – wollen die Herren meine Vorräthe sehen? Nein, hieß es, dass ist nicht nötig, und so trollten sie wieder ab. Ich war herzlich froh, denn was ich aufzuweisen hatte, reichte nicht auf 3 Monate! Aber man muß nur mit Dreistigkeit dagegen angehen, und Gott erhalte mir diese, wenn nach 8 Tagen andere, und zwar fr. Militair, zum wirklichen visitiren kommt.« Nach allem, was sie gehört hat, muss man allein für ein Kind von zehn bis zwölf Jahren 78 Pfund Fleisch und 12 Flaschen Branntwein lagern, und sie hat nur 80 Pfund Fleisch für zehn Personen. »Da soll mich aber H. Hübbe seine Liste retten, denn wenn wir unter der Rubrik derer kommen, wo es heißt: auf 6 Monate und darüber versorgt, so durchsucht man bey uns nicht.« Gleich morgen will sie zu ihm gehen und dafür sorgen, dass ihre Familie in die richtige Spalte auf der Liste kommt.

2.

Marschall Davout erhält von seinen Vorposten die Nachricht, General Bennigsen werde wohl am 21. Dezember Bergedorf im Osten Hamburgs erreichen.

Mit dem Oberbefehl Bennigsens über die russischen Truppen verschärft sich die Lage der Festung. Levin August von Bennigsen ist im Februar 1807 Oberbefehlshaber der russischen Armee gewesen und hat bei Preußisch Eylau gegen Napoleon gekämpft. Nach zwei Tagen endete eine der blutigsten Schlachten, die es bis dahin gegeben hat, unentschieden – durch Erschöpfung beider Seiten. Marschall Davout und sein Generalstabschef Laville schätzen, dass ein so bedeutender General mehr als 60 000 Mann kommandieren dürfte.

Sein Eintreffen beweist den französischen Generälen, dass die Alliierten die Festung für ebenso wichtig halten wie Napoleon. Der Feind wird sie hartnäckig belagern, und sie werden sie ebenso hartnäckig verteidigen.

Schon eine Woche zuvor sind Flugblätter in der Festung aufgetaucht, mit denen Bennigsen Soldaten und Bürger zum Kampf gegen Davout aufruft.

3.

Für die Einwohner ist es ein schlimmer Beweis der Grausamkeit des Marschalls, dass er die Kinder aus dem Waisenhaus auf sieben Wagen nach Eppendorf geschickt hat. Er hat ihnen zwar einen Silberbarren mitgegeben, und manche sagen, er will sie nur den Schrecken einer Belagerung nicht aussetzen, doch viele sind entsetzt.

Jetzt, keine Woche später, kommen neue Befehle: Alle unverheirateten Männer, die nicht in Hamburg geboren sind, Handwerksburschen, Studenten, Kaufmannsdiener, Markthelfer, Landstreicher und Bettler, müssen die Stadt innerhalb von 24 Stunden verlassen. Für alle Einwohner, die nicht genügend Lebensmittel haben, und für alle Fremden, die nicht auf den Festungswerken arbeiten, sind die Tore am 20. und am 21. Dezember von 10.00 bis 14.00 Uhr geöffnet. Wer in die Stadt zurückkommt, wird als Spion angesehen und erschossen.

Zahlreiche Patrouillen reiten und gehen durch die Gassen. Wer nicht gehorcht, wird aus dem Kontor oder dem Geschäft gerissen und von Kürassieren zu den Toren hinausgejagt – Davout will offenbar die jungen Männer loswerden, die Bennigsen zum Aufstand aufwiegelt.

Schimpfend und spottend ziehen die Prostituierten davon, die nicht genug Geld für Lebensmittel haben. Holländische und deutsche Soldaten mischen sich verkleidet unter die Vertriebenen und desertieren. Junge Männer rufen laut, dass sie zu den Russen gehen und bald wiederkommen und die Stadt befreien.

Am Freitag, dem 24. Dezember, liest man im ›Mercur‹, der noch durch die Tore hereingebracht werden darf: Alle, die die Stadt verlassen müssen und nicht gehorchen, werden von Soldaten hinausgetrieben, ihre Möbel werden beschlagnahmt. Die Frist ist bis zum 24. – heute – verlängert worden, und Gendarmerieoberst Charlot teilt mit: Wer keine Lebensmittel für sechs Monate hat und die Stadt nicht verlässt, erhält 25 Stockschläge. Wer auch danach nicht geht, erhält 50 Stockschläge und wird aus der Stadt geführt.

Der Hauptteil der Armee Bennigsens trifft am 24. Dezember ein. Die Truppen der Generäle Doktorow und Tschaplitz gehen auf Flößen über die Elbe.

Die meisten Bürger erfahren nichts Genaues, auch Frau Professor Radspiller hört nur Gerüchte über russische Generäle, die heranrücken. Der Dezember ist warm, und sie notiert: wenn »der Frost doch nur erst kommen wollte – es ist beinahe unmöglich bei diesem Wetter das schwere Geschütz durchzubringen; denn die Wege sind grundlos!«

Sie findet, der »hamburgische Pöbel hat eigentlich doch keinen Muth, sonst würde er Rache üben an die Verwüster – da lobe ich mir die herrlichen Holländer, die selbst ihre Ketten zerbrochen haben!«

Am Weihnachtsabend bekommen ihre Kinder »einige den Zeiten angemessene Geschenke«. Sie und ihr Mann haben Freunde zum Karpfenessen eingeladen, und vor dem Schlafengehen schreibt sie noch für die fernen Geschwister auf: »Nichts neues heute als der ewig alte Gesang von der ungeheuren Macht, die sich rund um unsere Stadt zieht -- und doch bleibt es hier ruhig.«

Sie geht nach Mitternacht zu Bett. Mehrfach hört sie nachts auf der Gasse Schreien und Laufen, schläft aber immer wieder bald ein.

Weihnachtstage

1.

Der Makler Christian Hönert hat am 10. Dezember einen Brief von der Post zurückbekommen, den er Prediger Gazert in Dithmarschen, seinem Schwiegervater, geschickt hat. Von diesem Tag an will Hönert ein Tagebuch schreiben, »um möglichst genau von dem Vorgefallenen Bericht abzustatten«. Es wird Jahresende, bis er damit anfängt. Den letzten Anstoß gibt ein Anblick, der ihn tief erschüttert.

Am Tag vor Weihnachten ist der 37-Jährige mit Frau und vier Kindern zu seiner Mutter und seinen Schwestern gezogen, weil sie das Leben als alleinstehende Frauen in dieser Zeit zu schwer finden. Die Mutter Margarethe Elisabeth Hönert ist Witwe, sie hat einen Stoffladen und wohnt im Haus Speersort Nr. 65 an der Petrikirche.

Am Weihnachtsabend tischt sie Karpfen auf, und die Familie sitzt bis elf Uhr nachts gemütlich zusammen. Hönert will sich gerade ins Bett legen, als er ein ungewöhnliches Geräusch hört. Er öffnet das Fenster und bleibt bis fünf Uhr morgens stehen: »Ob es die Nacht kalt gewesen, davon weiß ich der empfundenen Hitze nichts. Man transportirte nach Petrikirche Leute, die man aus'm Schlaf gestöhrt, ihren Proviant untersucht, und nicht hinlänglich befunden.« Alte Leute, Eltern mit Kindern, viele unvollständig angezogen, gehen jammernd zur Kirche, Hönert erkennt unter den Öllaternen, die an Seilen in der Mitte der Straße hängen, viele Bekannte. Morgens gegen fünf Uhr werden sie zum Tor hinausgebracht: »Ach ich hab mit gejammert, geflucht, gebetet, getrauert über Menschenelend; so merkwürdig war mir noch keine Nacht.«

Der Kaufmann Andreas Prell ist auf Befehl Davouts zum »Mitglied der Verproviantierungs-Kommission« ernannt worden und muss die Verproviantierung des vierten der sechs Kantone überwachen, in die Hamburg eingeteilt ist. Am Mittag des 24. Dezember erhält er einen Brief von *maire* Rüder, er möge sich wie die anderen fünf Herren der Kommission am Abend bei Kommandant de Fernig einfinden. Wenn die Herren nicht kommen, werde Oberst Charlot bei Davout beantragen, sie mit ihren Familien zur Stadt hinauszutreiben.

Prell verabredet mit seiner Frau Petronella, dass sie, falls er bis sieben Uhr nicht zurück ist, allein mit den Kindern Weihnachten feiert. Die Familie wartet fast bis acht, dann zündet die Mutter die Lichter an dem kleinen Tannenbaum an und schenkt jedem Kind eine Puppe, die sie selbst gemacht hat.

Prell ist um diese Zeit mit den anderen Herren beim Kommandanten de Fernig. Jeder der sechs Herren bekommt den Befehl, mit einem Offizier und einem Kommando Soldaten in seinen Bezirk zu gehen und alle Familien, die nicht für sechs Monate mit Lebensmitteln versorgt sind, in die Petrikirche zu bringen. Fernig lehnt es ab, die Leute erst am nächsten Morgen auszuweisen. Ob das nächtliche Ausweisen aus Grausamkeit geschieht oder Folge einer Verkettung von Umständen ist, weiß Prell nicht. Vielleicht, meint er später, haben die Franzosen nicht an Weihnachten gedacht, sondern nur an die Russen vor der Festung, die bald niemanden mehr hinauslassen könnten, damit in der Festung eine Hungersnot ausbricht und die Verteidiger schwächt.

Die Offiziere sind über die nächtliche Stunde ebenso empört wie die sechs Bürger. Die Soldaten klopfen an die Saaltüren, hinter denen die Armen leben, treiben sie in Scharen durch die Straßen, Kinder schreien, die Petri-Kirche, halbdunkel, eiskalt und ohne Gestühl, füllt sich.

Frau Professor Radspiller erfährt am Morgen des 1. Weihnachtstags von ihrem weinenden Dienstmädchen, dass man in der Nacht 800 Familien aus ihren Häusern geholt und zum Tor

hinausgebracht hat. Sie nennt Davout Teufel und Unmensch –
auch wenn ein Befehl zum Verproviantieren nicht befolgt war,
»so konnte der Unmensch noch immer am Tage sie hinaus-
treiben lassen, aber nicht bey Nacht und Nebel, unvorbereitet
sie aus ihren Betten und Häusern reißen«.

Als sie zu ihrer Schwester Frau Pastor Hornbostel geht,
drängen sich auf allen Straßen die Menschen. Sie tragen Bündel
unterm Arm oder auf dem Rücken oder auf dem Kopf, halten
Kinder an der Hand und wandern zu den Toren. Andere bringen ihre Habseligkeiten auf Karren zu Bekannten. Frauen und
Kinder schreien und jammern.

Auch Radspillers sind nicht genügend verproviantiert:
»– wird uns denn auch die Reise treffen? Ach wenn Radspiller
doch nur freiwillig mit mir und den Kindern gehen wollte denn
den Jammer überlebe ich nicht, in der Nacht mit meinen Wür-
mern hinausgestoßen zu werden, die Angst um sie würde mich
tödten! Man spricht von Sicherheits-Karten – ich werde alles
aufbieten, eine zu erhalten…«

Abends ist der Himmel wieder feuerrot, viele Häuser vor
dem Dammtor brennen. Die Glut spiegelt sich in den Fenster-
scheiben am Jungfernstieg, und auch er scheint zu brennen. Die
Binnenalster sieht aus wie ein Feuerbassin.

Auch am 2. Weihnachtstag ziehen zahlreiche Familien an den
Predigerhäusern von St. Katharinen vorbei. Die Tore sind von
zehn bis zwei Uhr geöffnet, in dieser Zeit müssen die Leute zur
Stadt hinaus. Henriette Grautoff: »Manche Familien zogen mit
fünf und sechs kleinen Kindern bei uns vorüber. Mann und
Frau trugen jeder eins auf dem Arme, und die übrigen, jedes
mit einem kleinen Bündel bepackt, hingen sich ihnen an Arm
und Kleider. Dieser Anblick drang mir bis ins Innerste der Seele
und wird mir unvergesslich sein.« Viele haben rot geweinte
Augen, viele schluchzen laut.

Zahlreiche Arme sind im Dezember 1813 am Fleckfieber –
oder Hungertyphus – erkrankt, den Tettenborns Soldaten im
Mai in den Elendsquartieren der Stadt zurückgelassen haben.

Jetzt sterben, ehe sie Altona erreichen, über 1300 an der An-
strengung und der Krankheit, nicht an der Kälte, wie es in
Hamburg heißt. Überlebende des Marschs tragen das Fleckfieber nach Altona hinein, wo wenige Tage später eine Epidemie
ausbricht.

2.

Kommandant de Fernig, der auf Davouts Befehl seinen bisherigen Vorgesetzten Hogendorp abgelöst hat, will dem Marschall beim Empfang am Neujahrstag sagen können, dass 25 000
Einwohner die Stadt verlassen haben.

Der Marschall befolgt die Anordnung des Kaisers vom
24. Dezember 1811 über die Verteidigung von Festungen und
großen Waffenplätzen: unnütze Esser hinausschicken, die Festung mit Waffen und Lebensmitteln versorgen, alles zerstören,
was auf dem Glacis Schüsse behindern oder dem Feind als Versteck dienen könnte.

Davout hat die Festung Anfang Dezember wieder genau
geprüft und die Verteidigungsbauten besichtigt und perfektioniert. Die Festungsarbeiter werden nun pünktlich mit »Chabans« bezahlt, kleinen Zweimarkstücken, die ein hamburgischer und ein französischer Münzmeister in der Münze aus den
Silberbarren der Bank mit Prägestöcken von 1809 anfertigen.

Im Osten lässt Davout weitere Geschützstellungen bauen
und das Glacis auf tausend Metern vor dem Festungsgraben
abbrennen. Zwischen die Vorstadt St. Georg und das Dorf
Hamm kommen Palisaden und auf die Deiche der Bille und der
Elbe Lunetten – kleine Festungswerke – und Verschanzungen,
um die Vorposten von der Seite her schützen zu können. Im
Westen Richtung Altona lässt er die Sternschanze mit Palisaden
umgeben und zahlreiche Hindernisse gegen Angreifer errichten, große und kleine, von Geschützbatterien bis hin zu aus-
gelegten Nagelbrettern. Er hat den 6000 bis 7000 Bewohnern
des Hamburgerbergs – der Vorstadt St. Pauli – befohlen, ihre
Häuser bis zum 24. Dezember zu räumen. Dieser Befehl ist
streng, er weiß es, aber erforderlich »*par les terribles lois de la*

guerre«, nach den schrecklichen Gesetzen des Krieges. Der Marschall sagt das oft, und sein Generalstabschef de Laville übernimmt es von ihm.

Davout überprüft auch die Verteidigungsanlagen in Harburg. Er hat die Berge dort durch eine Kette von Bauten befestigt, die die kleine Stadt und ihre Festung schützen. Auch die Einwohner von Harburg mussten sich mit Lebensmitteln versorgen. 600 von ihnen werden ausgetrieben.

Am 1. Januar soll die Festung Hamburg-Harburg fertig sein.

3.

»Tausende von Menschen sind gestern fortgegangen, heute strömt es in Massen den Thoren zu, die abwechselnd, bald das eine bald das andere, täglich einige Stunden geöffnet werden«, schreibt Frau Professor Radspiller am 29. Dezember für ihre Schwester Sophie und ihren Bruder August auf. Die Altonaer nehmen alle Ausgewiesenen auf und sorgen für sie. Ruhige Bürger, die in Hamburg auf der Straße angehalten werden, weisen sich durch eine Sicherheitskarte aus, auf der ihr Name und eine Beschreibung ihrer Person steht. Auch Frau Radspiller besitzt nun eine.

Am nächsten Tag hört sie, der Prinz solle gesagt haben, man nenne ihn grausam, weil er so viele Menschen aus Hamburg treibe, aber eigentlich solle man ihm danken. Bei der Belagerung von Genua seien 30 000 verhungert. Sie hört noch mehr: »Einer von den hiesigen Generälen, der ein guter Mensch sein und besonders fürs Auswandern sehr streben soll, hat diese schreckliche Zeit in Genua mit erlebt! Nie ist er dort ausgegangen, ohne eine Bedeckung von 200 Soldaten um sich zu habe, weil das Volck ihn vor Hunger angefallen – ach! Das ist wohl das schrecklichste was man erleben kann! –«

4.

Der Marschall geht keine Risiken ein. Neue Handzettel von General Bennigsen sind heimlich in die Stadt gelangt. Der General ruft die Holländer unter den französischen Truppen

zur Desertion auf und die Bürger zu den Waffen: »Mehr als
100 000 Russen, Schweden, Preussen und Sachsen, mit Sieg bekränzt, sind vor euren Mauern. Sie sagen euch, als Brüder, ver-
lieret den Muth nicht, die Stunde der Rache ist gekommen.«

Befehle des Marschalls prasseln auf die Hamburger. Zehn
Tage zuvor schon ist ihnen wieder einmal verboten worden, auf
die Wälle und die Festungswerke zu gehen, dieses Verbot wird
jetzt unter Androhung strenger Strafen wiederholt. Zusam-
menkünfte am Tage von mehr als sechs Personen sind verboten,
Gottesdienste, Schauspiele und Bälle nur mit einer schriftlichen
Erlaubnis des Kommandanten gestattet.

Laville bekommt Befehl, die widerborstigen Einwohner des
Hamburgerberges, die sich um den Abriss ihrer Häuser nicht
kümmern, austreiben und ihre Häuser zerstören zu lassen.
Matrosenkneipen, Tanzdielen und Bordelle südlich der Ree-
perbahn sind nur der kleinste Teil der Vorstadt, wirtschaftlich
weit wichtiger ist die Schifffahrtsindustrie mit den Segel-
machereien, den Geschäften der Reepschläger, die Taue aller
Art herstellen, den Tranbrennereien, den Hanfmagazinen, den
Werften. Auf diese zivilen Tätigkeiten kann das Militär keine
Rücksicht nehmen.

»Der Feind reizt durch seine Proclamationen den Soldaten
dazu, seine Pflichten zu vergessen und unsern Souverain zu
verrathen«, beginnt der Befehl des Marschalls, den der Altonaer ›Mercur‹ am letzten Tag des Jahres abdruckt. »Der Feind
fordert, durch seine Ränke, seine Proclamationen und seine
Agenten, die Einwohner zum Aufruhr auf. Dieses Betragen
zeigt uns den Weg an, welchen wir einzuschlagen haben; dasselbe hat schon die Vertreibung eines großen Theils der Einwohner Hamburgs aus der Stadt veranlaßt.« Nun veranlasst es
das Schaffen eines Sondergerichts für Desertion und Anleitung
zum Desertieren, für alles Spionieren, für Aufruhr oder auf-
rührerische Versammlung, Brandstiften, Plündern, Ungehor-
sam, aufwiegelnde Reden, Diebstahl, Ankauf oder Verkauf von
Lebensmitteln aus Magazinen des Staats, Meuchelmord oder
Absicht dazu gegen einen französischen Soldaten. Diese Taten

werden innerhalb von 24 Stunden mit dem Tode bestraft. Unterzeichnet: Der Marschall, Herzog von Auerstedt, Prinz von Eckmühl.

5.

Frau Professor Radspiller notiert am Abend des 31. Dezember traurig, dass man heute Krüppel und Lahme und Sterbenskranke aus dem ehemaligen Armeninstitut auf Tragbahren aus dem Tor bringen und dort absetzen ließ – »Wer erbarmt sich nun dieser Unglücklichen?«

Sie überlegt und plant wieder, wie sie ihre Familie schützen kann, diesmal ihre Hausmamsell Höfer und ihr Mädchen. Zuerst hieß es, alle Männer, die nicht in Hamburg geboren sind, müssen gehen – die kräftigen Schlachter, Brauer, Zuckerbäckerknechte, deren »Empöhrung« die Franzosen fürchten. Jetzt sollen auch Frauen gehen. Aber sie hat die Höfer als ihre Schwester ausgegeben und »will die andere auch schon sichern, das heißt, wenn nachgefragt wird, sage ich, dass wir unser Mädchen abgeschafft hätten und gar keine mehr hielten – man muß bey dergl. nur recht e h r l i c h aussehen und die Herren höflich zu nehmen wissen, dann trollen sie wieder ab«.

Es schlägt zwölf. Sie will nicht daran denken, dass es die letzte Stunde des Jahres ist, das so viel Unglück brachte. Sie will der Vorsehung danken, die ihrer Familie, anders als vielen Tausenden, so viel Gutes erhielt: »Meine Kinder sind gesund, sind froh – wie viel Ursache, es auch zu sein, komme es auch wie es wolle! – nur sie, meinen Mann und Euch, erhalte mir Gott! Nie werde ich dann den Muth verlieren, wenn auch noch Schrekensscenen mir bevorstehen! –«

Silvester an der Elbe

1.

Wilhelmine Amsinck, die so gerne ihren Bruder Wilhelm, den Jurastudenten in Göttingen, bei der Hanseatischen Legion sehen würde, hat eine kleine Cousine, die 13 Jahre alt ist und auch Wilhelmine Amsinck heißt. Diese kleine Wilhelmine reist am Silvestertag mit ihrer Stiefmutter Louise und ihrer 19-jährigen Schwester Lisette von Hamburg nach Lübeck, macht Station bei Pierre Godeffroy an der Elbe und verbringt mit ihm, seiner Tochter Friederike und drei russischen Offizieren den Silvesterabend. Zur Reisegesellschaft gehört auch Onkel Arnold Schuback, der Bruder der Frau Amsinck. Sie verlässt die Festung, weil sie die Belagerung fürchtet. Wilhelmine und Lisette sollen über die Reise Tagebuch führen: Wilhelmine über die Fahrt bis Blankenese, Lisette über die Weiterreise bis Lübeck.

Die Reise beginnt am 31. Dezember morgens um acht Uhr. Die Reisenden fahren zuerst zu ihren Bekannten Schwartzes. Herr Schwartze hat ihnen einen Pass besorgt, einen Passierschein, damit die Wachen am Tor sie hinauslassen, und sein Freund Pacher soll sie bis Altona begleiten, weil das Krankenhaus vor dem Tor geräumt wird und man ihnen Pferde und Wagen wegnehmen könnte. Wilhelmine streichelt noch einmal das Lämmchen, das sie gestern mit dem Mutterschaf zu Schwartzes gebracht haben.

Sie fahren durch das Dammtor, und niemand hält sie an, denn es kommen gerade Soldaten mit Holz herein, und der wachhabende Offizier ruft den Gendarmen zu, die Kutsche passieren zu lassen. Wilhelmine sieht in der Ferne, dass die Bäume in ihrem Garten umgehauen sind. Trotz allem fällt es ihr schwer, die Stadt zu verlassen, es kommt ihr vor, »als würde ich sie nie wiedersehen«.

Der hilfreiche Herr Pacher kehrt in Altona um, und während Frau Amsinck und die Mädchen zu Madame Sieveking hinaufgehen, die sie zu einem Frühstück erwartet, geht Onkel Arnold zu Herrn von Blücher, dem Oberpräsidenten, um einen dänischen Passierschein für alle zu holen. Die Pferde müssen wieder zurück nach Hamburg, und der Onkel kümmert sich mit Kutscher Johann um frische Pferde.

Nach dem Frühstück fahren sie weiter an der Elbe entlang. Bei Thorntons Landhaus mit dem halbmondförmigen Stall sieht Wilhelmine den ersten russischen Vorposten, einen Kosaken, und dicht vor Köhnckes Schulpension wieder einen. Auf dem Feld vor Godeffroys Park sitzen Kosaken um ein Feuer, und im Garten warten viele Ausgewiesene auf einen Pass und auf Essen. Auch Amsincks fahren zu Pierre Godeffroy, um einen russischen Pass von den Generälen zu bekommen, die bei ihm einquartiert sind.

Als Onkel Arnold zum Weißen Haus geht, lassen der junge Herr Godeffroy und seine Schwester die Amsincks bitten hereinzukommen. Ein Bedienter führt sie in das Wohnzimmer, wo Bruder und Schwester am Mittagstisch sitzen und sie nötigen, mit ihnen zu essen. Auch Madame Simon, die älteste Tochter Pierre Godeffroys, kommt mit ihren Kindern herein, und ihr folgt Mamsell Lontje de Vos, die mit den Geschwistern Godeffroy aufgewachsen ist. Um drei Uhr kommt auch der alte Herr Godeffroy aus Altona zurück. Amsincks werden bei ihm übernachten.

Im Haus geht es lebhaft zu. 2000 Mann von Benningsens Korps sind in Blankenese eingetroffen, und Godeffroys bekommen weitere Einquartierungen und werden durch die Männer sehr in Unruhe gehalten. Wilhelmine: »Um 6 Uhr setzten wir uns zu Tische und nahmen eine sehr schön zubereitete Mahlzeit ein, drei russische Offiziere aßen mit, auch ein holländischer Offizier, der erst heute aus Hamburg desertiert war, welcher sich viel mit Demoiselle de Vos, die eine geborene Holländerin ist, unterhielt.«

Nach Tisch bleibt man zusammen: »wir setzten uns um ein Kaminfeuer und wurden sehr angenehm von der ganzen Familie unterhalten, während die Offiziere Strohcigarren (Strohhalme mit Tabak angefüllt) rauchten. Auch spielte die sehr freundliche und liebenswürdige Demoiselle Godefroy auf dem Fortepiano, wozu Lisette sang.«

2.

Die zierliche dunkelhaarige Friederike Godeffroy gehört zu den jungen Frauen, die im Frühjahr begeistert den Kampf gegen die Franzosen in die hanseatische Gesellschaft getragen haben. Sie ist eine Schülerin des Kantors und Musikdirektors Gottlieb Schwencke, und als Hauptpastor Rambach in der Michaeliskirche die Fahnen weihte, die Frauen im Hamburger Frauenverein für die Hanseatische Legion gestickt hatten, sang sie das große Tedeum mit. Sie war eine der zehn jungen Damen, die damals an den Kirchentüren Geld für Waffenkäufe sammelten. Jetzt versorgt sie Kinder der Ausgewiesenen, die ihre Eltern unterwegs verloren haben oder deren Eltern am Wegrand gestorben sind, bringt ihnen Essen und Kleidung und tröstet sie.

Friederikes Leben ist seit zwei Wochen vollkommen verändert. Überall in Hof und Park kampieren Ausgewiesene und Soldaten, und drei Offiziere in russischem Dienst – der Sachse de Poncet, der Livländer von Loewenstern, der Preuße von Klitzing – wohnen mit Adjutanten und Burschen im Haupthaus. Oberst von Loewenstern gefällt das gesellige Leben in Blankenese und Dockenhuden, und ihn beeindruckt die Mildtätigkeit von Pierre Godeffroy, der den Armen Essen und Getränke geben lässt. Der Oberst erlaubt, dass sie sich in den Dörfern an der Elbe für ein paar Tage ausruhen, und stellt ihnen Pässe aus, damit sie über die Elbe oder weiter nach Holstein können. Friederike und ihren Vater findet er »reizend, die Küche vorzüglich, die Weine ausgezeichnet«.

Nach dem Mittagessen mit den Amsincks hat Rittmeister

von Klitzing Friederike zu Frau Klünder nach Blankenese begleitet, die zu den Damen in den Landhäusern gehört, die Hilfen für die Ausgewiesenen organisieren. Friederike ist mit der lebhaften schönen Frau über John Thornton verwandt, den Bruder ihrer Mutter, und Rütger Heinrich Klünder, der Ehemann, hat vor ein paar Jahren sehr erfolgreich bei *Peter Godeffroy Söhne & Co.* gearbeitet. Das Ehepaar hat bei den Frauen der Fischer, die durch den Krieg in Not geraten sind, das Flachsspinnen eingeführt, damit sie wenigstens etwas verdienen. Frau Klünder hat auch über tausend Kinder in den Elbdörfern gegen Pocken geimpft. Die Leute waren misstrauisch gegen die Impfung, anfangs hat sie die Armenärzte begleitet und dabei ihre beiden kleinen geimpften Töchter vorgezeigt: rund und gesund.

Bene und Lisa – Benedicta und Elisabeth – sind nun 14 und 15 Jahre alt und seit zwei Wochen in höchster Aufregung über all die jungen Männer, die sie plötzlich umgeben. Sie haben ein Tagebuch begonnen, ein kleines rotes Lederbuch mit einem Aquarell auf dem Umschlag: eine Steinplatte mit zwei Tintenfässern, einer Kerze und einem Behälter mit Schreibfeder, umgeben von Parkbäumen. Sie schreiben abwechselnd hinein, abends im Bett. Der erste Eintrag ist von »Dienstag den 14 December 1813«.

An diesem Dienstag, abends in der Dämmerung, unterhielten sich die Klünders und ihre geflüchteten Freunde und Hausgäste friedlich in der Vorstube, als plötzlich Kosaken das Haus umstellten. Ein Offizier präsentierte sich den Damen: Rittmeister von Klitzing. Die Kosaken bauten drei große Wachfeuer vor dem Haus, Klitzing aß mit der Familie und schlief im runden Zimmer auf der Erde – er wollte bereit sein bei einem Angriff der Franzosen, die in dieser Gegend noch herumstreiften.

Bene und Lisa schreiben auf, wie die Männer ihnen gefallen, die seitdem bei ihnen in der Vorstube und im Salon sitzen. Der General Woronzow, »ein sehr gebildeter schöner Mann gefiel uns besonders durch sein edles, Achtung einflößendes Wesen.

Der Oberst Loewenstern im ersten Augenblicke weniger«, schreibt Bene am Mittwoch. Das ändert sich am Donnerstag. Klitzing ist zu Godeffroys ins Quartier gekommen, aber mittags und abends sind alle bei ihnen: »der kleine Klitzing« und die Loewensterns, der Oberst und sein jüngerer Bruder. Bene ist ganz entzückt von Woldemar von Loewenstern und will ihren »Empfindungen freien Lauf« lassen. Auch General Poncet besucht Klünders. Sie liegen alle bei Godeffroys im Quartier, »doch gefällt es ihnen da gar nicht«.

Trotz ihrer Harmlosigkeit ist ihnen klar, dass diese Männer die Familien, bei denen sie wohnen, vor rohen Einquartierungen beschützen: Bei Köhncke in der Schulpension geht es ganz schlecht mit den Russen. Wenn Offiziere, Kosaken und Soldaten dort nicht sofort erhalten, was sie fordern, drohen sie mit dem Kantschuh, einer kurzen Lederpeitsche. Ein Kosak hat zu Köhncke gesagt: »Kantschuh ist ein sehr gut Mann für Brod, Fleisch Schnaps.« Als Klünders erfahren, dass Kosaken auch eine ihrer Freundinnen in den Landhäusern mit Schlägen bedroht haben, sind sie außer sich. Das Leben mit den lang ersehnten Befreiern ist gefährlich.

Die höheren Töchter sollen die Offiziere unterhalten, und die Offiziere sollen die Bewohner der Landhäuser schützen. Bene und Lisa aber sind dauerverliebt, wollen sich amüsieren, aufregen. Sie singen für die Männer, spielen Klavier, Gitarre, sie räumen den Esstisch weg und tanzen mit ihnen Quadrille, oder sie spielen Gesellschaftsspiele mit ihnen – Lotterie oder Sprichwörter raten oder Pfänderspiele. Tadel an ihrem kindlich ungebremsten Betragen begreifen sie nicht, und Warnungen halten sie für Eifersucht: »Pieter Godefroy war hier gestern doch sehr kalt gegen uns. Godefrois sind uns böse, weil die Loewensterns immer hier her kommen und da logiren.«

Auch Poncet warnt sie vor den Loewensterns. Sie schütteln das ab und können es später nach so viel Spaß und Lustigkeit kaum glauben, dass die Offiziere die zehn Jahre ältere Friederike Godeffroy bewundern, sind eifersüchtig: »Bene amüsierte s. heute nicht, die beiden Obristen waren ganz entzückt von

Friederike Godeffroy, besonders Woldemar, er sagte, er habe bei ihr zu Tisch gesessen und sich ganz in sie verliebt…«

Am Silvesternachmittag, als plötzlich noch mehr Offiziere ins Haus eingewiesen werden, ist ihre Mutter mit Arbeit überhäuft. Sie sagt ihren Töchtern, alle müssten plätten helfen. Bene und Lise haben erst keine Lust dazu, doch dann gehen sie mit dem jüngeren Loewenstern in die Plättstube und machen »viel Spaß«. Bene fängt an zu bügeln, und Lise holt ihnen die Bügeleisen aus dem Feuer, sie schwitzen und lachen, andere kommen hinzu, auch Friederike mit Klitzing. Bene: »Wir waren sehr vergnügt bis ich hinunter ging wo ich Mutter sehr traurig fand, die wir allein mit ihren Geschäften gefunden hatten. Sie hatte so viel für die Soldaten und Offiziere zu sorgen dass sie nicht dadurch finden konnte, wir mussten alle helfen.«

Für Friederike ist der Besuch bei Klünders erfrischend, die beiden aufgeregten Mädchen sind warmherzig und gut gelaunt, und außerdem gibt es keinen Grund für Friederike, über sie zu spotten: Sie hat sich selbst verliebt, in Poncet.

Michael von Poncet hinkt an zwei Krücken, er ist im Oktober in der Schlacht bei Leipzig vom Pferd gestoßen und an der Hüfte verwundet worden. Er ist mit Godeffroys verwandt, ist Friederikes Cousin zweiten Grades. Die Poncets sind Hugenotten wie die Godeffroys. Poncets Großvater aus Genf war Uhrmacher und kam nach Dresden, wurde berühmt für seine Taschenuhren, wurde Hofuhrmacher, bis König August III. ihn zum Inspektor des Grünen Gewölbes ernannte. Poncets Vater, ein Hofjuwelier, heiratete in Dresden die Pfarrerstochter Anne Eugenie Godeffroy. Die Familie lebt in einem großen Haus am Wachwitzer Kirchweg. Poncet ist jetzt Mitte dreißig.

Friederike will nur aus Liebe heiraten. Ihre ältere Schwester Susette Parish meinte einmal, Friederike und Charlotte, die Jüngste, hätten »alle Versuche des kleinen Liebes Gott, ihre Herzen zu überwältigen«, zurückgestoßen, und wenn sie sich nicht bald verliebten, würde das schwieriger. Doch wer könnte es nicht verstehen, wenn sie ihre glückliche Freiheit »nur dem zum Opfer bringen, der ihnen, die Fesseln mit Liebe tragen macht. Wenn nicht Liebe im Spiele ist; so muß, und kann ein Mädchen ihren eigenen Werth nie außer Augen lassen und wie sehr verachte ich diejenige, die einen Mann nimmt, ohne Liebe mitzubringen.«

Friederikes Vater ist anspruchsvoll und oft selbstbezogen, aber in diesem Punkt gibt er seinen Töchtern Freiheit. Er mag Poncet gut leiden: »Poncet ist ein vernünftiger und rechtlicher Mann, der seine Carriere seine gute Aufführung zu danken hat ...«

Hinter Pierre Godeffroy liegt ein sehr trauriges Weihnachten. Zum Glück hat der unerwartete Besuch seines Sohnes Peter etwas Aufmunterung ins Haus gebracht. Peter und der Schwiegertochter geht es gut, das Baby Ida leidet lautstark an den Zähnen. Den Kindern seiner ältesten Tochter Emilie Simon konnte der Großpapa nur Geld schenken, es gibt kaum noch etwas zu kaufen.

Seit Tagen hört er dumpfen Kanonendonner aus Richtung Glückstadt. Der englische Kapitän Farquhar ist mit der Fregatte DESIREE und einer Squadron aus zwei Briggs und acht Kanonenbooten die Elbe hochgekommen, hat am Tag vor Weihnachten vor Glückstadt geankert und greift nun die Dänen an.

Jeden Tag kommen Hunderte und Tausende Ausgetriebene zu seinem Haus und bitten um Reisepässe – durch die Zerstörung des Hamburgerbergs kommt nun auch »Gesindel«. Nach Pierre Godeffroys Informationen – und die sind meist zutreffend – wurden über 20 000 Menschen aus der Stadt gewiesen. Viele von ihnen waren ausreichend mit Lebensmitteln versehen: Sie sind den Franzosen zu gefährlich geworden. Im Haus, auf dem Vorplatz, auf dem Wirtschaftshof liegen sie in den Ecken oder wandern umher, »Menschen aller Art, wovon aber der große Theil zu der großen Armuth und liederlichsten Classe« gehören. Godeffroy: »Gott weiß, wo wir mit alle diese Arme noch hin wollen? Und was leidet der Gefühlvolle nicht dabei!!«

Die Einquartierung ist eine schwere und teure Last. Poncet wird in einigen Tagen nach Pinneberg ins Hauptquartier von

General Woronzow gehen. Er versucht, Godeffroys zu schützen, und es ist ihm gelungen, ihnen den sehr höflichen und bescheidenen russischen General Crazowsky zuzuschanzen. Der General und seine Adjutanten werden mit der Familie essen, zum Frühstück werden ein Dutzend Offiziere da sein, alle mit Bedienten und Hunden.

Pierre Godeffroy muss täglich zwischen fünfzig und hundert Soldaten beköstigen und bis zu hundert Pferde. Er hat einen Ochsen schlachten lassen, zwei Schweine, musste 1100 Pfund Kalbfleisch vom Schlachter kaufen, Rauchfleisch, sechs Truthähne, drei Gänse, Hühner und Wild, und er muss jeden Tag für zwei große Eimer voll frischer Heringe sorgen, die, in Roggenmehl paniert und in Rübenöl gebraten, ein Essen sind, das die Kosaken sehr schätzen – zusätzlich zu dem Fleisch, das sie jeden Tag verlangen, und dem Branntwein.

3.

»Um 9 Uhr tranken wir Thee, wobei wir einen kleinen Neujahrskuchen und einen großen Puffer verzehrten, die Herr Godefroy geschenkt bekommen hatte«, setzt die kleine Wilhelmine Amsinck ihren Bericht über den letzten Tag des Jahres bei Godeffroys fort. Später gibt man Amsincks zwei Schlafzimmer, das eine ist »eigentlich das Schlafzimmer der Demoiselle de Vos und das andere der beiden Demoiselles Wohnzimmer, welche Zimmer sie aus Mangel an anderen, uns eingeräumt und für uns eingerichtet hatten«. Um elf gehen sie zu Bett und schlafen »die ganze Nacht sehr schön«.

Am nächsten Morgen stehen sie um sechs auf. Wilhelmine sieht einen russischen Wagen vor der Tür halten, der so niedrig wie ein Schlitten ist und von drei Pferden gezogen wird, von denen das mittlere Schellen hat. Um halb acht werden sie in das Wohnzimmer geführt, um dort zu frühstücken, während ihr Kutscher Johann das Gepäck zur Kutsche trägt. Im Wohnzimmer sind schon Madame Simon und ihre älteste Tochter, außerdem Demoiselle de Vos und der alten Herr Godeffroy, die alle so früh aufgestanden sind, um sie zu verabschieden.

Langsam fahren die Damen Amsinck durch die Dörfer im Norden von Hamburg Richtung Lübeck. Die Wege sind so schlecht, dass sie Angst haben, die Pferde könnten sich die Beine brechen, oder am Wagen bricht etwas, und sie werden umgeworfen. Über Nacht hat es etwas gefroren, aber als der Bodenfrost wegtaut, fahren sie über die nassen Felder, weil die aufgeweichte Straße zu schlecht ist.

Zwei Tage später erreichen sie Lübeck im dichten Nebel und steigen im Hotel Stadt Hamburg ab.

In Hamburg fängt am Neujahrstag auch die Kaufmannstochter Henriette Brock ein Tagebuch an. Fast kein Tag geht ohne wichtige Begebenheiten vorüber, meint sie, und so vieles entschwindet einem aus dem Gedächtnis. Sie ist zwanzig Jahre alt, und für sie war im vergangenen Jahr der Märztag, an dem Tettenborn in Hamburg einzog, »einer meiner glücklichsten Tage«. Ihr Bruder Carl kämpft in der Bürgergarde, sie lebt mit zwei Schwestern noch bei den Eltern. Der 1. Januar ist ein nebliger Morgen, sie war in der Kirche, in der Deutschreformierten Gemeinde: »Pastor Scheiffler predigte zwar gut, hätte aber doch etwas herzlicher und rührender an diesem Tage in jetziger Zeit zu uns reden können.« Sie will am Neujahrstag niemanden sehen und niemanden sprechen, denn man kann selbst nur klagen und hört nichts als Klagen.

Frau Professor Radspiller hat am 2. Januar schon wieder das Wichtigste vom Vortag erfahren: »Der Prinz hat seinen gratulirenden Officiren gestern erklärt, dass er sich auf keine Capitulation einlassen und Hamburg den Feinden übergeben würde, sie sollten auf alles gefasst sein, denn er würde sich bis auf den letzten Mann vertheidigen...«

In der Nacht vom 3. auf den 4. Januar, eine Stunde vor Mitternacht, beginnt General Bennigsen seinen ersten Angriff auf die Festung Hamburg.

»Sibirien oder der Tod«

Agentenberichte

1.

Peter Godeffroy jun. verlässt das Landhaus seines Vaters am
2. Januar und fährt mit Frau und Töchterchen Ida nach Kiel.
Er hat eine geschäftige Woche hinter sich. Vater und Sohn
Godeffroy wollen die größte Handelsstadt des Kontinents vor
dem totalen Ruin retten, und Peter hat vor Weihnachten dem
Kronprinzen einen Plan dazu erläutert. Seitdem hat er mit Rat
und Hilfe seines Vaters versucht, die Unterstützung der Umgebung Davouts zu gewinnen.

Godeffroy sen. und Bernadotte kennen sich gut aus dessen
Zeit als Gouverneur von Hamburg. Im Frühling 1813 hatten
Godeffroys Finanzgeschäfte mit der schwedischen Regierung,
und jetzt hat Godeffroy jun. als Verwalter englischer Sub-
sidiengelder mit dem Kronprinz zu tun. Godeffroy jun. hat
dem Kronprinzen am letzten Tag des Jahres schon geschrieben,
was er an der Elbe erreicht hat.

Er hat sich mit einem hohen Beamten der Zivilverwaltung
getroffen, der mit dem einflussreichen Chaban befreundet ist,
und ihm erklärt, weshalb eine Belagerung der Festung erfolgreich sein wird und alle französischen Zivilisten und Militärs
keine anderen Aussichten haben als »*la Sibérie ou la Mort*« –
Sibirien oder den Tod. Es gebe nur einen Ausweg: Man müsse
Davout dazu bringen, selbst die Kapitulation vorzuschlagen
und die freie Rückkehr nach Frankreich zu fordern.

Der Beamte hat gesagt, jetzt sei kein günstiger Augenblick,
den Marschall zu einem Kapitulationsvorschlag zu bewegen.
Am besten wäre es, wenn der Kronprinz sich an der Spitze
seiner Truppen vor der Stadt zeige. Dann würde der Mar-

schall den Kopf verlieren. Ihn quälten jetzt schon Befürchtungen, Ängste und Gewissensbisse. Alle führenden Beamten
und Offiziere in der Festung seien von der Gefährlichkeit
ihrer Lage überzeugt und würden den Augenblick nutzen,
in dem der Marschall beim Anblick aller Truppen so verzweifelt ist, dass sie ihm eine Bitte um Kapitulation vorschlagen
können.

2.

Viele der Informationen, die Peter Godeffroy dem Kronprin-
zen mitteilt, stammen aus den Berichten geheimer Agenten.
Sein Vater übernimmt aus ihnen manchmal Nachrichten im
Wortlaut, wenn er sie an die Töchter in England weitergibt.
Manche Kaufleute pflegen auch in Friedenszeiten Kontakte zu
bezahlten Agenten und Korrespondenten – neben denen zu
Freunden und Geschäftspartnern. Dieses Netzwerk des Aus-
tauschs von Informationen aus Politik und Wirtschaft ist jetzt
gestört, aber doch so erprobt, dass ein großer Kaufmann und
Finanzier wie Pierre Godeffroy sen. sich immer noch Nachrichten über Quellen beschaffen kann, die anderen verschlossen sind, oder Nachrichten kaufen kann, die andere nicht
bezahlen können oder denen die Agenten nicht trauen, deren
Leben nun von der Verschwiegenheit der Auftraggeber abhängt. Die wichtigsten Bindemittel im Nachrichtenhandel sind,
wie früher, Geld und Vertrauen.

Der Sohn Godeffroy arbeitet mit den Adjutanten des Kronprinzen auf der Basis des Vertrauens und – in einem Fall – der
Vertrautheit von Jugend auf zusammen: Oberadjutant Oberst
Peyron ist der Sohn des langjährigen schwedischen Minister-
residenten und Handelsagenten in Altona und Hamburg und
ein Jahr jünger als Peter Godeffroy. Peyron unterstellt ist der
Adjutant von Carisien, der aus einer Kaufmannsfamilie in
Stralsund stammt und dessen Vater früher Vertreter Schwedens
in Berlin war.

Ein Weg der Übermittlung geheimer Nachrichten aus der
Festung läuft von dänischen Agenten in Altona über Pierre

Godeffroy sen. in Dockenhuden und weiter über einen russischen Offizier, der bei ihm einquartiert ist – Poncet oder
Loewenstern –, nach Kiel und dort zu den beiden schwedischen Adjutanten, die besonders geeignet sind, Mitteilungen
aus Hamburger Kaufmannskreisen an den Kronprinzen weiter-
zugeben.

3.

Carisien kann dem Kronprinzen das Journal eines Agenten in
Altona vorlegen, dessen Name nicht genannt wird, um ihn und
seine Informanten nicht in Gefahr zu bringen. Für den Agenten
wird es täglich schwieriger, Neuigkeiten aus der Festung zu
bekommen. Leute können herauskommen, aber wer zurück-
geht, wird als Spion erschossen – man kann nie prüfen, wie
zuverlässig Nachrichten sind. Allerdings erscheinen die Befehle
und Bekanntmachungen des *maires*, des Präfekten, des Marschalls immer noch im ›Mercur‹.

Der geheime Agent geht auf die Angst der Franzosen vor
einer Kriegsgefangenschaft in Sibirien ein. Die Festungstore
sind geschlossen, aber trotzdem glauben nur wenige Leute an
eine ernsthafte Verteidigung und sind der Ansicht, dass man
wahrscheinlich den ersten Vorwand nehmen wird, um eine
Kapitulation zu erhalten, die »die Garnison vor den Schrecken
eines allgemeinen Abschlachtens oder dem Exil in Sibirien
bewahrt«. Das Wort ›Sibirien‹ lässt vor allem die Angestellten
der Zivilverwaltung schaudern. In den Buchhandlungen der
Stadt sind alle Werke über Sibirien ausverkauft.

Ausführlich beschreibt der Agent den Zustand des Marschalls. Diejenigen, die ihn in den letzten Tagen gesehen haben,
versichern, dass er den Kopf verloren hat. Jetzt, beim Heran-
nahen der Gefahr, scheint er über das Gewicht der Verantwortung, die auf ihm lastet, zu erschrecken. Er ist immer sehr
unruhig, hat Augenblicke der Raserei, manchmal weint er vor
Wut. Er führt seine Sorge von einem Ende der Festung zum
anderen spazieren. Manchmal geht er mit dem Schiff nach Harburg und inspiziert die Elbufer. Man nimmt an, dass er sich auf

dem Schiff befunden hat, das vor ein paar Tagen von einer Kanone auf dem Abhang bei Dockenhuden beschossen wurde.

Mehrere Munizipalräte sollen eine Adresse an ihn aufgesetzt haben, in der sie fordern, im Namen der Menschlichkeit den Wildheiten ein Ende zu setzen, die in seinem Namen begangen werden. Wenn das stimmt, meint der Agent, müssen sie die Unterstützung von einflussreichen und angesehenen Offizieren haben.

Den grausamen Maßnahmen der letzten Tage liegt viel Angst zugrunde. Der Prinz hat einen Brauer erschießen lassen, weil der ein Gewehr behalten wollte, das ihm gefiel. Der Brauer ist von einem seiner eigenen Leute verraten worden.

Eine Woche später kann Carisien dem Kronprinzen die Kopie eines Briefes desselben Agenten aus Altona vom 6. Januar übergeben.

Der Agent: Die Russen schneiden jetzt alle Verbindungen ab, so dass es nur durch eine Art Wunder geschieht, wenn einige Neuigkeiten von einer Seite zur anderen sickern. Sein Bericht kann also Fehler haben.

»Der Prinz von Eckmühl hat den Kopf vollständig verloren.« Er will sich mit aller Gewalt unterhalten. Musik und Geselligkeit haben ihm nie Freude gemacht, seine Narrheit ist jetzt, dass er sich beiden widmen will: Er diniert beim Lärm der Instrumente und verbringt seine Abende beim Spiel und beim »Herumtollen«.

Wenn er diese Augenblicke der Narrheit hat, will er sich den Anschein des Heldentums geben. Ein Mann hat gewagt, ihm die Gefahr seiner Lage vorzuhalten und die Nutzlosigkeit der barbarischen Maßnahmen, die er glaubt, anordnen zu müssen, um eine Stadt zu verteidigen, die man nicht halten kann. Der Mann hat ihm gesagt, es sei notwendig, sich auf eine ehrenhafte Kapitulation einzulassen, wenn er sie erhalten könnte. Als Davout das Wort Kapitulation hörte, schrie er: »Nein, nein, ich werde die Pläne der Feinde des Kaisers durchkreuzen, indem ich hier monatelang eine Armee von 80 000 Mann beschäftige.«

Das Abbrennen der Häuser wird fortgesetzt. Der Prinz hat persönlich das Anzünden des Feuers geleitet, das die Gebäude des Botanischen Gartens zerstörte.

Der Agent schließt: Für die Hamburger ist die Zeit stehen geblieben, die schmerzvollen Szenen sind immer dieselben, sie wiederholen sich mit jedem Tag, die Hoffnung ist in ihren Herzen erloschen, während ganz Europa über Napoleons Niederlage jubelt.

Vater und Sohn Godeffroy haben Verbindungen zu Zivilisten, die schwedischen Offiziere haben Verbindungen zu Militärs. Carisien versucht auf Befehl des Kronprinzen, den besten der Davoutschen Generäle, Louis Henri Loison, für eine Kapitulation zu gewinnen. Sein Unterhändler teilt mit, dass trotz der großen Schwierigkeiten, die er überwinden musste, um bis zu General Loison vorzudringen, die Sache sich in Bewegung zu setzen beginnt und dass er sogar die Hoffnung auf Erfolg hat.

Flüchtlingsleben

Kiel ist restlos überfüllt. Zahllose Flüchtlinge haben sich in die kleine Stadt an der Förde gerettet, und Tausende von Militärs leben mit in den Wohnungen der Bürger: Der Oberbefehlshaber der Nordarmee der Alliierten, der Kronprinz von Schweden, ist mit seinem Hauptquartier in Kiel.

Er wohnt und arbeitet im Buchwald'schen Hof, dem größten Adelshof der Stadt. Ranghohe Offiziere mit ihren Stäben sind ihm gefolgt, zeitweise halten sich allein vierzig Generäle in Kiel auf, dazu kommen Staatssekretäre aus Stockholm, Gesandte der Geldgeber, alle mit Sekretären, Dienern, Köchen und Kutschern.

Sogar die Straßen sind überfüllt. Fuhrleute warten manchmal Tage, bis sie ihre Waren abliefern können. Dabei sind Lebensmittel und Feuerholz knapp. Fleisch, Weißbrot und Kartoffeln gibt es kaum noch und Kaffee gar nicht mehr, man trinkt »Zichorienkaffee«.

Der Kronprinz will die Versorgung der Einwohner und damit auch seiner Truppen sichern und hat Gutsbesitzern, Pächtern und Kaufleuten den Besuch des Kieler Umschlags trotz der Kriegszeit ausdrücklich gestattet. Der Umschlag beginnt jedes Jahr am Tag der Heiligen Drei Könige, am 6. Januar. Man bezahlt seine Schulden oder die Zinsen an diesem Termin. Wer Geld hat, leiht es aus: Man setzt die Gelder um, schlägt sie um. Der Geldhandel dauert acht Tage, danach gibt es – in Friedenszeiten – einen Jahrmarkt.

Der Umschlag ist auch ein Treffpunkt der Politiker. In diesem Jahr verhandeln der Kronprinz von Schweden und die Dänen in Kiel über den Frieden im Norden.

Senator Graepel und seine Tochter Henriette Harder mit ihrer Familie leben seit dem Spätsommer in Kiel. Der Senator fühlt sich hier besser als in den Wochen auf dem Lande, er wohnt mit seiner Frau in ein paar Stübchen am Markt, wo es viel zu sehen gibt. Jeden Tag von zwölf bis zwei macht er Besuche, dann wird gegessen, und abends trifft er sich zum Spiel mit anderen Hamburger Herren im Club Harmonie.

Henriette hat noch vor dem Umzug in die Stadt ein Mädchen bekommen, Marie, ein vergnügtes kleines Kind. Der Sohn Hermann ist jetzt drei Jahre alt und spielt schon mit Pferd und Wagen. Ihr Mann, der den Sommer über noch in Hamburg tätig war, ist nach der Schlacht bei Leipzig auch nach Kiel geflohen. Sein Vater und sein Bruder sind noch in der Festung, ebenso viele Freunde und Bekannte.

Harders wohnen zwei Treppen hoch in drei kleinen Zimmern. Das Leben in der überfüllten Stadt ist schwierig, alles wird immer teurer. Braucht man Hilfe, so bekommt man sie erst nach vielen Bitten und für viel Geld. Klagt man über schlechte Lebensmittel, so heißt es: »Versucht es anderwärts«, und man riskiert zu hungern.

Henriette resigniert, wenn sie bedenkt, wo das Schicksal sie alle noch hintreiben wird: »Ach, die frohen 4 Wochen dieses Frühjahres haben wir schrecklich gebüßt. Mein einziger Wunsch geht jetzt nur nach persönlicher Sicherheit mein und der meinigen, doch auch auf die ist jetzt nicht zu rechnen.«

Senator Abendroth ist aus Paris zurückgekehrt und wohnt nun ebenfalls in Kiel: Seine Frau Johanna ist im Herbst mit Kindern und Miss bei einem Etatsrath Wiedermann als Untermieterin eingezogen. An drei Abenden in der Woche spielt sie Whist mit Freunden, ihre Familie sitzt ruhig dabei, trinkt Tee und isst Butterbrot. Wenn es am Sonntag Kuchen gibt, muss sie die Rosinen zählen und zuteilen.

Abendroth war nach Paris gereist, weil er hoffte, für die Hamburger »etwas ausrichten« zu können, wie er sagte. Das ist nicht gelungen. Jetzt arbeitet er an einer Denkschrift »Wünsche bey Hamburgs Wiedergeburt, seinen patriotischen Bürgern gewidmet von A.«. Er prüft, was die Franzosen eingeführt haben, will manches beibehalten und macht Vorschläge zur »Simplifizirung unserer Staatsmaschine«: Zulassung von Nichtlutheranern zur Erbgesessenen Bürgerschaft und zu öffentlichen Ämtern, Beschleunigung von Verwaltungsvorgängen, Verjüngung der politischen Gremien, strikte Trennung von Justiz und Verwaltung. Die Bindung des Stadtstaates an ein nach dem Krieg vielleicht entstehendes gesamtdeutsches Staatswesen will er auf ein Minimum beschränken.

Karoline Perthes ist im September von Aschau nach Kiel in eine Wohnung gezogen, die Graf Moltke ihr angeboten hat. Die Wohnung liegt in der Vlämischen Straße, zwei Treppen hoch. Die älteste Tochter Agnes findet sie hübsch, aber zu klein für die vielen Menschen.

Zur Straße hin leben in zwei Stuben und einer Kammer die Mutter, Tante Auguste Claudius, das Dienstmädchen, sieben Kinder und seit November noch eine Amme mit ihrem Kind – Karoline Perthes erwartet ihre Niederkunft. In der einen Stube und der Kammer zum Hof wohnten anfangs die Großeltern Claudius mit Tante Rebekka, jetzt wohnen dort die Gräfin Katharina Stolberg und ihre Freunde Schönborn.

Auch die anderen Wohnungen im Haus sind voll belegt. In der 1. Etage wohnt eine Justizrätin mit sieben Kindern, die ihren Mann vor Kurzem verloren hat, eine tapfere, betrübte Frau. Hinten im Haus wohnt die Eigentümerin, auf dem Boden ihr Sohn, im Nebengebäude wohnen drei Studenten und der Stadtschreiber Wried mit seiner Familie, und über der Familie Perthes wohnt ein Orgelspieler namens Bach.

Sein Orgelspiel ist eine »unendliche Freude« für Agnes, ihre Mutter und die Geschwister. Er übt oft in der Dämmerstunde in der nahen Kirche. Wenn sie die Töne hören, gehen sie hinüber und setzen sich still auf eine Kirchenbank. Nach und nach wird es dunkel, nur zwei Lichter brennen an der Orgel: Das ist für Agnes »eine zu Gott erhebende Stunde, welche die Mühe des

Tages vergessen« lässt. Manchmal singt Tante Auguste, und Herr
Bach begleitet sie. Agnes hört zu und betet für Wilhelm, sie weiß
nicht, wo die Legion ist und ob er sie liebt. Auch vom Vater kommen keine Nachrichten. Zuletzt hat er der Mutter am 18. Oktober aus Wismar geschrieben: »Wie Du siehst, ich bin überall
und nirgends! – ein wunderbares Leben ist mir beschieden.«

Eines Nachmittags im Dezember, es wird schon dunkel, sieht
Agnes auf dem Markt viele Wagen mit verwundeten Soldaten:
Deutsche, Dänen, Franzosen, Schweden – die Truppen von
General Wallmoden haben die Dänen besiegt. Agnes und ihre
Mutter gehen wie andere Frauen mit Wein oder Fleischbrühe
herum. Blut steht unter den Wagen, Agnes hält ihr Glas mit
Wein durch die Gitter an die Münder der Schwachen und denkt
an Wilhelm – »er liegt vielleicht auch da und jammert«. Mit den
Verwundeten kommt das Nervenfieber nach Kiel, Typhus, an
dem viele Soldaten und Bewohner sterben. Jeden Abend fahren
Wagen mit Särgen schwer durch die Straßen.

Die Großeltern Claudius wohnen in der Schloßgasse. Gegenüber ist ein Lazarett, und die langen Reihen von Kranken in
ihren Betten beeindrucken Agnes tief. Als sie einmal den Großpapa besucht, setzt sie sich ans Fenster, aber Matthias Claudius
sagt: »Jungfer Agnese, setze dich da weg; dat schickt sich nich
von wegen de Soldaten.«

Truppen marschieren in die Stadt zum Übernachten, die
Männer kommen todmüde an. Die Einwohner, die sie beköstigen müssen, kochen Zichorienkaffee und Suppe in großen
Waschkesseln. Einmal werden so viele Soldaten in das Haus in
der Vlämischen Straße eingewiesen, dass sie drei Treppen hoch
ganz eng auf den Stufen sitzen und die Frauen mit der Suppe
nicht durchkommen.

Agnes ist allein mit der Mutter, als die Wehen einsetzen. Der
Mutter geht es schlecht, aber der Arzt und die Wartefrau
kommen erst, kurz ehe ein Junge geboren wird. Sie brauchen
Leinenwäsche. Die liegt mit den Wertsachen in einem Wandschrank, den die Mutter mit Tapete überklebt hat, damit er
plündernden Soldaten nicht auffällt. Jetzt muss Agnes den

Schrank öffnen, was die Mutter in ihrer Schwäche sehr quält. Abends kommt ein Bedienter des Grafen Moltke: Der Graf lasse um seine Bettstelle bitten. Die Mutter liegt darin, Agnes sagt, das gehe jetzt nicht. Aber die Mutter sagt, sie wohnten hier aus Barmherzigkeit, und besteht aufgeregt darauf, umgebettet zu werden.

Am nächsten Morgen hören sie Säbelgeklirr und starke Männerschritte auf der Treppe. Es sind Wilhelm und Mauke, der zweite Gehilfe aus der Buchhandlung am Jungfernstieg. Karoline Perthes freut sich, ist aber so schwach, dass beide nicht lange bleiben können und zu Bessers gehen müssen.

Agnes kann erst am Nachmittag zu Bessers folgen. Sie ist entsetzt über Wilhelm. Er redet nur von Gefechten, von Hass auf Franzosen, auf Dänen. Er ist schmutzig, prahlt damit, wie lange er sich nicht umgezogen hat. Für sie hat er kein freundliches Wort. Mauke ist genauso roh. Tante Lotte Besser schenkt jedem ein Hemd und gibt ihnen Wasser und Seife. Später gehen beide noch einmal zu Karoline Perthes. Am Ende des Besuchs leuchtet Agnes Wilhelm die Treppe hinunter, und er gibt ihr zum Abschied die Hand: »Behaltet mich lieb!«

Sie ist wie ausgewechselt vor Freude. Nachts wacht sie am Bett ihrer Mutter und liest Werthers Leiden: »Ich wusste nicht, dass so etwas Schönes in der Welt geschrieben sei.«

Nun gibt es in der Wohnung drei Kinder, die nicht laufen können – das Baby, Bernhard und das Kind der Amme. Am Ofen und am Feuerherd hängen immer Windeln zum Trocknen, und die Luft in den engen Stuben ist feucht und schlecht.

Am ersten Weihnachtstag ist plötzlich der Vater da. Agnes' Eltern sind »unbeschreiblich glücklich«, sich wieder zu haben. Das Kind wird auf die Namen Andreas Traugott Hansa getauft, Rufname Andreas. Die Eltern wollten den Namen Hansa nicht, aber Graf Stolberg, der Pate, hat ihn durchgesetzt. Es bestehe die Befürchtung, sagte er, dass die Großmächte die Hansa und ihre Städte verschlingen, und da soll doch wenigstens der Name von Andreas einmal daran erinnern, dass es die Hansa gegeben hat.

Am Neujahrstag reist Friedrich Perthes wieder ab.

»die Freiheit der Städte«

Friedrich Perthes fährt nach Teufelsbrück an der Elbe – so heißt die Brücke kurz vor der Mündung des Baches Flottbek in den großen Fluss, über die der Weg zwischen Altona und Blankenese verläuft. Hier hat Pieter Poel, der Herausgeber des ›Altonaischen Mercurius‹, ein Sommerhaus, in dem jetzt seine Familie und geflohene Freunde dicht gedrängt wohnen. Perthes soll sich mit Karl Sieveking und den Senatoren Abendroth und Bartels treffen: Das Hanseatische Direktorium hat sich zum Jahresende aufgelöst, und er und Sieveking wollen den Senatoren die Protokolle seiner Sitzungen übergeben.

Seit Anfang November ist Bremen frei, und das Hanseatische Direktorium hat Perthes sogleich hingeschickt: Er solle dort über die Tätigkeit des Direktoriums berichten und mit Senator Johann Smidt besprechen, wie man nun weiter vorgehen könne, um das große Ziel des Direktoriums – die Rettung der Selbstständigkeit der Stadtrepubliken – gegenüber den siegtrunkenen Alliierten durchzusetzen. Der Kronprinz wollte nun doch offenbar alle drei Hansestädte, auf jeden Fall Hamburg, schlucken, und der hannoversche Minister Graf Münster wollte Bremen einsacken.

Perthes und Sieveking erfuhren – jeder durch andere Kontakte –, dass im Hauptquartier der Alliierten in Frankfurt am Main Fürsten, Generäle und Minister über eine Neuordnung der deutschen und europäischen Länder berieten. Freiherr vom Stein leitete den Kongress, der Chef der Verwaltungsbehörde, die nach dem Willen der Russen und Preußen für die eroberten Gebiete zuständig ist – auch für die Hansestädte.

Stein hatte die Länder eingeladen, Gesandte nach Frankfurt zu schicken.

Ende November kam auch Sieveking nach Bremen, und als der Bremer Rat den Senator Johann Smidt mit seinem Sekretär Dr. Gildemeister nach Frankfurt schickte, schlossen Sieveking und Perthes sich ihnen an. Während sie noch unterwegs waren, wurde auch Lübeck frei.

Sie trafen am 8. Dezember in Frankfurt ein. Die drei Hansestädte sind so bedeutende Bank- und Handelsplätze, dass der Freiherr vom Stein, der Kaiser von Österreich und der König von Preußen sie umgehend empfingen. Stein sicherte Perthes die Selbstständigkeit der Städte zu: Sie hätten nichts vom Kronprinzen zu fürchten, den man schon kenne mit seinen Projekten und Intrigen. Den »Schlangengängen seiner Politik nachzugehen« wäre unter der Würde der verbündeten Mächte.

Auch Fürst Metternich »sagte uns fest die Freiheit der Städte zu«, berichtete Perthes später. Mehr war jetzt nicht zu erreichen. Senator Smidt wollte mit dem Großen Hauptquartier weiter durch Europa ziehen und die Interessen der Hansestädte vertreten, und Perthes und Sieveking reisten wieder in den Norden.

Sie trafen sich am 24. Dezember in Lübeck im Gasthof Stadt Hamburg mit Ferdinand Beneke. Der Kaufmann Peter Godeffroy jun. hatte sie davon überzeugt, dass das Direktorium nun, wo Bremen und Lübeck frei waren, nicht länger ohne Mandat für die Hansestädte sprechen könne, und so lösten sie das Hanseatische Direktorium zum Jahreswechsel auf. Ihr Hauptziel – die politische Selbstständigkeit der Hansestädte nach dem Sieg über Napoleon zu sichern – hatten sie erreicht. Der Senat in Lübeck und die provisorische Regierungskommission in Bremen hatten dem Direktorium bereits offiziell für seine Arbeit gedankt.

Perthes und Sieveking übergeben die Akten den geflohenen Senatoren Abendroth und Bartels am 6. Januar in Teufelsbrück und fordern sie auf, eine Hamburger Exilregierung zu bilden. Doch die Senatoren lehnen ab. Sie fürchten persönliche Nachteile, halten ein Handeln ohne Auftrag des gesamten Rates für zweifelhaft – eine auf so ungewöhnliche Weise geschaffene Exilregierung kommt ihnen zu »revolutionär« vor.

Auf Perthes wartet noch eine zweite Aufgabe in Teufelsbrück: Der Kronprinz hat Geld für die Armen gestiftet, die Davout aus der Festung vertrieben hat, und als Verwalter des Geldes in Lübeck den Kaufmann Ganslandt, in Bremen den Juristen Dr. Heinecken und für Hamburg Friedrich Perthes eingesetzt – allein in Altona erhalten täglich 5600 Hilfsbedürftige Essen. Auch Kaufleute schicken Geld für die Vertriebenen – aus Wien, aus London, aus St. Petersburg und anderen Ostseestädten, aus Frankfurt am Main.

Perthes organisiert mit Hilfe des Schwiegervaters von Ferdinand Beneke einen Hilfsverein, die »Centralunterstützungsbehörde«, die Abendroth leiten soll. Beneke ist in Lübeck, schreibt Tagebuch und versucht, Geld und Kleidung für die Hanseatische Legion zu sammeln.

In Lübeck haben neun entschlossene Damen einen »Frauen-Verein« gegründet und bitten durch Bekanntmachungen in den ›Lübeckischen Anzeigen‹ in der Stadt um Hilfe bei ihrer Arbeit und um Geld. Sie verpflegen täglich über 2500 Hamburger in fünf eilig eingerichteten Versorgungshäusern und richten drei Krankenhäuser ein, das erste mit 60 Betten eröffnen sie am 9. Januar – die Kinder haben Masern, Scharlach, Krätze, die Erwachsenen Typhus. Außerdem organisieren die Frauen Transporte von Hemden, Socken und Handschuhen zur Legion: Frau Dr. Trendelenburg in der Johannisstraße sammelt Leinen und verteilt es zum Nähen, bei Madame Platzmann in der Königstraße melden sich Frauen, die Socken, und bei Frau von der Hude in der Mengstraße Frauen, die Handschuhe stricken wollen, Madame Souchay in der Fischstraße sammelt Geldbeträge ein. Mehrere Transporte gehen im Lauf des Winters zur Legion ab.

Das überfüllte Sommerhaus von Poel ist nur durch einen Park vom Landhaus des alten Baron Caspar Voght getrennt. Auf seinem Gut kampieren Russen, denen er Lebensmittel und Pferde liefern muss. Die Gegend ist ein Sammelplatz dieser wilden Truppen, »die an einem Tage vor oder nach dem Angriffe nicht zu zähmen sind«, wie Voght klagt. Vor seinem Bett liegen jede Nacht zwei geladene Pistolen.

Biwakfeuer brennen an der Elbe, Kosaken, Lützower und russische Artilleristen rauben und plündern, die Bewohner der Häuser haben Angst. Jede Nacht sehen sie Glut am Himmel über der Festung Hamburg.

Es hat angefangen zu schneien, ein starker Wind weht den Schnee von den Feldern auf die tiefer gelegenen Landstraßen, die an manchen Stellen innerhalb kürzester Zeit kaum noch passierbar sind.

Der Friede im Norden

Die Friedensverhandlungen mit Dänemark ziehen sich seit Mitte Dezember hin, und der Kronprinz von Schweden lebt zufrieden in Kiel und schont seine schwedischen Soldaten. Doch die Alliierten brauchen ihre Nordarmee, Napoleon ist nicht besiegt. Englands Außenminister Castlereagh reißt schließlich die Geduld, und er schickt John Thornton, seinem Gesandten in Kiel, eine Depesche: Er werde weiteres »selbstsüchtiges Handeln« Schwedens nicht dulden und die Gelder für die schwedischen Truppen sperren, wenn die Nordarmee nicht sofort nach Westen marschiere.

Schwedens Hofkanzler Gustav von Wetterstedt überredet Thornton, den Brief des zornigen Außenministers 24 Stunden zurückzuhalten. Der dänische König Frederik VI. wartet in Middelfart auf der Insel Fünen, seine Armee ist geschlagen, Glückstadt hat kapituliert, ihm bleibt nichts anderes übrig, als am 14. Januar sofort den Forderungen Wetterstedts zuzustimmen: Dänemark tritt Norwegen im Tausch gegen Schwedisch-Pommern und Rügen an Schweden ab, die Insel Helgoland bleibt im Besitz Englands, Dänemark stellt mit Hilfe englischer Gelder – insgesamt 400000 Pfund – 10000 Mann zum Kampf gegen Frankreich.

Der Friedensvertrag wird noch in der gleichen Nacht unterzeichnet.

Leutnant Wilhelm Perthes erfährt zwei Tage später vom Frieden. Die Nordarmee bricht auf. Die Hanseaten sollen bei Blankenese über die zugefrorene Elbe gehen.

Sie marschieren in fünf Tagen von der Schlei bis an die Elbe, kämpfen sich vorwärts gegen Wind und starken Schneefall. Die Männer an der Spitze lösen sich alle halbe Stunde ab. Für eine Wegstunde brauchen sie zwei und drei Stunden. An vielen Stellen müssen sie Schnee schaufeln, damit die Pferde die Kanonen weiterziehen können. Sie kommen an einer Herde Ochsen vorbei, die im tiefen Schnee versunken sind und nun erfrieren. Nur die Köpfe ragen noch heraus. Die Ochsen waren für die Armee bestimmt und sind neben den Weg geraten, niemand kann ihnen mehr helfen. Die Männer sehen, wie manche noch langsam den Kopf bewegen.

Einmal begegnet ihnen eine Reisechaise. Sie muss halten, um die Hanseaten vorüberzulassen, und Wilhelm sieht seinen Cousin Friedrich Perthes darin sitzen. Der Cousin fragt ihn nach Neuigkeiten aus Kiel, wo die Kinder schwer erkrankt sind, er hat einen Brief seiner Frau bekommen. Wilhelm weiß nichts.

Er hat Gelbsucht, er kann die Märsche nur zu Pferd schaffen, friert auf dem Pferderücken. Ein Soldat sieht ihn besorgt an: »Na, Herr Leutnant, ich wollte, Sie wären erst mit uns über die Elbe hinüber.«

Bei Blankenese sind vom Ufer aus Straßen auf der Eisfläche abgesteckt. In drei Kolonnen marschieren sie über den weiten Fluss. Nach neun Uhr abends, es ist seit Stunden dunkel, erreichen sie die ihnen angewiesenen Quartiere am anderen Ufer. An diesem Tag sind sie sechzehn Stunden marschiert.

Ihre alten Uniformen sind kaum noch zu erkennen, sie tragen Hosen und Jacken in allen Farben, die meisten zerrissen, die Reiter sitzen in großen Bauernstiefeln oder mit Straßenschuhen zu Pferd. Sie werden zum Belagerungskorps von Hamburg auf der Harburger Seite bestimmt und lösen dort die russischen Vorposten ab.

Die Legion will schon lange ihren Städten die Treue schwören, will entlassen werden aus dem russischen Eid. Nun kommen sie in hannoverschen Sold und gehören zur englischen Legion unter Graf Kielmannsegge. Einzelne Bataillone gehen weiter nach Bremen, um sich auszurüsten. Als sie in Bremen sind, weigern sie sich, ohne neue Hosen zurückzumarschieren.

Der Kronprinz ist in Pinneberg und diktiert einen Brief an Marschall Davout. Er hat den Rat von Peter Godeffroy jun. befolgt und steht mit seinem ganzen Heer vor Hamburg. Er legt dem Brief die Kopien von Schreiben des Senatspräsidenten in Paris an Napoleon und die Antwort des Kaisers bei: Die alliierten Armeen sind in das Innere des Empire eingedrungen, Paris ist bedroht. Dänemark ist so vollständig besiegt, dass der Frieden, den der Kronprinz im Norden abgeschlossen hat, es ihm erlaubt, mit 100 000 Mann nach Westen zu marschieren.

Nun weicht er von dem Rat ab, den Godeffroy ihm übermittelt hat: Nicht er wartet darauf, dass Davout die Kapitulation anbietet, sondern er bietet sie dem Marschall an – die Zeit reicht nicht. Er wolle die französischen Truppen unter Davout retten, diktiert er. Wie gut Davout sich auch verteidigen möge, »am Schluss müssen Sie unterliegen«. Wenn er, der Kronprinz, erst weitergezogen sei, werde General Bennigsen an seiner Stelle kommandieren und nicht die Befugnis haben, die gleichen Bedingungen einzuräumen wie er: »Sibirien wird dann das Schicksal Ihrer Tapferen sein!!«

Der Kronprinz überquert das Eis und bleibt zwei Tage in Buxtehude auf dem Südufer der Elbe. Er wartet auf Antwort.

Michael von Poncet hat Befehl, General Woronzow zu folgen, der mit Schlitten über die Elbe gegangen ist und nun mit 6000 Mann nach Köln marschiert, und verlobt sich vor dem Abschied mit Friederike Godeffroy.

»Frederique hat aus freier Wahl Ihm genommen und ich hoffe, Er wird Sie glücklich machen«, schreibt der Vater seiner Tochter Susette. Sie wollen heiraten, wenn der Friede kommt oder wenn Poncet wieder ganz gesund ist – er geht noch an einer Krücke. Der Vater freut sich über den Schwiegersohn. Er kann ihm den gefallenen Sohn Jack nicht ersetzen, aber mit ihm »ist doch etwas zu Ausfüllung dieser großen Lücke in mein Herz gekommen«. Diese Verbindung trägt zu seinem häuslichen Glück bei. Allerdings soll Davout nicht erfahren, dass seine Tochter sich mit einem russischen General verlobt hat.

In der Vlämischen Straße in Kiel läuft Friedrich Perthes die Treppen hoch und ruft in die Stube hinein: »Ihr seid doch alle wohl?« Seine Familie antwortet mit lautem Weinen: Der kleine Bernhard ist gestorben.

Unter den Kindern herrscht Brustbräune, eine asthmatische Atemnot, und im ganzen Haus sind Kinder bei den Anfällen erstickt. Karoline und ihre Kinder haben die kleine Leiche behalten, nun aber beschlossen, Bernhard morgen zu begraben, und ihn in den Sarg gelegt. Die Familie ist tief erschüttert.

Perthes bekommt eine Aufforderung, sich im russischen Hauptquartier in Pinneberg zu melden. Ende Januar ist er wieder in Teufelsbrück, im Büro des Hilfsvereins.

Aus Basel kommt ein Brief von Senator Johann Smidt: Fürst Metternich hat die politische Selbstständigkeit der Hansestädte schriftlich anerkannt.

Smidt sieht im Hauptquartier der Alliierten eine »Schule der Erfahrung«, die vielleicht in Jahrhunderten so nicht wieder kommen wird. Der Zar, der preußische König, der österreichische Kaiser und die einflussreichsten Männer aus allen europäischen Staaten leben seit einem halben Jahr zusammen: Es »bildet sich eine ganz neue politische Welt die künftig von der größten Bedeutung für uns seyn dürfte – und die nur der ganz begreifen wird der sie unter seinen Augen werden sah«.

General Bennigsen hat nun sein Hauptquartier, zu dem 600 Offiziere gehören, in Pinneberg, einem Ort mit 82 Häusern. Zwischen Bennigsen und Davout liegt das dänische Altona. Der Kronprinz hat vor seiner Abreise der Neutralität Altonas zugestimmt, und auch Davout erkennt sie an. Auch Oberpräsident von Blücher tut alles, damit Altonas Neutralität weiter geachtet wird. Immer wieder befürchtet er, dass Davout Altona abbrennen lässt, besonders als der dänische König ein Hilfskorps gegen das bislang verbündete Frankreich schickt. Aber ein Einrücken russischer Truppen zum Schutz der Stadt würde alles noch schlimmer machen – Davout hat schon erklärt, dass er sie dann sofort in Brand schießen werde.

Bennigsen hat 24 000 Infanteristen und 4000 Kavalleristen zur Belagerung der Festung. Er bittet den Zar um schwere Belagerungskanonen, deren Kugeln die Mauern durchschlagen können, und um weitere 6000 Infanteristen. Er erinnert die Preußen an das ihm zugesagte schwere Geschütz. Er fragt einen englischen Herzog nach Belagerungsgeschützen.

Die Festungen Dresden und Danzig haben im November 1813 kapituliert. In Dresden hat Marschall Gouvion Saint-Cyr gegen die Zusage eines freien Abzugs aufgegeben. Aber Zar Alexander hat die Absprache seines Generals vom Tisch gewischt, und Saint-Cyr ist mit seinen Truppen nun in Russland in Kriegsgefangenschaft.

In Danzig sind General Rapp nach einer monatelangen Belagerung von 32 000 Soldaten am Schluss nur 5000 geblieben. 17 000 sind an Typhus und anderen Krankheiten gestorben. Zwei Drittel der Lebensmittelvorräte sind bei Bombardements verbrannt. Soldaten und Einwohner haben Hunde, Katzen, Mäuse gegessen. Auch Rapp und seine Offiziere sind nun in russischer Kriegsgefangenschaft.

Die Festung Stettin ist im Dezember von preußischen und russischen Belagerern eingeschlossen worden, und die Franzosen haben sie aufgegeben, ebenso die Festungen Zamosk und Modlin. Die Festung Torgau hat am 26. Dezember kapituliert.

Die Festung Wittenberg haben preußische Truppen und preußische Landwehr am 13. Januar im Sturm genommen.

Von den berühmten Elbfestungen Napoleons werden nur noch Magdeburg und Hamburg, die größte, von Franzosen gehalten.

Niemand weiß genau, wie Davout den Brief Bernadottes beantwortet. Der preußische Militärbevollmächtigte im schwedischen Hauptquartier, General von Krusemarck, schreibt seinem König aus Hannover, wo der Kronprinz auf dem Weg zum Rhein Station macht, über die Antwort: »Selbige ist ganz ablehnend ausgefallen und es wird daher die künftige Übergabe von Hamburg nur durch die Gewalt der Waffen erlangt werden können.«

Die Kälte

Eine Festung aus Eis

1.

Die Festung mit ihren hohen Wällen und den Kirchtürmen liegt wie eine riesige Wasserburg zwischen Flüssen und Seen.

Im Norden staut die Alster sich zu einem langen und breiten See, der Außenalster. Sie fließt nach Süden und teilt sich vor dem Festungswall in drei Arme: Der mittlere fließt unter der Lombardsbrücke, die ein Teil des Walles und schwer befestigt ist, in die Festung und durch die Stadt zur Elbe, der westliche Arm fließt durch den westlichen Wallgraben in die Elbe, der östliche Arm durch den östlichen Graben.

Im Süden schützt die breite Elbe die Festung.

Im Osten der Festung haben Davouts Ingenieure die Schleusen geöffnet, und das Wasser der Bille ist in die jahrhundertealten parallelen Entwässerungsgräben gelaufen und hat das Marschland überflutet. Die Vorstadt St. Georg im Nordosten liegt auf der hohen Geest, und hier gibt es noch einen zweiten Wall vor dem Festungswall, vor diesem Schanzen mit Kanonen und vor diesen Schanzen noch einen dritten Wall mit Wassergraben und Kanonen: die sogenannte Linie von Hamm.

Auch im Westen halten Kanonen auf hohen Schanzen den Feind vom Festungswall fern, von denen die Sternschanze im Nordwesten die größte ist. Sie hat Unterkünfte für 800 Mann. Jenseits der Schanzen folgt freies Schussfeld mit Brandruinen, aber danach, in nur tausend Meter Entfernung, das neutrale Altona. Schwere Kanonen reichen 2000 Meter weit. Der Marschall wird sofort schießen, wenn General Bennigsen in Altona einmarschieren sollte.

Davout hat insgesamt 76 fahrbare Kanonen für Kugeln von sechs und von zwölf Pfund und 350 Kanonen auf Schanzen und Wällen.

Anfang Januar regnet es, und die Wege weichen auf. In der Nacht vom 2. auf den 3. friert es leicht. Am 5. gibt es ein heftiges Schneegestöber, am 7. setzt starker Schneefall ein, und am 8. kommt die Kälte.

Sie legt eine matte Eisschicht auf die Wasserflächen vor der Festung, die Kanäle und die Sümpfe auf den Elbinseln, die überschwemmten Wiesen im Osten. Als es wieder schneit, bleibt der Schnee darauf liegen. Nach wenigen Tagen trägt das Eis.

Die Temperatur sinkt weiter.

Der Marschall stellt sich Angreifer vor, die über das Eis kommen. Am verwundbarsten ist die Brücke über die Elbe. Bis jetzt schützt die Marine die Insel Wilhelmsburg mit Kanonenbooten.

Seit dem 3. Januar greifen die Russen an – immer wieder gibt es Alarm, Aufregung, Vorpostengeplänkel. Sie erobern Dörfer vor der Festung, die Franzosen erobern die Dörfer zurück. Manchmal kommt ihre Verstärkung im tiefen Schnee zu spät.

Davout lässt die Verteidigungslinien begradigen, gibt Dörfer auf, die schwer zu halten sind. Als die Außenalster gefroren ist und nachts große Frostsprünge laut knackend durch das Eis laufen, zieht er Vorposten zurück und lässt einzelne Dörfer räumen. Er hat zu wenig Soldaten – der Wachdienst ist anstrengend, die Zahl der Kranken steigt.

Militärpatrouillen nehmen Einwohner und Soldaten, die sie auf dem Eis antreffen, sofort fest. Die Einwohner müssen eine Geldstrafe zahlen und erhalten Prügel, die Soldaten kommen ins Gefängnis. Niemand darf hier spionieren und niemand desertieren.

Davout ist immer angezogen, er schläft nur tagsüber ein paar Stunden. Er umkreist die Festung wie ein Hütehund die Herde, wachsam, ruhelos. Die große uneinnehmbare Wasserburg ist plötzlich von allen Seiten zu Fuß erreichbar.

2.

Die Temperatur sinkt auf minus 16 Grad. Gräben, Kanäle, Flüsse, Sümpfe sind fest, und die Kavallerie kann auf dem Eis reiten, die Artillerie mit Kanonen fahren. Nur die beiden Arme der Elbe, die Norderelbe und die Süderelbe, sind noch offen.

Tausende von Männern hacken das Eis auf, Soldaten und Arbeiter, damit die Belagerer die Brücke und die Festungswälle nicht erreichen können. Auch die Elbe fängt jetzt an zuzufrieren. Kosaken beschießen die Männer, die für ihre Eisarbeit so hoch bezahlt werden wie Soldaten vor den Linien. Sie zerschlagen das Eis um die Insel Wilhelmsburg mit Hacken und Äxten, bis eine Rinne von neun Metern frei ist. Schiffe und Kähne kreisen unablässig um die Insel, damit die Rinne nicht wieder zufriert. Sie ist fast 18 km lang.

Die Thermometer zeigen jetzt minus 20 Grad an. Das Eis wird immer dicker, Schiffe und Kähne können nicht mehr fahren. Der Fregattenkapitän, der die Arbeit auf dem Eis leitet, stellt besondere Kompanien aus Soldaten und Arbeitern auf, die das dickste Eis mit Sägen in Quadrate zerschneiden. Diese Eisblöcke stoßen die Männer mühsam unter die Eisdecke oder ziehen sie auf das Ufer.

Jede Nacht frieren die Flussarme und die Kanäle um die Elbinseln wieder zu, jeden Morgen müssen die Männer ihre Arbeit von vorne beginnen.

Davout will die Elbbrücke weiter befestigen, doch die Erde auf der Insel ist nun hart gefroren, und es gibt kein Baumaterial, das bei dem Frost dazu geeignet wäre. Der Marschall erinnert sich an die »*châteaux de neige*«, die Schneeschlösser, die er als Kind gebaut hat: Er wird mit Eis bauen – eine Festung aus Eis.

Aber zuerst will er ausprobieren, ob er die Soldaten mit Eis täuschen kann. Wenn sie erkennen, dass die Brustwehren – die

mannshohen Schutzmauern, hinter denen sie stehen – nur aus
Eis sind, werden sie vielleicht nicht genug Vertrauen haben, um
tapfer zu kämpfen.

Abends, als die Truppen in die Kasernen zurückkehren,
bleibt Davout mit seinen Adjutanten, seinem Koch und einigen Pionieren auf der Elbinsel Schrewenhoff. Die Pioniere errichten dort auf der Schanze leichte Gerüste aus Schilfrohr,
gegen die sie Quadern aus Schnee lehnen. Der Koch schmilzt
über einem Feuer Schnee in Töpfen, und der Marschall, die
Adjutanten und die Pioniere gießen abgekühltes Wasser über
die Schneemauern.

Als die Truppen am Morgen wiederkommen, erkennen sie
nicht, dass diese neuen Brustwehren, die die Pioniere so schnell
über Nacht gebaut haben, durch und durch aus Schnee und Eis
sind, und wundern sich. Der strenge Marschall freut sich wie
ein Kind, das Erwachsenen ein Zauberrätsel aufgibt.

Davout beauftragt Ingenieur Jousselin – den Mann, der kein
Hindernis kennt –, auf den Inseln und auf der Brücke Brustwehren aus Pferdemist und Schnee zu bauen und sie mit Wasser zu begießen. Major Higonnet, der Kommandeur der Sternschanze, lässt seine Soldaten Wasser auf die Bastionen gießen
und bekommt so Wälle aus Glatteis. Auch an anderen Stellen
der Festung überziehen Pioniere die Wälle und das Glacis mit
Glatteis.

3.
Der Marschall stellt eine Elitekompanie aus sechzig Reitern
zusammen, die 15. Léger, die er selbst befehligt. Sie ist immer in
seiner Nähe und reitet mit höchster Geschwindigkeit zu den
Vorposten, die der Feind angreift. Die Reiter sind wie Davout
ununterbrochen im Einsatz und verlassen die Vorposten nie,
ehe ein Kampf vorüber ist.

Davout gibt außerdem Befehl, eine Kompanie Scharfschützen zusammenzustellen, die unter den besten Schützen des
13. Armeekorps ausgesucht werden und einen hohen Lohn bekommen. Auch die Scharfschützen sind immer in seiner Nähe.

Auf dem Turm der Michaeliskirche hat er schon im August beim Ende des Waffenstillstands einen optischen Telegrafen einrichten lassen. Nach 689 Stufen ist man hoch oben und sieht im Westen den zugefrorenen Fluss und das Land bis weit hinter Altona, im Süden die Inseln und die Elbbrücke bis Harburg. Auch in Harburg und auf der Wilhelmsburg stehen nun optische Telegrafen: hohe Masten mit schwenkbaren Armen, deren Stellung die Buchstaben anzeigt. Der Telegraf auf der Michaeliskirche ist der höchste, von hier beobachten ein Marineoffizier und Marinemannschaften die Elbe und die Inseln. Sie haben Marine-Signalgeräte, Flaggen und Lampen, und müssen dreimal täglich schriftlich Bericht erstatten. Ein Marinesoldat seilt die Meldungen in einer Blechbüchse ab. Unten stehen Kavallerieposten in Bereitschaft, und einer bringt die Büchse im vollen Galopp zum Marschall. Wenn etwas Besonderes geschieht, benutzt der Marineoffizier, um Zeit zu sparen, für Flaggen oder Lampen einen kurzen Geheimcode, der aus der Ferne mit einem Teleskop gelesen werden kann. Mehrfach schickt Davout bei Angriffen Verstärkung, die an einer gefährdeten Stelle eintrifft, noch ehe der kommandierende Offizier sich bei ihm gemeldet hat.

Die Russen greifen Harburg am 20. Januar an, morgens um sieben Uhr. Die Kosaken reiten bis zu den ersten Häusern, Menschen und Pferde sind weiß von Schnee und Eis. General Pécheux schlägt die Angreifer zurück und verliert dabei 200 Mann.

Am nächsten Tag greift Davout die Insel Ochsenwerder an, er will sie zurückerobern, aber General Schemtschuschnikow schlägt ihn zurück, erobert vier Kanonen und tötet 500 Mann. Auch am 22. Januar gibt es Kämpfe. Die Franzosen ziehen sich in Harburg auf eine Linie zwischen ihren Schanzen und auf die Elbdeiche zurück und rufen ihre Soldaten aus allen Dörfern ab. Soldaten, die die Inseln verteidigen, stehen jetzt nur noch auf der Insel Wilhelmsburg, auf drei weiteren Inseln bleiben einzelne Posten.

Am 26. Januar hat die Zarin Elisabeth Geburtstag, und ihr zu

Ehren – Davout hat es geahnt – greift General Bennigsen die Festung an allen Seiten zugleich an. Die Verteidiger der Linie von Hamm im Osten sterben fast alle unter wütenden Bajonettangriffen. Die Franzosen verlieren insgesamt acht Offiziere und 300 Mann.

Bennigsens Truppen stehen nun überall in Kanonenschussweite um die Festung in der Ebene aus Eis und hartgefrorenem Schnee.

4.

Schon am Neujahrstag hingen an mehreren Straßenecken Flugblätter, mit denen General Bennigsen die Einwohner zu Aufruhr und Aufstand aufrief, wenn er die Festung von außen angreift. Jetzt verkünden Flugblätter, die Stunde der Rache sei gekommen. Die Polizei entfernt sie schnell, aber Davouts Offiziere haben Angst vor Revolte und Massaker im Innern der Festung.

Generalstabschef Laville schätzt, dass nur noch 50 000 Einwohner in der Stadt leben. Wenn die Alters- und Geschlechterverteilung noch ungefähr der aus dem Jahr der Volkszählung 1811 entspricht, dann wären das zur Hälfte Kinder und zu einem Viertel Frauen. Das würde bedeuten, dass auf einen Mann mehr als drei Soldaten kommen.

Alledings sind die Gefühle der Einwohner leidenschaftlich überspannt und ihre Gemüter empört über die Opfer, die sie bringen müssen – zu Recht empört, findet Laville. Er wundert sich darüber, dass der Marschall sich in dieser aufgebrachten Stadt nur deshalb in Sicherheit glaubt, weil seine Handlungen überzeugend seien: Davout vertraut darauf, dass er sich vollkommen korrekt und genauso verhält, wie der Kaiser es den Kommandanten seiner Festungen befohlen hat.

Zugleich fürchtet er, wie der Kaiser, die Propaganda seiner Feinde.

Seit Mitte Januar verbietet Davout das Einführen von Briefen oder Zeitungen in die Festung – bei Todesstrafe. Die Nachtwächter rufen in Straßen und an Plätzen aus, dass niemand einen ›Altonaischen Mercur‹ kaufen und lesen und niemand über Politisches reden darf. Jede Verbindung mit Altona ist den Einwohnern streng verboten.

Bislang haben Festungsarbeiter den ›Mercur‹ hereingebracht, und er ist öffentlich verkauft worden. Im ›Mercur‹ stehen die Befehle, Bekanntmachungen, Verfügungen und Unterverfügungen von *maire* Rüder, Kommandant de Fernig, Präfekt de Breteuil, Generalsstabschef Laville und von Marschall Davout. Aber es stehen auch Nachrichten über den Krieg und die Politik in Europa darin – über Truppenbewegungen, besonders in Frankreich, wo die Alliierten Napoleon immer weiter nach Westen treiben. Man kann lesen, dass die Besatzungen französischer Festungen in russische Kriegsgefangenschaft marschieren und dass General Vandamme in Moskau französischen Soldaten zusieht, die den Kreml wieder aufbauen müssen. In Altona gibt es auch die ›Neue Bremer Zeitung‹ zu kaufen mit Bulletins des schwedischen Kronprinzen, Meldungen von Eroberungen General Bennigsens vor der Festung Hamburg und Nachrichten wie dieser: »Man sagt für bestimmt, Eckmühl habe zu capitulieren verlangt.«

Ende Januar werden in der Festung zur Sicherheit auch die ›Wöchentlichen Nachrichten‹ verboten – ein Anzeigenblatt, das in den Haushalten viel gelesen wird. Es gibt keine Zeitung mehr in der großen Pressestadt. Anordnungen der Zivil- und Militärbehörden werden nur noch durch öffentlichen Anschlag bekanntgemacht.

Der Marschall behauptet, er verfolge eine Abschreckungstheorie. Er lässt Exempel an Soldaten statuieren, die sich an Einwohnern vergehen, ebenso wie an Zivilpersonen, die seine Befehle nicht befolgen. Er droht für zahlreiche Vergehen mit der Todesstrafe, und die Bürger sind andauernd aufgeregt. Je mehr die Leute ihn fürchten, meint er, umso weniger muss er erschießen lassen. Die Furcht der Einwohner nimmt seinen Offizieren die Angst vor geheimen Verschwörungen.

Aber er verlässt sich nicht auf Furcht. Auf dem Festungswall sind an mehreren Stellen auch zur Stadt hin Brustwehren mit

Schießscharten aufgeworfen, damit Scharfschützen ungefährdet Aufständische beschießen können. Die Wachen gehen hier wie in einem Graben. Von der Lombardsbrücke aus sieht man weder Außen- noch Binnenalster, denn auf beiden Seiten der Brücke stehen hohe, feste Bretterwände, in denen Schießscharten ausgespart sind – auch in Richtung auf die Straßen.

» Wir sind von Allem Total abgeschnitten «

1.

Die sechsjährige Auguste Radspiller kommt mit ihren beiden älteren Schwestern von einem Besuch bei Freundinnen nach Hause, und Frau Professor Radspiller bringt die Kinder ins Bett. Eine halbe Stunde später sieht sie noch einmal nach ihnen. Auguste ist wach, sie weint, fällt der Mutter um den Hals und schreit – »ach Mutter, wir brennen diese Nacht auf, wir brennen auf«.

Sie hat Angst vor dem Feuer, das Davouts Soldaten gelegt haben. Die Mutter hat selbst von ihrem Bodenfenster aus gesehen, wie Häuser an der Alster und das Gasthaus Raabe verbrannten, »der Horizont schien ein Flammenmeer zu sein«. Die Kinder sahen das Feuer vom Boden des Hauses aus, in dem sie zu Besuch waren, die Mamsell dort hat sie hinaufgeführt. Die Mutter ist böse auf diese einfältige Person. Lange sitzt sie am Bett ihrer kleinen Tochter und tröstet sie.

Frau Professor Radspiller geht es nicht gut. Sie lebt in Aufregung und Sorge, will ihre Kinder behüten vor allem, was geschieht und was vielleicht noch geschehen wird. Sie ist eine praktische Frau, lebhaft, spricht mit vielen Menschen und hört die zahlreichen Gerüchte von der »großen Macht«, die ganz nahe sein soll. Es erbost sie, dass diese Macht nichts unternimmt. Die Gerüchte besagen auch, dass die Alliierten immer weiter in Frankreich vordringen, dass man von Frieden spricht. Aber der ›Mercur‹ ist bei Todesstrafe verboten, und sie erfährt nicht, ob ihre Stadt von den Russen belagert und gestürmt werden soll – »ach diese Unwissenheit, wann und wie, ist eben das quälende!«

Sie hat Angst vor dem Verhungern, weil sie nicht die vor-
geschriebene Menge an Lebensmitteln kaufen konnte, und hat
zugleich Angst, nachts herausgeklopft und ausgewiesen zu
werden. Jeden Abend legt sie ein Bündel mit den notwendigs-
ten Sachen und die Mäntel der Kinder vor ihr Bett, damit sie,
wenn sie fortmüssten, die Kinder wenigstens vor dem grausamen Frost schützen kann.

Ihr Mann ist ein zurückhaltender, eher unpraktischer
Mensch, und sie hat das Gefühl, sie müsste die Dinge selbst
in die Hand nehmen, was aber oft nicht möglich ist. Jetzt ist
zum Beispiel der Verkauf von Brot nur noch gegen Brotkarten
gestattet, und die bekommen nur Beamte und Festungsarbeiter.
Ursprünglich hieß es, die Bäcker würden an alle Bürger verkaufen, aber das hat offenbar zu falschen Angaben über die
Mehlvorräte der Bäcker geführt. Die Bürger, die Mehl gelagert haben, können jetzt zwar noch eigenes Mehl zu bestimmten Bäckern schicken und sich Brot backen lassen, sie haben
aber im Vertrauen auf die Vorschriften keinen Weizen gelagert,
sondern Roggen. Viele, die noch einmal Weißbrot essen wollten, haben die Wachen überrannt, die vorsichtshalber vor den
Backhäusern standen, und sich dabei fast gegenseitig erdrückt
und sich blutige Köpfe geholt für ein paar Brötchen. Wer kein
Mehl gelagert hat, kann jetzt nichts mehr kaufen, denn das
Militär hat alle Getreidespeicher beschlagnahmt.

Nun bringt Professor Radspiller seiner Frau eine Brotkarte,
und sie kann täglich zwei Pfund Roggenbrot und ein Pfund
Weißbrot kaufen: »Das reicht freilich für 10 Menschen nicht,
aber ich danke dem Himmel, dass wir's haben.« Trotzdem ist
sie böse auf ihren Mann: Die »Herren Professores« haben allein
konferiert, ohne ihre Frauen zu fragen, wie viel sie brauchen,
und beschlossen, dass jeder Lehrer die gleiche Menge haben
müsse. Die Unverheirateten bekommen die gleiche Ration wie
Radspillers mit sechs Kindern oder ihr Nachbar, der Musik-
direktor Schwencke, mit seinen vierzehn Kinder – »Eine weise
Einrichtung! Den Köpfen ganz angemessen, die 2 volle Stunden darüber delebrirten!«

Statt Milch bekommen ihre Kinder heißes Bier mit Sirup.

In den Straßen und Gassen sieht es jetzt »gräslich« aus. Das Militär lässt weiter alle Pferde erschießen, die es für überflüssig hält, und die Bürger haben keine Pferde mehr für die Feuerspritzen, die Leichenwagen, für die hellblauen Tonnenwagen, die frisches Wasser bringen, und für die Dreckwagen – so heißen die klappernden Wagen, deren Männer die Toiletteneimer in den Häusern abholen.

Die Wasserfahrer können die Wagen mit den großen Wassertonnen nicht selbst ziehen, und die Wasserträgerinnen, die Wasser aus einem Eisloch in der Elbe schöpfen und es in zwei Eimern an einer Stange über der Schulter austragen, sind langsamer als die Wagen und liefern weniger. Teile der Stadt haben keine Brunnen und leiden nun an Wassermangel – auch der Regierungspalast des Marschalls.

Einwohner und Soldaten leeren ihre Toiletteneimer vor die Haustüren, wo alles friert. Berge von Kot und Müll verstopfen die Straßen, liegen auf den Kirchhöfen, in den zugefrorenen Fleeten und Kanälen.

Die Bürger müssen die Gassen von Schnee reinigen oder reinigen lassen, und vor vielen Häusern schaufeln Arbeiter den Schnee auf Wagen und hauen Eis auf. Bürger, die sich Arbeiter nicht mehr leisten können, schaufeln selbst. Aber Pferde für die Wagen mit Schnee gibt es nicht, und so wachsen die Berge aus Müll, Kot, Schnee und Eis weiter.

Dummheit, Unordnung, Verschwendung, Diebstahl und Übertretung von Bestimmungen durch das Militär erbittern die Einwohner mehr als strenge Erlasse, die eingehalten werden. Sie sind empört über Maßnahmen, deren Notwendigkeit sie nicht einsehen und die ihre bürgerlichen Verhaltensregeln beleidigen.

Am 26. Januar, bei den ersten Schüssen morgens um sieben, ist Frau Radspiller aufgeregt: »Gott sei Dank! Die Freunde nahen!« Sie ist »voll Muth, voll Hoffnung«. Abends um zehn schreibt sie: »Alles vorbei, alles wieder still, und wir in derselben Lage wie gestern...«

Zwei Tage später stirbt ein General an seinen Wunden, »er soll mit Verwünschungen gegen E(ckmühl) sein Leben ausgehaucht haben! – So wünschen auch die Soldaten diesen Teufel in die Hölle, denn dort nur gehört er zu Hause. Die armen Menschen müssen hungern, dass sie vergehen, dabey nichts auf dem Leibe, und so gleichen sie schleichenden Gespenstern.« Jeden Tag kommen drei oder vier kranke Soldaten an ihre Tür und bitten um einen Schluck heißes Wasser. Die Soldaten haben Angst vor dem Hospital, sie gibt ihnen Wasser und Essen und würde gerne mehr geben, man »fühlt in solchen Augenblicken doppelt seine Beschränktheit!«.

Ihr Schwager Pastor Hornbostel ist gestorben, und sie versucht, ihren Geschwistern einen Brief durch den dänischen Grafen und Kammerherrn Löwendahl zu schicken, der bei Dr. Matzen wohnt, einem Schwiegersohn des Verstorbenen. Der Graf will den Brief auch nach Altona mitnehmen, doch eines Abends bringt Matzen ihn wieder: Der Marschall hat Verdacht geschöpft und dem Grafen untersagt, nach Altona hinauszugehen. Der Graf fürchtet die Versiegelung seiner Sachen oder gar Arrest und hat daher alle Briefe zurückgegeben.

Frau Radspiller hat jetzt oft große Angst, dass ihrer Schwester oder ihrem Bruder etwas sehr Trauriges zugestoßen ist, und ihre Hausmamsell Höfer muss sie trösten.

2.

Makler Georg Christian Hönert, der möglichst genau von dem Vorgefallenen Bericht erstatten will, ist ein eifriger Chronist. Er wandert durch seine Stadt, beobachtet, besichtigt und schreibt auf, was er gesehen hat.

Er geht in Häuser, besichtigt Hospitäler, die Münze, wo täglich 2000 doppelte Markstücke geprägt werden. Er verabredet sich mit Freunden, und sie beobachten Davout auf der prunkvollen Beerdigung eines Obersten, der an einer Schusswunde gestorben ist. Sie sitzen in Kaffeehäusern und hören beim Klicken der Billardkugeln Gerüchte. Die Kaffeehäuser sind voll, jeder Tag hat seine Plagen, die besprochen werden müssen, »der Erwerbszweig stockt dagegen gänzlich«.

An einem Tag wird den Schlachtern verboten, frisches Fleisch zu verkaufen, an einem anderen beschlagnahmt man Halstücher aus schwarzer Seide und Bettstellen. Hönert muss das Tabakrauchen einschränken. Das Schlimmste für ihn: »Wir sind von Allem Total abgeschnitten, können deßhalb nichts Bestimmtes erfahren.«

Wenn er nicht durch die Stadt spaziert, steht er am oberen Eckfenster im Haus seiner Mutter, Speersort 65. Der Dom ist vor ein paar Jahren abgerissen worden, und so sieht er im Süden bis zum Fischmarkt und im Osten die lange Steinstraße hinunter bis zum Festungswall. Er denkt über die menschliche Natur nach, auch über Davout, fragt sich, wie der wohl mit allem fertig wird.

Als nach einem Angriff der Russen französische Soldaten am Wall wieder Häuser abbrennen, deren Bewohner sie kurz zuvor hinausgejagt haben, ist Hönert um zwei Uhr nachts auf dem Dachboden. Das Feuer ist so hell, dass man ohne Licht lesen kann. Er notiert: »Den Krieger, dem die Nothwendigkeit strenge und harte Maßregeln gebietet, bedaure ich. Wenn er sie aber ohne Noth, ohne gebieterische Umstände anwendet, wie urteilt man dann über ihn?« Man hätte den vertriebenen Bewohnern wenigstens erlauben können, ihre Habseligkeiten in Sicherheit zu bringen, so viel Zeit wäre gewesen: »Kann der Mensch mit Vernunft Gefallen finden, seinen Mitbrüdern Qual und Elend zu bereiten, so möge Gott Alen, die so bösartig, das Köstlichste, die Vernunft, nehmen, ehe sie sich so weit entehren, so tief ins Verächtliche hinsinken.« – Und: »Könnte ich doch zur Rettung der Menschenehre eine Menge geschehener Handlungen, für die ich keine Worte habe, wegwischen; wie gern thät ich es, da ich sie nicht erzählen mag!«

Am Nachmittag sieht er wieder vierzig Erwachsene und Kinder, die das Militär aus ihren Wohnungen vertrieben hat und die nun ein paar Habseligkeiten auf kleinen Schlitten mit Rückenlehnen zum Schieben und Schleifen fortbringen.

Die 8. Kontribution zu außerordentlichen Ausgaben ist ausgeschrieben, Hönert muß 20 Francs zahlen. Man bekommt einen Zettel mit der Summe und muss das Geld innerhalb von drei Tagen auf einem Büro in der *mairie* abliefern. An diesem Abend zeigt er seinen Kindern ein Schattenspiel, »und sie finden Vergnügen an der Täuschung«.

In der Nacht werden die Schlachterknechte verhaftet. Sie sind jung und stark, und es gibt nichts mehr zu schlachten. Sie singen, als Militär sie am nächsten Morgen zum Tor hinausbringt.

Mit einem Freund macht Hönert seine »Runde durch die Stadt«. In einigen Gassen liegt der Dreck in der Mitte jetzt so hoch, dass die beiden Männer nur am Ende der Gasse von einer Seite zu andern kommen. In fast jeder sind Privathäuser zu Kasernen umgewandelt und sehen wie Ruinen aus: Türen und der größte Teil der Fenster sind herausgerissen und in den Öfen verbrannt, innen sind Treppengeländer, Tapeten und Fußböden verheizt oder zum Heizen an Bürger verkauft worden. Die in den Fleeten eingefrorenen Schuten zerschlägt das Militär zu Brennholz – ohne den schon lange arbeitslosen Ewerführern etwas für sie zu bezahlen.

Die Kasernen stinken, die Soldaten sind schmutzig und beleidigen »durch das säuische Aussehn«. Man sieht ihnen an, dass sie schlecht ernährt werden. Statt Branntwein bekommen sie Wein – den Weinhändlern ist jetzt der Verkauf von Wein an Bürger verboten. Die Unreinlichkeit vermehrt die Zahl der Kranken, »deren man 5000 angibt. Sterblichkeit in den Hospitälern giebt man auf 20–25 Mann pr. Tag an«.

Die Stille in den sonst so geräuschvollen Gassen peinigt Hönert. Er sieht nur Militär, »es wird immer öder und stiller. Die offenen Läden werden von Tag zu Tag weniger. Die Tuchhändler haben fast Alle zugemacht, weil man hier zu sehr bestohlen, sage requerirt wird.« Glaubwürdige Neuigkeiten gibt es nicht.

Der Februar beginnt nicht besser: »Man will gern was Neues wißen und vergißt die Unmöglichkeit dazu zu gelangen.« Die

Gerüchte, die Hönert hört, sind quälend: Der Friede ist da, die
Alliierten sind in Paris, Davout arbeitet an einer Kapitulation.

Die Bürger müssen ihre letzten Wagenpferde abliefern und
die Reitpferde. Manche Männer weinen beim Abschied von
ihrem treuen Pferd. Soldaten bringen die Pferde auf den Grasbrook vor dem Wall und erschießen sie, damit die kranken
Soldaten frisches Fleisch bekommen.

Den Bürgerinnen wird befohlen, Hemden und Betttücher
aus beschlagnahmtem Leinen zu nähen. Jede Person muss von
ihrem Lebensmittelvorrat fünf Pfund Mehl an das Militär abgeben. Während Hönert das schreibt, bringt ein Nachtwächter
ihm noch einen »Contributions-Zettel«: Er wird aufgefordert,
vier Betttücher und vier Hemden für die Hospitäler zu nähen,
und soll das Leinen dazu am Drillhaus Nr. 131 abholen.

Zwei Tage lang hat es aus Nordwesten stark gestürmt, und es
sah nach Tauwetter aus. Nun hat der Wind sich gelegt, und es
friert wieder.

3.

Henriette Brock, die zu Neujahr ein Tagebuch begonnen hat,
weil sie die wichtigen Begebenheiten festhalten will, die jeden
Tag in einer belagerten Festung geschehen, stellt zwei Wochen
später fest: Ein »Tag vergeht so ruhig, wie der andere, leider nur
zu ruhig«. Unter der betulichen Fassade einer verwöhnten
höheren Tochter ist sie rebellisch und kriegerisch.

Sie wohnt in einem behaglichen Haus in der Gröningerstraße. Ihre Eltern sind der Kaufmann und Mühlenbesitzer
Johann Franz Brock und seine Ehefrau Francina Johanna Lucia,
angesehene und wohlhabende Leute. Sie ist eines von elf Kindern, außer ihr leben noch zwei Schwestern im Elternhaus: die
21-jährige Wilhelmine und die 17-jährige Sophie. Wilhelmine
hat sich heimlich verlobt. Als die Franzosen die Stadt im vorigen Mai bombardierten, flohen die Mutter und die drei Schwestern Brock mehrmals nach Altona und schließlich nach Plön.
Der Bruder Carl, der im April aus Berlin gekommen war und in
der Bürgergarde kämpfte, folgte ihnen am 31. Mai mit seinem

Freund, der auch Carl heißt, Carl Lihme, und dessen Mutter, eine Pastorenwitwe, in Plön lebt. Seit damals ist Minchen verlobt. Bruder Carl reiste Ende Juni nach Wismar und kämpft nun in der Englisch-Deutschen Legion. Zu Weihnachten ist ein Brief von ihm auf geheimen Wegen gekommen: Die Legion marschiert auf Hamburg, um die Stadt zu erlösen – »Gott stehe ihm bei und beschütze ihn!«

Es fällt Henriette schwer, ruhig zu Hause zu sitzen. Sie würde viel lieber kämpfen wie ihr Bruder. Sie darf nur Klagen anhören, den ganzen Januar über.

Doch dann klagt sie selbst, als Davouts Soldaten die Landhäuser der Eltern ihrer Freundinnen in Eimsbüttel abbrennen, der Kaufleute Doormann und Gaedechens. Sie und ihre Schwestern haben oft einige Sommertage – »herrliche Stunden« – bei Auguste, Sophie und Luise Gaedechens verbracht. Herr Doormann war noch im Haus, als die Soldaten es ansteckten. Er lief hinüber zu Gaedechsens, doch auch ihr Haus wurde angesteckt. Die Soldaten brachten ihn in eine Wache auf der Sternschanze, wo er die Nacht zubringen musste. Morgens kam er verzweifelt in die Stadt, sein Diener kam am Abend nach, von seinen anderen Bedienten hört er nichts.

Henriette will sich amüsieren, lachen, ausgehen, tanzen, aber das ist nun alles vorbei. Im vorigen Jahr hat es zum Geburtstag ihres ältesten Bruders Wilhelm – er arbeitet in der väterlichen Firma *J. G. Hansen et W. Brock* – einen kleinen Ball gegeben. In diesem Jahr spielen die Herren Karten, und die Damen sticken.

Sie ist fasziniert vom Krieg. An einem Abend, an dem sie mit Eltern und Schwestern ihre ältere Schwester Therese besucht, die mit dem Kaufmann Otte verheiratet ist, liest der 14-jährige Eduard eine Geschichte der Belagerung von Magdeburg im Dreißigjährigen Krieg vor. Henriette: »Jetzt muß man von keiner belagerten Stadt lesen, Einem wird so angst und beklommen ums Herz, und doch mag ich von nichts Anderem hören und lesen als vom Krieg.«

Sie ist aggressiv und hat doch Humor und Selbstironie.

Einerseits: Die Elbe ist zugefroren, und die Russen unternehmen nichts, »sie könnten so schön bequem herübermarschieren«. Andererseits: Trotz der starken Kälte scheint die Sonne so lieblich erwärmend auf die mit Schnee bedeckten Dächer, »ein schöner, heiterer Wintermorgen ist doch ein herrlicher Anblick, vorzüglich vom warmen Zimmer aus, wo wir die Kälte nicht empfinden«.

Sie kann sich nicht abschotten, obwohl sie es möchte. Sie hat tiefes Mitleid mit den Armen, die aus der Stadt wandern müssen, die Mutter schickt ihnen warme Kleidung. Als Sophie Gaedechens sie und Minchen besucht und sie über den Roman ›Aurora von Clari‹ sprechen, vergessen sie die Gegenwart und vertiefen sich in das Schicksal der Heldin, die endlich den Mann heiraten kann, den sie liebt und den die Autorin, Fräulein K. v. R., wenige Tage vor der Hochzeit vom Pferd stürzen und sterben lässt. Doch dann sind die Fenster rot vom Widerschein des Feuers – »Wie viele Unglückliche macht nicht wieder dieser Abend.«

Die häusliche Ereignislosigkeit setzt ihr zu. Sie liest, spielt Klavier, macht Handarbeiten und schreibt nur hin und wieder in ihr Tagebuch. Die Schwestern Gaedechens und die Zwillinge Clementine und Caroline Nolte besuchen die Schwestern Brock – die sechzehnjährigen Zwillinge sind auch Kaufmannstöchter: »Wir tranken Tee auf unserem Zimmer und blieben den ganzen Abend für uns allein.«

Jeden Sonntag kommen Ottes – die Schwester Therese mit ihrem Mann – und zwei mit Henriettes Eltern befreundete Ehepaare. Das alte gesellige Leben innerhalb der Familie und der engsten Freunde läuft für sie weiter, und in manchen Wochen ist sie jeden Abend aus. Aber es kommt ihr vor, als ob man jetzt nur noch vom Alltag und vom Essen sprechen darf, und das findet sie »unausstehlich langweilig«.

Ihre Angriffslust und Kampfbereitschaft wachsen. Der Oberst, dessen Beerdigung Makler Hönert sich ansieht, logierte in der Gröningerstraße, in der Brocks wohnen. Als der Sarg abgeholt wird, ziehen Soldaten in der Straße auf, und um halb zwölf kommt der Prinz selbst und folgt mit seinen Adjutanten und seinen Offizieren bei Trauermusik der Leiche zu Fuß: »Ich wollte, wir hätten Eckmühl selbst so zu Grabe bringen sehen...«

Einmal geschieht etwas. Ein Tag wird ihr wichtig durch das Vergnügen, den lang entbehrten ›Altonaischen Mercur‹ in Händen zu haben, »man lernt jetzt durch so manche kleine Entbehrung Alles doppelt schätzen«. Die Familie liest, wie es in der politischen Welt aussieht, und Henriette fühlt sich nach Frankreich versetzt, zu Napoleon: »Es scheint dort bunt herzugehend: Gott wolle, dass sie ihm keine Ruhe ließen und den Stifter allen Uebels am Ende selbst beim Kopfe kriegten.«

4.

Henriette Grautoff im Predigerhaus Katharinenkirchhof 37 wagt nicht mehr, auf ein schnelles Ende der Qual zu hoffen. Nur einmal, am Morgen des 26. Januar, sind die Verbündeten den Festungswällen wohl nahe gekommen, seitdem hört man nichts mehr von ihnen: »Fast jeder wähnte, wir seien ganz vergessen, und auch ich vermochte ein bitteres Gefühl, das getäuschte Hoffnung immer erzeugt nicht zu unterdrücken.«

5.

Hunger – Krankheit – Wunden – das ist die Welt des Maler- und Lackierer-Lehrlings Christian Wehrs. Seine Mutter teilt die täglichen Rationen für jedes Familienmitglied ein, und oft müssen alle hungern. Wenn sie Brot für elf Personen backt, verlängert sie das Roggenmehl mit Hafer, den sie auf der Kaffeemühle mahlt, die an der Wand hängt. Das Hafermehl schüttelt sie und bläst die Spreu ab. Außerdem verlängert sie den Teig mit gekochten geriebenen Kartoffeln.

Die Kartoffeln liegen gut unter dem Fußboden der Werkstatt. Die Mutter verkauft sie für den Bauern Witt zum bestmöglichen Preis und zahlt für alle, die sie selbst verbraucht, nur den früher üblichen Preis. Die Heringe, die sie im Herbst gebraten und in Essig gelegt hat, halten bis Februar. Sie werden zu einer »wahren Delikatesse« für Christian. Seine Mutter tauscht auch Heringe gegen Weißbrot. Die Familie muss Tauschgeschäfte machen, etwas zu bieten haben.

Sie bekommt auch Weißbrot von Otto Willich, dem Nachbarssohn und Christians Freund. Ein französischer Offizier hat Willichs Bruder Christian gekannt, der in der Schlacht von Smolensk gefallen ist, und den Eltern den letzten Gruß des Sohnes gebracht. Er sorgte dafür, dass Willichs Brotkarte auf vier Personen ausgestellt wurde – zum Wohl der Nachbarn.

Die Handwerker am Valentinskamp tauschen Weißbrot, Speck, Eier, Wurst. Lebensmitteltausch ist verboten, und wer erwischt wird, verliert seine Brotkarte.

Beziehungen sind in jeder Hinsicht wichtig. Beim Sattler Dubissong wohnt ein General, der ihm und seiner Familie Vorteile verschafft. Durch den Sattler bekommt auch Wehrs' Mutter manchmal frisches Fleisch – Schlachter Umlauff kann nicht helfen, er und seine Familie sind ausgewandert, weil in der Festung nichts mehr zu verdienen ist. Der General ist ein vernünftiger Mann, und Dubissongs leisten vielen Leuten gute Dienste durch ihre Fürsprache bei ihm, denn bei gerechten Beschwerden und Gesuchen versucht der General zu helfen. Christian Wehrs fällt besonders die Artigkeit der Franzosen gegen Damen auf. Er streift wieder überall herum und hat doch nie miterlebt, dass eine Frau, die beleidigt wurde, nicht sofort von einem anderen Franzosen beschützt wurde.

Sein Freund Otto wird gefährlich krank, er hat Lazarettfieber – Nervenfieber, Läusefieber, Flecktyphus, wer weiß das schon genau –, an dem viele Menschen sterben, liegt über drei Wochen in Todesgefahr. Christian wacht jede Woche drei, vier Nächte bei ihm. Otto phantasiert, schwitzt stark, und als er wieder aufstehen darf, ist er lange sehr schwach.

In allen Straßen gehen Genesende umher, bleich, mager wie Gerippe, mit hohlen Augen, auch am Valentinskamp, wo es ein Hospital gibt. Die Mutter ruft den einen oder anderen ans Fenster und gibt ihm Essen, das er heißhungrig verschlingt. Der Stiefvater darf das nicht sehen, er behauptet, die Familie müsste die französischen Peiniger lieber verderben als erhalten. Die Mutter sagt, diese armen kranken jungen Männer hätten keine Schuld und wären wohl lieber bei ihren Eltern zu Hause. Einige sprechen deutsch und erzählen mit traurigen Augen ihre Geschichte. Sie müssen aufpassen, dass kein Offizier das sieht, denn sie sollen nicht mit den Bürgern sprechen.

Christian findet es furchtbar, wenn nach einem Scharmützel die Verwundeten hereingebracht werden und auf dem Valentinskamp Wagen hinter Wagen wartet, um beim Hospital ausgeladen zu werden. Die Leiterwagen sind mit Stroh ausgelegt, auf dem die Verwundeten liegen oder sitzen. Manche sind auch tot. Oft steht Blut unter einem Wagen, der längere Zeit aufs Weiterfahren warten muss. Anfangs hat Christian beim Abladen zugesehen. Doch der Anblick der schmerzverzerrten Gesichter, das Stöhnen, wenn rohe Hände die Verwundeten abladen, ist zu schrecklich, und die Familie geht ins Wohnzimmer nach hinten.

Die Russen machen oft Angriffe, man hört das Schießen. Aber sie greifen eher an, um die Garnison zu beunruhigen, als um die Stadt zu nehmen. Die Leute am Valentinskamp gucken aus ihren Dachfenstern und erzählen sich, dass fast immer die Kosaken angreifen. Die Kosaken wagen sich auf der zugefrorenen Außenalster bis dicht an die ersten Palisaden heran, einige werden dabei erschossen. Als die Franzosen merken, dass die Bewohner aus ihren Dachfenstern zuschauen, wird das streng untersagt. Mehrere, die sich nicht an das Verbot halten, wirft man ins Gefängnis.

Offiziersleben

1.

Den Generälen geht es nicht gut in der eisigen Festung. Jeden Tag werden ihre Truppen schwächer durch Krankheiten, das ewige Wachestehen und die kleinen Kämpfe, bei denen sie mal drei, mal dreißig Mann verlieren. In einer einzigen Nacht haben fünfzig die Füße erfroren und liegen jetzt in den Hospitälern. Die Generäle befürchten, im Handstreich überrumpelt zu werden, wenn sie von einem Belagerer angegriffen werden, der eifriger ist als Bennigsen. Die meisten beklagen sich über das endlose Kriegführen. Diejenigen, die versucht haben, den Marschall zu einer Kapitulation zu überreden, hassen ihn noch mehr als früher.

General Loison schlägt es dem Marschall ab, den Posten des Kommandanten von Hamburg zu übernehmen. Loison wohnt im Haus der Familie Perthes am Jungfernstieg. Der elegante Bücherladen und alle unteren Räume sind nun Wachtstube der Soldaten – die Bücher sind, unordentlich durcheinandergeworfen, abtransportiert worden. Die Soldaten reißen Regale und Tapeten von den Wänden und verheizen sie. Der große Ofen qualmt, weil niemand ihn reinigt, die Wände sind schwarz von Rauch. Oben im Wohnzimmer sitzt Loison und spielt mit seiner einen Hand auf dem Flügel.

Von Hogendorp hört man kaum noch etwas. Davout hat ihn seines Postens enthoben, weil der Streit, wer von ihnen beiden wem vorgesetzt ist, nicht aufhörte. Hogendorp lässt sich malen, und General Thiébault macht sich lustig über seine rote Säufernase, die man auf dem Gemälde deutlich sehen wird.

Thiébault schreibt einen Roman, um seine trüben Gedanken

zu vergessen. Das Schreiben, sagt er, bewahre ihn vor dem Ekel, den moralischen Leiden und den bitteren Gedanken, deren Opfer die anderen in der Festung eingeschlossenen Generäle während dieser Zeit sind. Er lässt sich auch malen: von einem Professor der Malerei an der Kunstschule, jeden Tag von zwölf bis halb eins, bezahlt wird das von Bürgern, die angeblich unerkannt bleiben wollen. Thiébault versteht nicht, dass die Militärbehörden bei Ungerechtigkeiten der Offiziere gegenüber Bürgern einschreiten. Er ist selbst einer, der gerne etwas an sich nimmt. Sein Hass auf Marschall Davout wächst noch, seit der nicht vor Konsequenzen zurückschreckt wie dieser:

Die Frau eines Lazarettverwalters wurde krank, und der Arzt verordnete ihr Bouillon. Ihr Mann konnte in der Stadt kein Fleisch bekommen und ließ sich von den Vorräten, die für das Lazarett bestimmt waren, drei Pfund Fleisch in seine Wohnung schicken. Der Marschall stellte ihn vor Gericht, das ihn zum Tode verurteilte, und unterschrieb das Urteil.

Andere erzählen diese Geschichte als Beweis für die Unbestechlichkeit des Marschalls, der die Verwaltung in Ordnung bringen will. Aber für Thiébault bleibt Davout ein Wirrkopf, ein Geheimniskrämer, der seinen Untergebenen nicht alles sagt, ein kaltblütiger, grausamer und zugleich grillenhafter Mensch. Der General lässt nur die Lauterkeit des Marschalls in Geldfragen gelten, seine Fürsorge für die Truppen und seinen fanatischen Diensteifer. Sonst hält er ihn für unfähig und beschränkt und gibt ihm die Schuld daran, dass die Generäle in Hamburg sitzen und sich fragen: »Was tun wir hier?«

Thiébault und seine Freunde verkürzen sich die Zeit mit Intrigen, verschaffen sich durch sie das Gefühl der Überlegenheit und ein Ventil für Neid. Gerade die Generäle, die der Marschall auszeichnet, findet Thiébault unscheinbar: Generalleutnant Pécheux, der den Brückenkopf in Harburg kommandiert, General Osten, der das Kommando auf den Elbinseln hat, und General Vichery, der im Osten der Festung kommandiert – Vichery, der Liebling des Marschalls, der die schöne 40. Division befehligt, die Thiébault ihm überlassen musste, als er das Kommando in Lübeck übernahm, und die er nun nicht zurückbekommt. Die Überwachung des geregelten Dienstes langweilt ihn, er weiß nicht, womit er sich beschäftigen soll, und grübelt über »unser unseliges Geschick«.

Davout versucht, die Generäle abzulenken und zu unterhalten. Lotto genügt dafür nicht, nur dreimal im Monat ist Nummerziehung, am 1., 11. und 21. Die Oper ist das Einzige, was die Generäle zeitweise die Belagerung vergessen lässt, und in der Oper besonders eine Sängerin, Madame Fodor aus St. Petersburg.

Davout und sein Stab fahren mehrmals in der Woche zu den Vorstellungen. Der alte Opernhof, der auf Davouts Wunsch »Theater auf dem Gänsemarkt« heißt, ist ein großes einfaches Gebäude, das man mit der Kutsche über zwei schmale, schlecht gepflasterte Hinterhöfe erreicht. In den Häusern dort wohnen arme Leute und Prostituierte. Den Marschall stören die berüchtigten, übelriechenden Zugänge, und er lässt die Häuser abbrechen – als einzige Gebäude innerhalb der Stadt. Gerüchte meinen, er habe das auf Wunsch einer Schauspielerin getan, die der Theaterdirektor vorgeschickt habe – Demoiselle Aschenbrenner, die im Besitz der Gunst des Marschalls sei. Innen gibt es ein ansteigendes Parterre, zwei Reihen Logen und eine Galerie. Vor der Bühne stehen rechts und links jeweils zwei Säulen mit vergoldeten Kapitellen und zwischen den Säulen vergoldete Vasen. Die gewölbte Decke ist mit allegorischen Gemälden bemalt, und auf dem roten Vorhang sieht man eine Allegorie der Freiheit. Der Spielplan bietet vor allem Singspiele und Ballette.

Doch trotz der Theatervorstellungen verschlechtert die Art des Umgangs zwischen Davout und manchen Untergebenen die Stimmung im Offizierkorps weiter. Ein- oder zweimal in der Woche versammelt er nach dem Theater Offiziere und Beamte zu einer Besprechung bei sich. Er pflegt dabei Männer auf demütigende Weise zu tadeln wie zum Beispiel den Präfekten Breteuil. General Thiébault kann es kaum ertragen, wie der

Marschall sich vor ihm aufpflanzt: »Wozu, Monsieur de Breteuil, sind Sie eigentlich hier von Nutzen? Was soll ich hier,
bitte schön, mit einem Präfekten anfangen? Ein Tambour
besitzt hier mehr Wert als Sie. Sie essen den Soldaten den Proviant weg.«

Davout weiß, dass manche Generäle sich hinter seinem
Rücken über ihn lustig machen, und versucht, mit Humor zu
parieren, der aber gerade nicht seine Stärke ist. Einmal diktiert
er seinem Sekretär Befehle, formuliert sie aber so unverständ-
lich, dass er das Diktat wiederholen muss. Die Offiziere sehen
sich erst verstohlen an, dann unterdrücken sie ein Lachen. Der
Marschall bleibt vor Thiébault stehen: »General Thiébault«,
sagt er, »Sie wissen, was ich will, aber Sie wissen auch, dass
von zwanzig Dingen, die ich spreche, neunzehn Dummheiten
sind.«

Dieser Satz wird zur Quelle großer Freude. Wenn Loison,
Watier oder Thiébault mit den Worten beginnt: »Sie wissen
doch, dass von zwanzig Dingen, die ich von mir gebe …«, dann
fällt der Nächste ein und sagt: »… immer neunzehn Unsinn
sind.«

Die Offiziere haben Sehnsucht nach ihren Frauen und Kindern
und sorgen sich, wie es ihnen geht, sorgen sich, dass ihre Angehörigen sich um sie sorgen.

Thiébault hat während der Belagerungen von Genua und
Lissabon seiner Frau Briefe schicken können und versucht es
jetzt auch. Er gibt sie Schmugglern mit und Händlern, die in
Altona Geschäfte machen, und zahlt enorme Preise dafür,
dass sie die Briefe durch den Belagerungsring bringen. Er wendet sich auch an Hamburger, denen er einmal einen Gefallen
getan hat. Es glückt ihm, mehrere Briefe abzuschicken. Einmal erhält er einen Brief von seiner Frau. Aber er weiß nicht,
ob sie eine Nachricht von ihm bekommen hat. Er sieht sie in
seiner Phantasie von Angst um ihn gefoltert, glaubt, seine Kinder seien krank oder auf der Flucht vor den Russen und den
Preußen.

Auch andere Offiziere kämpfen gegen die steigende Angst an, ihre Angehörigen seien gestorben, und gegen ihre große Traurigkeit, wenn sie an Frankreich denken.

Davout hat seit Monaten nichts von seiner Frau gehört und weiß nicht, ob seine Briefe sie erreichen. Trotzdem schreibt er ihr wieder, als ihm klar wird, was die Feinde in ihren Zeitungen und Flugblättern über ihn verbreiten: »Ich habe ein nervöses und gelbliches Fieber, drei Ärzte bewachen mich, ich bin in einem Zustand der Verzweiflung etc...« Dabei sei seine Gesundheit aus Eisen. Er sei glücklich über den guten Geist der Truppen und die gute Harmonie unter den Generälen.

Zwei seiner Ordonnanzoffiziere wollen durch die russischen Linien schleichen und den Brief bis nach Savigny bringen.

2.

Die Soldaten leiden unter dem anstrengenden Wachtdienst, den Überfällen der Russen und der eisigen Kälte, und immer mehr werden krank. Sie sind in provisorischen Kasernen schlecht untergebracht, leben dort verlaust und verdreckt. Sie sind oft hungrig, ihre Verpflegung ist knapp und eintönig und wird dadurch nicht besser, dass auch die Generäle und der Marschall Pökelfleisch essen.

Durch Einziehen sämtlicher Ehrenposten und aller irgend entbehrlichen Innenwachen versuchen die Offiziere, ihnen den anstrengenden Dienst zu erleichtern, doch bleiben immerhin täglich noch über 9000 Wachen und Vorposten zu besetzen.

Die Chasseurs schlafen in den Kirchen bei ihren Pferden, aber in den Kasernen bleibt es eiskalt. Die Soldaten zerschlagen die letzten Schiffe im Hafen, verbrennen Schiebkarren, Winden, Leitern, schleppen angebrannte Balken und Bretter aus den zerstörten Häusern auf dem Glacis in die Festung. Der Marschall lässt sogar die Pipenstäbe beschlagnahmen und in Kasernen und Hospitälern verheizen. Ihm wird selbst nie richtig warm.

Die Bürger sind empört über die unproduktiven Militärs, die nur verschwenden, verbrauchen und zerstören. Pipenstäbe sind lange Dauben aus bestem Eichenholz, aus denen man Fässer für kostbare Flüssigkeiten wie Weine und Öle macht. Sie kommen meist aus Danzig und sind ein wichtiger Exportartikel auf Hamburger Seeschiffen. Aber Napoleons Kontinentalsperre hat die Schifffahrt abgewürgt, und nun gibt es große Lager von Pipenholz, das früher zehnmal so viel kostete wie Brennholz. Nun darf jeder Soldat zum Deich hinausgehen und so viel hereinschleppen, wie er braucht oder verkaufen will.

»Jette, nun geht es los!«

1.

Mittwoch, der 9. Februar 1814, morgens 8.00 Uhr. Henriette Brock ist mit einem Sprung aus dem Bett. Die Sturmglocken auf den Kirchtürmen läuten Alarm, und ihre Schwester Sophie ruft: »Jette, nun geht es los!«

Henriette zieht eine Jacke über das Nachthemd und stürzt die Treppe hinauf zum Dachboden. Oben hören die Schwestern Kanonenschüsse und starkes Gewehrfeuer, die Russen greifen von allen Seiten an, beim Dammtor, beim Altonaer Tor, auf der Wilhelmsburg. Sophie und Henriette rufen mit Tränen in den Augen: »Mut, Hamburger! Mut, Hanseaten! Mit Gott für Vaterland und Freiheit!«

Henriette beneidet ihren Bruder Carl, der jetzt mitkämpfen darf: »Es muß ein herrliches Gefühl sein, für seine Vaterstadt und für Alles, was Einem teuer ist, zu kämpfen!«

Makler Hönert ist schon gegen fünf vom Kanonendonner wach geworden, Dorothea Moller, die in seiner Nachbarschaft am Fischmarkt Nr. 46 wohnt, um sechs und um sechs auch Frau Radspiller im Haus Am Plan 122. Kanonendonner und Gewehrfeuer kommen nach und nach näher, und dann, gegen acht, gehen die Sturmglocken.

Kein Einwohner darf sich mehr außerhalb der Häuser blicken lassen, Gendarmen reiten in den Straßen mit gezogenem Säbel auf und ab. Als die Glocken aufhören, herrscht Totenstille. Frau Professor Radspiller ist aufgeregt: »ach! Wenn es doch diesmal Ernst würde! – – –«

Dorothea Moller, ihre Schwester und ihre Mutter sehen vom Fenster aus, wie die Kavalleristen mit gesattelten Pferden aus der Petrikirche und aus den angrenzenden Straßen von St. Jakobi und St. Nikolai herkommen und sich auf dem Domplatz aufstellen. Wagen mit Kanonen rasseln über das Pflaster, berittene Kuriere jagen vorbei. Die drei Damen glauben, dass die Russen die Festung nun erobern. Sie verschließen ihre Haustür und die Fensterläden, setzen sich hin und nähen so ruhig an den Soldatenhemden, die der *maire* auf Befehl Davouts angefordert hat, als ob draußen nichts geschehen würde.

In einem der Predigerhäuser neben der Katharinenkirche hat Henriette Grautoff die Nacht über bei ihrer schwer erkrankten Mutter gewacht. Sie kann das Gewehrfeuer im ganzen Haus hören, der Kampf ist auf der Insel Wilhelmsburg. Der Lärm kommt näher, und ihre Geschwister und ihr Vater glauben, dass die Russen siegen. Die Familie verrammelt Fenster und Türen und sieht aus dem oberen Stockwerk der Kavallerie zu, die aus der Katharinenkirche kommt und sich vor ihrem Haus versammelt. Der Anblick ermüdet Henriette, sie setzt sich wieder an das Bett ihrer Mutter, die ruhig schläft. In der Stille des Krankenzimmers hört sie das nahe Schießen sehr laut.

Makler Hönert hat den Bericht für seinen Schwiegervater vor sich liegen und notiert, was er von seinem Eckfenster aus sieht. Um 9.00 Uhr haben zwei Wagen Verwundete vom Dammtor gebracht. »Jetzt schlägt es 11 Uhr, und wir sehen öfters, sowol vom Damm- als Brockthor Bleßirte vorbeykommen.« Auf dem Petrikirchhof halten Stückknechte mit Wagen, auf denen Kanonen stehen, und der Domplatz ist noch voll von Kavallerie. Spritzenleute in dicken roten Jacken halten sich bereit, falls Häuser in Brand geschossen werden. »Wir frühstücken und trinken Thee mit Wein.« Das Wetter ist nebelig, und es taut.

Nach dem Frühstück eilt Hönert wieder vom Fenster zum Schreibtisch: »Um 12 Uhr. Nun hört man vom Brockthor her ein fortgesetztes Gewehrfeuer, woraus wir schließen, dass es sich nähert. Officiers reiten im Gallop hin und her. Es scheint auf allen Seiten unruhig zu seyn.« Jetzt fahren Tonnenwagen mit Löschwasser zu den Sammelplätzen, Hönert sieht mehrere Pulverwagen und nur noch einzelne Wagen mit Kanonen. Um halb eins kommt ein Schlitten mit einem schwer verwundeten französischen Offizier. Das Schießen ist immer noch sehr lebhaft.

Im Haus des Pastors Grautoff an der Katharinenkirche wird um 14.00 Uhr laut an die Tür geklopft. Gendarmen und Militärärzte stehen davor: Das Haus muss sofort geräumt werden, die gesamte Reihe mit den sieben nebeneinanderliegenden Predigerhäusern wird Lazarett, heute Abend werden Kranke und Verwundete gebracht.

Henriette fühlt sich vor Schreck wie betäubt. Ihre kranke Mutter kann das Bett nicht verlassen. Doch die Gendarmen antworten nur mit Grobheiten.

Die Zeit ist zu kurz, um sich an höhere Instanzen zu wenden. Vater und Töchter wissen nicht, wohin sie ausweichen könnten. Trotz des strengen Verbots, die Straßen zu betreten, laufen sie zu Freunden und Bekannten und bitten um Rat. Die Hilfsbereitschaft ist groß. In kurzer Zeit haben alle Familienmitglieder eine Unterkunft gefunden, und zehn Herren beginnen mit zehn Arbeitern, das Haus um die Wette leer zu räumen.

Das Gewehrfeuer wird deutlicher und heftiger, die großen Kanonen auf dem Wall donnern dazwischen. Viele Bürger wagen bei dem Verbot, die Straßen zu betreten, kaum, aus den Fenstern zu sehen, und gehen in die Hinterhäuser. Im Hinterhof, an den das Wohnhaus der Verlegersfrau Elisabeth Campe grenzt, entsteht »aus den Fenstern und von den Dächern eine lebhafte Unterhaltung mit den Nachbarn, worin man sich unverholen die schönsten Hoffnungen mittheilte, und mit großer Keckheit unserer Peiniger spottete«.

Henriette Brock empfindet bei dem nun ununterbrochenen Schießen und beim Gedanken an die Angst der Franzosen »ein innerliches Wohlbehagen, eine innerliche Freude«. Ihre Mutter ärgert sich über sie und sagt, sie könne sich nicht freuen, wenn sie an die Menschen dächte, die es koste. Henriette antwortet: »Es ist wahr, es ist grausam; es kann aber einmal nicht anders sein, wir können nur so frei werden.«

Die Damen Moller am Fischmarkt beobachten, wie Nachtwächter auf Bahren den General von Osten und den General de

Laville vorbeitragen. Noch immer donnern die großen Kanonen.

Um 16.00 Uhr hört das Schießen auf. Kavallerie, Infanterie und Geschützwagen kommen zurück, und Mollers sehen auf Tragbahren viele Verwundete.

Um 17.00 Uhr hört Henriette Brock noch einmal eine starke Kanonade, die eine halbe Stunde anhält. Dann ist alles still. Sechs vornehme Offiziere werden verwundet oder tot durch die Gröningerstraße getragen: »wie viele mögen an diesem Tage geblieben sein! O Gott, es ist schrecklich! Unsere armen guten braven Freunde! Was unser Carl wohl macht! Die Franzosen ohne Ausnahme finden kein Erbarmen in unseren Herzen; sie verfahren zu grausam mit uns und verdienen mit Recht ihr Schicksal.«

Makler Hönert mag die »grässlichen Szenen, die das Einbringen der Verwundeten veranlasst«, nicht beschreiben. In die neuen Lazarette in den Predigerhäusern an der Katharinenkirche bringen Wagen und Schlitten Verwundete, deren Schreien Henriette Grautoff mit Grausen erfüllt. Ihre Mutter wird in einem Korb mit ihrem Bettzeug über die Straße zu Bekannten getragen, in ein gutes, warmes Zimmer, in dem sie alles zu ihrer Bequemlichkeit findet. Die Pastoren sind nun weit voneinander getrennt. Jeder hat die erste Wohnung genommen, die er bekommen konnte.

18.00 Uhr: Alles ist vorbei. Frau Radspiller hört keinen Schuss mehr: »Du hast keine Vorstellung von meinen Gefühlen – Nie waren sie bitterer und nie empfand ich tiefer das Unglück, was die R(ussen) über uns gebracht haben! Ach! Wer mit den Seinigen weit, weit von hier wäre, nur der kann die Fortdauer seiner Existens wünschen!!–«

19.00 Uhr. Auch an der Petrikirche bleibt es still. Makler Hönert setzt sich mit vier Bekannten zum Kartenspiel. Die vier Kaufleute haben es gewagt, sich zu ihm zu schleichen, und haben dafür die weißen Überwürfe ihrer Arbeiter angezogen, die den Spritzenleuten helfen, und sich deren »Spritzen-Hüte« aufgesetzt. Hönert war jetzt vierzehn Stunden am Fenster und am Schreibtisch: »Mein Tagewerk besteht in diesen wenigen Zeilen und auskucken.«

Man darf wieder auf die Straße, seine Bekannten können ungefährdet nach Hause gehen. Um 21.30 Uhr hört er Schüsse. »Um 10 ¼ ist es wieder still.« Er will die Nacht über aufbleiben. Dorothea Moller aber beschließt den Tag: »Was eigentlich vorgefallen, haben wir nicht erfahren. Diesen Abend ist es stille, wir empfehlen uns dem Schutze des Himmels, und gehen ruhig zu Bette.«

2.

Davout ist wie immer wach, als am 9. Februar, dem 33. Frosttag, morgens um vier das Gewehrfeuer auf beiden Seiten der Festung zugleich beginnt, im Westen und im Osten. Der Marineoffizier auf dem Turm der Michaeliskirche hat längst gemeldet, dass Biwakfeuer entzündet und gelöscht werden, dass Regimenter mit Kanonen auf der Elbe heranmarschieren, dass Kosaken auf ihren Pferden den Regimentern vorausjagen. Die Marinewachen sehen von oben Gewehrblitze, und als die Russen näherkommen, wird der Anblick im Mondschein wunderbar: Kanonenkugeln prallen von der Eisdecke ab, fallen zurück, rollen weiter, und jedes Mal springen weiße Schneefontänen auf.

Durch die geheimen Chiffre-Signale war Davout schon ein paar Mal mit seinen Reitern noch vor dem Feind am Ziel eines Angriffs, aber heute bleibt lange unklar, wo Bennigsen angreifen wird. Vorposten fangen einige Russen ab, und erst als Davout die Gefangenen befragen lässt, wird das eigentliche Ziel klar: die Brücke über die Elbe. Wer die Brücke hat, hat bald auch die Festung.

Davout schickt seine Reiter an den Brückenkopf auf der Insel Wilhelmsburg und folgt ihnen so schnell wie möglich. Brücke und Deiche liegen unter hohem Schnee. Der Feind hat den großen Winterdeich auf beiden Seiten der Brücke und fast auch den Brückenkopf erobert. Eine Barriere aus toten und sterbenden Pferden und Männern, aus Ambulanzwagen und

Munitionskisten der Artillerie türmt sich zwischen Franzosen und Russen. Aber die Russen können in der Enge ihre eigenen Geschütze nicht in Stellung bringen und die französischen Geschütze, deren Mannschaften sie mit Bajonetten erstochen haben, nicht umdrehen.

Davout bringt seine sechzig Reiter in das Wachthaus auf der Brücke. Er trägt große Uniform, reitet weiter auf die Brücke hinaus, dorthin, wo die Schießerei am heftigsten ist. Sein Anblick soll die Vorposten beruhigen und ihnen Mut machen. Sein Stab begleitet ihn, darunter die Generäle de Laville, de Ponthon, Jouffroy und der Ingenieur Jousselin. Davout kehrt erst um, als Laville eine Gewehrkugel abbekommt und die übrigen Offiziere sich weigern, ohne den Marschall zurück-zureiten.

Er sammelt Truppen und erobert den kleinen Sommerdeich zurück. Doch die Lage ist verzweifelt. Viele Offiziere sind ver-wundet, und die Gefahr ist groß, dass die Russen in die Festung eindringen.

Aber an den anderen Angriffsstellen rings um die Festung sind die Russen schwach, und Davout kann Truppen von dort abziehen und zur Wilhelmsburg beordern. Um vier Uhr nach-mittags glaubt er, endlich genügend Soldaten bei sich zu haben, um den Winterdeich und die Brücke zurückzuerobern und die Verbindung nach Harburg am südlichen Elbufer wiederher-zustellen.

Nach grausamen Bajonettkämpfen müssen Russen und Han-seaten sich zurückziehen und die Insel Wilhelmsburg wieder räumen. Im letzten Tageslicht gehen sie über die Elbe zurück.

Der russische General, der den Schwarzen Berg bei Harburg erobern sollte, hatte dazu nicht genügend Soldaten. So endet Bennigsens Angriff ergebnislos: Davout hat fast alles zurücker-obert.

Nach russischen Angaben haben die Russen auf der Wil-helmsburg 15 Offiziere und 291 Mann verloren, nach franzö-sischen haben sie 800 bis 1200 Tote zurückgelassen und den Großteil ihrer Verwundeten auf Karren mitgenommen.

Die Franzosen haben nach eigenen Angaben 1000 bis 1200 Tote, außerdem haben sie zwölf Kanonen verloren, 50 Tonnen Pulver, 30 000 Patronen und allen Wein, den die Soldaten im Lauf des Tages bekommen sollten.

Fast alle Obersten und Bataillonschefs sind verwundet, zwei Generäle und drei Obristen tot.

Davout und die Offiziere versammeln sich im Regierungspalast auf den Großen Bleichen zum Abendessen. Der dänische Kammerherr Graf Löwendahl macht dem Marschall ein Kompliment über seinen Erfolg: Er bedaure sehr, dass er zu Hause bleiben musste, sei aber den Siegen des Marschalls vom Michaelisturm hinab mit den Augen gefolgt und habe die Tapferkeit der Franzosen bewundert.

Davout hat ihn schon einmal als Spion verdächtigt und fragt ihn zornig, wer ihm die Erlaubnis gegeben habe, den Turm zu besteigen, er habe das streng verboten. Nach dem Essen und einem weiteren heftigen Wortwechsel mit Löwendahl befiehlt Davout, ihn zu verhaften. Vier Gendarmen begleiten den Grafen in seine Wohnung. Einer ist von nun an bei ihm im Zimmer, und drei stehen davor.

Noch am selben Abend lässt Davout den Oberpräsidenten von Blücher um ein Treffen an der Grenze ersuchen: Eine Menge Neugieriger aus Altona sei auf dem Eis gewesen und habe Russen und Franzosen Lob und Tadel zugerufen. Davout werde Maßnahmen ergreifen, falls sich das wiederhole.

Die Einwohner in der Festung sind während der Kämpfe ruhig geblieben, und trotz der aufreizenden Flugblätter des Feindes hat niemand versucht, einen Franzosen zu ermorden. Doch künftig wird Davout alle Soldaten zum Kampf brauchen, deshalb gründet er jetzt zur Sicherheit eine Nationalgarde aus französischen Zivilisten. Wenn »la générale« geschlagen wird, der Generalmarsch, wird diese Garde mit Gewehren auf die Wälle ziehen und die Einwohner beobachten.

Nach dem Angriff

1.

Zwei Tage nach dem Angriff liegt die Festung in dichtem Nebel. Offiziere und Soldaten sind mutlos und niedergeschlagen. Am nächsten Tag friert es wieder sehr stark, und der Wind weht eisig aus Ost.

Arbeiter und Soldaten zerschlagen das Eis auf den Festungsgräben und am Ufer der Elbe. Der Marschall geht selbst hinaus und arbeitet mit den Eisbrechern. Er und die Offiziere erwarten täglich eine Wiederholung des Angriffs, und die Ingenieure bauen auf der langen Brücke weiter Hindernisse aus Schilfrohr, Pferdemist und Eis.

Nach dem Angriff brauchen die Lazarette mehr Betten, Waschschüsseln, Nachttöpfe, Leinwand, mehr Wasserkessel, Suppennäpfe, Gläser. Die Hausärzte müssen in den Lazaretten aushelfen, wer nicht kommt, dem drohen Prügel. Das Militär verlangt von den Bürgern alles, was ihm fehlt und was es haben will.

2.

Dorothea Moller hat gehört, dass jetzt zehntausend Kranke in den Lazaretten liegen, von denen täglich über neunzig sterben. Die Kranken erfrieren, verhungern oder werden von Ungeziefer aufgefressen, erzählen die Hausärzte, und was die Ärzte verordnen, geschieht nicht. Ein Wundarzt soll berichtet haben, dass Verwundete tagelang nicht verbunden worden sind und ihre Wunden faulten. Die Soldaten verstecken sich lieber in den Kasernen, als in die Lazarette zu gehen.

Makler Hönert dagegen war angenehm überrascht, als er drei

Tage vor dem Angriff auf seinen Stadtspaziergängen mehrere
Lazarette besichtigte – eins in einem früheren etwas anrüchi-
gen Tanzlokal, eins in den großen Konzert- und Ballsälen eines
Veranstaltungshauses, eins im Logenhaus der Freimaurer. Er
bewundert die Reinlichkeit trotz der vielen Kranken. Die Bet-
ten stehen so weit auseinander, dass man auf beiden Seiten gut
durchgehen kann, und die Luft ist erträglich und warm. Die
Pflege ist natürlich nicht mit der Pflege kranker Bürger zu
Hause zu vergleichen, aber alle Bequemlichkeiten sind da. Am
Kopf der Betten gibt es ein Brett mit Medizin und Getränken,
Betttücher und Hemden sind »zum teil« sauber. »Halb Gene-
sene kamen in ihren Betten zusammen und spielten Karten.
Um die Öfen bildeten sich Gruppen, die nach ihrer Art koch-
ten oder plauderten.«

In den Sälen mit den Schwerkranken ist es still, auch im
größten mit 140 Verwundeten. Bei einem gefangenen preußischen Scharfschützen, der im Sterben lag, ist Hönert lange
stehen geblieben. Die Männer tun ihm so leid, die unter unbe-
kannten Menschen sterben.

Nach dem Angriff führt Dorothea Moller ruhig und diszi-
pliniert die Erzählung fort, die sie vor zehn Tagen begonnen
hat, als das Wetter so stürmisch, traurig und nebelig war, wie
die Zeit, die sie erlebt. Sie schreibt für ihre ältere Schwester
Ulricka, die mit Pastor Meyer im Kirchdorf Nusse bei Ratzeburg verheiratet ist. Bescheiden meint sie, es werde die Schwester interessieren, was sie erlebt.

Sie ist beim Thema Essen. Statt der gewohnten Leckerbissen
gibt es in den guten Häusern nun Kartoffelsuppe oder gelbe
Erbsen, Pökelfleisch, »Plückfinken« – ein Eintopf aus getrock-
neten weiße Bohnen – oder Stockfisch. Sie klagt und versteht
es, wenn andere klagen, die weniger Geld und Lebensmittel
haben und bei denen es viel trauriger aussieht als bei Mollers.
Das wird jetzt ihr großes Thema: Sie hat mehr, und eigentlich
müsste sie etwas abgeben, anderen helfen, aus Christenpflicht,
aber sie will nicht – oder ihre Mutter will nicht – und das

begründet sie mit Charakter und Vernunft und lässt sich dabei von ihrer Schwester, der fernen Pastorenfrau, bedauern: »Du kanst nicht glauben welch ein peinliches Gefühl es ist, Lebensmittel und baares Geld in Händen zu haben, und unaufhörlich Leute abweisen zu müssen, die in der dringendsten Noth sind. Man kann aber nicht anders handeln; so lange die Belagerung währt, kann man beides nicht aus den Händen geben, wenn man nicht das nämliche Schicksal erfahren will. Es ist jetzt sehr nothwendig seinen Vorrath von Standhaftigkeit, und gesunder Vernunft zusammen zu halten.«

Mutter Wehrs am Valentinkamp reicht der hungrigen Schildwache heimlich einen Teller Essen aus dem Fenster. Die kleine Lehrersfrau Radspiller, die so gewitzt für ihre Familie kämpft und Angst vorm Verhungern und der Ausweisung hat, gibt doch allen, die sie bitten, Wasser und etwas Brot. Für die wohlhabende Tochter Moller ist das ein Mangel an Disziplin und Vernunft.

Das große Thema von Frau Professor Radspiller – die Frage: bleiben oder gehen – beschäftigt sie nach dem Angriff wieder sehr. Die Verhältnisse in der Stadt werden immer schlimmer. Sie hat auf dem Grasbrook erstochene Pferde gesehen, »auf und bey ihnen herum Soldaten und arme Leute, Männer u. Weiber, die das Fleisch von den Pferden herunterschnitten und auf Stöcken gehängt, nach Hause trugen, sie jubelten dabey wie die Wilden …; an einem andern Haufen von Pferde Gerippen, die schon ganz scelettirt waren, nagten die Hunde«.

Ihr Mann und die Söhne sehen in der Steinstraße fünf blutende Pferde liegen, von denen arme Leute sich Fleisch abschneiden, obwohl sie noch leben. Der Apotheker Minder sieht, wie ein Pferd, das am Wall auf dem Glatteis stürzt und nicht wieder hochkommt, zwei Stunden später nur noch ein Gerippe ist.

Doch wer die Festung verlässt, verliert sein Eigentum an das Militär: »Kann ich das meinige so hingeben, wenn ich auch meinen Mann dahin brächte mit uns auszuwandern? Nein, ich

muß bleiben!« In mehreren Häusern findet man verhungerte
und erfrorene Menschen, die sich vor der Ausweisung versteckt
hatten.

Auf Erlösung durch die Alliierten kann niemand mehr rechnen, trotz der ewigen Gerüchte über diese ungeheure Macht
ist ihre Schwäche jetzt erwiesen. Sie hat die allgemeine Meinung in den Straßen gehört: »Unsere Erlöhsung muß von Paris
kommen, dort werden die Aliirten unsere Ketten brechen...«
Aber was dort geschieht, erfährt niemand, der keine Zeitung
hat.

3.

Der »Feuer-Bieber« wartet seit dem Nebeltag auf seine Hin-
richtung. Georg Elert Bieber ist Bevollmächtigter der Brand-
Versicherungs-Assoziation und als *maire adjoint* – stellver-
tretender Bürgermeister – für die Gassenpolizei zuständig.
Nun sitzt er mit Verbrechern in einer Zelle auf der Gänse-
marktwache und soll erschossen werden, weil er den ›Altonaischen Mercur‹ gelesen hat.

Er ist über den Jungfernstieg gegangen. Ein Offizier, der
vor ihm ging, verlor eine Zeitung, Bieber hob sie auf und über-
flog die Überschrift. Ein anderer Offizier, der hinter ihm kam,
nahm ihn fest. Der Fall landete beim Marschall. Bieber be-
teuert, er habe die Zeitung gefunden. Der Offizier sagt, Bieber
habe sie aus der Tasche gezogen.

Manchmal schmuggeln Vorposten oder Schanzarbeiter Zeitungen und Briefe in die Festung, obwohl Todesstrafe darauf
steht. Einige Bürger wissen noch andere Wege, um an Informationen zu kommen. Der Kaufmann Andreas Prell zum Beispiel,
der Schwager von Dorothea Moller, ist gut bekannt mit Major
Sutor, der im Frühjahr 1813 das Siebente Bataillon der Bürgergarde kommandiert hat. Sutor kennt einen Mann, bei dem
ein französischer General einquartiert ist. Dieser General mag
nicht jeden Tag Pökelfleisch essen und hat seinem Wirt die
Erlaubnis verschafft, ihm ab und zu frisches Fleisch oder Fische
aus Altona zu holen. Der Wirt bringt dann heimlich einen

>Mercur< mit. Major Sutor gibt ihm jedes Mal einen Dukaten dafür – genauso viel, wie ein Jahresabonnement der >Neuen Bremer Zeitung< kostet. Mehrere Herren, unter ihnen Prell, teilen sich die Kosten. Jeder liest den >Mercur< heimlich allein in Sutors Haus, wo er in einer verschlossenen Schublade aufbewahrt wird.

Dem Kaufmann John Beets soll es sogar gelungen sein, seine Mutter in Altona zu besuchen. Sein Schwiegervater ist mit einigen französischen Angestellten bekannt und hörte, dass sie mit einem »Fourgon« nach Altona hinausfahren wollten, einem Kastenwagen, um Fleisch, Schinken und Tabak zu kaufen. John verkleidete sich als Koch und durfte mit seiner Kochmütze oben beim Kutscher sitzen. Nach einer Stunde bei seiner Mutter ist er in die Festung zurückgekehrt.

Die Bürger sind bestürzt, dass ein so tüchtiger Mann wie Bieber erschossen werden soll. Die angesehensten Kaufleute verwenden sich für ihn, doch vergeblich. Da geht seine schöne Tochter zum Prinzen, macht einen Fußfall und bittet um das Leben ihres Vaters. Das Unerwartete geschieht: Der Prinz schenkt ihrem Vater das Leben, wenn die Schöne verspricht, von nun an auf allen Bällen zu erscheinen, die er geben wird.

Demoiselle Bieber ist wirklich »imponierend schön« – der Lehrling Christian Wehrs hat sie im vorigen Sommer einige Male gesehen: »Vorzüglich gebogene Augenbrauen und dunkle Augen gaben dem Gesicht einen reizenden Ausdruck, wozu der schöne Teint nicht wenig beitrug.«

Diese Geschichte findet ihren Weg auf geheimen Informationspfaden zur Festung hinaus und in Pierre Godeffroys Weißes Haus, und er erzählt sie weiter nach England, berichtet vom »artigen« Mädchen und dem »Hund Davoust«, der den Vater unter der Bedingung begnadigt, dass sie zu einem Ball kommt, »wo außer die Französischen Frauen kein rechtliches Frauenzimmer kommen wollte«. Gnadengeschichten wachsen und wuchern und werden manchmal zu Ereignissen, die keiner mehr recht zuordnen kann. Auch Frau John Thornton née Klünder soll vor Jahren einen Fußfall vor Davout gemacht und damit – und mit einem hohen Lösegeld – ihrem Mann das Leben gerettet haben, der wegen seiner Geschäftsbeziehungen zu englischen Kaufleuten in Haft saß. In Harburg gibt es angeblich eine junge schöne Frau, deren Mann zum Tode verurteilt war und die Davout um Begnadigung anflehte, die der Marschall gegen einen Kuss auch gerne gewährte. Die Herzogin von Weimar rettete sogar ihr ganzes Land mit einem Fußfall vor Kaiser Napoleon. Königin Luise von Preußen schaffte das nicht.

Diese Begnadigungen – wenn die Geschichten denn stimmen – geschehen nicht, weil die Frauen so schön sind. Sie geschehen, weil sie Frauen des Feindes sind, die sich öffentlich unterwerfen. Als Napoleon auf die Forderungen nicht eingeht, die Königin Luise ihm auf Wunsch preußischer Diplomaten vortragen muss, fühlt sie sich gedemütigt: Sie nennt ihr Treffen mit Napoleon, bei dem sie mit dem Sieger kokettierte, »ein großes Opfer«, das sie für den König und ihre Kinder gebracht habe.

Der Feuer-Bieber kommt am 16. Februar um die Mittagszeit frei.

Abends um sieben sehen die Hamburger über der Elbe ein starkes Feuer.

4.

Der Generalmarsch wird in allen Gassen geschlagen, am Donnerstag, dem 17. Februar, dem 41. Frosttag. Die Sturmglocke auf St. Michaelis läutet eine Stunde lang, und die Kavallerie zu Fuß, die Gendarmerie und die Nationalgarde aus französischen Zivilisten ziehen auf die Wälle. Die Bürger schließen ihre Türen – nie herrscht größere Freude im Innern der Häuser als während eines Angriffs.

Dorothea Moller am Fischmarkt meint, dass die große Festung von allen Seiten angegriffen wird. Wieder reiten Gendarmen mit blanken Säbeln durch die Straßen und treiben Verspätete in die Häuser, wieder ist es fast totenstill in der Stadt.

Ein Transport Kanonen kommt bei Mollers vorbei, Kuriere reiten über den Markt, kranke Soldaten schleichen auf Krücken umher, sonst sieht und erfährt man nichts. »Du würdest gewiß vermuthen«, erklärt sie ihrer Schwester Ulricka, »dass wir bey solchen Gelegenheiten mit großer Angst in unsern Häusern sitzen; dies ist aber was uns anbetrift, nicht der Fall, wir lassen uns bis izt in unsern häuslichen Beschäftigungen nicht stören; Mutter besorgt ihren Hausstand, Jette sizt am Fenster und näht; und ich schreibe dies, weil ich grade nichts nothwendiges zu thun habe, und Dir gerne eine Idèe geben möchte wie uns bei solchen Fällen zu Muthe gewesen ist.«

Makler Hönert hat jetzt ein Teleskop. Er muss aufpassen, dass niemand ihn damit am Fenster entdeckt und ihn als Spion verhaftet. Durch das Teleskop sieht er im Süden ein Gefecht auf der Wilhelmsburg und im Norden russische Truppen vor dem Dammtor, mit Artillerie und Kavallerie. Er würde wetten, dass dieses ein besonderer Tag ist.

Mittags gegen zwei ist das Schießen vorbei. Ab vier darf man wieder ausgehen.

Der Marschall lässt nun das Anziehen der Betglocken und das Läuten der Glockenspiele von den Türmen verbieten, damit man den näherkommenden Feind früher hört.

Wieder läuft Makler Hönert durch seine Stadt. Er sieht, was mit den Verwundeten geschieht, die an ihren Wunden gestorben sind. Soldaten werfen die nackten toten Körper, mit der Bandage um die Wunden, auf einen Proviant-Wagen. Oben tritt ein starker Mann sie nieder, damit der Wagen mehr Leichen fassen kann. Viele Soldaten sehen zu, machen Witze und lachen. Einige wollen Unfug treiben, und der Mann auf dem Wagen, der offenbar kräftig getrunken hat, schimpft, und Lärm und Lachen werden lauter. Hönert staunt, »daß der Mensch solche hässliche Seite« haben kann. Knapp zwei Dutzend Leichen passen auf einen Wagen, der sie vor die Festung fährt. Hönert sieht ihm nach. Seine Seele trauert.

Henriette Grautoff hat gehört, was dort bei der großen

Sterblichkeit und dem Frostwetter geschieht. Die Leichen der Soldaten häuft man ohne Särge in großen Stapeln vor dem Steintor auf, bis man nach mehreren Tagen Gruben aushebt und sie hineinwirft. Die Leichen von Bürgern werden größtenteils unbeerdigt in kleinen Gemächern bei den Kirchen in der Stadt beigesetzt, weil die Nähe des Feindes es nicht erlaubt, sie auf die Kirchhöfe vor dem Dammthor zu bringen, und die Kirchen selbst fast alle Pferdeställe sind. Außer den Soldaten sterben viele Krankenwärter, Apotheker, Chirurgen, Ärzte. Bis jetzt ist Nervenfieber – oder Typhus – unter den Bürgern nicht sehr verbreitet, doch auch bei ihnen ist die Sterblichkeit hoch.

Jeder Bürger muss von nun an zwei Genesende aus den Lazaretten in seinem Haus aufnehmen. Frau Radspiller ist außer sich über diesen »höllischen Befehl«: Der Teufel Davout will die Bürger durch ansteckende Krankheiten aufreiben. Die Kranken bleiben zehn Tage in den Privathäusern, und wenn es ihnen besser geht, kehren sie in die Kasernen zurück, und zwei Genesende aus den Lazaretten kommen zu den Bürgern. »Wir, die wir von vielen verschont, werden wohl frey bleiben – ach! Das würde mich meiner Kinder wegen auch zur Verzweiflung bringen!«

Außerdem wird jeder Bürger verpflichtet, einmal in der Woche einen Mann oder eine Frau als Aufwärter ins Lazarett zu schicken. Es ist schwer, Aufwärter zu finden, wenden die Bürger ein, jeder habe Angst vor dem Tod. Daraufhin holt man Dienstmädchen und einfache Frauen von der Straße und bringt sie ins Hospital.

Die Apotheker müssen jeden Tag ihre Gehilfen zur Bereitung von Medizin und zum Verbinden der Verwundeten schicken oder selbst in die Lazarette gehen.

5.

Oberst Aubert, der Elsässer, der mit den dänischen Hilfstruppen unter Davout in Ratzeburg kämpfte, ist nun Kommissar des dänischen Königs bei der sogenannten Polnischen Armee der Russen, die Bennigsen führt. Der König hat die Übergabe großer Belagerungsgeschütze an Bennigsen daran geknüpft, dass Bennigsen mit Davout einen Waffenstillstand vereinbart: Der König will den Krieg im Norden beenden, Soldaten sollen Dörfer und Rittergüter in Holstein nicht länger ausrauben. Bennigsen hat zugestimmt, unternimmt aber nichts, und der König gibt schließlich Oberst Aubert den Auftrag, die Verhandlungen über einen Waffenstillstand einzuleiten. Aubert erreicht es über die Adjutanten des Marschalls, dass Davout ihn in einer Wache am Festungswall trifft.

Die Unterredung zieht sich von halb zehn bis elf Uhr nachts hin. Aubert sagt, Davout möge die Einwohner schonen und Hamburg aufgeben. Davout sagt, er könne nichts an den Befehlen seiner Regierung ändern, und seine Ehre und seine Pflicht würden es ihm verbieten, Vorschläge anzuhören, die seinen Befehlen entgegenlaufen. Er werde aber nichts unternehmen, was den Feind nötigen könnte, Altona zu besetzen. Wenn aber die Russen Altona angriffen, dann werde er sich verteidigen.

Aubert versteht, dass der Glaube des Marschalls an Napoleon unerschütterlich ist. Bennigsens erste und unerlässliche Forderung für einen Stillstand der Waffen ist so, dass Aubert sie Davout gar nicht erst vorgetragen hat: die Kriegsgefangenschaft der Festungsgarnison.

Die Offiziere klagen beim Marschall über die Eintönigkeit des Winters und sprechen davon, dass General Bennigsen in Pinneberg einen Ball gibt. Zu Bennigsens Bällen und der Tanzmusik seines Militärorchesters pflegen die Damen der Nachbarschaft zu kommen.

»*Eh bien! Nous danserons aussi*«, sagt Davout, also gut, wir tanzen auch.

Die Adjutanten bereiten für Fastnacht einen Maskenball vor, und Davout lädt die Hamburger Damen ein.

Sie sagen alle ab. Ehemänner entschuldigen ihre Frauen,

Väter ihre Töchter mit dem Mangel an Kutschen – der Kot in den Straßen gestatte es nicht, zu Fuß zu gehen.

So war es schon einmal bei einem Ball, den ein General im Herbst im Haus eines geflohenen reichen Kaufmanns gab. Kaum jemand war gekommen, und die Bürger hatten den General ausgelacht. Aber jetzt lädt der Marschall persönlich ein.

Einigen Damen schickt er am Abend seinen Wagen. Aber diese Damen können leider nicht kommen: Ihre Ballkleider sind nicht fertig. Anderen Damen schickt er die Gendarmen, aber diese Damen liegen in ihren Betten und sind leider so krank, dass die Polizei sie nicht mitnehmen kann. Die Offiziere müssen kurz vor Beginn des Balles die Schauspielerinnen des deutschen und des französischen Theaters einladen.

Der Feuer-Bieber und seine schöne Tochter sind gekommen.

Zwei Tage nach dem Ball, nachts zwischen zwei und vier, greifen die Russen wieder an. Als der Angriff vorbei ist, kommen 28 Wagen mit Verwundeten durchs Brooktor in die Festung. Die Gendarmen greifen Passanten in den Straßen auf und zwingen sie, Verwundete zu tragen und zu waschen.

Drei Tage später meldet der Marineoffizier auf dem Michaelisturm wieder feindliche Kolonnen, die auf die Inseln zumarschieren, und der Marschall und die Generäle bereiten sich auf einen Nachtangriff vor – die gesamte Garnison ist unter Waffen. Nachts um elf bricht der Feind von der Insel Neuhoff hervor und stürmt auf die Insel Wilhelmsburg, zur selben Zeit hört man Schüsse vor Harburg. Die französischen Vorposten auf der Wilhelmsburg ziehen sich zum Brückenkopf und zum großen Winterdeich zurück, wie der Marschall es ihnen nach dem Angriff am 9. vorgeschrieben hat. Bei ihrem Rückzug schießen sie die neuartigen englischen Brandraketen ab, die er für den Nachtangriff vorbereiten ließ, und zünden zahlreiche große Haufen von brennbarem Material an. Die Raketen springen mit einem Krachen hinter den Feind, wie Minen, und leuchten dort, und die Haufen vorne brennen wie Fackeln, und die französischen Kanoniere sehen die Feinde wie am hellen Tag. Die Brandraketen bringen die russischen Truppen durcheinander, die Kanoniere beschießen sie mit Kanonen, und sie brechen den Angriff ab und ziehen sich zurück.

Der strenge Frost hält nun seit über fünfzig Tagen an, und die Männer zerschlagen weiter das Eis auf Gräben, Flussarmen und Kanälen.

Chefingenieur Jousselin befestigt auf der Wilhelmsburg die beiden Brückenköpfe an Norder- und Süderelbe weiter, baut noch mehr Geschützstellungen auf dem großen Winterdeich und auf dem niedrigen Sommerdeich. Er lässt die zwangsgeräumten Häuser auf der Insel verstärken, Schießscharten in ihre Mauern brechen und um die Häuser und an den Wegrändern Brustwehren aus Pferdemist und Eis zusammenfrieren. Zur Reparatur der Brücke nimmt er Holz: Der Feind hat am 17. Februar auf der Harburger Seite Brückenpfeiler angezündet und sechs Joche, etwa vierzig Meter, abgebrannt. Jousselin und seine Arbeiter bauen die Elbbrücke zu einer wahren Zitadelle aus, meint Generalstabschef Laville: zu einer Zitadelle aus Dung und Eis.

Fast jede Nacht alarmieren größere oder kleinere Überfälle der Russen, Hanseaten und Kosaken die Vorposten rings um die Festung. Die Festung ist riesig, und die Soldaten sind ausgelaugt vor Müdigkeit. 17 000 Kranke liegen nun ständig in den Lazaretten, und die Sterblichkeit steigt erschreckend – im Februar sterben 900 in den Hospitälern. Doch der Marschall und die Generäle können den Dienst nicht verringern. Die Sicherheit der Festung hängt vom Besitz der Insel Wilhelmsburg mit der Brücke ab, und die Sicherheit der Insel hängt vom Besitz der kleinen Festung Harburg ab, die der Feind leicht erreichen kann und die sie auch verteidigen müssen. Auf der Wilhelmsburg sind Häuser und Scheunen abgebrannt, Altargeräte geraubt worden, Vieh. Viele erfrorene Franzosen sind hier bestattet.

Der Marschall wacht jede Nacht hinter den vereisten Festungswällen, und nach einigen Stunden Ruhe am Morgen reitet er die Posten ab und ermuntert die Soldaten. Auch Davout liest Zeitung. Vielleicht bringt sein Koch sie ihm manchmal mit, der zu denen gehören soll, die Waren aus Altona in die Festung schmuggeln und an Bürger verkaufen. Jedenfalls erfährt er von einer Siegesserie Napoleons an der Marne: Der Kaiser hat sich zwischen die Korps der Schlesischen Armee unter Blücher manövriert, die nach Westen zogen und die ihm zusammen zahlenmäßig überlegen waren, und hat sie einzeln an drei aufeinanderfolgenden Tagen – am 10., 11., und 12. Februar – besiegt. Dann hat er nach einem bravourösen Gewaltmarsch zwei Tage später an der Seine ein Korps der Böhmischen Armee unter Fürst Schwarzenberg geschlagen. Davout lässt die Nachrichten über diese Schlachten in Frankreich auf Flugblätter drucken und in der Festung verbreiten.

Er will Bennigsen zwingen, endlich eine Belagerung nach allen Regeln der Kriegskunst anzufangen, er soll Schützengräben ausheben, soll Belagerungsgerät auffahren, soll nicht länger bloß warten, dass Hunger, Krankheit und Kälte ihm die Festungstore öffnen. Davout will kämpfen, will feindliche Truppen binden und damit Zeit für Napoleon gewinnen. Der Marschall und seine Generäle warten auf ein Ende des Frostes.

Die Stille

»Es herrscht jetzt immer eine Todtenstille in den Straßen«

1.

Die früher so lebhafte und bunte Handels- und Hafenstadt ist seit drei Monaten eine geschlossene Festung. Schnee- und Kotberge verstopfen die Straßen, die Kanäle sind zugefroren, die Wälle vereist. Vielleicht 50 000 Einwohner und etwa 35 000 Soldaten leben eng beieinander in drückender Stille, die nur Militärtransporte manchmal unterbrechen.

Die private Geselligkeit der Bürger hört auf. Henriette Brock sieht fast nur noch ihre Familie, ihre Freundinnen sehr selten – man muss immer darauf gefasst sein, dass es Alarm gibt und die Patrouillen mit blanken Säbeln durch die Straßen reiten, dass man nicht mehr nach Hause kommt und bei Leuten übernachten muss, die keine Gästebetten mehr haben und deren Lebensmittel eingeteilt sind, und dass eine Haussuchung stattfindet und man als nichtverwandt bestraft wird. In Häusern sind Versammlungen von mehr als vier Personen, die nicht miteinander verwandt sind, abends verboten.

Wenn die Mitglieder der Familie Brock sich treffen, dann müssen sie jetzt oft »über das kleinstädtische Wesen in unserer Stadt« lachen: Jeder erkundigt sich zuerst bei dem anderen, was er zu Mittag gegessen hat. Einmal sind alle bei Henriettes ältestem Bruder Wilhelm zu Butterbrot eingeladen. Sie sitzen zu Tisch und klagen und jammern über die unausstehliche Ruhe. Schwager Otte zweifelt gerade daran, je erlöst zu werden, als ein Kanonenschuss alle vom Tisch aufjagt. Einige laufen auf den Boden, um zu sehen, was los ist, die Übrigen rüsten sich in Eile zum Nachhausegehen. Beim Donnern der Kanonen laufen sie nach Hause, die Straße ist voller rennender Men-

schen. Als sie zu Hause sind, wünschen sie von Herzen, der
Angriff möge nun richtig beginnen. Doch plötzlich hört das
Schiessen auf, und sie verfallen wieder in ihre »vorige Traurig-
keit.«

Öffentliche Geselligkeit gibt es schon lange nicht mehr, keine
Winterkonzerte in der ›Harmonie‹, keine Vorträge, keine Treffen in Clubs, keine Bälle, bis auf die, zu denen der Prinz einlädt,
wohin man aber nicht geht. Es gibt nur noch den Gottesdienst
in Ausweichquartieren, und dort trifft man Menschen, die
genauso traurig sind wie man selbst.

Man sieht kaum noch Hausfrauen in den Straßen. Früher
sind Bürgersfrauen und Köchinnen mit einem niedlichen Haus-
mädchen im Schlepptau ausgegangen. Heute steht auf dem
Fischmarkt vor Dorothea Mollers Haus und auf den anderen
dreizehn Märkten der Stadt kein Händler, an den Kajen liegen
keine Blankeneser Ewer mit frischem Fang. Die Gemüsefrauen
mit der »Tracht« – der Tragestange auf den Schultern – kommen nicht mehr aus den Vierlanden oder aus Bardowiek, die
Obstbäuerinnen mit dem weit abstehenden roten Glocken-
rock und den weißen oder hellblauen Kniestrümpfen nicht
mehr aus dem Alten Land. Fast alle Läden haben geschlossen.
Es gibt keine neuen Bücher, keine neuen Klaviernoten. Ausfah-
ren oder durch die Straßen schlendern, sich umsehen, Bekannte
treffen – das ist vorbei.

Man sieht auch kaum noch Kinder. Die Schulen sind geschlossen, und die meisten Kinder dürfen wegen der Berge von
menschlichem Kot in den Straßen nicht mehr hinaus. Manche
Kinder mühen sich, in den dick zugefrorenen Fenstern mit
einem Stückchen glühender Kohle ein kleines Loch aufzutauen,
damit sie wenigstens sehen können, was draußen passiert. Aber
sie sehen keine hoch bepackten Frachtwagen mehr, die vier
kräftige Kaltblüter ziehen, keine rassigen Kutschpferde und
keine Kapitäne mit wiegendem Gang.

Nur wenige Männer sind unterwegs. Makler eilen nicht mehr
in die Kontore, Hausknechte und Lagerarbeiter nicht zu den
Speichern, Kaufleute nicht mehr zur Börse. Die Kontore sind

verwaist, Handwerksbetriebe und Manufakturen liegen still. Die Festungsbesatzung braucht auf, was in den Häusern und Speichern der Bürger vorhanden ist, schafft nicht neu.

Viele Männer leben allein und langweilen sich. Sie haben ihre Familien vor Wochen aufs Land geschickt und bleiben in der Festung, um ihren Besitz zu schützen. Aber auch Makler Hönert, der Frau und Töchter bei sich hat, geht es nicht gut: »Geduld ist von Nöthen, aber schwer sie festzuhalten! Geschäfte hat man nicht, an Lust etwas anzufangen fehlt es auch, man hoft und hoft, und grübelt, und stellt sich Thatsachen gegen Thatsachen auf, und kann am Ende bey Vergleichung und Zusammenstellung aus dem Dinge doch nicht klug werden.«

Für die mitspracheberechtigten Bürger der Stadtrepublik gibt es keine Aufgaben in der Politik oder in der traditionellen Selbstverwaltung. Trinkwasserversorgung, Abwasserentsorgung, Straßenreinigung sind zusammengebrochen, ebenso die Straßenbeleuchtung. Es gibt keine Fürsorge mehr für Arme, Waisen und Kranke, kein ziviles Leben mit Anteilnahme, Mitmenschlichkeit und Verantwortung füreinander. Der Organismus Stadt, den die Bürger geschaffen haben und der unter der Militärdiktatur schon lange bröckelte, löst sich auf, die Strukturen zivilen bürgerlichen Lebens verblassen und verschwinden.

Eine große Traurigkeit erfasst die Menschen. Sie sind schwach und antriebslos, und wer noch Antrieb hat, kann doch nichts ändern.

2.

Wenn Dorothea Moller Zeit hat, und das ist jetzt oft der Fall, schreibt sie für ihre Schwester Ulricka, die Pastorenfrau in Nusse bei Ratzeburg, auf, was sie aus dem Fenster der einzigen noch geheizten Stube ihrer Mutter auf dem Fischmarkt und in den angrenzenden Straßen sieht: kranke Soldaten, tote Pferde, Wäsche aus den Lazaretten, die auf dem Markt trocknen soll. Wagen mit Verwundeten kommen vorbei und jeden Tag der

Totenkorb, der die Toten aus den verschiedenen Hospitälern abholt.

Sie liegen nackt im Korb und werden in St. Georg in eine große Grube geworfen, die »nicht eher bedeckt wird bis sie voll ist, und so groß, daß tausend hinein gehören; bis dahin liegen sie zu jedermanns Schau, als das gräslichste Schauspiel da, und verpesten die Luft durch ihre Ausdünstungen«. Ihr Schwager Andreas Prell und ihr Bruder Adolph sind hingegangen, um zu sehen, ob die Gerüchte über die Gruben stimmen, und sagen, dass es der empörendste Anblick sei, den man sehen könne. Wenn die Toten ausgeladen worden sind, »so fährt der Mann mit dem nämlichen Korbe in St. Georg bey dem Bäcker vor, und nimmt das Brod für die Casernen und Hospitäler darinn zurück«.

Dorothea Moller ist eine große starke Frau mit trockenem Humor, die an Vernunft und Selbstdisziplin glaubte. Jetzt sieht sie um sich her Greuel, die die Soldaten selbst und die Bürger immer tiefer ins Verderben stürzen – »es ist als wenn lauter Wahnsinnige herrschten!«. Jetzt hat sie Angst, dass sie, ihre Mutter und ihre Schwester Jette aus dem Haus gewiesen werden, und legt nachts Kleidung ans Bett, hat Angst, dass eine von ihnen sich ansteckt und krank wird, Angst, dass sie nicht genug zu essen haben. Wenn die Belagerung länger dauert, müssen zuletzt doch alle auswandern, glaubt sie: Schon jetzt gibt es »gräsliche Anblicke des Hungers, an Menschen und Vieh – es steht diesen Augenblick vor unsern Fenstern ein Pferd angebunden, welches sich am Gaßenkoth sättigt – das einzige woran wir keinen Mangel leiden. –«

Alles, was sie vom Fenster aus sieht, ist entweder traurig, ekelhaft oder ärgerlich: Pferde, deren Hufe niemand feilt, so dass sie auf dem Eis hinfallen, kranke Pferde, über die Militärwagen hinwegfahren, bis sie tot sind. Sie sieht verhungerte Hunde, einen kranken Soldaten, der wie tot daliegt: »Jeder vorübergehende Soldat stieß ihm mit dem Fuß, um zu sehen, ob er noch lebe, zuletzt kam ein Marketender-Weib, und goß ihm unter lautem Gelächter eine Schaale kaltes Wasser in's Gesicht.«

Die kranken, verwundeten und verkrüppelten Soldaten sind »der traurigste Anblick den man haben kann«.

Sie wundert sich, welche feinen Leute jetzt mit Schneeschaufeln und Brennholz für die Küche bei ihr vorbeigehen »und Damen mit den Ruinen ehemaliger Eleganz sieht man Töpfe mit Honig, Milch, oder dergleichen holen« – auf dem Hopfenmarkt gibt es jetzt morgens einen Schwarzmarkt, und man kann manchmal Eier, Speck, Butter, Rindfleisch zu hohen Preisen kaufen oder eintauschen, Hühner gegen Kartoffeln, Roggen gegen Torf. Eine Katze kostet mehr als doppelt so viel wie ein Pfund Schweinefleisch. Das Handeln muss heimlich geschehen, jeder Verkauf ist verboten, alles muss abgeliefert werden, die Zöllner haben bei den Haussuchungen die Vorräte, die für die kommenden Monate bestimmt sind, versiegelt. Alle Menschen haben jetzt Angst vor dem Verhungern, »und obgleich der Magen etwaß leer bleibt, so sind die Köpfe desto angefüllter von Proviant; es ist das einzige Gespräch und Interesse was wir haben«.

Dorothea Moller will ihrer Schwester Ulricka auch berichten, wie es jetzt bei ihnen zu Hause aussieht, wagt aber nicht, das »ganz genaue innere« zu schreiben, ihre Gedanken, weil sie fürchtet, dass eine Kommission die Blätter findet und sie bestraft wird. Gerade erst haben sechs Zöllner das Haus vom Boden bis zum Keller durchsucht. Es quält sie, dass sie nicht alles aufschreiben kann, und es quält sie, dass vielleicht niemand mehr da ist, der ihre Aufzeichnungen liest und ihre Erlebnisse später mit ihr teilt: »... manchmal kann ich mich des Gedankens nicht erwehren, ob Du, ob alle meine auswärtigen ausgewanderten Freunde noch am Leben sind.«

Zum Haushalt gehören jetzt außer der Mutter, den beiden Schwestern und den beiden »Domestiquen« noch eine Tante mit ihrer Tochter. Die Tante musste ihr Haus in St. Georg sofort räumen, weil es Kaserne werden sollte. Die Cousine musste ihr krankes jüngstes Kind bei der strengen Kälte auf den Armen wegtragen, und das Kind ist ihr unterwegs gestorben. Mollers sind nun mit »Proviant und Feuerung ein wenig in Verlegenheit« gekommen. Außerdem sind zwei Kürassiere und zwei Zollbeamte bei ihnen einquartiert worden sowie zwei Rekonvaleszenten aus dem Hospital, für deren Beköstigung sie sorgen müssen. Ein Offizier kommt ins Haus und kontrolliert, ob die Soldaten auch Pökel- oder Pferdefleisch bekommen, was teuer und vom Dienstmädchen erst nach viel Lauferei zu beschaffen ist. Er hält die Rekonvaleszenten dazu an, täglich spazieren zu gehen, und treibt sie ohne Rücksicht auf das Wetter hinaus, »sie schleichen dann gewöhnlich von 2 andern geführt, mit zerrissenen Schuhen und ohne Strümpfe, durch Koth und Nässe«.

Bis jetzt konnten Mollers sich täglich satt essen, auch wenn sie mit Besorgnis in die Zukunft sehen. Aber ihre Feuerung geht zu Ende, und es sind immer noch zwischen −6° und −8° Kälte. Das Haus liegt vorne nach Süden, und sie warten auf die Frühlingssonne, die es erwärmen wird. Der Mutter geht es gut, ihr »größtes Leiden hat sie mit den Domestiquen, die sich die höchst notwendigen Einschränkungen nicht wollen gefallen lassen, diese Klagelieder sind in allen Häusern.« Die Welt der Bürger geht unter, und das Gejammer über Hauspersonal lebt bis zum Schluss.

Trotz der vielen traurigen Anblicke auf den Straßen gibt der Marschall wieder einen festlichen Ball, Dorothea Moller hat die neuesten Gerüchte gehört: Die meisten Bürger entschuldigen sich wieder, besonders die Damen. Davout nimmt die Entschuldigungen nicht an und teilt mit, wann er die Damen holen lässt. Er hat aber nicht mehr genug Pferde und befiehlt, »die Knechte vom Artillerie Train« vor die Wagen zu spannen, ein Nachtwächter steht hinten als Bedienter, und so wird die Gesellschaft zusammengeholt. Die Kutsche, mit der ein Adjutant des Prinzen eine Dame abholen soll, schlägt um, und überhaupt soll es ein trauriges Vergnügen gewesen sein. Es heißt auch, die Frau eines angesehenen Kaufmanns sei aus Protest – sie sollte zwangsweise abgeholt werden – in Nachtjacke und Unterrock erschienen.

Jetzt gibt es auf dem Schwarzmarkt kein Fleisch, keinen

Wein und kein Brot mehr. Wieder muss jeder Haushalt pro Person fünf Pfund Roggen abgeben, wieder gibt es Haussuchungen. Mollers und ihre Freunde und Bekannten gehen fast gar nicht aus, die Straßen sind zu schmutzig. Wenn man doch zu Besuch geht, bringt man sich sein Brot mit.

3.

Christian Wehrs wandert durch die Stadt. Eines Abends gegen fünf Uhr kommt er mit einem Bekannten, einem Herrn Miehe, durch den Alten Wandrahm. Sie hören Jammertöne aus einem Fenster, hinter dem die Totenkammer liegt, wie Miehe weiß. Sie melden das im nächsten Hospital, und zwei Aufseher gehen mit Schlüssel und Laterne zur Kammer und öffnen die Tür.

Die Kammer ist voll von nackten Toten, und auf diesen eiskalten Toten sitzt ein nackter Mann und stöhnt: »Ach – Gottlob!« Einer der Aufseher zieht seinen Mantel aus, wickelt den Mann hinein, und so tragen sie ihn zum Hospital. Der Mann war scheintot, als man ihn in die Totenkammer warf, und war zu sich gekommen und unter den anderen hervorgekrochen.

Wehrs erfährt nie, ob der Mann wieder gesund geworden ist.

Er hört von Schanzarbeitern, der rechtmäßige König Ludwig XVIII. sei in Paris. Aber kaum jemand traut dieser Neuigkeit – wer erinnert sich denn noch an den – das ist zwanzig Jahre her – da war Wehrs noch nicht einmal auf der Welt. Für alle gibt es nur Napoleon.

Mit den Schanzarbeitern kommen abends manchmal einige Männer aus Altona in die Festung, um ihre Verwandten zu besuchen, und wandern am nächsten Morgen wieder aus. Das geht aber nur, wenn sie einen Schanzer dazu bewegen können, nachts in Altona zu bleiben, denn die Schanzer werden morgens und abends am Tor gezählt. Das Risiko, erwischt und erschossen zu werden, ist für alle Beteiligten hoch. Wehrs hört auch die Geschichte einer jungen Frau – Mademoiselle Kaufmann, Enkelin der Doktorin Nissen in Altona –, die ihre Großmutter in der Festung sehen wollte und mit dem Fahrer eines Leichenwagens, der Tote vor die Stadt gebracht hat, durchs Tor

in die Stadt hineinfährt. Nach dem Besuch bei ihrer Großmutter wandert sie mit ausgewiesenen Hamburgern wieder
zum Tor hinaus. Diese Demoiselle imponiert Wehrs.

Immer weniger Schanzarbeiter werden gebraucht. Man gräbt
noch haltbare Särge auf Friedhöfen aus und setzt sie aufeinan-
der als Fundament für kleine Schanzen. Apotheker Minder
erzählt, es gebe kein Holz mehr für Särge. Arme Leute kämen
in einen Sack und würden in zweirädrigen Karren weggefahren.

Auf dem Schweinemarkt und in der Steinstraße liegen zwanzig geschlachtete Pferde, an denen Soldaten, Bettler und Hunde
zerren. Kranke Soldaten legen sich neben tote Pferde, um sich
zu wärmen. Der Unrat auf den vereisten Kanälen reicht jetzt
bis zu den Brücken, und in mehreren Straßen führen Hohlwege
durch den gefrorenen Kot.

Makler Hönert steht an seinem Teleskop am Eckfenster im
Haus seiner Mutter. Er sieht, wie Gassen gereinigt werden –
man sorgt dafür, dass nicht wieder tote Tiere und Menschen
liegen bleiben. »Menschen? Ja, ich sah einen bey'm Zeughause
ausgezogen nur leicht mit Stroh bedeckt liegen, worüber sich
schon Hunde oder Katzen hergemacht.«

Davout und Chaban haben die Hospitäler besucht und angeordnet, »dass die Gestorbenen, ehe sie in die Todtenkammer
kommen, erst einige Zeit unter Aufsicht in ein erwärmtes Zimmer gebracht werden«.

Hönert geht es nicht gut. Manchmal sieht er einfach nur aus
dem Eckfenster und hört auf die Stille in den Gassen und dann
»weiß man zuweilen nicht, ob man noch in einer großen Stadt
lebt«. Er mag nicht mehr spazieren gehen, mag keine Besuche
machen. Die meisten Bekannten sind ungeduldig und schimpfen auf die Alliierten, obwohl keiner weiß, was geschieht:
»Gerüchte bald so bald anders, Lügen von allen Gattungen
verdrehen die Köpfe noch mehr und machen gewöhnlich ver-
drieslich.«

An manchen Tagen sind die Franzosen lustig und guter
Dinge, weil der Prinz ihnen sagt, dass der Kaiser die Alliierten

vernichten und Holland, Sachsen, Westfalen und Bremen wieder besetzen und Hamburg befreien wird. Einmal treten im Theater am Gänsemarkt die Schauspieler vor den Vorhang und lesen auf Französisch und Deutsch vor, dass Napoleon die Alliierten in Frankreich angegriffen und zurückgeschlagen habe. »Die Franzosen glauben es, und nehmen es als baare Münze. O ihr Leichtgläubigen!«

Trotzdem ist eine solche Nachricht bedrückend.

Selbst die optimistische Henriette Brock muss mit sich kämpfen. Ein Tag vergeht wie der andere, man hört nur noch dann und wann einige Kanonenschüsse. »Man sollte am Ende fast den Mut verlieren! Es wird hier jetzt gar zu traurig und zu schrecklich.«

Trotzig glaubt sie, dass alles gut enden wird. »Deutschland wird wieder aufleben, wir werden frei sein und unseres Lebens uns von Neuem erfreuen.«

»la discipline la plus parfaite« – Die vollkommenste Disziplin

1.

Die Eisfestung steht in weißer Pracht vor dem dunstigen Winterhimmel. Auch der März bringt eisige Tage und Nächte, am 8. zeigt das Thermometer −8 ° bis −10 ° Kälte an, und am 10. März, dem 62. Frosttag, schneit es wieder stark. Davout lässt weiter Eis aufhacken und Hindernisse aus Eis bauen und die Festung im bestmöglichen Zustand halten.

In der ersten Hälfte des Monats gibt es fast jede Nacht Vorpostengefechte auf der Wilhelmsburg. Davout hat viele seiner besten Truppen auf der Insel stationiert. Der Brückenkopf vor der Festung ist jetzt gesichert: Die Kanonen auf dem Festungswall reichen bis hierher, und zahlreiche gestaffelte Hindernisse aus Pferdemist und Eis schützen die Verteidiger vor den Kugeln der Angreifer und versperren die Straße in die Festung. Trotzdem ist der Brückenkopf nach wie vor der schwächste Punkt der Festung, und Davout ist jeden Tag hier. Von hier aus macht er seine Gegenangriffe. Er wirft Bennigsens Generäle jedes Mal zurück.

Generalstabschef Laville und die meisten Offiziere sind zuversichtlich seit der Nachricht von Napoleons siegreichen Schlachten an der Marne und der Seine. Sie hoffen, dass er bald mit der französischen Armee »triumphierend« nach Deutschland zurückkehrt – so wie er im vorigen Jahr nach dem Rückzug aus Russland wieder eine Armee aufgestellt hat – und sie lobt und belohnt, weil sie eine so wichtige Festung gehalten haben. Sie werden wieder mit der Großen Armee kämpfen.

Davout ist erstaunt über die unentschlossenen und anscheinend planlosen Angriffe Bennigsens. Der General ist jetzt

69 Jahre alt, er soll an der Spitze der Verschwörer gestanden haben, die den Tod des Zaren Paul planten, und deshalb bei Zar Alexander sehr angesehen sein. Davout kennt den General seit Jahren als Gegner – nach der Schlacht bei Eylau 1807, auch von Borodino 1812, wo er Chef des Generalstabs von Generalfeldmarschall Kutusow war. Levin von Bennigsen kämpfte in der großen Völkerschlacht bei Leipzig im Herbst 1813, er ließ in Dresden Gouvrion St. Cyr durch die Generäle Tolstoi und Markof einschließen, die jetzt mit ihm vor Hamburg stehen. Er ist ein erfahrener Mann, aber er hat offenbar noch keine großen Belagerungskanonen.

Davouts Generäle meinen allerdings, mit ein wenig mehr Eifer könnte er auch ohne die Kanonen etwas ausrichten. Erst dachten sie, er warte einfach ab: Kälte, Entbehrungen, Krankheiten und Desertionen werden die Festung fallen lassen. Jetzt glauben sie, dass er damit nicht mehr rechnet: Seine Angriffe sind nur noch leere Demonstrationen, er schafft es nicht einmal mehr, sie alle ständig auf den Beinen zu halten – die angegriffenen Posten können sich jetzt meist allein verteidigen, der Generalmarsch wird nie geschlagen. Bennigsen wartet anscheinend in Pinneberg, bis der Erfolg oder Misserfolg der Alliierten in Frankreich über eine Festung entscheidet, die er nicht erobern kann. Dabei verpasst er seine Chancen und verliert Zeit, sagen Davouts Generäle, denn der Frühling muss ja kommen, und wenn das Tauwetter da ist, sind wir gerettet und greifen ihn an.

Graf Puymaigre, der bei der Zivilverwaltung angestellt ist und jetzt die Kompanie der Zöllner kommandiert, hat vom Tabakeinkauf in Altona die neuesten Nachrichten mitgebracht. Auf einem Kongress in Châtillon an der Seine verhandeln Diplomaten der Alliierten seit dem 5. Februar mit französischen Diplomaten über einen Frieden. Die Alliierten wollen Frankreich auf die Grenzen von 1792 zurückstutzen, die Grenzen vor dem ersten Krieg gegen Österreich. Doch nach seinen spektakulären Siegen über Blücher an der Marne verlangt Napoleon jetzt die natürlichen Grenzen Frankreichs: die Rheingrenze.

Marschall Davout ärgere sich über die »Verbohrtheit« des Kaisers, die den Rückzug der Alliierten aus Frankreich hinauszögere, erzählt Puymaigre. Davout halte es für zweckmäßiger, Frankreich vorerst auf die Grenzen von 1792 zurückzunehmen.

2.

Die Zahl der kranken Soldaten bleibt unverändert hoch, und auch im März sterben fast tausend von ihnen. Es gibt jetzt acht Militär-Hospitäler. Fünf große Wohn- und Kontorhäuser am Alten Wandrahm, der vornehmsten Straße der Stadt, sind zu Lazaretten umgewandelt worden. Die Häuser sind aus rotem Backstein, die Fenster haben weiße Stuckrahmen, und die Portale sind mit Girlanden und Blütenbüscheln aus Sandstein verziert. Die Häuser der Kaufleute Merck, Gossler und Cesar Godeffroy liegen nebeneinander, und man hat die Wände durchbrochen und sie so miteinander verbunden. Auch das Haus von *Peter Godeffroy Söhne & Co.*, in dem Peter Godeffroy jun. mit Familie und die Klünders wohnen, ist jetzt Lazarett. Die Speicher in den Höfen sind ebenfalls umgebaut. Bretterböden teilen sie in fünf und sechs Etagen für jeweils 200 bis 250 Kranke. In den oberen Etagen kann man keine Öfen aufstellen, die Luft ist schlecht, und es ist so kalt, dass die Getränke an den Betten eine Eisschicht haben.

Die wenigsten Kranke sind verwundet, die meisten leiden an hohem Fieber, an Fleckfieber oder Typhus, an Ausschlägen, Durchfall, Übelkeit, Darmblutung, Geschlechtskrankheiten.

Chaban hat die Oberaufsicht über die Verwaltung der Lazarette und perfektioniert die Organisation. Für Medikamente gibt es nun eine Zentralapotheke, die dem Arzt Dr. Moldenhawer untersteht. Die Hauptleute müssen den Gesundheitszustand der Kranken regelmäßig kontrollieren, die Bataillonskommandeure kontrollieren die Hauptleute und werden selbst von Obersten und Brigadegenerälen kontrolliert. Chaban besucht die Hospitäler persönlich, und zweimal in der Woche kommt der Marschall. Er macht sich große Sorgen um die

Ernährung der Kranken. Selbst wer von den Gesunden nicht hungert, ist jetzt mangelhaft ernährt. Er lässt den Kranken Reis geben, Sago, guten Wein, Pferdefleisch und, als es kein Schlachtvieh mehr gibt, die Knochenbouillon, die Thiébault im November herstellen ließ.

Davouts Fürsorge für Kranke ist ungewöhnlich bei einem hohen Offizier. Er hat ständig zwischen vier und sechs Genesende in seinem Haushalt. Er bestraft nach wie vor alle, die aus Habgier die Kranken schädigen – der Vorsteher des Hospitals am Altonaer Tor und zwei Hospitaldiener werden wegen Unterschlagung und wegen Beraubung eines kranken Soldaten erschossen.

3.

Mitte März weht der Wind aus Osten und Nordosten, und es wird wieder empfindlich kalt. Am 20. März, dem 72. Frosttag, gelingt es einem französischen Agenten, durch die feindlichen Linien in die Festung zu kommen.

Die Prinzessin Eckmühl hat ihn geschickt. Er sollte einen Brief von ihr in die Festung schmuggeln, aber er hat ihn verbrannt, um sich nicht zu verraten, als er in Gefahr geriet. Die Prinzessin ist gesund, berichtet er, und die Kinder sind es auch, der Agent hat vier gesehen: zwei Demoiselen, einen großen Jungen und ein kleines viertes Kind, von dem er dem Marschall nicht sagen kann, ob es ein Mädchen oder ein Junge ist. Es amüsiert Davout, dass der Mann seinen Jules für ein kleines Mädchen gehalten hat.

Auch aus Paris bringt der Agent eine gute Nachricht: Napoleon hat Blüchers Armee unter den Mauern von Laon angegriffen, alle Dörfer ringsum standen in Flammen. Als der Agent Frankreich verließ, war der Feind zurückgeschlagen.

Davout teilt diese Neuigkeit sofort in einem Tagesbefehl der Festungsbesatzung mit. Die eigenen Siege auf der Insel Wilhelmsburg und die Siege des Kaisers in Frankreich erhöhen die Stimmung der Offiziere.

Allerdings: Die Bürger und ihre Frauen, die Davout zum

Ball zur Feier des Geburtstags des Königs von Rom am selben Abend eingeladen hat – Napoleons Sohn wird jetzt drei Jahre alt –, sagen fast alle unter verschiedensten Vorwänden ab.

Wieder schickt Davout ihnen Gendarmen und Nachtwächter mit der Botschaft, sein Wagen würde gleich kommen. Aber die Damen bleiben bei ihren Entschuldigungen, und die Gendarmen werden schließlich ungeduldig. Sie wollen einige Damen zum Mitkommen zwingen, bei anderen dringen sie bis ins Schlafzimmer vor, um sich von ihrer angeblichen Unpässlichkeit zu überzeugen. Aber auch diesmal müssen die Schauspielerinnen des französischen und des deutschen Theaters aushelfen.

Davout ist das an diesem Abend gleichgültig. Chaban ist erkrankt, es heißt, er habe Hospitalfieber – hitziges Brustfieber, sagt sein Arzt. Davout ist verzweifelt und versucht alles, um ihn zu retten, lässt die besten Ärzte der Stadt zu ihm bringen.

Nachts schlägt der Wind um und kommt warm aus Süden. Generalstabschef Laville ist überzeugt, dass Bennigsen die Festung nun nicht mehr erobern kann. Er glaubt, dass die französische Armee sie bald befreit. Er ist stolz auf das 13. Armeekorps: Die Soldaten sind jetzt abgehärtet und erfahren wie alte Truppen, und es herrscht »*la discipline la plus parfaite*«, die vollkommenste Disziplin. Die Truppen sind gut gekleidet, ihr Sold ist bezahlt, sie haben Schuhe und Ausrüstung, und Davout in seiner strengen Voraussicht hat für sie noch Verpflegung für weitere sechs Monate – Pökelfleisch, Speck, Mehl und Wein. Die Garnison ist für Napoleon bereit.

»viele meiner Tage stehen da wie dunkle Schatten«

1.

Henriette Grautoff hat oft gedacht, das Elend in der Festung könne nicht größer werden, jetzt sieht sie, wie es mit jeder Woche noch zunimmt. Der Verwalter von St. Katharinen konnte für die obdachlosen Predigerfamilien für ein halbes Jahr zwei Häuser mieten. Doch Brot und Feuerung fehlen, und trotzdem müssen alle Familien Getreide abliefern, diesmal sieben Pfund pro Kopf.

Zöllner durchsuchen weiter die Häuser nach Vorräten, der *maire* verlangt, dass die Frauen Hemden, Bettlaken und jetzt auch Nachtmützen für die Soldaten nähen, die Nachtwächter sagen wieder in allen Häusern an, dass niemand sich, bei Todesstrafe, auf dem Wall sehen lassen darf. Außerdem sagen sie an, jeder Haushaltsvorstand sei jetzt »für die sittliche Aufführung der Seinigen wie für ihre Gesundheit verantwortlich«: Wenn in einem Haus eine Frau geschlechtskrank wird und einen Soldaten ansteckt, werden die Frau und ihre Herrschaft aus der Stadt gewiesen.

Die Festung liegt tagelang unter dichtem Nebel.

Makler Hönert hört, dass jeden Tag vierzig bis fünfzig Einwohner sterben. Vor einem Jahr, als Tettenborn einzog, sah Hönert »den Himmel auf Erden, dies Jahr die Hölle«. Er hat das Leben oft als Wohltat empfunden, hat es oft genossen, aber nun leidet er am Leben, »viele, viele meiner Tage stehen da wie dunkle Schatten«. Er ist 37 Jahre alt, war immer ein unternehmender und zuversichtlicher Mann. Nun ist er wie gelähmt – »fast habe ich schon aufgehört zu leben«.

Er wartet auf einen Angriff, der nicht kommt. Manchmal

hören die Bürger einen ganzen Tag lang Kanonenschüsse. Sie erfahren nie, was die Schüsse bedeuten. Manchmal hören sie nachts, wenn sie in ihren Betten liegen, den Kanonendonner dumpf und schauerlich durch die Stille tönen.

Hönert sitzt immer noch am Teleskop: »Unsere Wissbegierde steigt jeden Tag!« Alle wollen wissen, in welcher Lage sie sind, wollen wissen, was in und vor der Festung geschieht, was in Europa: »Von Auswärts her hört man bald günstige bald ungünstige Nachrichten. Wer sagt uns, dieß ist Wahrheit, jenes Lügen! Man tapt im Blinden, und fühlt sich glücklich, wenn man nichts hört.«

Doch auch er hört, dass die Alliierten am 4. oder 6. März in Paris eingerückt sein sollen, und ist wieder verwirrt: »Die Tages-Befehle des Prinzen, die aber nur für die Soldaten, nicht für die Einwohner gedruckt werden, lauten ganz anders.«

2.

Am Mittwoch, dem 23. März, dem 74. Frosttag, tritt Tauwetter ein. Abends um sechs stirbt Graf Chaban. Der Lehrling Christian Wehrs sieht drei Tage später vom Haus eines Bekannten aus zu, wie der große prunkvolle Trauerzug sich bei gedämpfter Musik in der ABC-Straße, wo Chaban gewohnt hat, langsam in Bewegung setzt.

Vier Pferde ziehen den Leichenwagen. Der Prinz geht zur Rechten des Wagens und hat eine Ecke der violetten Samtdecke angefasst, die unter dem Sarg liegt. Hinter dem Prinzen geht General Loison und hält die rechte hintere Ecke der Decke. Die Ecken auf der linken Seite halten die Generäle Thiébault und Watier. Alle tragen Gala-Uniform, auch die Offiziere, Soldaten und Zivilbeamten, die dem Sarg folgen. Wehrs denkt: »Wenn hier nun vier entschlossene Männer wären, die die vier Peiniger gleichzeitig niederschössen?«

Man sagt, nicht Chaban, sondern nur seine Eingeweide würden begraben. Der Marschall habe in der großen Trauer um seinen Freund befohlen, den Leichnam einzubalsamieren, um ihn in Frankreich dem Kaiser übergeben zu können, dem Chaban so große Dienste geleistet habe. Sein Körper sei noch im Haus, die Balsamierung noch nicht abgeschlossen. Alle weißen Handschuhe und Trauerflore bei der Feierlichkeit seien beschlagnahmt und nicht bezahlt worden. Außerdem sagt man, dass man nur einen schönen Zug vom Grafen Chaban anführen könne und dass dieser sein Leichenzug sei.

»Gott wolle, sie gingen, Einer nach dem andern, so davon«, wünscht Henriette Brock.

Sie hat lange nichts in ihr Tagebuch geschrieben: »Wenn man nichts als Klagen zu schreiben hat, ist es besser, man lässt es ganz.« Gemeinsam mit ihrer Schwester Minchen besucht sie ihre Freundin Sophie Gaedechens, die Geburtstag hat. Sie trinken dort Schokolade, und draußen scheint die Sonne, aber sie können sich nicht darüber freuen, denn die Sonne erinnert sie daran, dass ein trauriges Frühjahr vor ihnen liegt, das sie »in Mauern eingeschlossen, jammervoll und elend zubringen werden«. Die Luft ist mild und warm, aber sie wird doch nur die Krankheiten vermehren.

Bei ihrer ältesten Schwester Therese Otte wird die Kuh nachts heimlich im Keller geschlachtet, denn alle Kühe sollen jetzt vom Militär abgeholt werden.

3.

Am Tag nach der Beerdigung hört man wieder Schüsse. Aber die kleinen Gefechte vor den Festungswällen ändern doch nichts. Dorothea Moller ist vollkommen überzeugt, dass die Stadt jetzt nicht mehr gewaltsam erobert wird und ihr Schicksal davon abhängt, wie die Dinge in Frankreich sich entwickeln – »dass sie so sorgfältig für uns verhehlt werden, macht mir Muth zu glauben, dass es dort für die Franzosen nicht vortheilhaft steht«. Auch sie hat mehrfach das Gerücht gehört, die Alliierten seien schon in Paris, aber dann heißt es wieder, das sei doch nicht wahr, »und die vernünftigsten Leute sagen, dass wir eigentlich nichts von dem wissen können, was in Frankreich vorgeht, wir wissen durchaus nicht einmal was in Altona vorgeht«.

Am nächsten Tag ist fast kein Militär in den Straßen zu sehen. Die meisten Truppen sind in Harburg. Auch die beherrschte Dorothea Moller wird jetzt unvorsichtig und zeigt ihr Inneres: »Der Prinz ist mit hinüber, wir haben nun eine kleine Hofnung, vielleicht kann er gefangen oder getödtet werden, und unsere Lage dadurch eine andere Wendung nehmen.«

Die Truppen und Davout kommen nicht über die Brücke zurück, und Hönert hört, wie Franzosen sagen, sie marschieren nach Bremen: »Wir werden bei Allem, was wir sehen und hören immer dummer und können den Wirrwarr nicht durchschauen.«

Auch am 30. März herrscht in den Straßen eine große Stille, die Menschen sind niedergeschlagen: »Unsere Hofnungen sind Seifenblasen gewesen, und man fürchtet, dass wir noch lange in der traurigen Lage bleiben werden.«

Am 31. verbreiten die Franzosen, die Alliierten zögen sich aus Frankreich zurück, ihre Armee sei schon über den Rhein gedrängt. Dorothea Moller: »Alles glauben wir nun freilich nicht, allein es läßt sich doch nicht denken, dass der Prinz mit den wenigen Truppen, die er hat, einen Ausfall wagen würde, wenn nicht die Umstände dies rechtfertigen.«

Am nächsten Tag donnern die Kanonen ab zwei Uhr mittags auf der Südseite der Elbe. Aber die Luft ist zu dunstig für das Teleskop, erst um sechs Uhr kann Hönert etwas sehen. Er meint, der Sieg sei auf der französischen Seite: »Indem ich dieß schreibe, Abends 9 Uhr, zittert Mutter ihr altes Haus von den starken Schüssen.«

Dorothea Moller ist am Morgen darauf wieder traurig darüber, wie »niedergebeugt« alle Menschen sind. Die Hoffnung, dass die Russen die französischen Truppen in Harburg umzingeln, ist enttäuscht. Nur das Treibeis auf der Elbe hat ein paar Tage lang verhindert, dass sie mit den Fähren an der Brücke übersetzten und zurückkehrten.

Wieder ist es still in der Festung.

Der Zweikampf

»ein Mann von Ehre«

1.

Treibeis strömt reißend flussab und staut sich an der Brücke, große Schollen mahlen laut krachend an den Holzpfeilern. Auf der Elbinsel Schrewenhof sieht der Kommandant der Schanze verblüfft, dass die Mauern, die ihn und seine Soldaten fast drei Monate lang vor Schüssen schützten, nur aus Schilfrohr bestehen. Die Eisfestung schmilzt.

Davout ist in den letzten Märztagen mit Kavallerie und Artillerie über die Brücke nach Harburg gegangen, um in den umliegenden Dörfern frische Lebensmittel zu holen. Russen und Hanseaten zogen sich zurück, die Franzosen steckten Dörfer in Brand und trieben Schlachtvieh und Pferde weg, luden Heu, Kartoffeln und Kohl auf. Der reißende Strom trieb die beiden Fähren an der Brücke ab, und Davout musste mit einem kleinen Boot durch den Eisgang nach Hamburg zurückkehren und am nächsten Morgen auch wieder mit dem Boot nach Harburg übersetzen. Am Schwarzen Berg schlug eine Granate so dicht vor ihm ein, dass sie ihn getötet hätte, wenn er seinem Pferd nicht sofort die Sporen gegeben hätte. Ein Splitter traf ihn noch, er musste sich den blutenden Kopf verbinden lassen. Die Russen gingen trotz des Eisgangs mit 36 Geschützen oberhalb der Festung über die Elbe und schlossen Harburg wieder ein.

Doch die Ausfälle haben die Stimmung der Truppen in der Festung weiter gehoben. Soldaten und Offiziere dürfen endlich ausschlafen und sich im warmen Sonnenschein ausruhen von der harten Arbeit im Eis und den nächtlichen Wachdiensten. Der *maire* lässt Straßen reinigen und Schnee und Kot vor die

Wälle fahren, die Militärverwaltung zahlt den Sold aus und bezahlt die zivilen Beamten. Alles ist wie im tiefsten Frieden,
meint Laville. Der Marschall ermuntert Soldaten und Bürger, die Gärten und jedes freie Stückchen Erde in der Festung
umzugraben und Gemüse anzusäen: Er will Frühlingsgemüse
haben und zugleich die Soldaten zerstreuen, ihnen eine Art
Eigentum geben, etwas, wofür sie sich interessieren. Er lässt bei
den Bürgern Kegel beschlagnahmen, und die Soldaten kegeln
auf den Bastionen.

Es steht unentschieden zwischen Davout und Bennigsen:
Der eine kann die Festung nicht verlassen, der andere sie nicht
erobern.

2.

Die Verhandlungen von Oberst Aubert, der im Auftrag des
Königs von Dänemark seit Wochen beide Seiten zu einem Waffenstillstand bewegen soll, haben bislang nur die wechselseiti-
gen Forderungen verfestigt.

Bennigsen sieht sich nach Jahren seiner rückläufigen Karriere
kurz vor dem ganz großen Ruhm. Er wird die Festung doch
noch bekommen, die Alliierten siegen in Frankreich, aber vorher muss Davout, der berühmte unbesiegte Marschall Napoleons, sich ihm, dem alten General, ergeben und mit seinen
Truppen in Kriegsgefangenschaft gehen.

Aubert hat Benningsens Kapitulationsforderung immer noch
nicht an den Marschall weitergegeben, um die Verhandlungen
nicht abreißen zu lassen. Davout dürfte ohne Erlaubnis seines
Kaisers sowieso nicht kapitulieren: Sogar nach diesem harten
Winter steht die Festung besser da als zuvor. Der einzige Köder,
mit dem Aubert den Marschall zu Verhandlungen über einen
Waffenstillstand locken kann, liegt in der Nachrichtenlage.
Bennigsen bekommt Nachrichten über den Krieg aus dem
Hauptquartier des Zaren, aber der Marschall keine von Napo-
leon.

Davout fordert, dass einer seiner Offiziere zu Napoleon reisen kann, um offizielle Nachrichten und endlich auch Befehle

zu holen. Bennigsen ist bereit, diesem Offizier einen Pass zu geben, wenn der zuerst ins russische Hauptquartier fährt und den Zaren um die Erlaubnis bittet, mit Napoleon sprechen zu dürfen. Davout aber will den geringsten Anschein eines russischen Sieges über die Festungsgarnison verhindern und beharrt darauf, dass der Offizier direkt über Bremen und Wesel nach Frankreich reist.

Nun beginnt Bennigsen einen neuen Propagandakrieg – »jenen stummen Krieg der falschen Nachrichten und lügenhaften Bulletins«, sagt Davout. Der General des Zaren lässt wieder Flugblätter an die französischen Vorposten verteilen und ruft die Soldaten aus Holland, Brabant und dem Rheinland, aus dem Piemont und der Toskana zum Desertieren auf und die Einwohner der Festung zum Aufstand.

Davout und sein Generalstabschef Laville finden es verächtlich, dass der Befehlshaber einer großen Armee eine von der Belagerung erschöpfte Bevölkerung aufstachelt, statt selbst zu kämpfen. Bennigsen gibt auch Tagesberichte an die Zeitungen, in denen er große militärische Fortschritte der Alliierten in Frankreich verkündet. Aber die französischen Offiziere finden die Berichte nur provozierend, entdecken in ihnen keine Angaben offizieller Quellen und bleiben argwöhnisch und wachsam.

Trotzdem laufen Gerüchte von einer Niederlage Napoleons durch die Festung. Davout versucht, sie zu unterdrücken – seine Offiziere und Soldaten dürfen den Mut nicht verlieren. Doch der Koch von General Delcambre bringt vom Einkauf in Altona auch zwei Exemplare der ›Neuen Bremer Zeitung‹ mit, und die Offiziere lesen, dass die Alliierten auf Paris zumarschieren.

Davout kann nicht verhindern, dass die Bürger durch Flugblätter, die am Ostersonntag, dem 10. April, heimlich in die Festung gelangen, vom Einzug der Alliierten in Paris am 31. März erfahren und ihre Freude offen zeigen.

3.

Oberst Aubert teilt dem Marschall mit, dass seine Vollmachten, einen Waffenstillstand abzuschließen, nun sehr weitgehend
seien, und legt seinem Schreiben einen Brief von General
Bennigsen sowie einige Papiere von ihm bei. Davout ruft die
Divisionsgeneräle und die Generalstabsoffiziere zu sich und
öffnet den Brief.

Bennigsen schreibt, dass der Senat in Paris die Dynastie der
Bourbonen anerkannt habe, und fordert den Marschall auf, ihm
mitzuteilen, ob er für Napoleon oder für die Bourbonen ein-
trete. Er, Bennigsen, sehe sich nicht mehr im Krieg mit Frankreich und wünsche, mit Davout Vereinbarungen zu treffen, um
Blutvergießen und weitere Zerstörungen zu vermeiden. Doch
die Papiere, die der General als Beweise beigelegt hat, sind nur
Flugblätter und Zeitungsartikel – mit Zetteln dieser Art hat er
die Festung den ganzen Winter hindurch überschwemmt.

Bourbonen – allein der Name kommt General Thiébault wie
eine Exhumierung vor, wie das Ausgraben einer Leiche. Einige
Generäle hoffen allerdings, nun endlich nach Hause fahren zu
können.

Aber der Marschall bleibt misstrauisch gegenüber Bennigsen
und seinen Listen. Davout weiß: Als General Gouvrion Saint-
Cyr die Festung Dresden und General Rapp die Festung Danzig gegen freien Abzug aufgegeben und sie die schützenden
Festungen gerade mit ihren Truppen verlassen hatten – und erst
dann –, kam zu beiden die Nachricht, dass Zar Alexander die
Verhandlungen seiner Befehlshaber mit ihnen nicht billige, und
die französischen Soldaten mussten als Kriegsgefangene nach
Russland marschieren.

Davout antwortet Bennigsen, dass seine Papiere nichts
beweisen würden und dass im Übrigen »ein Mann von Ehre
sich seines Eides der Treue nicht aus dem einzigen Grunde für
entbunden halten könne, weil seinen Souverain Unfälle betroffen hätten«.

Die Ehre ist für den Marschall die Richtschnur seines Han-
delns, und gerade sie muss ihn durch diese verworrene Lage

führen. Er hat seinem Kaiser einmal Gehorsam und Treue
geschworen, und der Kaiser hat ihm als Erstem das Große
Kreuz der neugeschaffenen Ehrenlegion verliehen und ihn
damit zu einem Vorbild gemacht. Das Gegenteil von Ehre ist
Schande.

74 Nächte hat er nicht geschlafen und über die Festung
gewacht. Genauso entschlossen hält er sich an die Regeln des
Militärs, an seinen Ehrenkodex – »*l'amour des devoirs et de
l'honneur*«, an die Liebe zu den Pflichten und zur Ehre. Neun
Tage zuvor, am 5. April – Davout weiß es noch nicht –, hat
Napoleon in einem Tagesbefehl an seine Armee noch einmal
gesagt: »Der Soldat folgt, im Glück und Unglück, wohin ihn
sein Feldherr führt; seine Ehre ist seine Religion.« Diese Ehre
ist ein Band gegenseitiger Verpflichtung, und so hat er hinzu-
gefügt: »Die Armee darf ruhig seyn, ihre Ehre wird nie mit dem
Wohle Frankreichs in Widerspruch geraten.«

Die Regeln des militärischen Ehrenkodex sollen auch, ganz
praktisch, sicherstellen, dass in einer Armee mit langen und
hier sogar mit unterbrochenen Informationswegen das Verhalten der einzelnen Befehlshaber für den Oberbefehlshaber, den
Kaiser, berechenbar bleibt.

Um keinen Fehler zu machen, beschließen der Marschall und
seine Ratgeber, Generalstabschef Laville und General Loison –
den Ältesten unter ihnen – zu der Unterredung zu schicken, um
die Oberst Aubert in seinem Brief gebeten hat.

»In Hamburg wissen sie alles«

Milde Luft und warmer Regen haben den Bürgern wohlgetan, nun scheint die Sonne, und die Straßen trocknen ab. Dorothea Moller möchte endlich das Haus verlassen und wieder spazieren gehen – »aber wohin?« Die Tore sind geschlossen, die Wälle den Bürgern verboten, und der Jungfernstieg ist ein Sammelplatz aller Offiziere.

Die Stadt fängt an zu stinken, und auch Makler Hönert ist wütend – »wir sitzen im Loch, können die schöne Frühlingsluft nicht genießen, sondern bleiben lieber daheim, um nicht die Dünste, die bey dieser warmen Witterung unserer Stadt entsteigen, einzuhauchen«.

Das schöne Wetter hält an, und Dorothea Moller ist bitter: »Die Frühlingssonne, die heute so herlich scheint, leuchtet uns hier nur auf Trümmer und Misthaufen; und wir fühlen unsere Gefangenschaft doppelt peinlich bei dem herannahendem Frühling.«

Aber Henriette Brock ist froh. Ihre Schwester Minchen hat Geburtstag und bekommt Veilchen und aus dem Gewächshaus Rosen und Myrten, und die Nachrichten von den Erfolgen der Alliierten verschönern den Tag. Auf dem Rückweg von der Predigt treffen die Schwestern ihre Mutter und ihren Vater, die zum Garten der Brocks auf den Hohen Bleichen gehen und mit dem Gärtner über die Frühjahrsaussaat sprechen wollen: »Das wird noch eine Freude werden diesen Sommer mit diesem Garten; alle Menschen beneiden uns schon jetzt um unser Glück. Wir werden frische Gemüse, Früchte, Spaziergänge, frische Luft – kurz, alle möglichen Sommerannehmlichkeiten haben, o wir glücklichen Menschen!«

Die Franzosen beschlagnahmen weiter Holz, Wein, Eisen, Silber, Betten, Tücher und durchsuchen das Eigentum der Ausgewanderten. Wäre die Stadt bei der Beschießung im vorigen Mai abgebrannt, »hätten sich die Einwohner besser dabey gestanden als nun«, meint Hönert.

Von Bennigsens Verhandlungen mit Davout über Aubert als Mittelsmann erfahren die Bürger nichts. Hönert ist, wie so oft, gut informiert, ohne – auch wie so oft – zu wissen, was er eigentlich sieht. Er beobachtet durch sein Teleskop Kämpfe zwischen Russen und Franzosen rund um Hamburg, und am 14. April notiert er: »Nachmittags 3 Uhr kam eine große Depesche an Eckmühl! Gewiß von großer Wichtigkeit, da der Prinz seinen Wagen, der lange vor der Thür gehalten, abbestellen ließ. Um 6 Uhr war Kriegsrath, wozu die Ersten der Civil-Behörden gezogen. Um 9 Uhr waren sie noch beysammen. Man erfuhr nichts, sondern deutete Alles nach seinen Wünschen.« Auch am nächsten Morgen um neun ist wieder Kriegsrat.

Andreas Prell und seine Freunde lesen an diesem Tag bei Major Sutor heimlich im verbotenen ›Mercur‹, dass Paris kapituliert hat und der Zar und der König von Preußen am 31. März in Paris »an der Spitze ihrer Garden« eingezogen sind. Blücher hat Napoleon bei Laon doch noch geschlagen und sich danach um die hochgerüsteten französischen Festungen, die nun vor seinen Truppen lagen, überhaupt nicht gekümmert und ist einfach an ihnen vorbei nach Paris marschiert und hat die Stadt erobert.

In der Festung Hamburg bieten Vorposten einigen Bürgern heimlich frische Rundstücke aus Altona für acht Schilling an – der Preis ist so hoch, dass in diesen Rundstücken etwas sein muss: Die Altonaer haben Zeitungsausschnitte über den Einzug der Alliierten in die Rundstücke backen lassen.

Andreas Prell und sein Schwager Adolph Moller schreiben auf viele kleine Zettel: »Am 31. März sind die Verbündeten in Paris eingerückt; es wird nun bald Friede!« Abends gehen sie in der Stadt spazieren, und wenn sie eine offene Haustür sehen oder irgendwo mehrere Menschen beisammenstehen, werfen sie heimlich einen Zettel hin.

Der Korrespondent der ›Neuen Bremer Zeitung‹ in Altona meldet der Redaktion: »In Hamburg wissen sie alles; die Communication mit hier ist fast ungestört für die Hamburger.« Er hat den Eindruck, dass der Marschall seine Haltung ändert: Die Unterhandlungen mit Aubert sind jetzt häufiger, und es bilden sich schon Parteien unter den Generälen. Außerdem kommen jeden Tag Diener der Offiziere nach Altona und tauschen Silbermünzen in goldene »Napoleonsd'or« um, die sie »wol noch für sich zum Zehrpfennig mitnehmen wollen« – offenbar bereiten sie ihre Abreise vor. Der Preis für Gold ist stark gestiegen, der Preis für Silber, auf dem die Hamburger Währung beruht, stark gefallen. Die Hamburger Kaufleute in Altona und Bremen sind in der größten Unruhe, und Senator Abendroth bestürmt Bennigsen, diesen Geldwechsel einzudämmen.

Seit das Eis auf der Alster geschmolzen ist, geht Hönert oft zum Steintor hinaus – die Gendarmen sind verschwunden, jeder Einwohner kann ungehindert hinaus- und wieder hereingehen. Hönert ist dabei, als mehrere Offiziere rufen: »*vive notre Roi, à bas l'Empereur*«, es lebe unser König, nieder mit dem Kaiser. Die Offiziere scheinen keineswegs alle zu Napoleon zu halten. Hönert hat seit Tagen kein Schießen gehört, aber die Festungsarbeiten werden ununterbrochen fortgesetzt – nun mit Erde.

Am 16. April verbreiten sich in der Festung die ersten Nachrichten von einer Abdankung Napoleons.

»Bald, bald hat unsere letzte Unglücksstunde geschlagen« – Henriette Brock kann das Ende der Belagerung kaum erwarten. Alle waren glücklich, als sie die Nachrichten erfuhren, »alle waren wie neu aufgelebt, man sah nur lachende Gesichter, ausgenommen die Franzosen…«

Der stumme Krieg der falschen Nachrichten

1.

Die Generalstabschefs von Davout und Bennigsen treffen sich in einem Brauereigebäude am westlichen Festungswall: die Generäle Laville und Loison mit ihren Adjutanten auf der einen Seite, auf der anderen General Oppermann – ein Schwabe im russischen Dienst, ein gewandter, tüchtiger Mann – und Oberst Aubert mit ihren Adjutanten. Das Gespräch ist schwierig. Die Russen sind stolz auf die Erfolge ihrer Armeen in Frankreich und sprechen mit den französischen Offizieren wie mit Besiegten. Die wiederum sind stolz auf ihre monatelange Verteidigung einer Festung mitten im Eis, auf die überlegene Tapferkeit ihrer Truppen und die militärischen Bauten ihrer Ingenieure.

Laville und Loison beschweren sich heftig bei Aubert: Französische Offiziere sind in Altona beschimpft worden, und man wollte ihnen keinen Tabak verkaufen. Die Offiziere wollen nur noch mit geladenen Pistolen dorthin gehen und der ersten Kanaille, die sie beleidigt, das Hirn zerschmettern. Die beiden Generäle sagen, sie würden Altona gerne vernichten, aber der Marschall sei dagegen.

Die Verhandlungspositionen sind im Wesentlichen unverändert: Bennigsen bietet durch Aubert und Oppermann wieder an, über ein Ende der Kämpfe zu verhandeln, und Davout verlangt durch Laville und Loison wieder, dass ein französischer General sicher nach Paris reisen und Informationen und Befehle holen kann – erst nach dessen Rückkehr würden er und seine Generäle über den Weg entscheiden, den ihre Ehre ihnen erlaubt. Oppermann verlangt für den Passierschein, dass Davout einige Vorposten zurückzieht. Laville will aber alles vermeiden, was als Schritt zur Kapitulation ausgelegt werden könnte, zu der nichts sie zwingen würde.

Ergebnis der Unterredung: Alle stimmen dem vermittelnden Vorschlag Auberts zu, einen französischen Offizier nach Paris reisen zu lassen und bis zu seiner Rückkehr eine stillschweigende Waffenruhe zu vereinbaren. Aubert wird einen Brief an Davout schreiben, in dem er Bennigsens Zustimmung zu dieser Abmachung mitteilt sowie ein weiteres Zusammentreffen der Generalstabschefs zur genauen Festsetzung der Einzelheiten vorschlägt.

Bennigsen stimmt einer stillschweigenden Waffenruhe zwar zu, hält aber sein Wort nicht – vielleicht weil er es nicht kann: Eine englische Korvette und sieben Kanonenboote kommen die Elbe herauf und beschießen die Insel Schrewenhof, von der aus man über die Elbe die Festung angreifen kann, und töten einige Schanzarbeiter. Auch die englischen Kapitäne wollen mit dem berühmten unbesiegten Marschall Napoleons ihre Kräfte messen und ihn kurz vor Schluss doch noch spektakulär zur Aufgabe der Festung zwingen.

Davout erhält zwei Tage später die Mitteilung von Bennigsen, er habe durch Briefe aus dem Hauptquartier des Zaren von der Eroberung von Paris und der Abdankung Napoleons erfahren und ersuche den Marschall, zwei russische Offiziere zur Übergabe der Briefe zu empfangen.

Von nun an dreht sich eine Woche lang alles um diese Briefe.

Davout kommt es absurd vor, dass Napoleon abgedankt haben soll, und er lehnt den Empfang der Briefe ab: Der Kaiser habe nicht die Gewohnheit, mit seinen Generälen durch einen Vermittler des Feindes zu verkehren. Davout folgt damit unbeirrt dem Erlass des Kaisers über das Verhalten eines Festungskommandanten: Er soll »taub sein gegen alle vom Feind verbreiteten Gerüchte oder gegen alle unmittelbar oder mittelbar ihm zukommenden Nachrichten, selbst dann, wenn man ihn überreden wollte, unsere Armeen seien geschlagen und Frankreich überfallen«. Er soll den Gerüchten begegnen wie Angriffen – Angriffen auf seinen Mut und den Mut der Garnison.

Bennigsen lässt daraufhin seine Soldaten weiße Fahnen vor den Verteidigern der Festung aufpflanzen. Jeden Morgen kommen die Fahnen ein Stück näher. Sie könnten das Zeichen eines Friedens sein, aber auch das Symbol der Bourbonen, mit dem Bennigsen die Posten zur Revolte gegen den Marschall aufruft. Für Davout sind sie bloß eine arglistige Täuschung – der Feind will nur nahe an die Festungswälle herankommen. Er lässt von der Sternschanze aus die Russen auffordern, die Fahnen wegzunehmen: Nur ihm stehe die Entscheidung zu, wann sie aufgezogen würden. Der Kommandeur der russischen Vortruppen, General Bulatow, antwortet, er denke nicht daran, er warte vielmehr auf Bennigsens Befehl, sie auf der Sternschanze aufzupflanzen. Davout lässt auf die Fahnen feuern. Nachmittags um fünf ziehen die Russen samt Fahnen ab.

Davout fordert seine Soldaten auf, sich nicht durch unbestätigte Gerüchte irremachen zu lassen. Sobald er offizielle Nachrichten aus Frankreich bekomme, werde er sie ihnen mitteilen. Doch mehrere holländische Offiziere gehen zum Feind über. Graf Hogendorp, der abservierte Gouverneur, verlangt vom Marschall, alle holländischen Offiziere und Soldaten zu entlassen. Davout droht, ihn zu verhaften.

Bennigsen schickt Davout nun die Briefe aus dem Hauptquartier des Zaren durch Aubert. Den Brief des Fürsten Wolkonsky vom Generalstab des Zaren gibt er auch an den ›Altonaischen Mercur‹ und spannt so Presse und Öffentlichkeit für sich ein: Davout muss reagieren.

Dieser Brief ist vom 13. April: »Napoleon hat für sich und seine Familie abgedankt. Er wird sich heute auf die Reise begeben, um sich in dem Haven von St. Tropés einzuschiffen, von da wird er nach der Insel Elba gehen, welche ihm zu seinem Aufenthalt bestimmt ist.« Alle Marschälle haben sich der neuen provisorischen Regierung angeschlossen. Ludwig XVIII. kommt zurück, sein Bruder, der Herzog von Artois, ist schon in Paris eingezogen.

Der zweite Brief ist von einer provisorischen Regierung Frankreichs, Talleyrand und andere haben ihn am 5. April unterschrieben: Napoleon habe zugunsten seines Sohnes abgedankt, Davout möge sich wie andere Marschälle den Unterstützern der neuen Regierung anschließen. Dem Brief liegen einige Exemplare des ›Moniteur‹ bei.

Noch in der Nacht berät Davout zwei Stunden lang mit seinem Stab und empfängt den Oberst Aubert. Er fragt Aubert, ob er sein Ehrenwort für die Echtheit der Nachrichten verpfänden könne, und Aubert sagt Nein.

Davout antwortet Bennigsen, er sei nicht in der Lage, seine bisherige Haltung zu ändern. Die einzige Nachricht, die ihm die Abdankung seines Souveräns melde, sei nur ein einfacher Brief ohne jeden offiziellen Charakter, der ihm noch dazu von feindlichen Offizieren zugehe. Dadurch könne sich ein Mann von Ehre nicht beeinflussen lassen. Das Angebot, sofort einen Offizier an den Kaiser oder – falls dieser abgedankt habe, woran er aber nicht glauben könne – an die neue Regierung zu senden, nehme er an.

Doch am nächsten Tag stellt Bennigsen durch Aubert neue Bedingungen für die Abreise des Offiziers und ersucht um ein weiteres Treffen der Generäle im Brauereigebäude.

Davout und Laville können sich dieses sonderbare Hin und Her nur damit erklären, dass Bennigsen lügt. Wenn Bennigsen von Napoleons Abdankung wirklich überzeugt wäre, könnte er doch kein Interesse daran haben, den Augenblick hinauszuzögern, in dem sie offiziell davon erfahren. In Auberts Brief ist von einem Ultimatum die Rede: Bennigsen unterschreibt den Pass nur, wenn ihm alle russischen und preußischen Gefangenen in der Festung ausgeliefert werden und wenn Davout sofort die Schleusen an den überschwemmten Landgebieten öffnen und das Wasser ablaufen lässt.

Der Marschall und sein Generalstabschef trauen Bennigsen nach wie vor nicht: Er will sie über den Tisch ziehen, und sie stehen dann da als Offiziere, die ohne Not eine Festung übergeben und ihrem Vaterland geschadet haben. Sie wollen den offiziellen Bericht ihrer Regierung und ihre Befehle abwarten, die ja jeden Tag kommen müssen.

Trotzdem stimmt Davout einer Unterredung Lavilles mit Oppermann am 26. April in dem Brauereigebäude vor der Sternschanze zu.

Nicht alle französischen Generäle stehen hinter Marschall Davout. General Bennigsen kann den Zaren Alexander von einem merkwürdigen Vorfall unterrichten:

Der Gastwirt Rainville ist im Auftrag des Divisionsgenerals Loison zu ihm gekommen, um darüber zu verhandeln, ob Loison von der neuen französischen Regierung die Vollmacht erhalten könne, sich an die Spitze der Truppen in Hamburg zu stellen. Loison würde dann mit Hilfe anderer Generäle den Marschall Davout verhaften, die Festung übergeben und den Befehlen gehorchen, die sie erhalten würden.

Rainville ist Emigrant, vor der Revolution nach Hamburg geflohen und betreibt sehr erfolgreich ein großes Ausflugslokal an der Elbe. Vielleicht ist er ein wenig glaubwürdiger Mann. Aber Bennigsen glaubt ihm doch so weit, dass er den Vorschlag an den Zaren weitergibt. Vielleicht hat Loison den Gastwirt als Mittelsmann gewählt, weil er abstreiten kann – falls man ihm Hochverrat vorwirft –, einem Zivilisten diesen Auftrag gegeben zu haben. Hätte er mit General Oppermann gesprochen, könnte er das nicht.

Wieder hält Bennigsen sein Wort nicht und verletzt die vereinbarte Waffenruhe. Am Tag vor dem Treffen der Generäle, morgens um fünf, greifen starke russische Truppen die Festung Harburg an, während zugleich englische Kanonenschaluppen, die nachts den Fluss hochgesegelt sind, sie beschießen. Die Festung antwortet mit schnellem, gut gezieltem Feuer, die Kanoniere versenken eine Schaluppe und beschädigen zwei andere schwer. Dem englischen Kommandanten der Flottille wird der Arm abgeschossen, und er zieht sich mit allen Schiffen aus der Reichweite der Kanonen zurück.

Davout sieht, dass sein Argwohn und seine Vorsichtsmaßnahmen gerechtfertigt sind. Vorausschau ist im Krieg nötig, Vorausschau verhindert die größten Unglücke, hat er seinen Offizieren gepredigt. Er hat damit gerechnet, dass Bennigsen ihn überrumpeln wird, um die Festung doch noch zu bekommen. Dieser Angriff des Feindes beweise, »wie gefährlich es ist, im Kriege nicht mit Vorsicht zu Werke zu gehen« und sich auf das Wort des Feindes zu verlassen.

Trotzdem treffen sich die Generäle und ihre Adjutanten am nächsten Morgen um acht und vereinbaren, dass ein französischer Offizier in Begleitung eines russischen nach Frankreich gesandt wird, dass Feindseligkeiten und Schanzarbeiten eingestellt werden, dass die Hospitäler in der Festung täglich 3000 Pfund frisches Fleisch aus Altona bekommen, gegen sofortige Barzahlung, und dass die russischen und preußischen Gefangenen in der Festung gegen französische in Holstein ausgetauscht werden.

Gleich nach der Unterredung teilt Davout Bennigsen mit, dass er General Victoir Joseph Delcambre nach Paris schicken werde, außerdem lässt er Laville die Vereinbarungen schriftlich festhalten und Oppermann zur Bestätigung schicken.

Delcambre wird einen Brief an Aimée mitnehmen. Davout hat seit Oktober keinen Brief von ihr.

Doch Oppermann bestätigt nichts und schickt keinen Pass. Wieder sind die Ergebnisse eines Treffens hinfällig: Diesmal will Bennigsen nur zustimmen, wenn morgen früh um zehn vom Marschall unterschrieben vorliegt, dass Bennigsen mit seinen Truppen Altona besetzen darf.

Das lehnt Davout ab. Der Feind könnte einen großen Teil seiner Armee in Altona verstecken und mit Kanonen den westlichen Festungswall bedrohen. Einen solchen Vorteil ohne Kampf abzugeben, wäre für die Festungsbesatzung »zu erniedrigend«.

Die Generalstabschefs treffen sich weiter. Sie einigen sich auf einen Austausch der Gefangenen Mann gegen Mann, Rang gegen Rang. Davout stimmt zu, dass er in der Festung keine Kontributionen mehr eintreibt, falls Bennigsen einen General nach Paris reisen lässt, und Bennigsen stimmt zu, dass General Delcambre nach Paris reist, falls Davout ihn Altona besetzen lässt.

Davout legt den Divisionsgenerälen am 28. April den Bericht Lavilles über das letzte Treffen vor. Alle Anwesenden sind ratlos. Wenn es wirklich seit vier Wochen eine neue Regierung in Paris gibt – wieso hat sich dann noch niemand bei ihnen gemeldet, ihnen einen Befehl, eine Nachricht geschickt, wieso kann man eine Armee von ursprünglich 40000 Mann einfach vergessen? Die Offiziere wissen nicht, was sie glauben sollen: Bennigsen besteht auf seinen Neuigkeiten, verweigert ihnen aber, sich selbst von der Wahrheit zu überzeugen. Und was soll aus ihnen werden: Bennigsen hält sie für besiegt und will sie gefangen nehmen.

Für Davout steht das außer Frage. Niemals wird er die Waffen niederlegen. Er wird sie alle nach Frankreich zurückbringen – die Männer, die Pferde, die Kanonen, das gesamte 13. Armeekorps.

Bennigsen verschärft den Propagandakrieg gegen Davout und gibt »offizielle Berichte« an die ›Neue Bremer Zeitung‹ – »die wir eilen unsern Lesern mitzutheilen«. Der General halte es für seine Pflicht, »dem Publicum eine getreue Darstellung seiner Handlungsweise« vorzulegen. Gleich bei Erhalt der ersten »officiellen Berichte« von der Einnahme von Paris habe er dem Marschall ein Ende der Kämpfe nahegelegt. Als der Kurier aus Paris mit den Depeschen der provisorischen Regierung für den Prinzen von Eckmühl eintraf, habe Bennigsen sie ihm durch zwei Offiziere überbringen lassen: »Die provisorische Regierung legt ihm eine treue Darstellung der neuesten und entscheidenden Bewegungen Frankreichs vor, und fordert ihn auf, dem Beispiel der Edelsten der Nation gemäß, zu thun, was die Rettung und das Heil seines Vaterlandes heischt.« Als Beweis der Richtigkeit seiner Behauptungen lässt Bennigsen den Brief des Fürsten Wolkonsky vom 13. April abdrucken, allerdings ohne Unterschrift: In Bennigsens Bericht heißt es, dieser Brief stamme von der provisorischen Regierung in Paris.

Der Marschall nehme noch das letzte Silber aus der Hamburger Bank weg, berichtet Bennigsen weiter, präge Silbermünzen und wechsele sie in französische Goldmünzen ein. Er habe mit dem Verkauf der ungeheuren Vorräte beschlagnahmter Lebensmittel begonnen, wodurch die Preise für andere Lieferanten – Bennigsen meint wohl in Altona – stark sinken. Diesem letzten Satz des Generals folgt ein Kommentar in einer klein gesetzten Anmerkung, die fast eine Spalte lang ist. Kommentare in Zeitungen sind unüblich. Zeitungen unterstehen der Zensur, was nahelegt, dass der Bremer Senator, der für die Presse verantwortlich ist, mit diesem Text einverstanden ist. Die Redaktion teilt nicht mit, wer ihn geschrieben hat: ein Journalist, der sich über Davouts Charakter moralisch empört, ein Kaufmann, der Währungsverfall abwenden und Schadensersatzforderungen vorbereiten will, oder ein Offizier, der Bennigsens militärische Passivität rechtfertigt.

Der Autor stellt drei Fragen und gibt drei Antworten. Erstens: Warum greift Bennigsen die Festung nicht an? Der Verfasser unterstellt, dass Bennigsen siegreich sei. Aber was ist edler, fragt er, mit seinem siegreichen Heer den »starren Grimm eines einzelnen Befehlshaber« – Davouts – zu strafen, oder der Versuch, gütlich jenes »unnatürliche Benehmen zu ruhiger Besonnenheit« zurückzuführen?

Zweitens: Welches Recht gibt es für Eckmühls Handlungsweise? Keines: »Das Princip seines, der Welt in einer Reihe von Jahren hinlänglich kund gemachten Characters, ist ein gränzenloser Fanatismus für die unsinnigen Pläne Bonaparte's.«

Drittens: Was will der Marschall – denn welchen Plan kann dieser Tyrann Napoleon, der unterwegs nach Elba oder schon dort ist, denn noch haben? Es bleibe nichts anderes übrig, »als bei dem niedrigsten Eigennutz stehen zu bleiben, welcher in dem eben berührten Münzwechsel und Waaren-Speculationen sein Wesen treibt ...«

Diese letzte Behauptung legt nahe, dass ein Kaufmann Autor oder Mitautor dieses verzweifelten Kommentars ist. Der Schluss ist eine Drohung mit ewiger Verdammnis: Wenn Eckmühl so weitermacht und Bennigsen deshalb die Festung angreifen muss, dann wird der Tod vieler schuldloser Opfer den Marschall »zu einem der scheußlichsten Verbrecher machen, für welchen keine Strafe ersonnen werden kann, welche die beleidigte Menschheit versöhnen würde«.

Napoleon war ein Meister der Propaganda und der Beeinflussung der Öffentlichkeit und Davout sein Schüler. Hier aber hat Bennigsen einen dicken Punkt gemacht: Er könnte jederzeit die Festung mit seinem siegreichen Heer angreifen, verzichtet aber darauf, weil er ein Menschenfreund ist. Die Presse ist eine machtvolle Waffe, und wer als Erster in der Presse etwas behauptet, hat fast immer einen uneinholbaren Vorsprung. Kaum ein Dementi, kaum eine Klarstellung hat Aussicht, dasselbe Gewicht zu bekommen. Bennigsen und der Autor der Anmerkung werden die öffentliche Meinung über Davout auf Jahrzehnte hinaus prägen.

2.

Selbst der sonst so wohlinformierte Pierre Godeffroy in seinem ruinierten Weißen Haus glaubt nun auch, dass Bennigsen Depeschen für Davout erhalten hat, in denen die neue französische Regierung dem Marschall befiehlt, die Festung zu räumen.

Godeffroys prachtvolles Landhaus ist nach der monatelangen Einquartierung zahlreicher russischer Offiziere, ihrer Bedienten und ihrer Hunde, die unter den Tischen liegen, nicht wiederzuerkennen. Friederike sorgt inzwischen für fast zwanzig elternlose Kinder, Poncet hat mit seiner Einheit in Laon unter Blücher tapfer und verbissen gegen Napoleon gekämpft. Pierre Godeffroy hatte großen Kummer um seinen Diener Perrier, von dem es hieß, er sei in Hamburg erschossen worden, weil ein Bedienter von General Loison, mit dem Perrier Streit hatte, ihn beschuldigte, ihm oder einem andern zur Desertion geraten oder geholfen zu haben. Später stellte sich heraus, dass

Georg Heine erschossen wurde, der Diener seines Sohnes Peter, was genauso schlimm ist.

Jetzt aber ist Pierre Godeffroy durch die »so überraschend große Nachricht« von der Abdankung Napoleons – dieses »Scheusahl des menschlichen Geschlechts« – unbeschreiblich froh: »Gott sei ewig Dank – ich bin wie besoffen für Freude. – Nun, lieben Kinder, packt Eure Sachen... ach wie freue ich mich über das baldige Wiedersehen.«

3.

Die Bürger in der Festung quälen sich mit den umlaufenden Gerüchten. Das schöne Frühlingswetter hält an. Die Kranken strömen aus den Lazaretten und sonnen sich in den Straßen und vor den Haustreppen. Die Offiziere benutzen ohne Erlaubnis die wenigen Gärten, die es in der Stadt gibt, und auch der Marschall lässt sich in einem Garten das Frühstück bereiten. Aber sonst geht alles weiter wie immer – die Franzosen holen Silberbarren aus der Bank und beschlagnahmen Leder und Leinen, und der *maire* lässt die Bürger Soldatenhemden und Nachtmützen nähen.

Makler Hönert hat durch sein Teleskop auf der einen Seite der Festung, im Südwesten, gesehen, wie englische Schiffe die Insel Schrewenhof beschossen, und auf der anderen Seite, im Norden, wie französische und russische Offiziere sich umarmten und die Soldaten sich die Hände reichten und sich gegenseitig zutranken. Doch noch »ist unsere Lage um kein Härchen erleichtert«. Die Tore bleiben geschlossen.

Trotzdem meint Dorothea Moller, dass alle jetzt mehr Mut haben. Sie hat eine Abschrift aus dem ›Mercure de France‹ gesehen: Napoleon hat seine Krone niedergelegt. Doch die politischen Neuigkeiten, die man durch Schanzarbeiter auf verbotenen Wegen erhält, sind oft widersprüchlich und unbegründet, weil niemand sagen darf, woher er sie hat, »noch vor 2 Tagen wurden ein paar Bürger erschoßen, die zu voreilig von den politischen Begebenheiten gesprochen; man muß daher sehr vorsichtig sein um sich und andere nicht zu compromittieren«.

Henriette Brock liest im ›Altonaischen Mercur‹, dass Napoleon nach Elba verbannt ist: »Victoria, Victoria!« Die Ungeduld der Einwohner steigt von Tag zu Tag.

Allerdings lässt Davout noch täglich die Verschanzungen verstärken. Er befiehlt, eine Pulvermühle zu bauen und Mörtel von den Kellerwänden zu kratzen und damit Salpeter für das Schießpulver. »Der Prinz macht uns ganz irre«, sagt Dorothea Moller.

Viele werden wieder mutlos und glauben nicht mehr an ein schnelles Ende der Belagerung. Aber Makler Hönert glaubt daran: Die Preise auf dem Schwarzmarkt fallen, Roggen, Kartoffeln, Eier und Butter sind billiger geworden, und Soldaten bringen Schellfische und Schollen aus Altona mit und verkaufen sie zu vernünftigen Preisen. Sie bringen auch Gemüse und Weißbrot in die Festung und rufen schließlich in den Straßen Speck, Butter und Eier aus. Die Zeitungen berichten von Freudenfesten in Dijon, London, Berlin, und die Quadriga ist in fünf großen Wagen auf dem Weg aus Paris nach Berlin, zurück auf ihren alten Platz auf dem Brandenburger Tor, und auch der Degen und die Schärpe Friedrichs des Großen kehren zurück.

Die kleine Marianne Prell darf am 28. April so lange aufbleiben, »bis die großen Leute zu Tisch gehen«. Ihre Mutter Petronella hat Geburtstag, und die Eltern haben zum ersten Mal seit langer Zeit gute Freunde zum Abend eingeladen – sie haben einen kleinen frischen Ochsenbraten von 4,5 Pfund und etwas grünen Salat bekommen. Die Großen sprechen von der baldigen Befreiung. Einige meinen, es sei unbegreiflich, warum die Russen die Festung jetzt nicht stürmen, der Krieg sei doch zu Ende. Die Damen ängstigen sich davor, weil es immer heißt, wenn eine Stadt im Sturm genommen werde, dann dürften die Soldaten drei Tage lang plündern. Spät am Abend kommt Ingenieur Heinrich, reibt sich die Hände und flüstert mit den Herren – Bennigsen habe einen Parlamentär hereingeschickt, der Prinz habe einen Kriegsrat versammelt, und die höheren Offiziere hätten durchaus nicht Lust, die Sache aufs Äußerste kommen zu lassen – sie wollten Bennigsen nachgeben.

Der Cousin

Am Abend des 28. April, es ist schon dunkel, überreicht eine Ordonnanz von Oberst Aubert den französischen Vorposten eine Botschaft für den Marschall: Graf d'Avout de Curly, ein Cousin des Marschalls, ist mit Briefen der Prinzessin und Zeitungen aus Paris in Altona angekommen. Die Russen wollen ihn aber nur zur Festung durchlassen, wenn General Bennigsen sein Hauptquartier von Pinneberg nach Altona verlegen kann. Der General beanspruche die Verlegung als Akt der Gefälligkeit, da es im Schloss in Pinneberg, einem ehemaligen Amtshaus, für ihn so eng sei, und verspreche, nur ein Bataillon seiner Garde mit in die Stadt zu nehmen.

Eine Stunde später bringt ein Ordonnanzoffizier von General de Laville die Antwort für Aubert: Der Prinz habe nur aus militärischen Gründen die Besetzung von Altona verweigert, willige aber mit Vergnügen ein, wenn der General sie lediglich als eine Bequemlichkeit für sich ansehen wolle.

Nun darf der Cousin in die Festung.

François-Claude d'Avout, ein Cousin 1. Grades, hat zur gleichen Zeit wie Davout im Kavallerieregiment Royal Champagne gedient. Er war, anders als der Marschall, ein Anhänger der Bourbonen und floh während der Revolution. Seitdem haben sie sich nicht mehr gesehen. Der Marschall sorgte später dafür, dass sein Cousin von der Liste der Emigranten gestrichen wurde, und der Cousin lebte über zehn Jahre auf Martinique. Im Herbst 1812 kehrte er nach Frankreich zurück.

Aimée hat ihn gebeten, zu Davout zu reisen und ihm von den Ereignissen in Paris zu berichten, und er hat die Erlaubnis dazu

durch Vermittlung von Marschall Ney von der provisorischen
Regierung bekommen. Am 20. April abends um sechs ist er aus
Paris abgereist, am 26. war er in Bremen, wo der hannoversche
Generalmajor von Kielmannsegge ihm seinen Adjutanten von
Nanne zum Schutz mitgab, und am Morgen des 28. kam er in
Pinneberg an.

Bennigsen ist im Schlafrock, als Nanne bei ihm gemeldet
wird, und raucht Pfeife. Er ist groß, knochig, hat eine trockene
bleiche Haut, ist ein heftiger, rachsüchtiger Mann, und er
ist nervös: Seit dem 6. April schon sind die Feindseligkeiten
zwischen Frankreich und den Alliierten beendet, was er längst
wusste, als er seine Truppen die Festung Harburg gemeinsam
mit den englischen Kanonenbooten angreifen ließ. Er nennt
Davout ein »Monster« – Ruhmsucht treibt Bennigsen, sagt der
Cousin später. Bennigsen hört Nannes Bericht über den Cousin des Marschalls lächelnd an, und weigert sich, den Besucher
in die Festung zu lassen: Sie sollen ruhig nach Bremen zurück-
reisen, er habe bereits Vorkehrungen getroffen, die Festung im
Sturm zu nehmen.

Als Nanne das dem Cousin berichtet, regt der sich furchtbar
auf und sagt, er würde nur der Gewalt weichen. Er reißt das
Leder aus seinem Hut und gibt Nanne ein Paket Briefe mit der
Bitte, sie Bennigsen zu zeigen, sie seien von Verwandten und
Freunden des Prinzen. Nanne geht schnell zu dem kleinen
Schloss zurück, in dem Bennigsen wohnt, und trifft unterwegs
zum Glück einen Universitätsfreund, den Grafen Gagarin, der
jetzt Adjutant bei Bennigsen ist und jederzeit Zugang zu ihm
hat. Gagarin bringt die Briefe zum General. Bennigsen lässt den
Postmeister und alle Offiziere holen, die im Schloss wohnen,
und der Postmeister öffnet die Briefe »zart«. Sie sind von
Marschall Oudinot, von anderen Freunden Davouts, von seiner
Frau. Die Offiziere verteilen sie schnell und kopieren sie, bis
plötzlich lautes Gelächter sie unterbricht: Major Keßler liest
aus einem Brief der Prinzessin vor. Der Marschall möge nicht
gegen den Strom des Schicksals schwimmen wollen und an die
Seinen denken und nach so großen Stürmen eines ruhmvollen

Lebens sich in den Schoß seiner Familie zurückziehen. Napoleon verdiene durch seine letzte Handlungsweise die Anhänglichkeit der Franzosen nicht mehr. Sie sei beim Anrücken der Feinde auf Paris mit den Kindern nach Orléans gegangen und, als Ordnung und Sicherheit wiederhergestellt waren, mit ihnen wieder nach Paris zurückgekehrt. Ihr Palais habe Großfürst Constantin beschlagnahmt, sie wohne bei einer Freundin in einigen Zimmern der vierten Etage. Und: Sie sei in den Kaiser von Russland ganz verliebt.

Die Briefe werden verschlossen und dem Grafen d'Avout de Curly zurückgegeben, er darf sie dem Prinzen überbringen. Dann reiten Oberst Aubert, der Graf und Nanne hinter einem Trompeter durch die menschenleeren Straßen Altonas. Der Marschall hat den Umzug Bennigsens nach Altona gestattet, und Nanne in seiner roten Uniform begleitet d'Avout weiter bis ans Tor der Festung.

Der Cousin bringt keine schriftlichen Befehle vom neuen Kriegsminister, aber mündliche, und Davout ruft die Generäle zusammen. Während er auf sie wartet, geht er aufgeregt mit großen Schritten auf und ab. Als der letzte Divisionsgeneral endlich eingetreten ist, sagt er: »Meine Herren, der Kaiser hat für sich und seine Familie abgedankt; Frankreich kehrt unter die Herrschaft der Bourbonen zurück.«

Nach einem kurzen Schweigen, das niemand unterbricht, sagt er: »Diese Nachrichten sind verbürgt; einer meiner Verwandten, den mir die in Paris eingesetzte provisorische Regierung als Kurier gesandt hat, überbringt sie mir mit dem Befehle, sie unverzüglich den Truppen mitzuteilen, die weiße Kokarde anzulegen, Louis Xavier de Bourbon unter dem Namen Ludwig XVIII. als König anzuerkennen und eine Unterwerfungsurkunde von der Armee unterzeichnen zu lassen. Die Papiere, die diesen Tisch bedecken, sind die Nummern des Moniteur, die diese Ereignisse enthalten, und einige Proklamationen.«

Er gibt den Generälen eine halbe Stunde, sie zu lesen, dann setzt er die Konferenz fort.

Die Truppen in der Festung, der Generalstab, die Generäle und er selbst, sagt er, würden dem König morgen im Lauf des Vormittags ihre Unterwerfung aussprechen. Thiébault formuliert sofort eine Adresse an den König, und alle unterschreiben sie.

Der Marschall: »Wer soll denn nun diese Adresse auf den Weg bringen?«

Loison will den Auftrag haben, aber niemand traut ihm, die anderen sind fest davon überzeugt, dass er nur für sich persönlich profitieren will, auch zu ihrem Nachteil. Die Generäle einigen sich auf General Delcambre, der ja sowieso nach Paris reisen sollte. Er wird auch Briefe an die Ehefrauen mitnehmen.

Der Cousin erzählt Davout, dass der kleine Sohn Jules gestorben ist. Davout hat davon geträumt, mit ihm zu spielen, zu toben, hat davon geträumt, dass er eines Tages in der Marine für Napoleons Sohn kämpft. Er hat ihn nie gesehen, und nun ist er kurz vor dem Ende der Belagerung gestorben.

»*Die heiterste Stimmung in der Stadt*«

Makler Christian Hönert ist am 29. April morgens um kurz vor acht zufällig am Hafen. Er sieht, wie auf dem französischen Wachtschiff ein Matrose die blau-weiß-rote Trikolore der Revolution einholt und die weiße Königsfahne mit den drei goldenen Lilien setzt. Hönert ist froh und zugleich erschüttert: »Daß Bonaparte so enden konnte, ist mir noch immer unbegreiflich.«

Bei Prells sind Marianne und ihre kleine Schwester noch im Bett, als der Vater in die Kinderstube kommt und aufgeregt sagt: »Steht geschwind auf und macht Euch fertig, im Hafen weht die weiße Fahne, wir sind frei!« Ihm laufen die hellen Tränen übers Gesicht. Die Mutter weint so sehr, dass sie nicht sprechen kann. Die alte Anna hilft Marianne und ihrer Schwester beim Anziehen, und dann laufen sie mit den Eltern zum Haus hinaus.

Auf der Straße schütteln die Menschen sich die Hände, manche umarmen sich, die meisten haben Tränen in den Augen. Ladenbesitzer öffnen wieder und stellen die weiße Kokarde der Bourbonen neben der rotweißen der Hanseaten aus. Männer stecken sich die hanseatische Kokarde ans Revers, Frauen tragen das Hanseatenkreuz am Hals und als Ohrgehänge. Doch Gendarmen nehmen ihnen die Abzeichen weg. Einige junge Männer, die sich auf dem Jungfernstieg unhöflich gegenüber französischen Offizieren benehmen, werden verhaftet.

Mittags um zwölf geht die weiße Fahne auf dem Turm der Michaeliskirche hoch, die Kanonen auf den Wällen donnern, und die Hamburger brechen in ein unglaubliches Freudengeschrei aus. Makler Hönert: »Die heiterste Stimmung war in der Stadt bald Allgemein.«

Als der Lehrling Christian Wehrs und sein Freund Otto Willich die weiße Fahne auf dem Michel sehen, glauben sie, die Franzosen hätten ihnen nichts mehr zu befehlen. Sie graben die Kiste aus, die sie vor elf Monaten im Garten versteckt haben, und tragen sie ins Treibhaus der Gärtnerei Willich. Gewehre, Säbel und Pistolen sind verrostet.

Wehrs hört, dass einige Einwohner schon einen Schein mit der Erlaubnis haben, aus der Festung nach Altona zu gehen und sich frisches Fleisch und andere Lebensmittel zu kaufen. So einen Schein besorgt Wehrs sich auch, »in Blanco« und unterschrieben von dem General, der bei Sattler Dubissong wohnt. Wehrs könnte auf dem Schein so viele Personen einsetzen, wie er wollte, aber niemand im Haus hat Lust und Courage, die Tour zwischen Soldaten bis zur Grenze mitzumachen, alle fürchten, man dürfe nicht zurück. Also setzt er nur seinen Namen ein und verspricht seiner Mutter, frischen Fisch mitzubringen.

Er muss sich am Dammtor melden. Zwei Soldaten leiten ihn durch zahlreiche Tore, Schanzen und Brücken bis weit über die Sternschanze hinaus, und er staunt über die Stärke und Anzahl der Festungswerke, mit denen die französischen Ingenieure Hamburg umgeben haben. Hinter der Sternschanze übernehmen Kosaken ihn und bringen ihn zu ihrem Offizier, der etwas deutsch spricht und den Erlaubnisschein unterschreibt und abstempelt. Nun kann Wehrs sich in Altona frei bewegen, muss aber abends wieder in der Festung sein.

Mit »leichtem Herzen und frohem Sinn« geht er zum Fischmarkt und kauft vier große Schellfische – »spottbillig«. Er schlendert zum Onkel eines Freundes, dem Geldwechsler Dreyer. Madame Dreyer sitzt am Fenster und ruft: »Mein Gott, ist das nicht Wehrs, der da mit Schellfischen an den Fingern hängend angeschleppt kommt?«

Sie weint Freudentränen, setzt ihm Essen vor, glaubt, er sei ausgehungert. Der Freund ist nicht da, also läuft er weiter in das Elbdorf Neumühlen und besucht Schlachter Umlauff und seine Familie. Man bestaunt ihn »wie ein Wundertier« und bestürmt ihn mit Fragen. Ganz fremde Leute kommen und erkundigen sich nach Verwandten und dem Leben in der Festung. Am Schluss ist er froh, als er wieder nach Hause in die Festung aufbrechen kann. Man redet ihm zu, draußen zu bleiben, aber er will seine Mutter nicht in Angst versetzen. Zwei Soldaten führen ihn den langen Weg durch die Festungswerke zurück. Abends genießt seine Familie den Fisch, einer geht zu Nachbar Willich.

Die Bürger in der Festung sehen am Nachmittag, wie die Truppen sich auf dem Wall zwischen Dammtor und Altonaertor versammeln. Der Marschall lässt seine »Ordre du Jour« verlesen, seinen Tagesbefehl für die Armee. Offiziell habe er die Veränderungen in Frankreich immer noch nicht erfahren, aber er bezweifele sie jetzt nicht mehr und teile der Armee mit:

Der Senat in Paris hat eine provisorische Regierung geschaffen. Er hat den Kaiser abgesetzt, Volk und Armee aus dem Treueid, den sie ihm geschworen haben, entlassen und Louis-Stanislas-Xavier als König Ludwig XVIII. zurückgerufen. Am 11. April hat Kaiser und König Napoleon auf die Throne von Frankreich und Italien für sich und seine Familie verzichtet. Von heute an werden die Festungen Hamburg und Harburg im Namen Ludwigs XVIII. verteidigt.

»Welcher Unsinn«, findet Henriette Brock, und auch Makler Hönert wundert sich: »Kann man sich größeren Unsinn denken?«

Zahlreiche Einwohner glauben, dass die Festung jetzt geöffnet wird, und strömen zum Zeughausmarkt am Altonaer Tor. Aber die Festungstore bleiben geschlossen. Kavallerie reitet zu den großen Plätzen und stellt sich auf, und Gendarmen treiben die Leute auseinander.

Die Bürger gehen Offizieren und Soldaten aus dem Weg, die nicht mit der neuen Ordnung zufrieden sind. Nur die höheren

Offiziere haben sich eine weiße Kokarde angesteckt. Die unteren Ränge tragen noch das dreifarbige Abzeichen der Revolution, und die Bürger sehen auf ihren Gesichtern Bestürzung und Unwillen. Anhänger Napoleons sind auf den Straßen unhöflich zu denen mit dem Abzeichen des Königs. Auch zwischen Bürgern und Offizieren kommt es zu kleinen Streitereien auf dem Jungfernstieg, in Kaffeehäusern und in Bordellen, alle sind nervös.

Wieder machen zahlreiche Gerüchte die Runde. Die Pastorentochter Henriette Grautoff ist sicher, dass in der Festung eine Revolte des Militärs, das zwischen Kaiser und König geschwankt habe, ausgebrochen wäre, wenn der General Vichery nicht den Prinzen gezwungen hätte, am Morgen selbst die weiße Flagge aufzustecken. Henriette Brock erfährt, Bennigsen solle gedroht haben, die Stadt im Sturm zu nehmen, wenn Davout sie ihm nicht übergebe. Dorothea Moller hört von Andreas Prell, der mit Frau und kleinen Töchtern die Großmutter und die Tanten am Fischmarkt besucht, Benningsen habe dem Prinzen gedroht, wenn er nicht innerhalb von drei Stunden Ludwig XVIII. anerkenne, so werde er noch in dieser Nacht die Stadt stürmen und alle Franzosen über die Klinge springen lassen. Der Prinz habe die Festung entschlossen verteidigen wollen, ein Teil der Generäle sei dagegen gewesen, und als Vichery ihm den Gehorsam aufkündigte, hätten die übrigen sich ihnen angeschlossen. »Am Mittag hatten wir hier das Vergnügen, den Prinzen und seine Suite mit ihren weißen Cocarden vorbey fahren zu sehen«, erzählt Dorothea Moller. Aber Davouts Kokarde konnte sie nicht sehen, weil er sich tief in seinen Wagen zurücklehnte.

Auch bei Makler Hönert in der Steinstraße geht es lebhaft zu: »Meine Nachbarn, die Kriegsgefangenen, bekamen von den Bürgern mancherley Essen und Trinken, ließen ein öfteres Hura hören, und Abends 10 Uhr sangen die Hannoveraner, *God save the king!* – und nachher die Deutschen: Auf Hamburgs Wohlergehn«. Die Polen unter den französischen Soldaten sollen fluchen und schimpfen, dass sie sich zwanzig Jahre lang aufgeopfert hätten, damit Polen wieder selbstständig wird, und nun alles umsonst war. Der abgesetzte Gouverneur Hogendorp und die holländischen Offiziere und Soldaten sollen sich geweigert haben, dem französischen König Treue zu schwören: Holland ist frei, und sie wollen nun nach Hause gehen.

Die militärische Lage ist unverändert – General Bennigsen kann nicht in die Festung, und Marschall Davout kann nicht hinaus.

Pastor Friedrich Scheiffler, Prediger der Deutschreformierten Gemeinde, der auch Henriette Brock angehört, trägt am Sonntag, dem 1. Mai 1814, in sein Amtstagebuch ein: Für Napoleon wird nicht mehr gebetet, »denn Tatsachen entbinden vom Eide«, und da die französischen Zivilbehörden für Ludwig XVIII. keinen Eid fordern, wird für ihn auch nicht gebetet.

Die letzten Wochen

»*Einem sollte die Geduld bald zerreissen*«

1.

Henriette Brock kann das Warten auf den Abmarsch der Franzosen kaum noch ertragen. Napoleon ist besiegt, doch die Festungstore bleiben auch am 3. Mai noch verschlossen: »Einem sollte die Geduld bald zerreißen! Eckmühls Betragen ist schändlich! Ich hasse und verabscheue ihn mehr als jemals; worauf wartet er?«

Dorothea Moller möchte endlich einmal wieder Weißbrot essen, aber die Bäcker dürfen immer noch nicht backen, und »wir kehren also zu unsern Pökelfleisch und ausgewachsenen Cartoffeln zurück, die wir nachgerade herzlich müde sind«.

Die kleine Frau Professor Radspiller war acht Wochen lang krank, sie erzählt nicht, was sie hatte, vielleicht ein Fieber, vielleicht sogar Typhus. Nun ist sie wieder gesund, und ganz Europa ist frei. Sie kennt schon alle Gerüchte über Davout – wie er nicht auf Bennigsen hörte, wie seine Offiziere ihn zwangen, die weiße Fahne aufzustecken – und mit der Wut der Ohnmächtigen und Erschöpften nennt sie ihn Starrkopf, Räuber, Mordbrenner: »…nun fällt er mit N(apoleon) wahrscheinlich in sein – Nichts zurük.«

2.

Marschall Davout wartet auch unter dem neuen König von Frankreich weiter auf einen Boten mit Befehlen seines Souveräns und Oberbefehlshabers, und General Bennigsen wartet auf Anweisungen seines Zaren. Die Feindseligkeiten sind bis zur Rückkehr des Generals Delcambre ausgesetzt.

Die Offiziere im Regierungspalast an den Großen Bleichen

sprechen über ihre Heimreise. Nach dem Essen fragt der Marschall General Thiébault, ob er gemeinsam mit den Truppen nach Frankreich zurückkehren wolle. »Gott behüte mich«, sagt Thiébault, »auf Märschen zu kommandieren hat mir nie Vergnügen gemacht.« Die Generäle Watier, Vichery, Pécheux und Loison wollen ebenfalls mit der Postkutsche nach Paris reisen.

Die napoleonischen Adler sind abgenommen, und viele Offiziere sind beschämt, weil ihr Kaiser abdanken musste, und zugleich wütend darüber. Sie fühlen sich auf der Straße bei der kleinsten Berührung durch Passanten von den Hamburgern beleidigt, und täglich gibt es Streit. Die Offiziere waren auf alles gefasst, nur nicht auf die Wiederkehr der Bourbonen.

General Thiébault ist erbost über die »Schwärme von Emigranten« in der Festung. Sie sind vor Jahren während der Revolution nach Hamburg gekommen, nun scheinen sie, »wie am Tag der Auferstehung, stolz und schon wieder hochmütig aus ihren Gräbern zu klettern«. Viele, die nicht einmal gewagt haben, ihren Namen zu behalten, posaunen ihn nun heraus und wollen wieder mit »Herr Graf« und »Herr Marquis« angeredet werden. Auf der Straße reißen sie sich zusammen aus Furcht vor einer schlechtgelaunten Armee und ersetzen nur das einfache Kopfnicken durch großartige Ehrenbezeugungen, aber in ihren Läden, sagt Thiébault höhnisch, wetteifern sie mit höfischen Gesten, mit dem gehobenen Tonfall, den sie schon beinahe verlernt haben.

3.

Makler Hönert hört am Abend des 4. Mai zum ersten Mal seit Monaten einen dänischen Postillon. Er fährt Reisende vom Dammtor zum Haus des Marschalls und bläst so laut auf seinem Horn, dass Hönert an die »Auferstehungs-Posaune« denken muss.

Am nächsten Morgen liest er an der Straßenecke ein erfreuliches Plakat: Auf dem Hamburgerberg, zwischen Hamburg und Altona, ist nun ein öffentlicher Markt, auf dem jeder

Lebensmittel kaufen kann, der sich einen Pass holt, das Dammtor wird täglich von 6.00 bis 19.00 Uhr offen bleiben. Handel und Wandel zu Wasser und zu Lande sind von nun an frei – das heißt, Kaufleute und Händler müssen auf ihre Waren keine Zölle und Steuern mehr an die Franzosen bezahlen, nur an die Stadt. Und: Der Marschall lässt alle Schleusen öffnen, damit das Wasser von den überschwemmten Wiesen vor den Festungswällen abfließt und die Bauern ihr Vieh bald auf die Weiden treiben können.

Makler Hönert fährt mit einem kleinen Schiff am Elbufer entlang nach Altona und freut sich, dass die Bürger kampflos frei geworden sind. Abends notiert er: »Als ich herein war, umarmte mich auf'm Gänsemarkt ein Bäcker mit der freudigen Anzeige, eben haben wir unser Korn wieder bekommen, und können nun ungehindert backen! –«

Mit diesem Satz beendet er seine Notizen. Die Tage am Fenster des Eckzimmers seiner Mutter sind vorbei. Auf ihn warten wieder Geschäfte.

4.

Ein Bote aus Paris ist angekommen: Divisionsgeneral Foucher, der Kommissar des Königs. Er bringt die Nachricht, dass der Bruder des Königs mit Russen, Preußen und Österreichern eine Vereinbarung zur Räumung Frankreichs abgeschlossen hat und die Franzosen die Festung Hamburg im Lauf des Monats Mai übergeben müssen. Foucher wird den Zustand und die militärische Ausrüstung der Festung aufnehmen. Der Fürst von Eckmühl wird von Divisionsgeneral Graf Gérard abgelöst.

Dies sind die ersten offiziellen Informationen der neuen Regierung für Davout. Um sechs Uhr nachmittags am 5. Mai sind alle Schanzarbeiten an der Festung eingestellt.

Die Ernennung des rangniedrigen Foucher zum Kommissar kränkt die Generäle: Sie könne nur das Ergebnis einer Intrige sein. Mit dem Kommissar und seiner Frechheit komme der Geist des neuen Regimes, sagt Thiébault. Die Ablösung des Marschalls sei eine Beleidigung, die weitere fürchten lasse.

Die Generäle halten die Ablösung für ungerechtfertigt: »Selbst wenn man annimmt der Marschall hätte Widerstand leisten wollen – konnte er allein und gegen ganz Europa den Krieg wieder beginnen, dem Napoleon erlegen war? Und hätte man nicht wenigstens warten sollen bis er seine Ansicht zu erkennen gegeben hätte?« Die Generäle sehen in der »rohen Behandlung« des Marschalls eine feindliche Gesinnung gegen die Armee. Sie fragen sich, welche Sicherheit sie und die jüngeren Offiziere haben, wenn einer ihrer höchsten Vorgesetzten verurteilt wird, ohne gehört worden zu sein.

Am Tag nach Fouchers Ankunft gibt der Marschall den Offizieren ein Diner, zu dem er auch Foucher einlädt. Während des Essens sagt der Kommissar: »Ich wäre stolzer auf ein von Ludwig XVIII. unterzeichnetes Leutnantspatent als ich auf mein Generalleutnantspatent von Napoleon bin« – die Generäle brechen in Hohngeschrei aus.

Thiébault sagt: »Wer so etwas sagt, macht keinem seiner Grade Ehre.«

Alle erwarten, dass der Kommissar Thiébault zum Duell fordert, aber er schweigt. Sie halten ihn für feige und gehen ihm nach Tisch aus dem Weg. Einer der Generaladjutanten will ihn auf dem Jungfernstieg stellen und ihn zwingen, sich mit ihm zu schlagen – wenn er sich weigere, werde er ihn in die Alster werfen. Thiébault redet es dem Adjutanten aus, er hält ihm die schlimmen Folgen vor, die das für den Marschall haben würde.

Die Generäle wollen gegen die Ungerechtigkeit demonstrieren, die Davout ertragen muss, und laden ihn zu einem Essen in Rainvilles berühmtes Restaurant an der Elbe ein. Sie wollen Foucher nicht dabei haben, doch der läuft zu General Vichery, und so wird er eingeladen. Er wird weit weg von Davout platziert, und niemand beachtet ihn.

Foucher hat Davout einen Brief seiner Frau mitgebracht. Sie ist besorgt. Offenbar haben Klagen über Davouts Zug durch die Dörfer hinter Harburg am 30. und 31. März Paris erreicht – vielleicht stammen sie – über Bennigsen – aus dem russischen

Hauptquartier, vielleicht – über Hamburger Kaufleute – von den Engländern.

Missachte, meine liebe Aimée, schreibt Davout, so wie ich es mache, alle diese erbärmlichen Artikel, die Verleumdung und Bosheit hervorgebracht haben. *»Je n'ai fait ici, ainsi que partout, que le mal nécessaire«* – ich habe hier, so wie überall, nur das notwendige Übel getan, alle Dörfer, von denen man schreibt, sie seien in Flammen aufgegangen, stehen noch, wir haben nur achtzig Häuser zerstört, weil die Kriegsraison es befahl, wir haben Futter für 5000 Pferde für über sechs Wochen geholt, der Feind ist so gereizt gewesen, weil alle seine Angriffe misslangen, dass er auf Spottschriften zurückgegriffen hat, um sich zu rächen. Aimée solle sich nicht um diese Schriften kümmern und daran denken, wie wenig Eindruck sie auf ihn machten. Er wird Hamburg Ende des Monats verlassen und den Truppen bis auf französischen Boden folgen und dann zu ihr kommen. Er sieht seine Zukunft bei seiner Familie in Savigny.

Bennigsen setzt den Propagandakrieg gegen Davout in der Presse fort. Die ›Neue Bremer Zeitung‹ bringt am 9. Mai Auszüge aus dem Briefwechsel zwischen Bennigsen und Davout in der Zeit vom 13. bis 29. April. Das Thema: Hat der General den Marschall betrogen und trotz einer vereinbarten Waffenruhe weitere Angriffe hinter weißen Fahnen versteckt, oder hat nicht vielmehr der Marschall die Waffenruhe gebrochen, indem er auf die Fahnen seines neuen Königs schießen ließ. Die Briefe sollen dem Publikum wieder beweisen, dass Bennigsen die Stadt schonen und Blutvergießen vermeiden wollte, Davout jedoch die Kämpfe wütend fortgesetzt habe.

Davout hat für den 9. Mai bei Bennigsen einen Besuch mit Kommissar Foucher vereinbart, der die Bestandsaufnahme in der Festung gemeinsam mit einem russischen Offizier und Kommissar machen soll. Bennigsen hat nun sein Hauptquartier in einem Haus auf der Palmaille. Jägerregimenter und Kosaken stehen davor – Altona hat sich in eine russische Garnisonsstadt verwandelt.

Doch als Davout in Bennigsens Haus eintrifft, ist Bennigsen angeblich nicht da. Davout lässt sich bei dessen Frau melden, der »Generalin Bennigsen, einer strahlenden, galanten Polin«, wie Johann Georg Rist meint, der frühere dänische Geschäftsträger in Hamburg. Den Ehemann dagegen fand Rist beim Wiedersehen vor ein paar Tagen knöchern und reichlich »abgestumpft«. Marie Leonarde von Andrzeykowicz ist seine vierte Ehefrau, sie ist knapp halb so alt wie er – um die dreißig – und hat vor fünf Jahren den Sohn Alexander geboren.

Marschall Davout gegenüber führt sie sich herausfordernd verächtlich auf. Er versucht trotzdem, Höflichkeit in Form und Sprache zu wahren. Sie soll ihm nicht geantwortet und sich stattdessen mit ihrer Umgebung über ihn unterhalten haben.

Ferdinand Beneke, der immer noch die Bürgergarde im russischen Hauptquartier vertritt, geht erst nach dem Besuch zur Gräfin: »Nachdem Davout weg war (ich hatte es mir als Hamburger unanständig gehalten, mit diesem Tyrannen irgendwo friedlich zusammenzutreffen) zu G(räfin) Bennigsen... Alle waren über das garstige Äußere u. das tölpische Betragen Davouts einig. Die Gräfin (Bennigsen) sagte, sein Äußeres entspräche seinem Werke auf eine sehr deutliche Weise. Das Gespräch war sehr kalt und nur von Davout mühselig ernährt worden, um sich die halbe Stunde dort zu halten. Beim Wegreiten hätte das Volk gezischt. Die Franzosen waren aber sehr schnell geritten.«

5.

Für Henriette Brock wird der 9. Mai »der froheste, glücklichste Tag« seit langer Zeit, denn sie kann mit ihrer Schwester Therese und deren Mann nach Altona gehen: »Nein, das Gefühl lässt sich nicht beschreiben, welches ich empfand, als ich die Tore Hamburgs im Rücken hatte und die frische, reine Luft einatmete; Diejenigen können sich nur einen Begriff davon machen die so lange wie wir eingeschlossen in unseren Mauern gewesen sind.« Sie will die Ruinen nicht sehen, die Schornsteine, die von den verbrannten Häusern übrig sind, sie will sich nicht traurig machen, will den Tag ganz genießen, will »einmal wieder ganz glücklich sein.«

Seit zwei Tagen kommen wieder Ewer mit Kartoffeln und Milch in die Stadt.

6.

Divisionsgeneral Maurice-Etienne Gérard trifft am Mittwoch, dem 11. Mai, aus Paris ein, um den Marschall als Oberbefehlshaber des 13. Armeekorps abzulösen. Gérard hat unter Davout in Russland gekämpft und nach dem Tod von General Gudin das Kommando der 3. Division übernommen. Er ist in der Völkerschlacht bei Leipzig schwer verwundet worden, hat bis ins Frühjahr mit Napoleon gekämpft und sich als einer der Ersten für die Abdankung des Kaisers ausgesprochen.

Davout macht seinem Nachfolger den großen Sprung zum Oberbefehlshaber leicht und sagt in seinem Tagesbefehl an die Truppen, »daß die Wahl unserer Regierung auf einen Officier gefallen ist, der in der Französischen Armee durch einen vortrefflichen Charakter, eine glänzende Tapferkeit und Talente gleich bekannt ist«. Damit beruhigt er auch seine Offiziere: Gérard ist immer noch einer von ihnen. Dann dankt er dem Armeekorps: »Der Herr Marschall hält es bey Abgebung des Commando für seine Pflicht und der Billigkeit gemäß, den Generalen, Officieren und Soldaten seine ganze Zufriedenheit über die Bravour und den guten Geist zu bezeugen, den sie, seitdem er die Ehre gehabt sie zu commandiren, bey jeder Gelegenheit bewiesen haben.«

Als er sein Kommando übergeben hat, schreibt er sofort Aimée. Er werde noch hier bleiben, um Gérard die Auskünfte zu geben, nach denen er frage, danach komme er nach Hause.

Davout zieht in die Vorstadt St. Georg zu Aimées Bruder General Leclerc, der dort ein Haus mit Garten bewohnt.

Nun hat General Gérard die Aufgabe, die große Festung zu übergeben und den Ausmarsch der Truppen zu organisieren.

Napoleons Festungen Küstrin, Glogau und Wesel sind gerade zu sehr unterschiedlichen Bedingungen übergeben worden. Küstrin an der Oder hat kapituliert, als Napoleon zwar auf dem Rückzug, aber immer wieder noch siegreich und gefährlich war. Die Garnison ist kriegsgefangen – sie durfte mit allen militärischen Ehren aus dem Tor marschieren, musste dann aber die Waffen abgeben. Die Offiziere behielten ihre Degen, ihre Wagen, Gepäck, Bediente und Pferde. Die Gefangenen kamen in preußische Städte östlich der Oder. Bis zum Zielort erhielten sie Quartier, Verpflegung, Pferdefutter und Wagen. Weiter hieß es in den Kapitulationsartikeln: »Den Officier- und Soldatenfrauen der Cüstriner Garnison steht es frei, ihren Ehemännern zu folgen, oder nach Frankreich zurückzukehren.«

Als die Festung Glogau an der Oder kapitulierte, hatte Napoleon den Thron aufgegeben, doch die Lage zwischen Frankreich und den Alliierten war noch unklar, König Ludwig XVIII. war noch nicht in Frankreich. Auch diese Garnison ist kriegsgefangen, darf aber nach Westen, nach Frankreich marschieren, wenn sie dort ein Jahr lang nicht gegen die Alliierten dient. Sie soll mit allen Kriegsehren aus dem Tor abziehen und Waffen und Trommeln auf dem Glacis niederlegen, aber die Offiziere und ein Teil der Soldaten dürfen ihre Waffen behalten – die Seitengewehre – und sie auf dem ganzen Marsch tragen. Die sieben Gendarmen behalten Seitengewehre, Pistolen und Pferde. Die Garnison soll unterwegs, »als wären es alliirte Truppen«, auf Vermittlung und Rechnung der preußischen Regierung beköstigt und einquartiert werden, die Pferde erhalten Futter, Gepäckwagen werden kostenfrei gestellt. Preußische und russische Truppen begleiten und bewachen die Garnison.

In der Festung Wesel am Rhein hat die Garnison am 23. April von der Rückkehr der Bourbonen erfahren und kapituliert. Diese Truppen werden trotz ihrer Kapitulation nicht mehr kriegsgefangen sein und dürfen mit ihren Waffen, mit Gepäck, privatem Eigentum und außerdem drei Feldgeschützen – leichten Kanonen – auf je tausend Mann abziehen, denn für sie gelten schon wieder neue Bestimmungen – ebenso wie für die Festung Magdeburg, deren Besatzung am 26. April, drei Tage früher als Davout, von den Ereignissen in Paris erfahren hat: Das Verhältnis zwischen Österreich, Russland, Preußen und England einerseits und Frankreich andererseits hat sich in den letzten Wochen weiter verändert.

Die Festung Hamburg hat nicht kapituliert, und als der dänische Geschäftsträger Rist sich erkundigt, wo er den Verlust von Silber aus der Hamburger Bank anmelden könne, erfährt er, dass im Augenblick wegen Erstattungszahlungen nichts zu tun sei: »Durch die veränderte Stellung der Garnison, als Truppe eines befreundeten Souveräns, könne von eigentlicher Kapitulation mit der Festung Hamburg nicht die Rede sein ...«

Jetzt gilt die Vereinbarung über das Einstellen der Kämpfe und die Räumung Frankreichs von alliierten Truppen vom 23. April, die die Alliierten und der Bruder des französischen Königs geschlossen haben und von der Kommissar Foucher in Hamburg am 5. Mai berichtet hat. Sie ist den Friedensverhandlungen vorausgegangen, die vier Tage später in Paris begonnen haben. Die siegreichen alliierten Fürsten gehen nun davon aus, dass König Ludwig XVIII. einer von ihnen ist. Das bedeutet: Napoleon war ihr Feind, nicht Frankreich. Aber die königlichen und kaiserlichen Sieger bleiben ihrem neuen französischen Freund Ludwig XVIII. gegenüber vorsichtig, der in den eingeschlossenen, aber unbesiegten Festungen noch eine unbekannte Anzahl von Soldaten unter Waffen hat.

Das Hauptthema der Vereinbarung vom 23. April sind die Festungen: Die Alliierten ziehen ihre Armeen aus dem französischen Territorium zurück, wie es am 1. Januar 1792 existierte, wenn die Franzosen ihre Festungen außerhalb dieser Grenzen den Alliierten übergeben. In ganz Europa gibt es immer noch fast fünfzig unbesiegte napoleonische Festungen und Forts: vier in Deutschland – die großen Festungen Hamburg und Magdeburg, die kleinen in Erfurt und Würzburg –, dann zehn zwischen dem Rhein und Alt-Frankreich, knapp zwanzig in den Niederlanden, neun in Italien, fünf in Spanien, drei in Nizza, eine auf Korfu. Diese Festungen und ihre Garnisonen sind insgesamt noch so bedeutend, dass die Alliierten bereit sind, sich für sie kampflos aus Frankreich zurückzuziehen.

Für die Übergabe legen sie vertraglich eine Reihenfolge fest: Die Festungen am Rhein und zwischen dem Rhein und den Grenzen Frankreichs von 1792, zu Beginn der Kriege, werden innerhalb von zehn Tagen ab Unterzeichnung des Vertrags übergeben; die Festungen in Italien innerhalb von fünfzehn Tagen; die in Spanien innerhalb von zwanzig Tagen; alle anderen spätestens zum 1. Juni.

Von einer Kriegsgefangenschaft der Garnisonen ist keine Rede mehr. Sie werden abziehen »*avec armes et bagages*«, mit Waffen und Gepäck, und mit dem privaten Eigentum der Militärs und der Zivilangestellten. Sie dürfen drei Stück Feldartillerie je tausend Mann mitnehmen, wobei die Kranken und Verwundeten mitzählen. Alles andere, was zur Festung gehört und was nicht Privatbesitz der Einwohner ist, soll unberührt den Alliierten übergeben werden – Kanonen, Munition, Magazine mit Vorräten jeder Art, Archive, Inventare, Pläne, Karten, Modelle.

Niemand weiß schon, wie viele hunderttausend bewaffnete Soldaten aus den rund fünfzig Festungen nun fast gleichzeitig heimkehren werden, wie viele Quartiere und Lebensmittel unterwegs bereitgestellt werden müssen – allein in Magdeburg haben sich im Vorjahr 20 000 Mann eingeschlossen, in Mainz 25 000, in Hamburg über 40 000, aber die Belagerungen waren zum Teil lang und hart und haben viele Menschen das Leben gekostet. Die neue französische Regierung hat ein Interesse daran, dass alle Soldaten schnell und reibungslos zurückkehren, denn bis dahin bleibt Frankreich von alliierten Truppen besetzt, die wild beschlagnahmen, was sie brauchen. Die Regierung hat mit den Alliierten vereinbart, dass die heimkehrenden Garnisonen auf getrennte Marschrouten dirigiert werden, über die man sich noch verständigen wird.

Hamburg ist die letzte und größte Festung Napoleons in Deutschland, die aufgegeben wird. General Gérard muss auf Befehle aus Paris über die Marschrouten für die einzelnen Kolonnen und ihre genauen Abmarschtermine warten.

Die Hamburger wissen von alledem nichts und werden immer aufgebrachter, weil die Franzosen nicht abziehen. Gérard lässt Tag und Nacht Patrouillen durch die Straßen reiten, und Laville bemerkt später voller Anerkennung, *»il montra beaucoup de fermeté contre les prétentions du général Benningsen«,* er zeigte große Festigkeit gegenüber den Anmaßungen General Bennigsens.

7.

Frau Professor Radspiller kann ihr Tagebuch einem Bekannten mitgeben und notiert nur noch schnell das Neueste für ihre Schwester. Wieder ist die Stadt voller Gerüchte: Davout soll noch heute Abend – am 12. Mai – incognito nach Paris gebracht werden, er fürchte die Todesstrafe.

Mit Napoleon ist sie unzufrieden, weil er abtritt wie ein Theaterprinz von der Bühne, ein Schauspieler, der nach der Vorstellung einfach geht: » War er wirklich der große Mensch, so mußte er, wie alles verlohren war, im dicksten Kampfe sich stürzen und dort seinen Tod suchen – ...« Gestern hat sie eines der bedruckten Tücher aus England mit Bildern seiner Schandtaten gesehen – »es ist sehr schöner Kupferdruck und alles sehr deutlich; in der Mitte sein glorieuses Ende, wie er vor den versammelten Fürsten die Knie beugt und alle auf ihn die Schwerdter« zücken.

»Es giebt jetzt so vieles zu hören«

1.

Die große Festung verwandelt sich von Tag zu Tag und immer schneller zurück in eine Handelsstadt. Die Börse ist geräumt und von Pferdemist gesäubert, Kaufleute und Makler versammeln sich hier wieder zur Börsenzeit, und die Commerzdeputation tagt wieder. Die Postannahmestellen öffnen, die Postkuriere fahren und reiten wieder. Die Bank wird den Bankherren zurückgegeben. Die Warenzufuhr beginnt – am 17. Mai läuft die englische AMALIA von Hull im Hafen ein. Von diesem Tag an kann jeder ohne Pass nach Altona gehen. Dort laufen Schiffe aus Leith, Liverpool, London ein. Sie sind beladen mit Zucker, Kaffee, Tabak, Wein, Rum, Starkbier, Salz und Steinkohlen für Europa.

Ab Mittwoch, dem 18. Mai, erscheint wieder die ›Staats- und Gelehrte Zeitung des Hamburgischen unpartheyischen Correspondenten‹ mit dem Hamburger Wappen. Kaufleute zeigen mit Zeitungsanzeigen die Aufnahme der Geschäfte an: Ostindischer Nanking wird verkauft, Saiten für Klavier und Geige, die gute Neue Hamburger Deutsche Leder-Wichse, Hüte aus England und Brabant, neue Bücher, neue Seekarten. In Altona ist wieder Ochsenmarkt, und zahlreiche Pferdebesitzer suchen nach ihren Tieren, die von Weiden und aus Ställen gestohlen wurden. Hotelbesitzer und Gastwirte annoncieren auf Englisch und bieten Appartements an, möblierte Zimmer, Mahlzeiten, Weine. Arbeitskräfte sind wieder gesucht: Korrespondenten, Näherinnen, Ladendiener.

Die Türmer blasen wieder von den Türmen mit Hörnern und Trompeten, und die Glockenspiele auf St. Petri und St. Nikolai läuten. Ein paar Tage später ziehen die Nachtwächter mit ihren Pfeifen und Trommeln wieder feierlich auf und übernehmen die Hauptwache auf dem großen Neumarkt von den Franzosen.

Die französischen Behörden bieten alles zum Verkauf an, was sie nicht mitnehmen können. Die ersten Generäle und Beamten reisen ab, einige bezahlen jetzt ihre Schulden, andere nicht. Die Hamburger lesen erstaunt im ›Mercur‹: Da Herr d'Aubignosc, der bislang gefürchtete Generalpolizeidirektor, durch unerwartete Umstände genötigt war, früher abzureisen, als er sich vorgenommen hatte, so zeigt er hier an, »dass jeder, mit dem er noch irgend eine Rechnung zu regulieren hat, anstatt sich im König von England (wo er zuletzt wohnte) zu melden, sich deshalb an die Herren Gebrüder Mallet in Paris wenden möge«.

Den Bürgern passt es nicht, dass kaum jemand Schulden und Schäden bezahlt. Mehrfach kommt es zu Tätlichkeiten, bei denen Franzosen misshandelt werden. Schließlich setzt General Gérard einen besonderen Kommissar ein: Die Hamburger können nun ihre Schuldforderungen an Privatleute und ihre Ansprüche auf Schadensersatz bei ihm anmelden und die Beweise vorlegen.

Aber noch immer ziehen die französischen Truppen nicht ab.

Der britische Generalkonsul Mellish ist in Cuxhaven angekommen. Die *merchant banker* in der Londoner City wollen wieder Handels- und Finanzierungsgeschäfte mit und über Hamburg machen – bis nach Russland und nach Skandinavien. Mellish sieht sich in Hamburg um und meldet am 21. Mai nach London, er sei davon überrascht, wie wenig die Vorbereitungen zum Abmarsch fortgeschritten seien. Seine Erklärung dafür: Unter den französischen Truppen herrsche eine bemerkenswerte Unzufriedenheit, sie seien großenteils noch napoleonisch gesinnt.

Mellish beruft sich dabei auch auf Syndikus Gries, der jetzt in Paris ist und berichtet hat, genau wegen dieser Gesinnung Davouts und seiner Truppen halte das neue Kabinett es für besser, ihre Rückkehr noch hinauszuzögern.

Die Zerstörungen in der Stadt übertreffen die Befürchtungen des Generalkonsuls, doch findet er, die Bevölkerung habe eine überraschend gute Moral bewahrt. So berichtet er weiter nach London, die verbliebenen Mittel seien ausreichend, die Stadt bald wieder ihre alte Rolle als das Handelszentrum im Norden einnehmen zu lassen. Firmen und politische Strukturen seien zerstört, doch die Hamburger schon wieder sehr tätig.

2.

Der Weg in die Stadt ist frei, und zahlreiche Flüchtlinge kehren in ihre Wohnungen zurück. Hermann Harder kommt mit seiner Frau Henriette und den Kindern aus Bremen, wo sie kurz davor waren, nach England zu gehen. Die drei behüteten Töchter des Senators Graepel, des Vorbesitzers des Hauses, in dem Davout wohnte und arbeitete, haben die Franzosenzeit nicht gut überstanden. Die älteste hat die Kontinentalsperre mit ihrem Mann Georg Kirchenpauer nach St. Petersburg getrieben, wo sie gestorben ist. Die zweite ist Anfang 1814 auf der Flucht Witwe geworden – ein Kosak hat ihren Mann erschossen. Die dritte, Henriette, leidet unter Brustkrämpfen und Atemnot. Frau Kirchenpauer an ihren Sohn Georg: »Wie klein ist meine Bekanntschaft und doch, wie viele Unglückliche kenne ich!«

Mettlerkamp hat seiner Frau nach Wolgast geschrieben, sie möge mit den Kindern kommen, ihr Sommerhaus in Fliegenberg bei Winsen an der Luhe sei frei von Einquartierung. Mettlerkamp im April an Ferdinand Beneke: »Ich erwarte sie heute und habe wirklich ein Wesen nötig was mich versteht und das habe ich an ihr.« Am nächsten Tag war sie da: »… meine Freude können Sie sich denken. Ich sah sie seit sieben Monaten nicht, den kleinen noch gar nicht.« Aber an der Elbe ist Hospitalfieber ausgebrochen, und er schickte seine Familie nach Hamburg, wo sie nun bei Verwandten wohnt.

Agnes Perthes und ihr Vater gehen zum ersten Mal am 28. Mai in die Stadt – an Agnes' Geburtstag, an dem sie vor einem Jahr geflohen ist. Sie kommen aus Blankenese. Friedrich Perthes ist im Februar vom Wagen gefallen und musste zwei Monate in

Kiel liegen. Danach hat die Familie eine Wohnung in Blankenese bei einer jungen Schifferfrau gemietet, deren Mann zur See ist. Agnes hat ihre Freundinnen aus Hamburg wieder getroffen, und die Familie Klünder lädt die Mädchen oft in ihr Landhaus ein, und nach Tisch musizieren sie mit Bene und Lisa Klünder. Seit die weiße Fahne auf dem Michel weht, kommen zahlreiche Schiffe die Elbe herauf und bringen Flüchtlinge zurück, die in der Nähe von Perthes' Wohnung an Land gehen. Ein Schiff hat Kinder gebracht, deren Vater und Mutter während der Belagerung in Bremen gestorben sind. Scharenweise wandern Leute auf der Landstraße von Blankenese nach Hamburg.

Agnes und ihr Vater gehen zu Fuß drei Stunden lang, dann stehen sie vor dem Buchladen. Agnes ist so aufgeregt, dass sie vieles, was sie sieht, erst drei Tage später richtig wahrnimmt, als die ganze Familie zum Jungfernstieg zurückkehrt: die zerstörten Häuser ohne Fenster, die hungrigen, kranken Menschen, die Schmutzhaufen bis zur ersten Etage. Aus allen Straßen und Gängen strömt ihr und dem Vater ein furchtbarer Geruch entgegen.

Das Haus am Jungfernstieg hat keine Haustür mehr und der Buchladen keine Fenster. Alle schönen Lampen, die von der Decke herabhingen, alle elegant gebundenen Bücher, alle Pulte sind fort. Mitten im Laden steht ein großer eiserner Ofen, ein Balken ist durch ein Fenster hereingeschoben, sein spitzes Ende steckt halbverbrannt im Ofen. Auf der Treppe zu ihrer Wohnung im ersten Stock reicht festgetretener Dreck von Stufe zu Stufe. In der großen Wohnstube stehen schöne fremde Möbel, nur der Flügel gehört ihnen, auf dem der General Loison mit seiner einen Hand gespielt hat. Agnes öffnet den Wandschrank, in dem früher die guten Tassen und Leuchter standen, und Gestank kommt ihr entgegen: Sie sieht einen großen Lehnstuhl darin und elegante Servietten »zu niederem Gebrauch«.

General Loison hat das Haus schon geräumt, nur ein Offizier und die Dienerschaft des Generals sind noch da. Die männlichen und weiblichen Dienstboten haben in den Schlafzimmern der Familie Perthes »gehaust«: Das »Schicklichkeitsgefühl erlaubt nicht, den Zustand zu beschreiben«.

Zur Familie gehören elf Menschen, und ihre früheren Dienstboten, fast ebenso viele, melden sich jetzt wieder. An ihrer Spitze steht der Diener d'Haspe mit seiner Dorothee. D'Haspe hat schon im vorigen Sommer das Kommissionslager zu einer befreundeten Firma gebracht. Danach hat er es verstanden, die Katalogisierung des übrigen Lagers von rund 30000 Bänden – es war auf Befehl der Franzosen in ein anderes Haus gefahren worden und sollte versteigert werden – so lange hinauszuziehen, dass sie noch immer nicht fertig ist.

3.

Friedrich Perthes hält nach wie vor Änderungen in der Verfassung für wünschenswert, vor allem die politische Gleichstellung der drei christlichen Konfessionen und eine Stärkung der Bürgerschaft durch ein Vorschlagsrecht bei Gesetzen. Doch im Gewirr der Meinungen in den Gesprächen der Exil-Hamburger ist deutlich geworden, dass die Senatoren eine Änderung der Verfassung für eine leichtsinnige Neuerung halten. Perthes sieht, wie fast jeder vor allem daran interessiert ist, jede Verantwortung für seine Zusammenarbeit mit den Franzosen von sich zu schieben.

Senator Augustus Amandus Abendroth hält ebenfalls einzelne Änderungen der alten Verfassung für notwendig – er will Verwaltung und Justiz trennen –, will aber sehr behutsam vorgehen. Perthes schließt sich ihm an – offener Parteienkampf wäre eine größere Gefahr für die Stadt als die alte Verfassung: Alles Revolutionäre muss jetzt vermieden werden.

»Die Hansestädte können noch jetzt darüber zugrunde gehen«, schreibt ihm der Bremer Senator Smidt aus dem Hauptquartier der Alliierten in Paris, »wenn sie es nicht verstehen, die Notwendigkeit fremder Einmischung auszuschließen. Den Verbündeten gegenüber darf jede Stadt nur als ein einziger politischer Körper, nie als geteilt in Parteien erschienen, von denen jede ein Verschiedenes begehrt; denn die Minister hier sagen ganz richtig: ›Wer in gegenwärtiger Zeit uns nötigt, uns in seine inneren Angelegenheiten zu mischen und Friede und Ruhe in seinem Hause zu stiften, der muß, damit er die Erreichung des einen großen Ziels nicht störe, unter Vormundschaft gesetzt werden.‹« Das eine große Ziel ist der Friede in Europa nach über zwanzig Jahren Krieg.

Für die Hansestädte geht es jetzt auch um viel Geld. Abendroth, den die früheren Senatoren für ihren besten Unterhändler halten, setzt sich seit März bei General Bennigsen dafür ein, dass in den Verhandlungen zur Übergabe der Festung auch der Ersatz der großen Schäden in der Stadt und der privaten Vermögensverluste berücksichtigt wird. Über alles soll Rechnung abgelegt werde, vor allem über die Silberbarren der Bank.

Präfekt de Breteuil hat die Regierungsgewalt in Hamburg schon am 23. Mai der Munizipalität übergeben und ist nach Frankreich gereist. *Maire* Rüder ist eine Woche zuvor sang- und klanglos Richtung Holstein verschwunden.

Der Hochedle Rat ist seit dem 26. Mai wieder im Amt, und Hamburgs »glückliche Freiheit und Selbständigkeit« tritt wieder ein. Der Rat erwartet allerdings »Einigkeit und Zutrauen« von seinen Mitbürgern, und Anhänglichkeit an »unsre durch Erfahrung erprobte Verfassung, die in ihren Grundlagen unerschüttert erhalten werden muß, wenn auch gleich der Geist der Zeiten in der Art der Verwaltung nach sorgfältiger Ueberlegung Veränderungen nöthig machen sollte«. Einen Tag später setzt er gemeinsam mit der Bürgerschaft eine Kommission von zwanzig Bürgern ein, die darüber befinden soll, welche Reformen bei einer Erneuerung der Verfassung vorzunehmen seien.

Zum 31. Mai hebt der Rat das französische Recht in Hamburg wieder auf.

Dorothea Moller hat seit dem 7. Mai nichts in ihr Tagebuch eingetragen. Sie hat es im Stich gelassen, um alle Erzählungen der ausgewanderten Freunde, die nun wieder da sind, anhören zu können, erklärt sie glücklich am 30. Mai, denn »statt unsers bisherigen gänzlichen Mangels an Neuigkeiten, giebt es jetzt so vieles zu hören, zu lesen, zu erwarten, zu erzählen, dass man keine Zeit noch Lust zum Schreiben übrig behält«.

Der 31. Mai 1814

1.

Marschall Davout verlässt die Festung mit der ersten Kolonne in der Nacht vom 26. auf den 27. Mai: Etwa 4000 Mann marschieren mit ihren Waffen über die Elbbrücke nach Harburg. Tagsüber hat er mit General Gérard die Revue des 13. Armeekorps abgenommen – Gérard hat ihn darum gebeten. Die Truppen haben einen hervorragenden Eindruck gemacht, sie sind gut ausgerüstet und defilierten in perfekter Ordnung und in der Haltung von Siegern an Davout vorüber. Das Armeekorps zieht am 27., 29. und 31. Mai in acht Kolonnen ab und wird von sieben Brigadegenerälen und einem Oberst nach Hause geführt. Die erste Kolonne mit Davout verlässt Harburg am Morgen des 27., dem Freitag vor Pfingsten, mit wehenden Trikoloren.

Das 13. Armeekorps ist noch 31 000 Mann stark: 26 000 marschieren, 5000 Kranke bleiben in den Lazaretten, 9846 sind während der Belagerung gestorben. Zum Korps gehören 4000 Zug- und Reitpferde für Kanonen, Gepäckwagen, Kutschen, Kavallerie. Das Korps darf hundert Stück Feldartillerie – 6- und 12-Pfünder – mitnehmen, die schweren Kanonen auf den Festungswällen muss es zurücklassen. Aber sie sind unbrauchbar: Da in den Übergabeverhandlungen mit Bennigsen von ihnen nicht die Rede war, hat Gérard befohlen, ihre Zündlöcher zuzunageln.

In den Tagen kurz vor den Abmärschen verschärft sich der kleine Krieg zwischen französischen Soldaten und Straßenjungen, und der Rat bittet Gérard um Militärpatrouillen, um blutige Kämpfe zu verhindern. Die Straßenjungen fühlen sich durch die Russen sicher und beleidigen die Soldaten. Einige

Soldaten wollen sogar bei der Revue auf sie feuern, und ihre Offiziere müssen ihnen befehlen, die geladenen Gewehre auf dem Wall abzuschießen.

Auch die Bürger belächeln die französischen Soldaten höhnisch. Der Rat bereitet schon die Einquartierung der Russen vor, und noch immer leben einquartierte Franzosen in den Häusern und Wohnungen der Bürger. Nur wenige Bürger verstehen, weshalb die Festung erst am allerletzten Tag der gesetzten Frist geräumt wird und dass weder Davout noch Gérard damit etwas zu tun haben. »Es war dies höheren Ortes bestimmt«, erklärt Senator Abendroth: Die Alliierten misstrauen den bewaffneten Anhängern Napoleons unter den Offizieren und Soldaten und wollen nicht zu früh und zur selben Zeit zwei große Korps – die Festungsbesatzungen von Hamburg und Magdeburg – in Frankreich unterwegs haben.

Am 30. Mai sind schon viele Russen in der Stadt und haben Tore und Wälle besetzt. Die französischen Soldaten, die in der letzten Nacht, vom 30. auf den 31. Mai, auf dem Jungfernstieg biwakieren, müssen Männer abwehren, die ihnen zu nahe kommen, und lärmende Haufen auseinandertreiben. Auch auf dem Neumarkt werden Franzosen beleidigt, und es kommt zu Auseinandersetzungen, bis die Bürgerwache aufzieht und für Ruhe sorgt.

Am 31. Mai morgens um 5 Uhr marschieren das letzte Regiment des 13. Korps der Großen Armee und die Gendarmerie über die Brücke nach Süden.

Davout marschiert mit seiner Kolonne über Minden, sein Schwager Leclerc führt eine Kolonne über Bremen. Über Bremen ziehen insgesamt 12 300 Mann mit 2529 Pferden und 700 Angestellte. Gerüchte, dass französische Offiziere auf dem Weg nach Bremen angehalten und misshandelt wurden, haben die restlichen Zivilangestellten in Hamburg erschreckt, und sie und ihre Familien machen die Reise auf einer der drei englischen Briggs, die Zollbeamte mit ihren Familien, Kranke und Rekonvaleszenten nach Frankreich bringen.

Die Bremer sind es leid, Schlafplätze und Essen für Soldaten bereitzustellen. Kurz bevor Leclerc in Bremen eintrifft, haben die holländischen Truppen aus Magdeburg dort übernachtet und sich einen Tag lang ausgeruht: 640 Soldaten mit ihren Frauen und Kindern, 106 Unteroffiziere, 34 Offiziere und fünf Stabsoffiziere. Am Sonnabend vor Pfingsten ist eine Kolonne aus Hamburg eingetroffen mit 700 Kürassieren, reitender Artillerie und 2300 Mann Infanterie und hat am Sonntag Rasttag gehalten, und am Pfingstmontag, dem 30. Mai, kommt Leclerc mit einer zweiten Kolonne: mit 1300 »Douanen« – Zöllnern – und 1500 Mann Infanterie.

Am 30. ist Davout im Dorf Rethem an der Aller. Er und sein Generalstab sind unbehelligt aus Hamburg und Harburg abgezogen. Ich bin unterwegs, schreibt er Aimée. Er sehnt sich nach dem Wiedersehen. Er will nur noch für sie leben und ihr bei der Erziehung der Kinder beistehen und schickt ihr tausend Küsse.

General Thiébault hat sich dem Marschall angeschlossen, der ihm so lange verhasst war. Früher ist er nur in dienstlichen Angelegenheiten, auf Befehl oder Einladung zu Davout gegangen, jetzt geht er, »seit man ihn so plump beleidigt hatte jeden Morgen zu ihm, um ihm meine Aufwartung zu machen«. Als sie den Rhein bei Düsseldorf überschreiten, verabschiedet er sich am 11. Juni zum letzten Mal von ihm »mit dem Vorsatz, nie wieder einen Fuß über seine Schwelle zu setzen...« Thiébault nimmt Postpferde und reist in größter Eile nach Paris. Der Marschall zieht mit den Truppen weiter nach Valenciennes.

2.

In Hamburg steht Henriette Grautoff mit ihrer Mutter und ihrer Schwester Louise auf dem Steinweg, als am Dienstag, dem 31. Mai, mittags um zwölf Uhr, der Einzug der Bürgergarde und der russischen Truppen bei strahlendem Sonnenschein beginnt. Junge Mädchen in weißen Kleidern sind den Soldaten mit Lorbeerkränzen entgegengegangen, eine Abordnung des Rates erwartet General Bennigsen am Millerntor, und die Glocken auf allen Türmen der Stadt läuten. Endlich sieht Henriette die Bürgergarde mit Mettlerkamp an der Spitze durch das Tor hereinreiten.

Sie erkennt ihren Bruder Eduard, ruft laut seinen Namen, wieder und wieder. Doch er hört sie nicht bei dem Lärm der Glocken und dem Freudengeschrei. Die Menschen stehen am Straßenrand, stehen auf den Wällen und dem Tor, Tücher wehen aus allen Fenstern, es regnet Blumen. Dann kommt die russische Garde zu Fuß herein, dann die reitende Garde, Bennigsen folgt mit der hohen Generalität und seinem Generalstab, dann folgen russische Truppen aller Art, selbst Baschkiren, und ein Regiment Hannoveraner. Den Zug beschließt ein Korps leichter Kavallerie.

Der kleinen Marianne Prell, die mit ihren Eltern an der Straße steht, haben es vor allem die Baschkiren angetan, von denen es heißt, sie seien so wild, dass die Russen sie je zwei aneinanderschließen müssen und sie nur in der Schlacht loslassen. Marianne findet sie aber freundlich und ruhig, und die Leute neben ihr versichern, sie mögen die Baschkiren genauso gut leiden wie die schmutzigen Kosaken.

Henriette Brock ist seit zehn Uhr mit ihren Schwestern und Freundinnen bei einer Bekannten auf dem Steinweg und sieht vom Fenster aus auf den Zug. Der Einzug ist ihr aber »nur halb recht«, und auch die Freude der anderen erwachsenen Zuschauer ist ebenfalls »nicht vollkommen«, weil die tapferen Hanseaten nicht mit einziehen dürfen. Sie findet das so ungerecht, dass es ihr richtig wehtut. Die Hanseatische Legion ist nach Oldenburg geschickt worden, damit es in Bremen und unterwegs nicht zu Kämpfen mit abziehenden Franzosen kommt.

Eine Stunde lang läuten die Glocken von den Türmen, eine weitere Stunde, von ein bis zwei Uhr, spielen die Glockenspiele Lob- und Danklieder. Der Zug bewegt sich langsam und feierlich durch die Straßen und erreicht um drei Uhr den Domplatz. Hier bekränzen die jungen Mädchen Mettlerkamp und die Bürgergardisten, und Ferdinand Beneke hält eine Ansprache. Er

will den Kriegern bei der Feier der jetzigen zweiten Einverlei-
bung Hamburgs ins Deutsche Reich die erste in Erinnerung
bringen, als nämlich Kaiser Karl der Große genau hier eine Kirche und eine Kaiserburg bauen ließ. Aber die Bürgergarde ist
morgens um fünf von Fuhlsbüttel im Norden von Hamburg
nach Altona marschiert, ist dort um zehn im Parademarsch eingerückt und weiter zur Truppenrevue auf das Heiligengeistfeld
marschiert und nun durch die Stadt. Weiteren »heiligen Momenten«, die Beneke für den Einzug plante, hat Abendroth energisch vorgebeugt: »Wat shall dat? Dat hölt man up!«, was soll
das, das hält nur auf. Beneke ist trotzdem von seiner Ansprache
begeistert: »Des Volkes Jubel war ungeheuer. Mettlerkamp und
unsere Bürgergarden waren nun seine Abgötter. Wir wurden
mit Kränzen fast erstickt.« Hochrufe, Vivat und Hurra und
Freudenschüsse, die der Rat verboten hat, übertönen die Mili-
tärmusik und die Trommeln. »Es war der tollste Lärm, den ich
je hörte.«

Erst abends um sieben kommt Eduard Grautoff zu seinen
Eltern und Schwestern. Henriette ist so stolz auf ihn: »Wegen
der schändlichen Franzosen hatte er heimlich, wie ein Verbrecher, sich aus seiner Vaterstadt stehlen müssen, und im höchsten Triumphe kehrte er jetzt in diese zurück.«

Die Stadt ist festlich beleuchtet. Beneke notiert jedoch enttäuscht in sein Tagebuch, dass im Lichterglanz Inschriften auf
Deutschland fehlen. Das große Bild vor dem Rathaus »1814,
Europas Völkerbund« hat der Rat verändern lassen in »Die
hohen Alliierten«.

3.

Am selben Tag segelt ein englisches Schiff mit der Flut elb-
aufwärts: Susette Parish née Godeffroy, ihre Kinder und ihre
Schwester Charlotte werden bei Blankenese an Land gesetzt.
Richard Parish und sein Bruder George segeln weiter in die
Stadt.

Im Hafen haben alle Schiffe geflaggt, Schiffskanonen feuern
und die Menschen sind fröhlich. Richard und George gehen

zum Jungfernstieg – für George ist der Anblick der russischen Kaiserlichen Garde, der Kavallerie, Infanterie, der Kosaken ein imponierendes Schauspiel. George ist selbst Soldat. Er ist der fünfte Sohn des reichen John Parish in Bath und vor elf Jahren nach Ostindien gegangen, wo er ein Jahrzehnt lang Offizier und Beamter war, die letzten beiden Jahre als Agent der British East India Company. Jetzt hat er Urlaub genommen und will in Deutschland, Italien, Frankreich und Holland reisen.

Die Brüder sind zu spät, der Einzug der Russen ist vorbei, aber sie sehen noch die dreihundert jungen Damen, die die Krieger mit Lorbeer bekränzt und die Straßen mit Blumen bestreut haben. Abends ist die Stadt erleuchtet, und im Theater am Gänsemarkt gibt es »Der Tag der Erlösung« von Friedrich Ludwig Schmidt, dem Regisseur des Theaters. Graf und Gräfin Bennigsen sitzen in der Ehrenloge und lassen sich stürmisch feiern.

In der Deichstraße Nr. 84, dem Geschäftshaus von *Parish & Co.*, in dem auch die Stadtwohnung von Richard Parish liegt, gehen die Brüder durch alle Räume. Das Haus hat wenig gelitten, meint George, wenn man bedenkt, wie exponiert es war. Er wohnt am Jungfernstieg bei seinem jüngeren Bruder Charles, der aus Bremen gekommen ist, und diniert mit ihm in der Weinhandlung Wiedermann, wo russische Offiziere und Kosakenoffiziere mit Goldmünzen zahlen, leere Flaschen und Gläser gegen die Wände werfen und Champagner aus Tumblern trinken.

Am nächsten Morgen rasen auf dem Jungfernstieg vor Georges Fenster Kosaken, Husaren und Dragoner auf ihren Pferden auf und ab, und Kalmücken und Tataren lenken russische Kutschen mit sechs und acht Pferden in höchster Geschwindigkeit hinterher. General Bennigsen reitet vorbei, zwei Dutzend Offiziere und hundert Kosaken begleiten ihn. Abends ist auf der Börsenhalle großer Ball.

Die Kaufleute zeigen im ›Hamburgischen Correspondenten‹ an, wo sie ihre Kontore eröffnen, bis ihre Häuser, die während der Belagerung Lazarette oder Kasernen waren, wieder instand gesetzt sind:

»Unser Comtoir ist einstweilen im Grimm No. 15. Johann César Godeffroy et Sohn.«

»Bey der nun geendigten allgemein gewesenen Stöhrung des bürgerlichen Geschäftslebens halte ich es nicht für überflüßig anzuzeigen, dass ich meine vormaligen Rechtsgeschäfte fortsetzen und in wenig Tagen meine Wohnung No. 67 Holländischen Brok wieder beziehen werde. Ferdinand Beneke, Dr.«

Schauspieldirektor Herzfeld annonciert für seine entfernten Verwandten und Freunde: »Ich erfahre, dass sich im Auslande ein Gerücht von meinem Tode verbreitet hat:

›Ich lebe und bin gesund!‹«

Epilog: Hochzeiten und Todesfälle

1.

Das Aussehen der Festung erschreckte die Flüchtlinge, die nach Hamburg zurückkehrten. Karl Gries, der Bruder von Syndikus Michael Gries, kam aus Stade und sah im Westen, wo bei seiner Abreise fast 6000 Menschen gelebt hatten, nur verbrannte Ruinen, Schutthaufen, Ödnis. Rist, der dänische Geschäftsträger und Freund von Friedrich Perthes, erkannte die Stadttore nicht wieder – »die vielfachen Windungen des Hauptthors, jede durch Waffenplätze, Blockhäuser und Wachen bestrichen«. Zwischen den bedeckten Gängen, den Doppelreihen von Palisaden, den ungeheuren Erdaufwürfen glaubte er, in einer fremden Festung umherzugehen.

In der Stadt versperrten die Brustwehren auf den Wällen jede Aussicht über Land und Fluss und über die Innenstadt, Karl Gries konnte nur noch auf dem Jungfernstieg spazieren gehen, und hier wartete der nächste Schock: »Fast alle bejahrte Personen fand ich bei meiner Zurückkunft so gealtert, als ob die Monate zu Jahren geworden wären, sowohl an Körper als an Geist.«

2.

Bei Pierre Godeffroy und bei seinem Sohn Peter, bei seinem Bruder Cesar und dessen Sohn, bei den Parishens und den Thorntons folgte ein Freudenfest dem nächsten. Pierre Godeffroy gab Diners und Bälle für den Herzog von Cambridge – einen Sohn von König George III. – und für Graf und Gräfin Bennigsen. Der General ließ sich nach Davouts Abzug als großen Feldherrn von Kaufleuten feiern, die ihn vor

allem davon abhalten wollten, ihnen noch mehr Schaden zu-
zufügen.

George Parish, der englische Offizier auf Urlaub, hielt Bennigsens Behauptung, er und die Russen hätten die Festung
jederzeit im Sturm nehmen können, für »*extremely problematical*«. Er glaubte das nicht. Er bewunderte die Stärke der
Festung, ihre kurze Bauzeit und ihre Verteidigung im Winter.

Vier Brüder Parish waren nun wieder in Nienstedten an der
Elbe, besuchten Freunde in den Landhäusern und schliefen in
ihren alten Zimmern im Haus ihres Vaters. Das Haus war
inzwischen wieder in guter Ordnung, aber die Küche war noch
beschlagnahmt. Der Vater könnte sich keine Vorstellung von
der Qual der Einquartierung von Kosaken machen, schrieb
George ihm nach Bath: »Die Peitsche nimmt in ihrem Umgang
mit den Leuten den Platz des Dolmetschers ein.«

Die Brüder besuchten einen glänzenden Ball in der Börsenhalle, und Charles eröffnete ihn auf Bitte des Rats mit der
Gräfin Bennigsen. Der reiche Kaufmann gefiel der jungen Gräfin, und er machte ihr den Hof. Die Mitglieder der Königlich
Dänischen Kommission zur Wiederbesitznahme der Herzogtümer gaben Bennigsen zu Ehren im Rainville'schen Restaurant
ein großes Fest. Rainville ließ dafür einen großen ovalen Emp-
fangssaal bauen und die Wände mit Vorhängen aus weißem
Batist und grüner Seide mit Gold- und Silberfransen verhän-
gen. Die Gräfin eröffnete den Ball mit einer Polonaise, und um
Mitternacht ging die Gesellschaft in den ebenfalls neuen Speisesaal, »worin ein Souper auf einer Tafel von 200 Couverts aufs
prächtigste servirt ward«. Am Tag darauf reiste die Gräfin ins
Bad nach Nenndorf, und George Parish war sehr erleichtert:
Das ersparte es ihm, »*to give Charles a lecture*«, Charles eine
Lektion in Betragen zu geben.

Friederike Godeffroy heiratete im Weißen Haus ihres Vaters
den General Poncet. Das junge Ehepaar fuhr gleich nach der
Trauung »*à la mode angloise*«, nach englischer Sitte, in einer
vierspännigen Postkutsche davon. Das war ein plötzlicher Ein-
fall, ohne jede Vorbereitung, und so verbrachten sie ihre Hoch-

zeitsnacht »*at a German* ›Wirthshaus‹ *and* ›zwischen zwei Federbetten‹ *in the month of July*«, berichtete George Parish. Er wollte weiter nach Italien und nahm italienische Sprachstunden bei einem Lehrer, der den Belagerungswinter im Bett verbracht hatte, um nicht zu erfrieren. Mitte Juli verließ er Hamburg mit Bedauern.

3.
Die Hanseatische Legion zog am 30. Juni in Hamburg ein. 2760 Mann – davon 600 Lübecker – und 1225 Pferde kamen über die Brücke zur Stadt, wo weißgekleidete Mädchen und begeisterte Bürger und Bürgerinnen sie erwarteten. Auf dem Jungfernstieg drängte Agnes Perthes sich durch die Reihen der Soldaten und drückte ihrem Wilhelm einen grünen Lorbeerstrauß in die Hand.

Der Rat hielt nicht mehr viel von der Legion, wie überhaupt wenig von allem, was die Bürger aus eigenem Antrieb gegen die Franzosen unternommen hatten. Es hieß, ein hannoverscher General habe dem Rat gemeldet, die Legion zeige einen schlechten Geist und man müsse sie auflösen. Es hieß auch, unter den weißgekleideten Mädchen seien frühere Geliebte französischer Offiziere. Aber die Bürger bewirteten unbeirrt die Legion auf dem Wall mit einem Frühstück. Die Fleischer schenkten das Fleisch, die Bäcker Brot, die Brauer das Bier und die Konfektbäcker »einen sehr reichlichen und zierlichen Nachtisch«, und am Sonntag gab es ein Dankfest in der Michaeliskirche.

Louise Meyer, deren Bruder Friedrich sich im vorigen Jahr als Erster bei der Legion einschreiben ließ und nun gesund zurückkam, verliebte sich in den Kaufmann Eduard Heinrich Sieveking, den Bruder von Amalie Sieveking, der damals aus London gekommen war, um mitzukämpfen, und heiratete ihn 1815.

Auch Wilhelmine Brocks heimlicher Verlobter Carl Lihme kam mit der Legion zurück, sie heiratete ihn ebenfalls 1815 in einer Doppelhochzeit: Ihre Schwester Henriette heiratete den späteren Senatssekretär Dr. Johann Hermann Heise, einen Sohn von Bürgermeister Heise. Henriette bekam acht Kinder.

Agnes Perthes verlobte sich heimlich mit Wilhelm, der aber für drei Jahre nach Gotha in die Buchhandlung seines Vaters zurückkehrte, weil beide noch so jung waren. Die Hochzeit fand im Mai 1818 statt. Agnes' Großvater, der berühmte Matthias Claudius, war seit Mai 1814 wieder in Wandsbek, doch er war krank und zog zu seiner Tochter Karoline in die Wohnung über der Buchhandlung auf dem Jungfernstieg. Dort starb er am 21. Januar 1815.

Die Pastorentochter Henriette Grautoff reiste im August 1814 nach Wöbbelin in Mecklenburg zum Grab Theodor Körners. Sie schmückte es mit einem Lorbeerzweig und verließ die weihevolle Stätte in wehmütiger Stimmung.

Der Hass gegen die Franzosen war in den ersten Juniwochen 1814 noch so groß, dass Männer auf der Straße eine Abteilung von sehr jungen, schwachen Rekonvaleszenten angriffen und misshandelten. Man war auch misstrauisch gegenüber allen, die im Munizipalrat, in der Verwaltung und in den Gerichten mit den französischen Behörden zusammengearbeitet hatten, aus welchen Gründen auch immer, und das waren sehr viele, wie man leicht im Hamburger Adressbuch nachlesen konnte. Pierre Godeffroys Sohn Charles, der vor Jahren eine Stellung in einem Ministerium in Paris angetreten hatte und jetzt nach Hamburg zurückkehrte, fühlte sich lange nicht wohl, weil die meisten Leute ihn für einen verkappten Anhänger Napoleons hielten und ihn ihren Abscheu fühlen ließen. Aber neun Jahre später heiratete er die Bankierstochter Marianne Jenisch und wurde hanseatischer Ministerresident in St. Petersburg – diplomatischer Vertreter der drei Hansestädte am Zarenhof.

Senator Amandus Augustus Abendroth blieb bis 1821 Amtmann in Ritzebüttel, weil er wusste, dass man ihn in Hamburg als ehemaligen französischen *maire* nicht mehr so anerkennen würde, wie er es für seine Arbeit im Rat brauchte. Erst 1831 wurde er zum Bürgermeister von Hamburg gewählt. 1852 feierte er Goldene Hochzeit mit Johanna, und im Dezember starb er.

4.

Sophie Godeffroy, die Schwiegertochter von Pierre Godeffroys Bruder Cesar, ließ sich ein elegantes schmales Kleid aus schwarzem Seidensamt nähen: die »Nationaltracht« oder das »Feyerkleid«. Für verheiratete Frauen war die Tracht schwarz, für Unverheiratete weiß, und stilistisch war sie ein Potpourri aus Renaissance – die gepufften und geschlitzten Ärmel – und Empire – die hohe Taille.

Der Frauenverein in Gotha hatte die Flugschrift ›Das deutsche Feyerkleid zur Erinnerung des Einzugs der Deutschen in Paris am 31. März 1814 eingeführt von deutschen Frauen‹ herausgegeben und die »Einführung eines Ehrenkleides der deutschen Frauen-Vereine« angeregt. Die Frauen wollten damit sichtbar in der Öffentlichkeit an ihre Mithilfe im Freiheitskrieg erinnern und eine Beteiligung der Frauen in der Gesellschaft anmahnen. Besonders in Hamburg traten Bürgerinnen für die Verbreitung einer Nationaltracht ein. Modezeitschriften griffen die Idee auf. Das ›Journal des Luxus und der Moden‹ und die ›Zeitung für die elegante Welt‹ schlugen einen Schnitt aus der Reformationszeit vor. Auch Männer sollten an die deutsche Vergangenheit erinnern und eine Tracht wählen, die sich von den Ritterromanen inspirieren ließ, die gerade in Mode kamen – mit Radmantel, Zackenkragen, Schnürrock und Federbarett.

Aber Cesar Godeffroy, Sophies Ehemann, trug nicht einmal den »einfachen Waffenrock«, den der ›Rheinische Merkur‹ vorschlug, sondern blieb bei der praktischen englischen Kleidung der Kaufleute: Frack aus farbigem Tuch und helle Hosen. Er sah im Handel die Zukunft des Stadtstaates und auch die seiner Familie: Er wollte die Kaufmannsreederei *Joh. Ces. Godeffroy & Sohn* retten. Gemeinsam mit seinen Nachbarn Gossler und Merck bat er den Rat, ihnen ihre Häuser am Wandrahm wiederzugeben, die während der Belagerung zu Lazaretten umgebaut worden waren: Eine Beförderung des Handels müsste die vornehmste Aufgabe der befreiten Vaterstadt bilden, und gerade jetzt erwarteten ihre Firmen, bedeutende Geschäfte zu machen.

Für Sophie Godeffroy wurde die Nationaltracht eine kurzlebige Mode, der Aufbruch der Frauen zur Teilnahme an der Gesellschaft ebbte ab. Der König von Preußen hatte schon 1813 klargemacht, was nun Ziel der Restaurationspolitik in Deutschland wurde: Nicht Bürger und Bürgerinnen standen für Staat und Gesellschaft ein, sondern der Fürst und seine Soldaten. Die bürgerlichen Frauen sanken in die Anonymität zurück.

Elisabeth Campe geb. Hoffmann machte aus dem Brieftagebuch, das sie während der Belagerung der Festung Hamburg für einen Freund geschrieben hatte, ihr erstes Buch – es erschien anonym. Eine Madame Hayen soll beim Einzug der Bürgergarde am 31. Mai 1814 auf dem Domplatz öffentlich eine Rede gehalten haben, erfährt man beim Chronisten Gallois – nirgends tauchte auf, wer sie war und was sie sagte. Die Patriotische Gesellschaft wollte fünf Damen, unter ihnen Friederika Klünder, ehren, die sich an der Elbe für vertriebene Hamburger eingesetzt und ein Hospiz ins Leben gerufen hatten. Ebenso wollte sie die »Direktion der Strickanstalt: Madame Borkenstein und Mademoiselle von Axen« ehren und ihre Goldene Medaille an Christine Westphalen für wohltätiges Engagement verleihen und an Elisabeth von Struve und Philippine Kleudgen, die 1813 den Hamburger Frauenverein gegründet hatten. Anfangs nannte die Gesellschaft noch Namen der Frauen in ihrem Jahresbericht, aber als es dann so weit war mit der öffentlichen Ehrung, tauchten Namen nicht mehr auf – es war nicht mehr fein, in der Öffentlichkeit genannt zu werden.

Friederika Klünder wurde 1817 noch einmal geehrt: Die Schleswig-Holsteinische Patriotische Gesellschaft zeichnete die »Menschenfreundin« mit einer öffentlichen Danksagung aus, weil sie über tausend Kinder in den Fischerdörfern gegen Pocken geimpft hatte: »Ihr lag die Sorge ob, für einen großen Hausstand zu schaffen und zu walten, und sie war ganz das

Ideal, welches Schiller von der Hausfrau entwirft, und dennoch setzte sie Zeit, Ueberwindung und Mühe an obiges Detail wohlthätiger Zwecke.« Friedrich Schillers kaum zwanzig Jahre altes ›Lied von der Glocke‹ galt schon als Lobpreis einer angeblich traditionellen Frauenrolle. Das Bestreben der Frauen, dem Gemeinwohl zu nützen, sollte sich darauf beschränken, ehrenamtlich für Arme und in Kriegszeiten für Soldaten zu sorgen. Bürger kämpften in den nächsten Jahrzehnten für das Recht auf politische Mitsprache, für Bürgerinnen hatte das Jahrhundert der öffentlichen Entwertung der Frauen begonnen.

5.

Friedrich Perthes und Ferdinand Beneke hatten bei der Gründung des Hanseatischen Direktoriums im Sommer 1813 eine modernere Verfassung angestrebt, und viele Hamburger wünschten im Sommer 1814 durchgreifende Reformen. Die Kommission der Zwanzig Männer, die die Bürgerschaft Ende Mai gewählt hatte, tagte drei Monate lang. Doch Bürgermeister Bartels hielt die Verfassung von 1712 für vollkommen und setzte sich durch. Mitreden durfte in Hamburg wieder nur, wer ein Grundstück und Vermögen besaß, wer männlich war und der lutherischen Kirche angehörte – das waren etwa 3000 von über 100000 Einwohnern. Die Bewegung für eine Verfassungsreform erlahmte.

Auch die Hanseatische Legion und die Bürgergarde, für die Perthes und Beneke sich monatelang eingesetzt hatten, stießen bei der Obrigkeit weiter auf Ablehnung. Dabei schien die Rechnung der Mitglieder des Hanseatischen Direktoriums aufzugehen: Nur wenn die Stadtrepubliken kämpfende Truppen hatten, würden sie ihre Selbstständigkeit gegenüber den großen Fürstenstaaten, den Siegern über Napoleon, durchsetzen können. »Die Sache Hamburgs ist eine Ehrensache für ganz Deutschland geworden«, schrieb jetzt der ›Rheinische Merkur‹, »Hamburg hat für sich allein ein Heer ins Feld gestellt; darum ist es eine Bundesstadt geworden, die heylig sein muß dem ganzen Bunde…« Doch Legion und Bürgergarde waren manchen Bürgern verdächtig, die jede Neuerung ablehnten, die auch nur entfernt an die Ideale der Französischen Revolution erinnerte, und der Rat löste beide auf.

Das Hanseatische Direktorium erhielt nur außerhalb Hamburgs den Beifall von Zeitgenossen. Aber wären Perthes und Sieveking im November 1813 nicht mit den Bremern Smidt und Gildemeister nach Frankfurt gefahren, wo sie mit Stein und Metternich, dem Kaiser von Österreich und dem König von Preußen gesprochen hatten, wären die Bevollmächtigten der Hansestädte »schwerlich« zum Friedenskongress nach Wien eingeladen worden, meinte noch Jahre später der Bremer Senator Smidt.

Auf dem Wiener Kongress verhandelten Europas Fürsten vom September 1814 bis zum Juni 1815 über eine staatsrechtliche Gliederung Europas und Deutschlands. Napoleon hatte die Vorherrschaft Frankreichs in Europa gewollt. Jetzt suchten Außenminister Metternich und Außenminister Castlereagh ein Gleichgewicht zwischen den Staaten Europas: Jeder sollte jeden in Schach halten.

Die drei hanseatischen Gesandten – der Hamburger Gries, der Lübecker Hach und der Bremer Smidt, der führende Kopf unter ihnen – lehnten einen deutschen Nationalstaat ab: Die Abhängigkeiten in einem Flächenstaat würden ihre Handelsrepubliken behindern. Gries, Hach und Smidt, die miteinander engen Kontakt hielten, hatten das Problem, unter den zahlreichen Großen in Wien überhaupt bemerkt zu werden. Befreundete Diplomaten rieten ihnen, auf Festen eine repräsentative Kleidung zu tragen, und so ließen sie sich von einem Wiener Schneider eine einheitliche »Gala Uniform« für Hanseaten anpassen. Am 8. Juni 1815 traten Hamburg, Lübeck und Bremen in den neuen Deutschen Bund als selbstständige souveräne Mitgliedsstaaten ein: Ihm gehörten 34 Mitgliedsstaaten und – mit der alten Kaiserstadt Frankfurt – vier freie Städte an.

Ein Patriot wie der Buchhändler Friedrich Perthes, der für seine Stadt gekämpft hatte, als alle staatlichen Autoritäten gelähmt waren, wurde in Hamburg bald nicht mehr verstanden: Das Bild des idealen Bürgers veränderte sich nach der Franzosenzeit. Bislang war Patriotismus eine bürgerliche Tugend gewesen und Patriot die ehrenhafte Bezeichnung für einen Bürger, der für das Gemeinwohl sorgte. Viele Patrioten hatten geholfen, soziale Missstände auszugleichen. Jetzt, nach Belagerung und Verarmung, wurden die sozialen Verhältnisse in der Stadt mehr und mehr ausgeblendet. Das Gemeinwohl spielte weiter eine große Rolle in Sonntagsreden, doch im Alltag waren die einflussreichen Kaufleute vor allem für ihren Wohlstand tätig – wirtschaftlicher Erfolg und Reichtum wurden zu ihrem Hauptstreben, ihrem Qualitätsmerkmal als Bürger.

Perthes und sein Schwager Besser bauten den Buchhandel – die Firma hieß nun *Perthes & Besser* – tatkräftig und mit neuen Ideen wieder auf. Aber als Karoline Perthes im August 1821 starb, fühlte Perthes sich in Hamburg nicht mehr wohl. Er zog mit den jüngsten Kindern nach Gotha zu seiner Tochter Agnes und ihrem Mann Wilhelm und gründete einen neuen Verlag für religiöse und historische Schriften. 1825 beteiligte er sich maßgebend an der Gründung des Vereins der Deutschen Buchhändler, einer Vorläuferorganisation des Börsenvereins des Deutschen Buchhandels. Er heiratete noch einmal, eine Witwe mit vier Kindern, und beide bekamen gemeinsam weitere vier Kinder. Das Weihnachtsfest 1842 feierte er mit 49 Kindern und Enkeln. Im Mai 1843 starb er, 71 Jahre alt.

6.

Marschall Davout wollte ursprünglich mit der ersten Kolonne der abziehenden Festungsgarnison bis Valenciennes marschieren. Doch als sie den Rhein überschritten hatte, brachte ein Kurier des neuen Kriegsministers ihm den Befehl, sofort die Truppe zu verlassen und nach Savigny zu gehen.

Aus einem Brief von Aimée erfuhr er, dass er sich rechtfertigen müsste: Er habe auf die weiße Fahne der Bourbonen schießen lassen, obwohl er sicher gewusst habe, dass die Bour-

bonen auf den Thron zurückgekehrt waren, er habe die Bank-
einlagen geraubt, und er habe Akte der Willkür, der Gesetz-
losigkeit, begangen, die den französischen Namen verhasst
machten. Sie tröstete ihn: »Es ist schmerzlich, sich für etwas
verteidigen zu müssen, das jedermann mit militärischem Genie
an deiner Stelle getan hätte.« Sie sei nie so stolz gewesen, seine
Frau zu sein, wie jetzt, nach der Belagerung, er solle so schnell
kommen wie möglich: *»Je t'embrasse de toute mon âme. Toute
à toi jusqu'à mon dernier soupir, Ton Aimée.«*

Im nächsten Brief des Kriegsministers stand, der König habe
schwere Anschuldigungen über Davouts Kommando in Hamburg gehört, der Marschall möge sich schriftlich dazu äußern.
Davout traf am 19. Juni in Savigny ein und schrieb sofort dem
König, er werde auf alles eingehen, sobald seine Papiere eingetroffen seien.

Hinter den drei Anschuldigungen standen vermutlich auch
die hanseatischen Gesandten Smidt, Gries und Hach, die vor
ihrer Abreise zum Wiener Kongress eine Audienz bei Ludwig
XVIII. hatten. Sie waren am Tag der Abdankung Napoleons,
am 11. April, mit dem alliierten Hauptquartier in Paris eingetroffen und hatten zäh und unbeirrbar ihre beiden Hauptziele
verfolgt: die Selbstständigkeit der Städte und die Entschädigung der Eigentumsverluste, vor allem der Einlagen in der
Hamburger Bank. In Audienzen und mit Memoranden hatten
sie die Vertreter Englands, Russlands, Preußens und Öster-
reichs über die Ereignisse in der Festung informiert: Durch den
Aufstand im Februar 1813 habe Hamburg die Bewunderung
ganz Europas gewonnen, dafür habe Davout sich fürchterlich
gerächt. Gries hatte Castlereagh über die Vertreibung von
20 000 Einwohnern geschrieben, der Marschall müsse für seine
»so große Unmenschlichkeit« und Verletzung aller Menschen-
rechte bestraft werden.

Davouts Verteidigungsschrift war Ende August 1814 fertig.
Er erklärte dem König in einem Begleitbrief den Grund für den
Hass der Hamburger auf die Franzosen: *»Le système du Blocus
continental«*, die Kontinentalsperre – obgleich es ihm als Solda-

ten nicht zustehe, das zu beurteilen. Er habe mit der Festung
zunächst möglichst viele feindliche Truppen binden und später, nach der Schlacht von Leipzig, als er abgeschnitten gewesen war, das Armeekorps für Frankreich retten wollen. Die
Festungen Hamburg und Magdeburg sollten bei einem Verlust des Krieges als Pluspunkte bei Verhandlungen dienen können.

Zu den Schüssen auf die weißen Fahnen erklärte er, er habe
mit Gewalt auf Gewalt geantwortet und auf einen Feind geschossen, der Fahnen als Friedenszeichen aufsteckte und zugleich den Krieg fortsetzte. Über die Verwendung der Gelder
aus der Bank legte er genau Rechnung ab – die Wegnahme der
Bank sei das einzige Mittel gewesen, die Armee zu retten. Zum
Vorwurf der Willkür erklärte er: »Sire, ich habe die mir anver-
traute Gewalt nie gemißbraucht; nicht eine der Handlungen
meines Gouvernements in der 32sten Militär-Division kann der
Willkühr angeklagt werden; alle waren dictirt durch Befehle
oder Beschlüsse, deren Originale ich in Händen habe« – Ab-
schriften legte er dem König bei. Kein Einwohner sei aus politischen Gründen mit dem Leben oder auch nur mit Freiheits-
entzug bestraft worden. Vom 16. August 1813 bis zum 18. April
1814 seien in der Festung 32 Personen standrechtlich erschossen worden, die meisten wegen des Versuchs der Anwerbung
von Männern für die Truppen der Gegner. Seine Strenge habe
nur in Worten bestanden, um die Leute abzuschrecken. Er habe
nichts getan, als den Befehlen des Kaisers zu gehorchen, aber er
habe nicht alle strengen Befehle des Kaisers ausgeführt.

Vier Tage nachdem der Kriegsminister die Denkschrift bekommen hatte, erteilte der König die Erlaubnis zu ihrer Veröffentlichung. Sehen wollte er den Marschall nicht, und auch
als der ihm ein schriftliches Treuegelöbnis schickte, änderte
sich daran nichts.

Die Denkschrift erschien auf Französisch und Deutsch und
löste an die hundert Anklageschriften und Protestschriften
gegen Davout aus. Auch Augustus Amandus Abendroth ging
ausführlich auf Davouts Text ein. Er prangerte weniger an, was

Davout getan hatte, als die Art, in der er und seine Untergebenen die Hamburger gequält hatten, ihre Brutalität, die Grausamkeit, das organisatorische Durcheinander.

Napoleon hatte Davout, dem er den letzten Befehl im August 1813 geschickt hatte, doch nicht ganz vergessen, aber Davout hat vermutlich nie gelesen, was der Kaiser am 2. März 1814 in Jouarre, 60 km vor Paris, für seinen Kriegsminister diktierte: »… schicken Sie mehrere Agenten durch Dänemark und Deutschland an den Prinzen von Eckmühl, und erklären Sie ihm, wie unglücklich es ist, dass er sich mit einer Armee wie der seinigen durch unterlegene Truppen blockieren lässt und nichts für das Vaterland tut. Was bedeutet schon Hamburg, wenn der Krieg vor den Toren von Paris ist und die Armeen, die er aufhalten sollte, hierherkommen und hier die Anzahl unserer Feinde erhöhen? Geben Sie ihm Befehl, Hamburg zu verlassen, über die feindlichen Abteilungen herzufallen, sie vollkommen zu zerstören…«

Davout hatte bis zum 20. März 1815 keine Aufgabe im offiziellen Frankreich. An diesem Tag begrüßte er als Einziger der ehemaligen Großen Napoleon in den Tuilerien. Der Kaiser war von Elba zurückgekehrt und hatte nach ihm geschickt. Ludwig XVIII. war nach Belgien geflohen.

Der Kaiser und der Marschall hatten eine lange Unterredung. Davout stimmte schließlich zu, Kriegsminister Napoleons zu werden. Es gab immer noch drei mächtige Parteiungen in Frankreich: die Royalisten, die Bonapartisten und die Jakobiner. Die Ersten waren die Schwächsten, die Letzten die Stärksten, und Frankreich stand kurz vor einem Bürgerkrieg.

Wieder stellte der Marschall eine Armee auf. Napoleon ließ in Paris eine Regierung unter Davout zurück und marschierte nach Belle Alliance – oder Waterloo.

Auch Feldmarschall Leberecht von Blücher pflegte, wie Davout, seiner Frau lange Briefe zu schreiben. Am 20. Juni 1815

schrieb er ihr: »Unser Sieg ist der vollkommenste, der je er-
fochten ist. Napoleon ist in der Nacht ohne Hut und Degen
entwischt; seinen Hut und Degen schicke ich heute am König;
sein überaus reicher Staatsmantel, sein Wagen sind in meinen
Händen, auch sein Perspektiv, wodurch er uns am Schlachttage
besehn, besitze ich. Den Wagen will ich Dir schicken, es ist nur
schade, dass er beschädigt ist. Seine Juwelen und alle seine Pre-
ziosen sind unseren Truppen zur Beute geworden…« Napoleon saß im Wagen, als die Preußen ihn überraschten, »er sprang
heraus, warf sich ohne Degen zu Pferde wobei ihm der Hut
abgefallen, und so ist er wahrscheinlich durch die Nacht be-
günstigt entkommen, aber der Himmel weiß wohin«.

Napoleon war in Paris. Beide Kammern des Parlaments ernannten Davout zum Oberbefehlshaber und gaben ihm den Auftrag, dafür zu sorgen, dass der Kaiser abdankte und Paris verließ.
    Ihre letzte Besprechung war kühl. Napoleon war wütend,
und Davout blieb fest: Er müsse aus Vaterlandsliebe ein weiteres Opfer bringen, ohne seine Abdankung gäbe es keinen Frieden für Frankreich.
    Napoleon traf am 25. in Malmaison ein, Josephines Schloss
auf dem Lande. Blücher stand nun vor Paris und schickte einen
Offizier an die provisorische Regierung, der in seinem Namen
den Tod Bonapartes oder seine Auslieferung verlangte.
    Nun soll sich eine Szene voller Respektlosigkeit und Verrat
ereignet haben, über die einige französische Autoren bis heute
rätseln: Davout habe Napoleon am Kragen packen und an die
Luft setzen wollen. Der erste Erzähler dieser Szene ist offenbar
General Flahaut, damals Napoleons Adjutant:
    Der Prinz von Eckmühl befiehlt einem kaiserlichen General,
den Kaiser zur Abreise zu zwingen und, wenn es nötig ist,
sogar mit dem Gewehr auf ihn zu schießen. Wohin der Kaiser
gehe, sei egal, wenn er nur sofort abreise. Doch Napoleon lässt
durch Flahaut seine Bitte nach Pässen wiederholen: Wenn man
ihm Fregatten für eine Reise nach USA verweigere, weigere er

sich, Malmaison zu verlassen. Davout stürzt sich auf den Boten des Kaisers – auf Flahaut – wie *»une grande brute«*, eine große Bestie: »General, kehren Sie zum Kaiser zurück, und sagen Sie ihm, dass er abreisen soll; dass seine Gegenwart uns stört, dass sie ein Hindernis ist für jede Art von Anordnung, dass das Wohl des Reiches seine Abreise verlangt. Ohne diese werden wir gezwungen sein, ihn zu verhaften. Ich werde ihn selbst verhaften!« Flahaut antwortet, kochend vor Wut: »Eine solche Sprache überrascht mich von jemandem, den ich immer tief gebeugt zu Füßen des Kaisers gesehen habe.« Er mache das nicht, eher trete er zurück. »Gehen Sie selbst, Herr Marschall, das passt besser zu Ihnen als zu mir.«

Von dieser Szene und ihrem Ausgang sind verschiedene Versionen entstanden. Thiébault berichtete sogar, Davout habe den Kaiser eigenhändig töten wollen. Davout erzählte später dem Privatlehrer seines Sohnes, er habe sich aufgeregt und zu Flahaut gesagt, er werde selbst zu Napoleon gehen: *»et je ferai partir l'Empereur«*, ich werde den Kaiser dazu bringen, dass er abreist.

Davouts jüngste Tochter meinte Jahrzehnte später, ihr Vater sei immer in erster Linie Bürger gewesen und dann erst Anhänger des Kaisers – *»Patriote avant d'être impérialiste«*. Er habe geglaubt, die Abreise Napoleons sei das einzige Mittel gewesen, das Vaterland vor dem Bürgerkrieg und einer Invasion zu retten. Das, meint Davouts Biograf Charrier 2005 abfällig, könne auch nur eine Tochter glauben.

Charrier bedenkt mit seinem Staunen über den möglichen Verrat vielleicht nicht ausreichend, dass Davout zu denen gehörte, die weder Napoleon erschießen lassen noch ihn an die Preußen ausliefern wollten – genau besehen, wollte Davout ihn nur zur sofortigen Flucht zwingen. Aber Napoleon zögerte zu lange, und die Fregatten, die er für eine Reise nach Amerika verlangte, wurden von der britischen Marine blockiert. Die Engländer bestanden auf Napoleons Kriegsgefangenschaft, was Davout offenbar jetzt, nachdem Napoleon die Zeit nicht genutzt hatte, für die einzige ehrenhafte Lösung hielt. Am Tag nach der Szene reiste Napoleon nach Rochefort ab, wo das englische Kriegsschiff auf ihn wartete, das ihn nach Plymouth brachte. Von dort ging die Reise einen Monat später weiter nach St. Helena im Südatlantik.

Es war vorbei. Davout wollte keine aussichtslosen Straßenkämpfe in Paris. Er fuhr am 3. Juli 1815 nach St. Cloud zu Blücher.

»Um 8 Uhr kam ein französischer General mit dem Antrag, dass die Stadt sich auf Kondition ergeben wolle. Ich habe den Herzog von Wellington zu dieser Unterhandlung eingeladen«, berichtete Blücher seiner Frau. Die Kämpfe um Paris dauerten noch an, »ich habe gestern und heute wieder gegen 3000 Mann verloren; ich hoffe zu Gott, es sollen die letzten in diesem Kriege sein; ich habe das Morden zum Überdruß satt«.

Davout schloss mit Blücher und Wellington eine Vereinbarung. Die Verbündeten zogen zum zweiten Mal in Paris ein, und Davout führte die Reste der französischen Armee hinter die Loire, wo sie Ludwig XVIII. Treue schworen.

Blücher: »Der Krieg ist zu Ende; er war der mörderischste, den ich erlebt habe.«

Die Bourbonen waren zum zweiten Mal wieder da, und Davout lebte in Savigny. Als mehrere der Generäle verbannt wurden, die in Waterloo für Napoleon gekämpft hatten, meldete er sich: Er sei verantwortlich, die Generäle hätten nur ihre Pflicht getan, als sie ihm gehorchten. Als Marschall Ney vor einem Kriegsgericht stand, fuhr Davout nach Paris und sagte als Zeuge für ihn aus. Ney hatte als einer der Ersten Napoleon im Frühjahr 1814 zur Abdankung gedrängt und dem König Treue geschworen, war als einer der Ersten ein Jahr später zu Napoleon zurückgekehrt und hatte nach der Schlacht von Waterloo nicht aus Frankreich fliehen wollen. Am 7. Dezember 1815, zwei Tage nachdem Davout für ihn gesprochen hatte, wurde er im Jardin du Luxembourg erschossen.

Der König bestrafte Davouts Eintreten für Ney und schickte

ihn ins Exil, nahm ihm seine Titel und sein Einkommen. Davout durfte bei einem Cousin seiner Frau in Louviers wohnen, einer Kleinstadt in der Normandie. Er musste sehr sparsam leben, Aimée vermietete das Hotel de Monaco in Paris und verkaufte Silber und Schmuck.

Nach sechs Monaten durfte er wieder nach Savigny. Ende August 1816 bekam er seine Marschallswürde zurück und einen Marschallstab mit den Lilien des Königs, Mitte März 1817 legte er den Eid als »Maréchal de France« ab. Der König empfing ihn im August, und im März 1819 wurde er als Pair von Frankreich Mitglied des Oberhauses.

Er lebte nun friedlich mit seiner Familie in Savigny, kümmerte sich um seine Weinberge und spielte mit seinen Kindern. Er und Aimée hatten noch eine Tochter bekommen, Louise-Adélaide. Sie pflegten den Verkehr mit alten Freunden und ihren Nachbarn, besonders mit General Sébastiani. Die Erzieherin der Tochter des Generals war Henriette Mendelssohn, und sie berichtete ihrer Schwägerin Lea Mendelssohn-Bartholdy nach Berlin über Davouts Leben: »Als eine merkwürdige Tatsache muss ich Ihnen doch erzählen, dass dieser fürchterliche Davout, der Schrecken des Nordens, der Urheber so unsäglicher Leiden, in seinem Hause ganz ohne Willen ist. Er hat nicht den Mut, dem geringsten seiner Diener etwas zu befehlen ohne die Einwilligung seiner Marschallin, die dort das Hauptkommando ebenso unerbittlich übt, wie er die eroberten Länder regierte.«

Die Familie war glücklich, als die Tochter Josephine im August 1820 Achille Vigier heiratete. Ein Jahr später starb sie, eine Woche nach der Geburt eines Sohnes. Es hieß, dass Davout sich von diesem Verlust nicht erholte.

Am 5. Mai 1821 starb Napoleon auf St. Helena.

Davout war traurig und krank, er litt an einer unbestimmten Brustkrankheit. Am 1. Juni 1823 starb er, 51 Jahre alt, in seinem Haus in Paris. Er ist auf dem Friedhof Père-Lachaise begraben.

General von Bennigsen lebte auf seinem Gut Banteln in Niedersachsen, bei Hildesheim. Der Zar hatte ihm nach der Belagerung der Festung Hamburg ein neues Kommando als Oberbefehlshaber der russischen Südarmee in Bessarabien gegeben, wohin er seinen Sohn mitnahm, nach vier Jahren dort war er zurückgetreten. Er starb 1826 im Alter von 81 Jahren.

Aimée Davout lebte in Savigny bis zu ihrem Tod 1868, und man erinnert sich dort heute, dass sie den Bau des Bahnhofs gefördert hat. Sie starb im Alter von 86 Jahren in Paris. In Savigny wurde am 17. September 2011 die École Aimée-Leclerc eingeweiht.

Das Hofkleid, das sie sich 1810 in Weiß, Gold und Creme anfertigen ließ, ist heute in Auxerre ausgestellt, im Musée d'art et d'histoire, im Salle d'Eckmühl. Davouts goldbestickten schwarzen Samtfrack aus demselben Jahr kann man im Musée de l'Armée im Château de l'Empéri, Salon-de-Provence, bewundern. Sein Marschallstab, den russische Soldaten im November 1812 erbeuteten, soll in der Eremitage in St. Petersburg sein.

7.

Die Hamburger lebten ab Juni 1814 weiter in einer Festung, die Marschall Davout sechs Monate lang gegen 30000 Angreifer gehalten hatte. Sie war so sicher, dass sie eine der Festungen des neuen Deutschen Bundes werden könnte – diese Vorstellung beunruhigte den Senat jahrelang. Die Kaufleute wollten keine Festung haben, sie wollten Neutralität, sie wollten mit der ganzen Welt handeln.

Syndikus Gries sollte sich in Wien entschieden gegen alle Wünsche wenden, Hamburg zu einer Bundesfestung zu machen. Besonders Bürgermeister Amsinck sprach für Hamburgs traditionelle Neutralität. Der Senat gab Gries im Sommer 1814 genaue Instruktionen, wie er argumentieren sollte: Eine »große volkreiche Handelsstadt und eine Festung sind einander widerstrebende Objekte. Friede, Ruhe, Freiheit machen den Handel blühen; Krieg, Waffengetöse, Gewalt töten ihn! Hamburg, diese große volkreiche, für den Welthandel zur Aufbewahrung des Eigenthums aller Nationen bestimmte Handelsstadt, würde unwiederbringlich verloren, ohne Rettung vernichtet werden, wenn sie zu einem Waffenplatz, zu einer Festung bestimmt werden sollte.« Auch die Senate in Bremen und Lübeck instruierten ihre Gesandten, auf dem Wiener Kongress die Neutralität ihrer Stadtrepubliken durchzusetzen.

Nach dem Ende des Kongresses und als Mitglied des Deutschen Bundes bekämpfte der Hamburger Senat argwöhnisch jeden Versuch, den Deutschen Bund zu einem politischen Zentralorgan zu erweitern. Noch Ende 1816 hatten Senatoren und Bürgermeister Angst, die Bundesversammlung in Frankfurt plane, »Hamburg zu einer dem Bunde unterworfenen Bundesfestung herabsetzen« zu wollen. Sie wollten nie wieder in etwas wie Festungsbau oder Belagerung verwickelt werden.

Sachte, sachte, ohne ernsthaftes Aufsehen zu erregen, ließen sie die über sieben Kilometer lange Elbbrücke verschwinden. Erste Beschädigungen stellten sich 1817 ein, ernstere ein Jahr später, und 1819 ließen sie die Reste der Brücke abreißen – sie war angeblich von Treibeis so schwer beschädigt, dass Reparaturen nicht mehr möglich waren. Es gab nun weit und breit keinen Elbübergang mehr, der eine Armee anziehen könnte. Vom selben Jahr an nannten sie ihre Stadtrepublik ›Freie und Hansestadt Hamburg‹. Aus den Festungswällen wurden wieder Parks mit Spazierwegen.

Die Kaufmannsreeder erlebten im Deutschen Bund ihre große Zeit. Ihre Schiffe fuhren in alle Kontinente. Sie lehnten den Beitritt zum Deutschen Zollverein ab, in dem Preußen das große Wort führte und Zollschranken um die deutschen Länder verlangte, wollten den Handel mit der ganzen Welt nicht dem Führungsanspruch Preußens opfern. Süddeutsche Journalisten nannten die Hamburger undeutsch.

Aber in den Jahren der Reichsgründung erinnerte man sich in Deutschland plötzlich an die Befreiungskriege und die Belagerung der Festung Hamburg-Harburg und verstand beides als erste Kämpfe für eine Einheit Deutschlands. In Büchern und Aufsätzen wurden die Befreiungskriege zum Beginn einer nationalen Bewegung, die nun endlich zum vermeintlichen Ziel der gesamten deutschen Geschichte führte: zur Gründung des

Deutschen Reiches. In den Jahren vor dem Ersten Weltkrieg und da vor allem bei der hundertsten Wiederkehr der Besetzung Hamburgs durch Davout am 31. Mai 1813 wurde Hamburgs Kampf um politische Selbstständigkeit und Neutralität als Teil eines gesamtdeutschen Kampfes um nationale Einheit verklärt.

Heute sind noch Reste der Wallanlagen vorhanden. Auf der Bastion Casparus über den Landungsbrücken steht seit 1906 das Bismarckdenkmal. Im Park Planten un Blomen kann man im erweiterten alten Festungsgraben zwischen Dammtor und Millerntor spazieren gehen. In der Innenstadt erinnern zahlreiche Straßennamen an Wallabschnitte und Tore. Die Elbbrücken erinnern an nichts mehr – die Vorläuferin der Eisenbahnbrücke stammt erst von 1872, dem Jahr nach der Reichsgründung, und die der Straßenbrücke erst von 1899.

An den Buchhändler Friedrich Perthes erinnert eine Plakette auf dem Jungfernstieg – heute steht an der Stelle des Hauses mit seiner Buchhandlung ein großes Kaufhaus. Der Jagdpavillon in Aschau ist verschwunden, aber den Platz, auf dem er stand, haben Gerd Ledermann, dem das Grundstück heute gehört, mein Mann Per Hoffmann und ich im vorigen Jahr wiedergefunden: Den alten Keller, in den Karoline Perthes sich zurückzog, wenn alles zu schlimm wurde, gibt es noch. Die rauschenden Buchen, Ulmen und Kastanien und die Aussicht über die Eckernförder Bucht sind sicher anders als vor zweihundert Jahren, aber noch genauso schön.

Anhang

Anmerkungen

AM = Altonaischer Mercurius
Brem. Jb. = Bremisches Jahrbuch
HC = Journal du Département des Bouches de l'Elbe, oder: Staats- und Gelehrte Zeitung des Hamburgischen unpartheyischen Correspondenten
HGH = Hamburgische Geschichts- und Heimatblätter
MHG = Mitteilungen des Vereins für Hamburgische Geschichte
NBZ = Neue Bremer Zeitung
ZHG = Zeitschrift des Vereins für Hamburgische Geschichte

S. 7 200000: Mir kommt es nur darauf an, die Größenordnung der Zahl der französischen Soldaten zu zeigen, die Napoleon in den eingeschlossenen Festungen zurückgelassen hat. Thiry gibt – Paris 1969, S. 245 ff – die Garnisonsstärke von elf Festungen an: Danzig 28 000 Mann, Glogau 8000, Küstrin 4000, Modlin 3000, Zamosc 3000, Stettin 12 000, Torgau 26 000, Dresden 30 000, Wittenberg 3000, Magdeburg 25 000, Hamburg 40 000 = gesamt 182 000 Mann. Stubbe da Luz gibt – Okkupanten III, S. 289 – aus anderen Quellen leicht abweichende Zahlen an und diskutiert sie. Er meint, die Zahlen seien um etwa ein Drittel zu hoch.
In einer weiteren Veröffentlichung – Stubbe da Luz, Le maréchal Davout, 2009 – gibt er für die Monate nach der Schlacht von Leipzig die Garnisonsstärke von 16 Festungen an, die in der Zeit vom 12. November 1813 – Dresden – bis 31. Mai 1814 – Hamburg – geräumt wurden: Dresden 30000, Zamoscz 4000, Stettin 14000, Modlin 6000, Danzig 25000, Torgau 16000, Wittenberg 4000, Küstrin 4000, Mainz 25000, Glogau 8000, Magdeburg 20000, Wesel 8000, Kehl 4000, Erfurt 4000, Würzburg 2000, Hamburg 40000 = gesamt 212000 Mann.
Zur Garnisonsstärke der Festung Hamburg s. auch Henke, S. 105 sowie Servières, S. 427, Anm. 3.
S. 9 »schrecklichen Gesetze…« Laville, S. 78
S. 12 »Ah, sind Sie da!…« und »Rebellen können…« Mönckeberg, S. 142
S. 14 »Und ihr!…« Zander, S. 107
S. 15 »Die Einwohner konnten…« HC vom 1.6.1813
S. 16 »Pamphlets, fremde oder…« HC vom 1.6.1813
S. 18 »Gefühle jedes Hamburger…« Tgb. Moller S. 188
S. 22 »Ihr Marschall ist…« Thiébault, Stubbe da Luz, S. 463
S. 22 »Was, den Frieden…« Smidt, Brem Jb 4, 1869, S. 390
S. 23 das Haus: Hamburger Nachrichten vom 9.11.1819, nach Marchtaler, S. 87 f
S. 24 »Unterwerfung, aber…« alles nach B. Schmidt, Die franz. Polizei, S. 106

S. 24 »an Freyheit…« und S. 25 »unsere früheren…« Abendroth, S. 14

S. 25 »Vorliebe für die…« und »Das Empörendste…« P. Poel, S. 5

S. 25 »Ihr Marschall ist ja…« und »Ja, unter ihm…« Thiébault, Stubbe da Luz, S. 463

S. 27 »l'animal« Thiébault, Stubbe da Luz, S. 510

S. 28 »Ich habe deinen Brief…« Blocqueville III, S. 322 f

S. 31 »auf Ebentheuer« Kresse, Materialien 1765 – 1823, hier S. 35. Zu den Geschäften von Parish: Ehrenberg, S. 65, von Godeffroys: G. Hoffmann, Elbchaussee, S. 16 f

S. 32 »Handlungs Geschäfte« G. Hoffmann, Elbchaussee, S. 17

S. 32 »Ersatz« sehr gute Übersicht über die politisch-ökonomischen Zusammenhänge bei Aaslestad, Wirtschaftskrieg, hier S. 61. – Zu Prostitution und Zahl der Geburten: Rist, Lebenserinnerungen, S. 39 f, Schmidt II, S. 530

S. 33 »…bin bis zu heute…« Pierre Godeffroy an seine Tochter Charlotte, 5.6.1813, S. 122

S. 35 »peuble rebelle« (sic) Schramm, Neun Generationen I, S. 384. Wortlaut der Einladung: Schramm, Kaufleute, S. 93

S. 35 »Das 29ste Bulletin der grossen Armee« AM vom 25.12.1812

S. 36 »Auf Hamburgs Wohlergehn« Aaslestad, Wirtschaftskrieg, S. 63, sowie Hatje, Repräsentationen, S. 268, Anm. 102

S. 37 »der Pöbel« und »Soeben erhalte ich…« Louise Meyer an ihre Schwägerin Cornelia, 24. und 25.2.1813, S. 453 ff

S. 38 »Alle Wachen…« sowie die Anzeigen in AM vom 15.3.1813

S. 38 »…arme Seele kann…« Louise Meyer an ihre Schwägerin Cornelia, 13.3.1813, S. 457

S. 39 »selbst ihre Freiheit« Varnhagen Bd. II, S. 298

S. 39 »Aus der Freien …« und »Wenn sie wiederkämen…« Marchtaler, Senatorenhäuser, S. 148 ff

S. 40 Zahlen und Uniformen bei Boye, Feldzug, S. 20, und Aaslestad, Place & Politics, S. 277 ff sowie Tgb. Campe, 2. und 3. Brief

S. 40 »Auch auf mich…« Louise Meyer an ihre Schwägerin Cornelia, 25.2.1813, S. 455

S. 41 »verdienstliches Werk« Amalie Sieveking an ihren Bruder Eduard, 2. April 1813: Emma Poel, Denkwürdigkeiten, S. 22

S. 41 »Gott mit uns« Gaedechens, Legion, S. 606

S. 42 »grauserregend« Wehrs, S. 32

S. 45 »Ich hatte waschen lassen…« J. Abendroth, S. 21

S. 45 »Es gibt einen wollenen…« A. Perthes, S. 52

S. 47 »Toutefois je veux…« Correspondance de Napoléon Ier. 1813. Brief Nr. 20104 vom 7. Juni 1813, Bd. 28, S. 372–374, hier S. 372

S. 50 Beschreibung der Valckenburghschen Festung nach Loose, Bedeutung, und Weber

S. 53 »natürliche Grenzen« alles nach Prost, hier S. 74 ff

S. 54 »Ingénieurs du Pont et Chaussées« Prost, S. 86 ff

S. 54 »la route 1« etc. Prost, S. 87

S. 54 »places de dépôt« und »places de campagne« Prost, S. 99

S. 56 »mauvais sujets« Napoleon an Davout, 7.6.1813, Vigier II, S. 124

S. 57 Volkszählung nach Kopitzsch in Jochmann-Loose, S. 366 ff, und Matti, Bevölkerungsvorgänge, S. 108 ff. Die Zahlen beider Autoren sowie die im AM vom 27.12.1813 differieren unwesentlich.

S. 58 »Der Stadt Hamburg …« und »Aufruhr-Vorgängen« HC vom 8.6.1813

S. 62 »comme un petit saint Jean« Davout an Aimée, 25. 12.1812, Blocqueville III, S. 197f sowie Gumbinnen, 17.12.12, S. 192f. Thorn 23.12.13, S. 194–196.

S. 63 »unser Souverain...« Davout an Aimée, 15.1.1813, Blocqueville III, S. 252f

S. 63 »L'amour de mes devoirs...« Davout an Aimée, 15.4.1813, Thiry, Lützen et Bautzen, S. 155

S. 63 »vin de Séguin« Davout an Aimée, 17.4.13, Blocqueville III, S. 300

S. 65 »Je t'embrasse de toute...« Aimée an Davout, 8.5.1813, Blocqueville III, S. 336–339

S. 66 Zahlen zur Strafkontribution: Charrier, S. 594

S. 67 »carte blanche« und »La meilleure manière...« Napoleon an Davout 1.7.1813, Blocqueville III, S. 217; Vigier II, S. 127; Charrier, S. 595

S. 67 »Es könnte sein, daß ...« Napoleon an Davout, 1.7.1813, Thiry, Leipzig, S. 7f

S. 68 »Ich kann ihm ruhig ...« laut Mme Remusat: Charrier, S. 404

S. 68 »Mériter, Sire, votre bienveillance... » Davout an Napoleon, 4.7.1813, Vigier II, S. 128

S. 70 »Wir durften nicht mehr ...« A. Perthes, S. 56

S. 70 »Aschau soll wüst ...« F. Perthes an K. Perthes, 4.6.1813, Briefwechsel, S. 61

S. 70 »Geschichte der Religion ...« alles nach I.Grolle, hier S. 48

S. 71 »von Aschau« A. Perthes, S. 56

S. 72 »die Not der ganzen Welt« nach I. Grolle, hier: S. 76

S. 72 »Ich habe vor Gottes ...« F. Perthes an einen Onkel, Cl. Perthes, S. 219

S. 73 »Unser Laden ist ...« alles nach I. Grolle, hier S. 44

S. 73 »historische Naturnotwendigkeit« und »besseren Kräfte« I. Grolle, S. 53

S. 73 »Der deutsche Buchhandel ...« I. Grolle, S. 57

S. 75 »Deshalb aber sollte ...« F. Perthes an K. Perthes, 12.7.1813, Briefwechsel, S. 68

S. 75 »Kochamt« alles nach A. Perthes, hier S. 59

S. 77 »höhere Pflichten« A. Perthes, S. 58

S. 77 »herrenloses Gut« Cl. Perthes, S. 226

S. 81 »Beförderung der Cultur«, Kopitzsch, »Publicität«, S. 142

S. 81 »zu steter Vollkommnung«, Kopitzsch, »Publicität«, S. 125. Alles nach Kopitzsch und – insbesondere zu Beneke – nach Hatje: Kommunikation und Netzwerke, S. 248ff, sowie nach Borowsky, Wünsche, S. 352

S. 82 »die Gartenlust« Tgb. Moller, S. 187

S. 84 »Travaillez donc ...« alles nach Stubbe da Luz III, hier S. 197

S. 85 »Trichter« bis »tollkühn ...« Wehrs, S. 80f

S. 87 »Feinde des Staates« AM 26.7.1813

S. 87 »Wir kriegen hier ...« K. Perthes an F. Perthes, 25.7.1813, Briefwechsel, S. 74f

S. 87 »Insurrection, Rebellion ...« AM 26.7.1813

S. 88 »Es gibt Stunden ...« F. Perthes an K. Perthes, 30.7.13, Briefwechsel, S. 75

S. 91 »einige Worte von ihm ...« Davout an Aimée, 11.6.1812, Blocqueville III, S. 153

S. 93 »à la santé de la Nation«, Marquet, S. 291

S. 95 »Meine kleine Aimée ...« Levy, S. 316

S. 99 »L'habitude de chagrin« – Cherrier, S. 389

S. 100 »un nouveau malheur domestique« Vigier I, S. 155

S. 100 »Davout et ses diables« Plume, S. 65

S. 102 4.831.238 Francs: Presser, S. 334

S. 104 »L'Empereur me comble...« Levy, S. 328

S. 104 »Dem da muß man ...« Il faut bien lui donner, Levy, S. 329

S. 106 »die Frauen einen ...« Davout an Aimée, 21.1.1812, Blocqueville III, S. 98

S. 107 »vollendet« Davout an Napoleon, Levy, S. 332

S. 107 »Was wäre Frankreich ...« Davout an Aimée, 4.5.1813, Blocqueville III, S. 308–310

S. 113 »auf hohes Begehren« HC 3.8.1813

S. 114 »grausenvolles« Tgb. Grautoff S. 254

S. 114 »Du würdest Deine Vaterstadt ...« und S. 115 »das langsam ...« Speckter an Lappenberg, 4.8.1813, S. 85–87

S. 116 »Predigten alle Diener ...« und »Bricht der Krieg ...« HC 13.8.1813

S. 117 »ungeleckten Bären« Thiébault, Stubbe da Luz , S. 470

S. 118 »Monsieur le Maréchal ...« Thiébault, Stubbe da Luz, S. 527

S. 119 »Er kennt keine ...« Davout an Napoleon, dieses Kapitel nach Henke, hier S. 82.

S. 122 »wenn man 7 bis 8 Minuten ...« Davout an Napoleon, Henke, S. 80

S. 126 »die gänzliche Ungewissheit ...« Tgb. Moller S. 189

S. 126 »Unordnungen der Anarchie« HC 20.8.1813

S. 126 »mit Schimpfwörtern« Wehrs, S. 88

S. 127 »Gott helfe uns allen ...« Tgb. Grautoff S. 255

S. 128 »und unaufhörliches Trommeln ...« Tgb. Moller S. 189

S. 128 »Möchte doch Gott ...« Tgb. Grautoff S. 255

S. 128 »interimistische Direktorium der ...« und

S. 128 »die politische Existenz ...« nach Borowsky, hier S. 354

S. 129 »Lassen Sie uns ...« Sieveking an Perthes, 19.9.1813, Cl. Perthes, S. 240 und

S. 129 »Mich macht die Reaction ...« aus demselben Brief, Borowsky S. 357

S. 131 »Mißachten Sie uns nicht ...« Perthes an Vegesack, Cl. Perthes, S. 231

S. 131 »Das Volk steht auf ...« nach Brandt, hier S. 215

S. 131 »Frisch auf, mein Volk!« Müsebeck, S. 195

S. 132 »auss dem Felde« Kienitz, S. 106

S. 133 »seine geringe Localkenntniß« und »so daß er ...« Tgb. Campe, 12. Brief, S. 73

S. 133 »Tollheit« Wehrs, S. 88

S. 134 »sehr fröhliche Nachrichten« sowie S. 135 »denn durch meine Gegenwart« und »doch ich suche ...« Pierre Godeffroy an seine Tochter Charlotte, 14.9.13, S. 125–127

S. 135 »Aussichten sind dazu ...« Pierre Godeffroy an Susette Parish, 21.9.1813, S. 129

S. 135 Nach: Die Entwicklung der Gesellschaft »Harmonie« ... sowie Obst und Schmidt II, S. 106–108. Zahlen der Auflagen: Obst S. 196

S. 136 »In den Morgenstunden ...« Friedrich Johann Lorenz Meyer: Skizzen zu einem Gemälde von Hamburg. Hamburg 1800–1804, Bd. 1, S. 44–45 zit. nach Schmidt II, S. 106

S. 136 »L'homme du destin« nach Holtmann, S. 33

S. 137 »muß dauernd darauf ...« Napoleon an Davout 1807, Holtmann, S. 243

S. 138 »Brechen Sie mit Pomp ...« und

S. 139 »canaille« Napoleon an Davout, 8.8.1813, Correspondance de Napoleon Ier, Bd. 26, S. 18

S. 139 »und schon gar nicht ...« Napoleon an Davout, 12.8.1813, wie oben, S. 33

S. 140 »Du wirst finden ...« Davout an Aimée, 29.8.1813, Blocqueville III, S. 365

S. 141 »Ich mußte Schwerin ...« Davout an Aimée, 3.9.1813, Blocqueville III, S. 369

S. 142 »der Angriff auf Berlin...« Davout an Aimée, 16.9.1813, Blocqueville III,
S. 385, dazu die Briefe vom 13.9., S. 382, und 17.9., S. 376

S. 143 »Ich muß Ihnen erklären...« Chaban an Davout, Holzhausen, S. 115 f

S. 144 Zahl 600000: Napoleon und Europa, S. 364; 675000: Thamer, S. 14 und
Hahn/Berding, S. 96

S. 152 »Je ne vous vois plus...« Plume, S. 98

S. 152 Zahlen 600000 zu 30000: Napoleon und Europa, S. 364

S. 153 »Der König von Preußen...« Plume, S. 99

S. 154 Zahlen 3000/1500 Laville, S. 8

S. 154 »qui est claire...« Aimée an Davout, 27.1.1813, Blocqueville III, S. 262 f,
dazu Plume, S. 102

S. 154 »ich finde in...« Davout an Aimée, 15.2.1813, Blocqueville III, S. 269 ff

S. 155 »misérable Bernadotte« Davout an Aimée, 12.9.1813, Blocqueville III,
S. 376 f

S. 155 »mit einem ermüdenden...« aus dem Gespräch des Kronprinzen von Schweden mit General Moreau am 6.8.1813, zit. nach Quistorp I, 1894, S. 142

S. 157 »von selbst« Varnhagen, Denkwürdigkeiten II, S. 428

S. 157 »satyrischen Ausfällen...« Varnhagen, Denkwürdigkeiten II, S. 429

S. 157 »Kurze Übersicht...« und »Schreiben aus Ratzeburg...« und das Weitere
Kowalewski, S. 66 f

S. 158 »excellente« Davout an Aimée, 29.9.1813, Blocqueville III, S. 394 f

S. 158 »Damit auch beständig...« Kowalewski, S. 66

S. 159 »Linie von Hamm« alles nach Henke, hier S. 62

S. 160 »Jucheißaßa die Kosaken sind da!« Wehrs, S. 92

S. 161 »Die Sachen gehen gut...« und

S. 161 »so wird es ein...« Pierre Godeffroy an seine Tochter Charlotte, 22.10.1813,
S. 134

S. 162 »Ich bin streng...« Davout an Aimée, 17.10.1813, Blocqueville III, S. 406

S. 162 »Wir würden gegen den Kaiser...« Davout an Chaban, 18.10.1813, Davout,
Memoire, dt. Ausgabe, S. 46

S. 162 »Vertrauen gegen Vertrauen« Thiébault, Calmettes, S. 148

S. 163 »Ich deutele nicht...« und alles Weitere: Thiébault, Stubbe da Luz, S. 510 f

S. 164 »Dein Louis wird...« Davout an Aimée, 28.10.1813, Blocqueville III, S. 413

S. 165 »sonst gewöhnliches Frohsein« und

S. 165 »Mit jeden Tag wird die hofnung...« Pierre Godeffroy an seine Töchter,
Mitte November 1813, S. 136 f

S. 166 »Hamburg kann jetzt...« Davout an Napoleon, 6.11.1813, Davout,
Memoire, dt. Ausgabe, S. 60. – Davout schrieb auch am 16.11.1813 an Napoleon.
Die Person, die diesen Brief durch das von Preußen und Russen besetzte Land
schmuggeln sollte, legte ihn mit anderen Briefen in den Schutzumschlag einer
Ausgabe der ›Jungfrau von Orleans‹ von Schiller: Man fand die Briefe im Februar 1894, weil das Buch kaputtging. Vigier II, S. 162, der Genaueres nicht mitteilt.

S. 166 »Wo befinden sich...« und alles Weitere: Pehmöller, S. 2 ff

S. 168 »die Seele aller Geldgeschäfte« Tgb. Moller S. 191

S. 168 »Herr Marschall...« Carra St. Cyr an Davout, 5.11.1813, Davout, Memoire,
dt. Ausgabe, S. 17

S. 169 »Hamburg kann jetzt...« Davout an Napoleon, 6.11.1813, Davout,
Memoire, dt. Ausgabe, S. 60

S. 170 »angenehmer« alles nach Prell, S. 129–132

S. 171 »Reglement« HC 3.11.1813

S. 173 »seine Rückkehr nach...« Bulletin des Kronprinzen vom 10.11.1813 in NBZ 17.11.1813

S. 174 »Lieber wolle er sich...« alles nach Sieveking II, S. 52f, hier S. 53

S. 174 »Ich weiß wohl...« Davout an den Prinzen von Hessen, 30.11.1813, Quisdorp, S. 418

S. 175 »Nur den kleinen Raum...« Tgb. Grautoff S. 255

S. 175 »dass man wohl eine Laterne...« Wehrs, S. 92

S. 175 »die Russen! die Russen« Vorfall vom 26.11. in NBZ vom 5.12.1813

S. 175 »Oranje boven!« und das Weitere NBZ 28.11.1813

S. 177 »Fast ganz Deutschland...« Tgb. Grautoff S. 255

S. 177 »da ich so gern...« Wilhelmine Amsinck an ihren Bruder Wilhelm, 6.12.1813, Schramm, Neun Generationen, S. 389

S. 179 »Thore sind heute...« und das Weitere: Tgb. Radspiller, 16.12.13, S. 228

S. 180 »Sottisen und Grobheiten« Bericht aus Hamburg vom 10.12.: NBZ 18.12.1813.

S. 181 Beschreibung St. Katharinen nach Faulwasser, S. 44; St. Jacobi nach Gerhardt S. 196.

S. 182 »Der Wunsch, an ihnen...« Tgb. Grautoff S. 257

S. 182 »etwas in Papier...« Wehrs, S. 98-99 und S. 107

S. 183 »nehmen es die Aufkäufer...« Tgb. Radspiller, 16.12.13, S. 230

S. 183 »die Herren der...« Tgb. Radspiller, 18.12.13, S. 230f

S. 186 »wenn der Frost...« Tgb. Radspiller, 22. und 24.12. S. 232-234

S. 187 »um möglichst genau...« und das Weitere Tgb. Hönert, 1.1.1814, S. 6-8

S. 188 »Mitglied der Verproviantierungs-Kommission« Prell, S. 134. Alles Weitere: Prell, S. 143-148, Henke, S. 218f, Servières, S. 432. Zur Todesursache Fleckfieber: Winkle. Weiteres zur Vertreibung und ihrer Organisation Stubbe da Luz, Le maréchal Davout, 2009.

S. 189 »so konnte der Unmensch...« Tgb. Radspiller, 27.12.13, S. 234f

S. 189 »Manche Familien zogen...« Tgb. Grautoff S. 256

S. 190 »Chabans« Henke, S. 113 und Servières, S. 429

S. 190 »par les terribles lois de la guerre« Laville, S. 78

S. 191 »Tausende von Menschen...« und »Einer von den hiesigen...«, Tgb. Radspiller, 29.12.13, S. 235f

S. 192 »Mehr als 100000 Russen...« Davout, Memoire, dt. Ausgabe, Anhang S. 35

S. 192 »Der Feind reizt...« Tagesbefehl Davouts vom 27.12.1813 in AM 31.12.1813

S. 193 »Wer erbarmt sich nun...« und das Weitere Tgb. Radspiller, 31.12.13, S. 236

S. 195 »als würde ich...« und

S. 195 »Um 6 Uhr...« und »wir setzten uns...« Tgb. Amsinck S. 287f

S. 196 »reizend, die Küche...« in: Voigt, Zu Peter Godeffroys Briefen, S. 408

S. 197 »Dienstag den 14 December« und alle weiteren Zitate: StA Hamburg, Bestand 731-1 Handschriftensammlung 581, Benedicta und Elisabeth Klünder: »Unser Tagebuch im Jahr 1813 – 1814 – 1815.« Einige Lesarten mit Trepp, S. 254, abgeglichen.

S. 198 »Kantschuh ist ein...« Köhncke, S. 191

S. 199 »alle Versuche des...« StA Hamburg. Familie Godeffroy VI D 1 Briefe von Susette Parish geb. Godeffroy 1806-1853: ihr Brief vom 12.9.1812 an ihren Bruder Karl in Paris. Zitat abgeglichen mit Trepp, S. 86f

S. 200 »Poncet ist ein...« Pierre Godeffroy an seine Tochter Susette, 7.2.1814, S. 143

S. 200 »Gesindel« und das Weitere: Pierre Godeffroy an seine Töchter, 7.1.1814, S. 141

S. 201 »Um 9 Uhr tranken…« Tgb. Amsinck S. 287

S. 202 »einer meiner glücklichsten Tage« und

S. 202 »Pastor Scheiffler…« Tgb. Brock, 1.1.1814, S. 47f

S. 202 »Der Prinz hat seinen gratulirenden…« Tgb. Radspiller, 2.1.1814, S. 237

S. 203 »Sibirien oder der Tod« und

S. 204 »la Sibérie ou la Mort« Peter Godeffroy jun. an den Kronprinzen von Schweden, 31.12.1813, Höjer, Anlage I, S. 114ff.

S. 206 »die Garnison vor den…« Das Journal des Agenten, in französischer Sprache, beginnt am 17.12. und endet am 30.12.1813, Höjer, S. 118–127

S. 207 »Der Prinz von Eckmühl hat…« Bericht vom 6.1.1814, Höjer, S. 128–130

S. 209 »Zichorienkaffee« alles nach Kienitz, hier S. 68

S. 210 »Versucht es anderwärts« und

S. 210 »Ach, die frohen…« Henriette Harder an Georg Kirchenpauer 7.1.1814, Marchtaler, 159f

S. 210 »etwas ausrichten« Tilgner S. 81. Lebensumstände: J. Abendroth

S. 211 »Simplifizirung unserer Staatsmaschine« Tilgner, S. 83ff

S. 211 »unendliche Freude« alles nach A. Perthes, S. 64–80, hier S. 65

S. 212 »Wie Du siehst, ich bin…« F. Perthes an K. Perthes, 18.10.1813, Briefwechsel, S. 89

S. 212 »er liegt vielleicht…« und das Weitere A. Perthes, S. 69ff

S. 214 »die Freiheit der Städte« Cl. Perthes, S. 259

S. 215 »Schlangengängen seiner Politik…« Cl. Perthes, S. 258

S. 215 »sagte uns fest…« Cl. Perthes, S. 259

S. 216 »revolutionär« Borowsky S. 357. Einzelheiten nach Sieveking Bd. II, S. 66f, Böttiger, S. 156 Anm. 5, Stieve, S. 129

S. 216 »Centralunterstützungsbehörde« Tilgner, S. 89

S. 216 »Frauen-Verein« alles nach Eschenburg, S. 8ff

S. 217 »die an einem Tage vor…« Kulenkampff ,S. 98

S. 218 »selbstsüchtiges Handeln« Kienitz, S. 60

S. 219 »Na, Herr Leutnant, ich wollte…« alles nach W. Perthes, hier S. 37

S. 220 »am Schluss müssen Sie…« und »Sibirien wird…« Karl Johann an Davout. Undatiertes Konzept. Höjer, Anhang II., S. 116f. Zum Konzept: Höjer, S. 112

S. 220 »Frederique hat aus…« Pierre Godeffroy an seine Töchter, 4.2.1814, S. 143

S. 221 »Ihr seid doch alle wohl?« A. Perthes, S. 80

S. 221 »Schule der Erfahrung« und »bildet sich…« Johann Smidt an seine Schwester Gesche Catharina Castendyk geb. Smidt, 12.2.1814, Wurthmann, S. 261

S. 222 Daten zu den Kapitulationen von Festungen: Kleßmann, Napoleon, S. 250

S. 222 »Selbige ist ganz ablehnend…« Krusemarck an den König von Preußen, 5.2.1814, Höjer, S. 112

S. 226 »châteaux de neige« Laville, S. 74., Anm. 1: Text von Adelaide de Blocqueville, der Tochter des Marschalls. Gerüste aus Schilfrohr: Laville, S. 116.

S. 230 »Man sagt für bestimmt…« NBZ 15.1.1814

S. 232 »Wir sind von Allem Total…« Tgb. Hönert, 23.1.1814, S. 14

S. 232 »ach Mutter, wir brennen…« und »der Horizont…« Tgb. Radspiller, 3.1.1814, S. 239

S. 232 »großen Macht…« und »ach diese Unwissenheit…« Tgb. Radspiller, 11.1.1814, S. 243

S. 233 »Das reicht freilich…« Tgb. Radspiller, 9.1.1814, S. 241

S. 234 »gräslich« Tgb. Radspiller, 16.1.1814, S. 244

S. 234 »Gott sei Dank!…« und »Alles vorbei…« Tgb. Radspiller, 26.1.1814, S. 246

S. 235 »er soll mit...« und »fühlt in...« Tgb. Radspiller, 28. 1. 1814, S. 247

S. 236 »der Erwerbszweig stockt...« Tgb. Hönert, 17. 1. 1814, S. 12

S. 236 »Wir sind von Allem...« Tgb. Hönert, 23. 1. 1814, S. 14

S. 236 »Den Krieger, dem...« und das Weitere Tgb. Hönert, 27. 1. 1814, S. 15

S. 237 »und sie finden...« Tgb. Hönert, 28. 1. 1814, S. 18

S. 237 »Runde durch die Stadt« und alles Weitere Tgb. Hönert, 29. 1. 1814 S. 18 f

S. 237 »Man will gern...« Tgb. Hönert, 1. 2. 1814, S. 20

S. 238 »Contributions-Zettel« Tgb. Hönert, 7. 2. 14, S. 25

S. 238 »Tag vergeht so...« Tgb. Brock, 12. 1. 1814, S. 51

S. 239 »Gott stehe ihm...« Tgb. Brock, 1. 1. 14, S. 49

S. 239 »herrliche Stunden« Tgb. Brock, 5. 1. 14, S. 51

S. 239 »Jetzt muß man...«; und S. 240 »sie könnten so...« und «ein schöner, heiterer...« Tgb. Brock, 12. 1. 1814, S. 51 f

S. 240 »Wie viele Unglückliche...« Tgb. Brock, 15. 1. 1814, S. 52

S. 240 »Wir tranken Tee...« Tgb. Brock, 20. 1. 1814, S. 52 f

S. 240 »so unausstehlich langweilig« Tgb. Brock, 24. 1. 1814, S. 53

S. 241 »Ich wollte, wir hätten...« Tgb. Brock, 28. 1. 1814, S. 53

S. 241 »man lernt jetzt...« und »Es scheint dort...« Tgb. Brock, 2. 2. 1814, S. 54

S. 241 »Fast jeder wähnte...« Tgb. Grautoff, S. 257

S. 242 »wahren Delikatesse« Wehrs, S. 93

S. 245 »Was tun wir hier?« Thiébault, Stubbe da Luz, S. 528

S. 246 »unser unseliges Geschick« Thiébault, Stubbe da Luz S. 562

S. 246 »Theater auf dem Gänsemarkt« nach Jaacks, S. 98 und Clasen, S. 35

S. 247 »Wozu, Monsieur de Breteuil...« und »General Thiébault...« Thiébault, Stubbe da Luz, S. 560 f

S. 248 »Ich habe ein nervöses...« Davout an Aimée, 31. 1. 1814, Blocqueville III, S. 413

S. 250 »Jette, nun geht es los!« Zitate zum 9. 2. 1814 aus den Tagebüchern Brock, S. 54 ff, Radspiller S. 249 f, Hönert, S. 26 ff, Grautoff S. 258

S. 252 »aus den Fenstern...« Tgb. Campe, 25. Brief, S. 142

S. 253 »Spritzen-Hüte« Mönckeberg, S. 295

S. 256 »la générale« Laville S. 83. Schilderung des 9. 2. aus Sicht des Militärs nach Laville, Henke und Charrier

S. 258 »zum teil« Tgb. Hönert, 6. 2. 1814, S. 23 f

S. 258 »Plückfinken« und S. 259 »Du kanst nicht...« Tgb. Moller, 11. 2. 1814, S. 199 f

S. 259 »auf und bey ihnen...« und das Weitere Tgb. Radspiller, 13. 2. 1814, S. 250

S. 260 »Feuer-Bieber« Brief Pierre Godeffroy an seine Tochter Charlotte, 4. 3. 1814, S. 148

S. 260 Geschichte Sutor/Mercur bei Prell, S. 125. – Abonnementspreis: NBZ 21. 12. 1813

S. 261 »Fourgon« Geschichte bei Hertz, S. 38 f.

S. 261 »imponierend schön« Wehrs, S. 116

S. 261 »artigen« und das Weitere Pierre Godeffroy an seine Tochter Charlotte, 4. 3. 1814, S. 148

S. 262 »ein großes Opfer« Gabriele Hoffmann, Frauen machen Geschichte, Bergisch Gladbach 1995, S. 233

S. 263 »Du würdest gewiß...« Tgb. Moller, 17. 2. 1814, S. 202

S. 263 »daß der Mensch...« Tgb. Hönert, 18. 2. 1814, S. 29

S. 264 »höllischen Befehl« Tgb. Radspiller, 21. 2. 1814, S. 252

S. 265 »Eh bien! Nous danserons aussi«, Campe, 28. Brief. S. 158; Mönckeberg, S. 254

S. 270 »Es herrscht jetzt immer eine Todtenstille in den Straßen« Tgb. Moller 22.2.14, S. 202

S. 270 »über das kleinstädtische...« Tgb. Brock, 14.2.1814, S. 55

S. 271 »vorige Traurigkeit« Tgb. Brock, 28.2.1814, S. 56

S. 271 »Tracht« Benrath, S. 30

S. 272 »Geduld ist von Nöthen...« Tgb. Hönert, 24.2.1814, S. 31

S. 273 »nicht eher bedeckt...« und alles Weitere: Tgb. Moller, 28.2. bis 14.3., S. 206–213

S. 276 »Ach – Gottlob!« Wehrs, S. 117–119

S. 277 »Menschen? Ja, ich sah...« und alles Weitere Tgb. Hönert, 28.2.1814, S. 32f

S. 278 »Man sollte am Ende...« Tgb. Brock, 5.3.1813, S. 57

S. 278 »Deutschland wird...« Tgb. Brock, 18.3.1814, S. 58

S. 279 »La discipline...« Laville, S. 115–

S. 279 »triumphierend« Laville, S. 107

S. 281 »Verbohrtheit« nach Stubbe da Luz III, S. 336

S. 283 »la discipline...« Laville, S. 115–

S. 284 »viele meiner Tage...« Tgb. Hönert, 18.3.1814, S. 37

S. 284 »für die sittliche Aufführung...« und alles Weitere Tgb. Hönert, 14.3.–21.3.1814, S. 36–38

S. 285 »Wenn hier nun...« Wehrs, S. 121f

S. 286 »Gott wolle, sie...« und das Weitere Tgb. Brock, 26.3.1814, S. 58f

S. 286 »dass sie so sorgfältig...« und das Weitere Tgb. Moller, 27.3.1814, S. 216ff

S. 287 »Wir werden bei...« Tgb. Hönert, 28.3.1814, S. 39

S. 287 »unsre Hofnungen...« Tgb. Hönert, 30.3.1814, S. 39

S. 287 »Alles glauben wir...« Tgb. Moller, 31.3.1814, S. 217

S. 287 »Indem ich dieß...« Tgb. Hönert, 1.4.1814, S. 40

S. 287 »niedergebeugt« Tgb. Moller, 2.4.1814, S. 218

S. 289 »ein Mann von Ehre...« Davout an Bennigsen, 14.4.1814, Davout, Memoire, dt. Ausgabe, S. 34

S. 291 »jenen stummen Krieg...« Davout, Memoire, dt. Ausgabe, S. 32

S. 292 »ein Mann von Ehre...« Davout an Bennigsen, 14.4.1814, Davout, Memoire, dt. Ausgabe, S. 34

S. 293 »l'amour des devoirs...« Davout an Aimée, 8.5.1814, Blocqueville III, S. 419

S. 293 »Der Soldat folgt...« und: »Die Armee darf ruhig...« letzter Tagesbefehl Napoleons an die Armee, Fontainebleau, den 5. April, in: NBZ 24.4.1814

S. 294 »In Hamburg wissen sie alles« NBZ 19.4.14

S. 294 »aber wohin?« Tgb. Moller, 5.4.1814, S. 219

S. 294 »wir sitzen im Loch...« Tgb. Hönert, Aufzeichnung zwischen 6./7.4.1814, S. 41f

S. 294 »Die Frühlingssonne, die...« Tgb. Moller, 12.4.1814, S. 221

S. 294 »Das wird noch eine...« Tgb. Brock, 12.4.1814, S. 60

S. 295 »hätten sich die Einwohner...« Tgb. Hönert, Aufzeichnung zwischen 6./7.4.1814, S. 42

S. 295 »Nachmittags 3 Uhr kam...« Tgb. Hönert, 14.4.1814, S. 43

S. 295 »an der Spitze ihrer Garden« AM 14.4.14

S. 295 »Am 31. März sind die Verbündeten...« Prell, S. 191

S. 296 »In Hamburg wissen sie alles« NBZ 19.4.14

S. 296 »Napoleonsd'or« nach Mönckeberg, S. 332

S. 296 »Bald, bald hat...« Tgb Brock, 18.4.1814, S 60

S. 298 »taub sein gegen alle...« Kaiserlicher Erlass vom 24.12.1811, Henke, S. 176 und Anlage 6

S. 299 »Napoleon hat für sich ...« Wolkonsky an Bennigsen 1./13.4.1814. Französische Fassung bei Henke, S. 175, deutsche zeitgenössische in AM 22.4.1814

S. 302 »wie gefährlich es ist ...« Davout, Memoire, dt. Ausgabe, S. 43

S. 302 »zu erniedrigend« Davout, Memoire dt. Ausgabe, S. 42

S. 303 »offizielle Berichte« und »die wir eilen unsern ...« und alles Weitere NBZ 24.4.1814

S. 306 »so überraschend große ...«; »Scheusahl des ...« und »Gott sei ewig ...« Pierre Godeffroy an seine Tochter Charlotte, 22.4.1814, S. 154 und 156

S. 306 »ist unsere Lage ...« Tgb. Hönert, 19.4.1814, S. 49

S. 306 »noch vor 2 Tagen ...« Tgb. Moller, 20.4.1814, S. 221f

S. 307 »Victoria, Victoria!« Tgb. Brock, 21.4.1814, S. 60

S. 307 »Der Prinz macht uns ...« Tgb. Moller, 22.4.1814, S. 222

S. 307 »bis die großen Leute ...« Prell, S. 192

S. 309 »Monster« Charrier, S. 655

S. 309 »zart« Situation nach Mönckeberg, hier S. 334, Servières, S. 435, Anm. 2,

S. 311 »Meine Herren, der Kaiser ...« und alles Weitere: Thiébault, Stubbe-Luz, S. 576ff

S. 312 »Die heiterste Stimmung ...« Tgb. Hönert, 29.4.1814, S. 52

S. 312 »Daß Bonaparte so enden ...« Tgb. Hönert, 29.4.1814, S. 51

S. 312 »Steht geschwind ...« Prell, S. 194

S. 313 »Die heiterste Stimmung ...« Tgb. Hönert, 29.4.1814, S. 52

S. 313 »in Blanco ...« und alles Weitere: Wehrs, 123ff

S. 314 »Ordre du Jour« vom 29.4.14 Henke, S. 180f und AM 9.5.1814

S. 314 »Welcher Unsinn« Tgb. Brock, 30.4.1814, S. 61

S. 314 »Kann man sich größeren ...« Tgb. Hönert, 29.4.1814, S. 52

S. 315 »Am Mittag hatten wir ...« Tgb. Moller, 2.5.1814, S. 224

S. 315 »Meine Nachbarn ...« Tgb. Hönert, 29.4.1814, S. 52

S. 316 »denn Tatsachen ...« Scheiffler, S. 117

S. 318 »Einem sollte die Geduld ...« Tgb. Brock, 3.5.1814, S. 62

S. 318 »wir kehren also zu unsern Pökelfleisch ...« Tgb. Moller, 2.5.1814, S. 224

S. 318 »... nun fällt er mit ...« Tgb. Radspiller, 2.5.1814, S. 253

S. 319 »Gott behüte mich« Thiébault, Stubbe da Luz, S. 579

S. 319 »Schwärme von Emigranten ...« alles nach Thiébault, Stubbe da Luz, hier S. 583

S. 319 »Auferstehungs-Posaune« und

S. 320 »Als ich herein ...« Tgb. Hönert, 5.5.1814, S. 55

S. 321 »Selbst wenn man ...« und alles Weitere: Thiébault, Stubbe da Luz, S. 580f

S. 322 »Je n'ai fait ici ...« Davout an Aimée, 8.5.1814, Blocqueville III, S. 418– 420

S. 323 »Generalin Bennigsen, einer ...« und »abgestumpft« Rist, S. 329

S. 323 »Nachdem Davout weg ...« aus Benekes Tagebuch, 9.5.1814, nach Huck, S. 128 Anm. 165

S. 323 »der froheste ...« Tgb. Brock, 9.5.1814, S. 61

S. 324 »daß die Wahl ...« Tagesbefehl vom 11.5.1814, AM 13.5.1814

S. 325 »Den Officier- und Soldatenfrauen ...« Capitulationsartikel der Festung Küstrin vom 7.3.1814, NBZ 25.3. und 27.3.1814

S. 325 »als wären es alliirte ...« Capitulation der Festung Glogau vom 5.5.1814, NBZ 13.5.1814

S. 326 »Durch die veränderte ...« Rist, S. 328f

S. 327 »avec armes et bagages« Convention du 23 avril 1814... http://www. le-prince-de-talleyrand.fr./convention8.html. Offizielle englische Übersetzung

über Google: http://en.wikisource.org/wiki/Convention_for_a_suspension_of_
hostilities_with_France
Der Altonaer Mercur machte seiner Leserschaft am 27. 5. 1814 bekannt:
»Die Vestungen und vesten Plätze, welche vermöge der Convention vom 23sten
April den alliirten Mächten ausser den Gränzen Frankreichs übergeben wer-
den, und zu deren Uebernahme die Commissaire abgesandt worden, sind
folgende:
In Deutschland: Hamburg, Magdeburg, Würzburg und Erfurt.
In Holland: Naarden, die Forts vom Helder und vom Texel, Deventer, Delfzyl,
Coevorden und Bergen-op-Zoom.
In den Niederlanden: Vlissingen, Terwere und die andern Forts der Insel Wal-
cheren; Breskens, Ysendyk und die davon abhängenden Forts; Antwerpen, Fort
Lille, Liefkenshoek, Batz und alle anderen Forts an der Schelde; Ostende, Nieu-
port und Ypern.
Zwischen dem Rhein und Alt-Frankeich: Grave, Venlo, Jülich, Mastrich, Wesel
und Buderich, Maynz und Cassel, Luxemburg, und Kehl.
Jenseits der Alpen: Alessandria, Piacenza, Gavi, Turin, Fenestrelles, Mont-Cenis,
Genua, Savona und Bardi.
In der Grafschaft Nizza: Nizza, Ville-franche und San Remo.
In Spanien: Barcelona, Gironna, Tortosa, Figueras und Rosas. Im Adriatischen
Meere: Corfu.«
S. 328 »il montra beaucoup ...« Laville, S. 123
S. 328 »War er wirklich ...« Tgb. Radspiller, 12. 5. 184, S. 257
S. 329 »Es giebt jetzt so ...« Tgb. Moller, 30. 5. 1814, S. 225
S. 330 »dass jeder, mit dem er ...« AM 19. 5. 1814
S. 330 Mellish nach Stubbe III, S. 343 und in Anm. 137
S. 331 »Wie klein ist meine ...« Frau Kirchenpauer an ihren Sohn Georg 18. 4. 1814
         Marchtaler, S. 162
S. 331 »Ich erwarte sie ...« Mettlerkamp an Beneke am 15. und 16. 4. 1814, Dinge-
         dahl, S. 232
S. 332 »zu niederem Gebrauch« alles nach A. Perthes, S. 86 ff
S. 333 »Die Hansestädte können ...« Cl. Perthes, S. 275
S. 334 »glückliche Freiheit und Selbständigkeit« Proclamation des Rats vom
         26. 5. 1814, in: HC 27. 5. 1814
S. 334 »statt unsers bisherigen ...« Tgb. Moller, 30. 5. 1814, S. 225
S. 335 Zahlen: Davout, Memoire. Kleßmann, Napoleon, S. 252: 24 478 Soldaten und
         5 400 Erkrankte. Die Zahl der Verstorbenen nach den Listen der Mairie: Henke,
         S. 108
S. 336 »Es war dies höheren ...« Abendroth, S. 6 f
S. 337 »Douanen« Stärke der 2. Kolonne Leclercs: NBZ 1. 6. 1814
S. 337 »seit man ihn so ...« Thiébault, Stubbe da Luz, S. 588
S. 338 »nur halb recht« Tgb. Brock, 1. 6. 1814, S. 65
S. 339 »heiligen Momenten« und das Weitere Sieveking II, S. 92.
S. 339 »Wegen der schändlichen ...« Tgb. Grautoff S. 260
S. 339 »1814, Europas Völkerbund« Sieveking II, S. 92
S. 340 »Der Tag der ...« AM 2. 6. 1814
S. 341 »Unser Comtoir ...« und »Bey der nun ...« HC 4. 6. 1814
S. 341 »Ich erfahre, dass sich im Auslande ...« HC 28. 5. 1814
S. 342 »die vielfachen Windungen ...« Rist, S. 345
S. 342 »Fast alle bejahrte Personen ...« Gries an seinen Bruder Diederich, Juli 1814,
         S. 265

S. 343 »extremely problematical« George Parish an seinen Vater 23.6.1814, S. 163, und 2.6.1814, S. 159

S. 343 »Die Peitsche nimmt…« George Parish an seinen Vater, 2.6.1814, S. 161

S. 343 »worin ein Souper…« AM 19. Juni 1814

S. 343 »to give Charles…« und alles Weitere George Parish an seinen Vater, 5.7.1814, S. 167

S. 344 »einen sehr reichlichen…« Gries an seinen Bruder Diederich, Juli 1814, S. 265

S. 346 »Nationaltracht« Hagemann, Mannlicher muth, S. 459

S. 346 »Feyerkleid« und Frauenverein Gotha: nach Trepp, hier S. 274f und Anm. 323

S. 346 »einfachen Waffenrock« nach Hagemann, S. 443. Zu Joh. Ces. Godeffroy & Sohn: G. Hoffmann, Das Haus an der Elbchaussee.

S. 347 »Direktion der Strickanstalt« Kowalski, S. 110. Die drei edlen Frauen: Trepp S. 266, Anm. 285

S. 347 »Menschenfreundin« Kopitzsch, Volk im Visier der Aufklärung, S. 234

S. 347 »Ihr lag die Sorge ob…« und »Die Frau Klünder in Blankenese«. In: Neue Schleswig-Holsteinische Provinzialberichte 7 (1817), S. 119–121

S. 348 »Die Sache Hamburgs…« abgedruckt in HC 11.6.1814

S. 349 »schwerlich« Johann Smidt an Carl Georg Curtius, 23.9.1818, Wurthmann, S. 262

S. 349 »Gala Uniform« alles nach Wurthmann, hier S. 257, und Aaslestad, Krieg und Identität in Hamburg, S. 71f

S. 351 »Es ist schmerzlich…« Aimée an Davout, 14.6.1814, Blocqueville III, S. 422ff

S. 351 »so große Unmenschlichkeit« alles nach Stubbe da Luz, Le maréchal Davout, hier S. 190

S. 351 »Le système du Blocus…« Davout an Ludwig XVIII. 19.6.1814, Vigiers II, S. 194

S. 352 »Sire, ich habe die mir…« Davout, Memoire, deutsche Ausgabe, S. 3. Dazu auch Holzhausen, S. 134 und Stubbe la Luz, Le maréchal Davout, S. 188ff und S. 207

S. 353 »schicken Sie mehrere Agenten…« Napoleon an Kriegsminister Feltre, 2.3.1814, Correspondance de Napoléon Ier, Bd. 26, 1814. Nr. 21410, S. 271

S. 354 »Unser Sieg ist der…« Blücher an seine Frau Amalie, 20.6.1815, S. 90f

S. 355 »une grande brute« alles nach Charrier, S. 738f. General Flahaut soll die Szene Fleury de Chaboulon erzählt haben, dem Sekretär Napoleons: Fleury de Chaboulon, Mémoires, Paris, 1901, t. II., S. 216 und 217. Dazu auch Marquet, S. 289; Lacroix, S. 176, Anm. 2 und Thiébault, Memoiren, V., Calmettes, S. 370

S. 355 »Patriote avant d'être impérialiste« Blocqueville IV, S. 149ff

S. 356 »Um 8 Uhr kam…« Blücher an seine Frau, 3.7.1815, S. 94f

S. 356 »Der Krieg ist zu Ende…« Blücher an seinen Freund von Bonin, 18.9.1815, S. 105

S. 357 »Maréchal de France« Marquet, S. 298

S. 357 »Als eine merkwürdige…« nach Schwertmann, S. 172

S. 358 Zum Hofkleid: Hicks, Gesellschaft mit Opulenz und Stil, in: Veltzke, S. 31

S. 358 »große volkreiche Handelsstadt…« Instruktion vom 10.8.1814, Loose, S. 80

S. 359 »Hamburg zu einer…« Loose, Hamburgs Bundestagsgesandter, S. 83

Quellen und Literatur

Brem. Jb. = Bremisches Jahrbuch
HGH = Hamburgische Geschichts- und Heimatblätter
MHG = Mitteilungen des Vereins für Hamburgische Geschichte
ZHG = Zeitschrift des Vereins für Hamburgische Geschichte

1. Archivalien

Staatsarchiv Hamburg

Bestand 731 – 1 Handschriftensammlung
489 Tagebuch aus der Belagerung Hamburgs von 31 Dec 1813 bis 6 Mai 1814 geführt von Johanna Seebohm.
581 Benedicta und Elisabeth Klünder: »Unser Tagebuch im Jahr 1813 – 1814 – 1815.«
2618 Minder, Adolph Friedrich: Tagebuch 4.11.1813 – 7.5.1814; mit einer maschinenschriftlichen Transkription von Wolfgang Westphal, 1997.

Bestand 622 – 1/27
Familie Godeffroy IV D 1: Briefe von Susette Parish geb. Godeffroy, 1806 – 1853.
Familie Godeffroy VI F, 1: Briefe von Charlotte Thierry geb. Godeffroy, 1811 – 1865.

2. Gedruckte Quellen

Tagebücher

Amsinck, Wilhelmine: Eine Reise von Hamburg nach Lübeck in der Franzosenzeit. Tagebuchauszüge von Elisabeth und Cornelia Wilhelmine Amsinck. Hg. von C(ipriano) F(rancisco) Gaedechens. In: HGH 15, Heft 3, 1955, S. 287 – 292.
Beneke, Ferdinand: Hamburg um die Wende vom 18. zum 19. Jahrhundert. Tagebuchaufzeichnungen Ferdinand Benekes, zusammengestellt von Renate Hauschild-Thiessen in: HGH 9, Heft 8, 1974, S. 195 f.
Brock, Henriette: In der belagerten Stadt. Tagebuchaufzeichnungen von Henriette Brock (1793 – 1860) aus dem Jahre 1814. Hg. und erläutert von Renate Hauschild-Thiessen. In: HGH 10 (1977 – 1981), S. 45 – 68.
(Campe, Elisabeth): Hamburgs außerordentliche Begebenheiten und Schicksale in den Jahren 1813 und 1814 während der ersten Besitznahme durch den General Tettenborn bis zum allgemeinen Frieden. Hamburg 1814.
Grautoff, Henriette: Aus Hamburgs Franzosenzeit (vom Dezember 1812 – Mai 1814). Aufzeichnungen einer Zeitgenossin. In: Adolf Wohlwill: Hamburger Weihnachtsbuch. Hamburg 1892, S. 249 – 261.

Hönert, Georg Christian: Ein Tagebuch aus dem Belagerungsjahr 1813/14. Hg. von H. Christensen, Hamburg 1908.

Moller, Elisabeth Dorothea: Elisabeth Dorothea Mollers Tagebuch aus der Belagerung Hamburgs in den Jahren 1813 und 1814. Mitgeteilt von Carl Amsinck. In: ZHG 11,1903, S. 184–226.

Radspiller, Johanne Dorothea Friederike: Frau Professor Radspiller's Tagebuch aus der Franzosenzeit. Hg. von W(ilhelm) A(dolf) Schultze. In: ZHG 11, 1903, S. 227–258.

Scheiffler, Friedrich Heinrich: Aus Hamburgs schwerstem Jahr 1813–1814. Aus dem Amtstagebuch des Predigers der deutsch reformierten Gemeinde Friedr. Hein. Scheiffler, mitgeteilt von Rudolf Hermes. In: HGH, 8, 1934, S. 113–117.

Briefe

(Bencke, Ferdinand): Briefe eines Hamburgischen Ausgewanderten im Anfang des Jahres 1814, Zweytes Stück.

Blücher, Gebhard Leberecht von: Blüchers Briefe. Ausgewählt und erläutert von Heinrich Stümcke. Leipzig (1917).

Davout, Louis: Blocqueville, A(delaide)-L(ouise) de (Hg): Le maréchal Davout, prince d'Eckmühl. Correspondance inédite. 1790–1815. Paris 1887.

Davout, Louis et Aimée: (Eckmühl, A.-L.), marquise de Blocqueville: Le maréchal Davout, prince d'Eckmühl, raconté par les siens et par lui-même. 4 Bde, Paris 1879–1880.

Davout, Louis: Mazade, Charles de (Hg): Correspondance du maréchal Davout, prince d'Eckmühl: ses commandements, son ministère, 1801–1815. 4 Bde, Paris 1885.

Geffken, Heinrich: Die Belagerung von Hamburg 1813/14: Briefe von Heinrich Geffcken (1792–1861). Hg. von Renate Hauschild-Thiessen. In: HGH 13 (1992–1997), S. 258–267.

Godeffroy, Peter: Briefe von Peter Godeffroy und George Parish aus den Jahren 1813 und 1814. Mitgeteilt von Hans Nirrnheim. I. Briefe von Peter Godeffroy an seine Töchter Susette Parish und Charlotte Godeffroy. In: ZHG 18, 1914, S. 115–156.

Godeffroy, Peter jun. an den Kronprinzen von Schweden: s. Höjer unter 3. Literatur

Gries, Karl: Reincke, Heinrich: Aus dem Briefwechsel von Karl und Diederich Gries 1796–1819. In: ZHG 25, 1924, S. 226–277.

Mettlerkamp, David Christoph: Dingedahl, Carl Heinz: Aus dem Leben von Auguste Amalie Christiane Mettlerkamp geb. Curio (1788–1854). In: HGH 10 (1977–1981), S. 229–234.

Meyer, Louise: Ein Brief aus den ersten Monaten des Jahres 1813 (von der Tochter des Senators Meyer) mitgeteilt von Alexander Heskel. In: MHG 24, 1904, S. 449–464.

Napoleon: Correspondance de Napoléon Ier publiée par l'ordre de l'Empereur Napoléon III. 32 Bde, Paris 1858–1870.

Parish, George: Briefe von Peter Godeffroy und George Parish aus den Jahren 1813 und 1814. Mitgeteilt von Hans Nirrnheim. II. Briefe von George Parish an seinen Vater John Parish. In: ZHG 18, 1914, S. 157–169.

Perthes, Karoline: Karoline Perthes im Briefwechsel mit ihrer Familie und ihren Freunden. Hg. von Rudolf Kayser. Hamburg 1926.

Speckter, Johannes Michael: Möller, Kurt Detlev: Briefe Johannes Michael Speckters an Johann Martin Lappenberg aus den Jahren 1813–1817. In: ZHG 57, 1971, S. 8–101.

Memoiren

Abendroth'sche Lebenserinnerungen (von Johanna Magdalena von Reck, ver-
heiratete Abendroth). Neuer Abdruck, Göttingen 1917.
Abrantès, Laure Junot Duchesse d': Mémoires complets et authentiques. 16 Bde,
Paris 1967–1968.
Hasche, Theodor: Das Leben eines Hamburger Apothekers (1799–1876). Erinnerungen aus der ersten Hälfte des 19. Jahrhunderts. Bearbeitet von Renate Hau-
schild-Thiessen. Hamburg 1981.
Hudtwalcker, Martin Hieronymus: Ein halbes Jahrhundert aus meiner Lebensge-
schichte. 2. Teile die Jahre 1811 bis 1820 umfassend. Hamburg 1862.
Köhncke, M(arkus) C(hristian): Erinnerungen aus meinem Leben nebst Bemerkun-
gen über mancherlei Gegenstände. Ottensen bei Altona 1839.
Laville, César: Le maréchal Davout à Hambourg. Paris 1890. Abgedruckt bei Eck-
mühl-Blocqueville IV, S. 4–124.
Mierzinsky, Ignaz August: Unter Franzosenherrschaft. Erinnerungen aus Hannover
und Hamburg aus den Jahren 1803 und 1813. 2. Aufl., Hannover 1919.
Pavenstedt, Johann: Bremer Erinnerungen aus den Jahren 1810 bis 1813. In:
Rethwisch, Theodor (Hg.): Die Hansestädte unter dem Kaiserreich Napoleons.
Aus vergilbten Pergamenten. Eine Folge von Tagebüchern, Briefen und Berich-
ten aus der napoleonischen Epoche. 12. Bd., Leipzig 1912, S. 73–192.
Perthes, Agnes und Wilhelm: Aus der Franzosenzeit in Hamburg. Hamburg
1917.
Poel, Emma: Denkwürdigkeiten aus dem Leben von Amalie Sieveking in deren Auf-
trage von einer Freundin derselben verfasst. Hamburg 1860.
Prell, Marianne: Erinnerungen aus der Franzosenzeit in Hamburg von 1806 bis
1814. Für Jung und Alt erzählt. 3. Aufl., Hamburg 1898 (1. Aufl. 1863).
Mémoires de Madame de Rémusat (1802–1808). Hg. von Paul de Rémusat. 3 Bde,
Paris 1880.
Johann Georg Rists Lebenserinnerungen. Hg. von Gustav Poel. Zweiter Teil. 2. verb.
Aufl., Gotha 1886.
Smidt, Johann: Erinnerungen aus der Zeit der Freiheitskriege. In: Brem. Jb. 4, 1869,
S. 385–435.
Thiébault, (Paul): Mémoires du Général Bon Thiébault, publié par Fernand Cal-
mettes, tome V, 1813–1820. Paris 1895.
Thiébault, Paul: Memoiren. Übersetzte und kommentierte Auszüge aus den Memoi-
ren des Generals Paul Thiébault (1806/07; 1813/14). In: Stubbe da Luz, Okku-
panten und Okkupierte, III, S. 369–591.
Varnhagen von Ense, Karl August: Denkwürdigkeiten des eigenen Lebens, hg. von
Konrad Feilchenfeld. Bd. 2 (1810–1815). Frankfurt 1987.
Wehrs, Johann Christian Hermann: Hamburg 1813–1814. Erlebnisse eines Sieb-
zehnjährigen. Bearbeitet von Renate Hauschild-Thiessen. Hamburg 1989.

Zeitungen

Altonaischer Mercurius 1812, 1813, 1814
Bremer Wöchentliche Nachrichten 1812, 1813, 1814
Gemeinnützige Unterhaltungs-Blätter 1812, 1813
Hamburgisches Unterhaltungsblatt 1813
Hamburgischer Correspondent 1813, 1814:
1. Staats- und Gelehrte Zeitung des Hamburgischen unpartheyischen Correspon-
   denten. (bis Nr. 86, 29.5.1813 und ab Nr. 1, 18.5.1814)

2. Journal du Départment des Bouches de l'Elbe, oder: Staats- und Gelehrte Zeitung des Hamburgischen unpartheyischen Correspondenten. 1813 (zweisprachig ab Nr. 87 1.6.13 bis Mitte Mai 1814)
Lübeckische Anzeigen 1813, 1814
Neue Bremer Zeitung 1813, 1814

Zeitgenössische Darstellungen (Auswahl)

Abendroth, Amandus Augustus: Wünsche bey Hamburgs Wiedergeburt. Seinen patriotischen Bürgern gewidmet. 2. Aufl. Hamburg 1814.
– Antwort auf das Memoire des Herrn Marschall's Davout, seine Verwaltung und Vertheidigung Hamburgs betreffend. Mit 41 Beilagen. Geschrieben im November 1814. Hamburg 1815.
– Exposé de la conduite administrative et militaire de M. le Maréchal Davout a Hambourg, en réponse a son mémoire. Avec 41 pièces justificatives. Allemagne 1815.
Aubert, Jacques d': Denkschrift über die Ereignisse, welche sich auf die Wiederbesetzung von Hamburg durch die Franzosen beziehen. Leipzig 1825.
Boye, Philipp: Feldzug der Hanseaten in den Jahren 1813 und 1814. Von einem Augenzeugen. Hamburg 1815.
Davout, Louis Nicolas: Memoire des Herrn Marschall's Davout, Fürsten von Eckmühl, an den König. o. O. 1814.
Davout, Louis: Mémoire sur la siège et la Defense de Hambourg. In: Eckmühl-Blocqueville III, S. 429–470 sowie in Mazade, IV, S. 288–349.
Drey Epistel an Davoust-Eckmühl. Hamburg 1814.
Ganz neue Beschreibung des unglücklichen Hamburgs, zum Besten einiger unglücklicher Hamburger nebst Beschreibung von dem Leben eines Corsicaners. Hamburg 1814.
Ganz neue Beschreibung von dem Mordbrenner Davoust genannt Marschall Prinz von Eckmühl. o. O. 1814.
Haupt, Theodor: Hamburg und der Marschall Davoust. Aufruf an die Gerechtigkeit. o. O. 1814.
Hess, Jonas Ludwig von: Ueber den Werth und die Wichtigkeit der Freiheit der Hanse-Städte. London 1814.
Jacobsen, Friedrich Johann: Beitrag zur Geschichte von Altona während der Einschließung von Hamburg in dem Winter von 1813 und 1814. Altona 1815.
Die Frau Klünder in Blankenese. In: Schleswig-Holstein-Lauenburgische Provinzialberichte. 22. Heft, Kiel 1817, S. 119–121.
Pehmöller, C. N.: Geschichtliche Darstellung der Ereignisse, die während der Blockade in Folge der Verfügungen des französischen Gouvernements die Hamburgische Bank betroffen haben. Hamburg 1814.
Poel, Pieter: Hamburgs Untergang. In: ZHG 4, 1858, S. 1–66. (geschrieben 1813).
Quistorp, Barthold von: Geschichte der Nordarmee im Jahre 1813. Berlin 1894 (1. Aufl. 1816).
Suhr, Christoffer: Représentation des uniformes de toutes les troupes qui ont été casernées à Hambourg, de l'année 1806 à l'année 1815. Reproduction de l'album dit: »Manuscrit du bourgeois de Hambourg« publiée par M. Terrel des Chênes. Paris 1902.

Weiteres

Hamburger Adressbücher von 1813 und 1815. http://agora.sub.uni-hamburg.de
Convention signée à Paris le 23 avril 1814 entre Monsieur, Fils de France, Frère du

Roi, et l'Autriche, la Grande-Bretagne, la Russie et la Prusse. http://www.le-prince-de-talleyrand.fr./convention8.html.

Offizielle englische Übersetzung: Convention for a Suspension of Hostilities with France (1814). The plenipotentiaries of the high powers who signed the treaty http://en.wikisource.org/wiki/Convention_for_a_suspension_of_hostilities_with_France

Klein, Tim (Hg.): Die Befreiung 1813 – 1814 – 1815. Urkunden, Berichte, Briefe. Mit geschichtlichen Verbindungen. Ebenhausen bei München 1913.

Müsebeck, Ernst: Gold gab ich für Eisen. Deutschlands Schmach und Erhebung in zeitgenössischen Dokumenten, Briefen und Tagebüchern aus den Jahren 1806–1815. Berlin 1913 (Reprint Braunschweig 1998).

3. Literatur

Aaslestad, Katherine: Place and Politics. Local Identity, Civic Culture, and German Nationalism in North Germany during the Revolutionary Era. Leiden-Boston 2005.

– Krieg und Identität in Hamburg: 1806, Wirtschaftskrieg und moderner hanseatischer Regionalismus. Übersetzt von Frank Hatje. In: Hamburger Wirtschaftschronik 6, 2006, S. 45 – 75.

– Republican Traditions: Patriotism, Gender, and War in Hamburg, 1770– 1815. In: European History Quarterly, 37, 2007, 4, S. 582 – 602.

Ahrens, Gerhard: Von der Franzosenzeit bis zur Verabschiedung einer neuen Verfassung, 1806–1860. In: Jochmann/Loose Bd. 1, Hamburg 1982, S. 415 – 490.

Bake, Rita: Trotz Fleiß kein Preis. Frauenarbeit und Frauenarmut im 18. Jahrhundert. In: Viktoria Schmidt-Linsenhoff: Sklavin oder Bürgerin? Französische Revolution und Neue Weiblichkeit 1760–1830. Katalog zur gleichnamigen Ausstellung des Historischen Museums Frankfurt 4.10.–4.12.1989. Marburg 1989.

Benrath, H.: Das Stadtbild im Jahre 1800. In: Hamburg um die Jahrhundertwende 1800. Hamburg 1900, S. 1–35.

Berding, Helmuth: Französische Revolution und sozialer Protest in Deutschland. In: Herzig/Stephan/Winter, Bd. 2, S. 415–430.

Bippen, Wilhelm von: Geschichte der Stadt Bremen. Bremen 1904.

– Der Domherr Lorenz Meyer und Johann Smidt. In: ZHG 20, 1915, S. 1–12.

Bleibtreu, Karl: Marschälle, Generale, Soldaten Napoleons I. Hamburg 1999 (Reprint der Ausgabe Berlin 1898).

Bocklitz, Klaus: Hamburgische Festungsanlagen. In: Armin Clasen/Klaus Bocklitz: Studien zur Topographie Hamburgs. Hamburg 1979, S. 95–152.

Böhme, Helmut: Des Deutschen Reiches Silber- und Goldloch und die allerenglischste Stadt des Kontinents. Frankfurt/M. 1968.

Böttiger, Theodor: Hamburgs Patrioten 1800–1814. Berlin und Leipzig 1926.

Borowsky, Peter: »Wünsche bey Hamburgs Wiedergeburt im Jahre 1814« – und was daraus wurde. Die Diskussion über die Reform der Hamburger Verfassung seit 1813. In: Herzig/Stephan/Winter, Bd. 1, S. 351–368.

Branda, Pierre: Le prix de la gloire. Napoléon et l'argent. Paris 2007.

Brandt, Peter: Einstellungen, Motive und Ziele von Kriegsfreiwilligen 1813/14: Das Freikorps Lützow. In: Jost Dülffer (Hg.): Kriegsbereitschaft und Friedensordnung in Deutschland 1800–1814. Münster 1995.

Brandt, Ahasver von: Hamburg und Lübeck. Beiträge zu einer vergleichenden Geschichtsbetrachtung. In: ZHG 41, 1951, S. 20–47.

Charrier, Pierre: Le maréchal Davout. Paris 2005.

Das Haus am Gänsemarkt Nr. 39. In: MHG 12, 1916, S. 253f. und 257.

Duffy, Christopher: Fire and Stone. The Science of Fortress Warfare 1660–1860. 2. Aufl. London 1996.

Echternkamp, Jörg: »Wo jeder Franzmann heißet Feind…«? Nationale Propaganda und sozialer Protest im napoleonischen Deutschland. In: Veltzke, Napoleon, S. 411–428.

Eckmühl, A(delaide).-L(ouise), marquise de Blocqueville: Le maréchal Davout, prince d'Eckmühl, raconté par les siens et par lui-même. 4 Bde. Paris 1879–1880.

Ehrenberg, Richard: Das Haus Parish in Hamburg. Jena 1905.

Elmshäuser, Konrad: Geschichte Bremens. München 2007.

Die Entwicklung der Gesellschaft »Harmonie« von 1789. Ein dokumentarischer Beitrag zur Geschichte bürgerlicher Kultur und Geselligkeit in Hamburg. Hamburg 1979 (Veröffentlichung des Vereins für Hamburgische Geschichte Bd. 26).

Eschenburg Dora: Der Frauenverein von 1813 während der ersten 100 Jahre seines Bestehens. Lübeck (1913).

Faulwasser, Julius: Die St. Katharinen-Kirche in Hamburg. Hamburg 1896.

– Die Baukunst. In: Hamburg um die Jahrhundertwende 1800. S. 215–250.

Feldtmann, Eduard: Geschichte Hamburgs und Altonas. Hamburg 1902.

Ferber, Rudolf: Die volksthümlichen Lieder »Auf Hamburgs Wohlergehn« im 18. und 19. Jahrhundert. In: ZHG 12, 1908, S. 1–64.

Freudenthal, Herbert: Vereine in Hamburg. Ein Beitrag zur Geschichte und Volkskunde der Geselligkeit. Hamburg 1968.

Fevert, Ute: Frauen-Geschichte. Zwischen bürgerlicher Verbesserung und neuer Weiblichkeit. Frankfurt/M. 1986.

Gärten, Landhäuser und Villen des hamburgischen Bürgertums. Kunst, Kultur und gesellschaftliches Leben in vier Jahrhunderten. Katalog zur Ausstellung 29. Mai – 26. Oktober 1975 im Museum für Hamburgische Geschichte.

Gaedechens, C(iprinao) F(rancisco): Ueber die Vertheidigung Hamburgs 1813 und 1814. In: MHG 11, 1888, S. 414–416.

– Die hanseatische Legion. In: ZHG 8, 1889, S. 601–640.

Gallaher, John G.: The iron marshall. A biography of L. N. Davout. Carbondale Ill. 1976.

Gallois, Johann Gustav: Hamburgische Chronik von den ältesten Zeiten bis auf die Jetztzeit. Bd. IV: Von der Vollendung des Hauptrecesses 1713 bis zum großen Brande im Mai 1843. Hamburg 1863.

Gerhardt, Joachim: Die Bau- und Kunstdenkmale der Freien und Hansestadt Hamburg. Bd. III Innenstadt. Die Hauptkirchen St. Petri, St. Katharinen, St. Jacobi. Bearbeitet von Renate Klée Gobert in Verbindung mit Peter Wiek. Hamburg 1968.

Graßmann, Antjekathrin: »Es bedarf keiner weiteren Schilderung des Elends. Es war namen- und beispiellos« – Die Aufnahme der vertriebenen Hamburger in Lübeck 1814. Eine erfolgreiche Form von Krisenmanagement. In: ZHG 83,1, 1997, S. 323–342.

Grelon, André und Heiner Stück (Hgg): Ingenieure in Frankreich, 1747–1990. Frankfurt/M. 1994.

Grolle, Inge: Friedrich Christoph Perthes. Hamburg 2004.

Grolle, Joist: Kant in Hamburg. Der Philosoph und sein Bildnis. Hg. von Uwe Schneede aus Anlaß der Ausstellung in der Hamburger Kunsthalle 7. April – 18. Juni 1995. Stuttgart 1995.

– Im Bann von Jean Paul und Napoleon. Der Tagebuchschreiber Ferdinand Beneke. In: ZHG 89, 2003, S. 41–78.

Grundmann, Günther (Hg.): Die Bau- und Kunstdenkmale der Freien und Hansestadt Hamburg. Bd. II Altona, Elbvororte. Bearbeitet von Renate Klée Gobert unter Mitarbeit von Heinz Ramm. Hamburg 1959.

Hagemann, Karen: »Mannlicher Muth und Teutsche Ehre.« Nation, Militär und Geschlecht zur Zeit der antinapoleonischen Kriege Preußens. Paderborn 2002.

– Die Perthes im Krieg. Kriegserfahrungen und -erinnerungen einer Hamburger Bürgerfamilie in der »Franzosenzeit.« In: Eliten im Wandel. Gesellschaftliche Führungsschichten im 19. und 20. Jahrhundert. Für Klaus Saul zum 65. Geburtstag hg. von Karl Christian Führer u. a. Münster 2004. S. 72–101.

– »Heroic Virgins« and »Bellicose Amazons«: Armed Women, the Gender Order and the German Public during and after the Anti-Napoleonic Wars. In: European History Quarterly 37 (2007) 4, S. 507–527.

– »Unimaginable Horror and Misery«: The Battle of Leipzig in October 1813 in Civilian Experience and Perception. In: Alan J. Forrest/Karen Hagemann/Jane Rendall: Soldiers, citizens and civilians. Experiences and Perceptions of the Revolutionary and Napoleonic Wars 1790–1820. Basingstoke, Hampshire 2009, S. 157–180.

Hahn, Hans-Werner und Helmut Berding: Gebhardt. Handbuch der deutschen Geschichte. Reformen, Restauration und Revolution 1806–1848/49. 10., völlig neu bearb. Aufl., Bd. 14, Stuttgart 2010.

Hahn, Julius: Aus Hamburgs Schreckenstagen. Hamburg 1909.

Hamburg 1813.de. Die Franzosenzeit. http://hamburg 1813.de/1_1813_1814.htm

Haspel, Jörg: »Feierabendarchitektur« auf St. Pauli. In: Jürgen Ellermeyer und Rainer Postel (Hg.): Stadt und Hafen. Arbeitshefte zur Denkmalpflege in Hamburg Nr. 8. Hamburg 1986.

Hatje, Frank: Repräsentationen der Staatsgewalt. Herrschaftsstrukturen und Selbstdarstellung in Hamburg 1700–1900. Basel–Frankfurt/M. 1997.

– Kommunikation und Netzwerke in den Tagebüchern Ferdinand Benekes. In: Dirk Brietzke/Norbert Fischer/Arno Herzig (Hg.): Hamburg und sein norddeutsches Umland. Aspekte des Wandels seit der Frühen Neuzeit. Festschrift für Franklin Kopitzsch. Hamburg 2007. S. 234–253.

– In zweiter Linie: Ferdinand Beneke, Johann Smidt und die Beziehungen zwischen Hamburg und Bremen. In: Brem. Jb. 87, 2008, S. 49–70.

Hauschild-Thiessen, Renate: Heinrich Geffcken (1792–1861) und die »Sternengesellschaft« von 1811. In: HGH 13 (1992–1997), S. 241–257.

Heinsohn, Kirsten: Politik und Geschlecht. Zur politischen Kultur bürgerlicher Frauenvereine in Hamburg. Hamburg 1997.

Henke, Carl: Davout und die Festung Hamburg-Harburg. 1813–1814. Berlin 1911.

– Hamburg in den Kriegsereignissen des Jahres 1813/14. In: ZHG, 18, 1914, S. 280–316.

Hertz, Emma Dina, geb. Beets: Die Urgrosseltern Beets. Hamburg 1906.

Herzig, Arno/Dieter Langewische/Arnold Sywottek (Hg.): Arbeiter in Hamburg. Unterschichten, Arbeiter und Arbeiterbewegung seit dem ausgehenden 18. Jahrhundert. Hamburg 1983.

Herzig, Arno/Inge Stephan/Hans G. Winter (Hg.): »Sie, und nicht Wir.« Die französische Revolution und ihre Wirkung auf Norddeutschland (Bd. 1, Mitarbeiter Jörg Deventer) und das Reich (Bd. 2). Hamburg 1989.

Heskel, Alexander: Hamburgs Schicksale während der Jahre 1813 und 1814. In: ZHG 18, 1914, S. 245–279.

Hicks, Olaf: Gesellschaft mit Opulenz und Stil. In: Veltzke, S. 31 f.

Hitzigrath, Heinrich: Hamburg und die Kontinentalsperre. Hamburg 1900.

Höjer, Torvald Torvaldson: Bernadotte und Davout im Winter 1813/14, unveröffentlichte Aktenstücke aus dem Archiv des königlichen Hauses zu Stockholm. In: ZHG 36, 1937, S. 110–130.

Hoffmann, Gabriele: Das Haus an der Elbchaussee. Die Godeffroys – Aufstieg und Niedergang einer Dynastie. Hamburg 1998.

Hoffmann, Paul Th(eodor): Die Elbchaussee: ihre Landsitze, Menschen und Schicksale. Hamburg 1937.

Holtmann, Robert B.: Napoleonic Propaganda. Louisiana 1950.

Holzhausen, Paul: Davout in Hamburg. Mühlheim 1892.

Huck, Jürgen: Das Ende der Franzosenzeit in Hamburg. Quellen und Studien zur Belagerung und Befreiung von Hamburg 1813–1814. Hamburg 1984.

Hulot, Frédéric: Le maréchal Davout. Paris 2003.

Hundt, Michael: Widerstreitende Interessen und gemeinsame Bedrohungen. Lübeck und Bremen in den ersten Jahrzehnten des 19. Jahrhunderts. In: Brem. Jb. 87, 2008, S. 92–116.

Hunecke, Volker: Napoleon. Das Scheitern eines guten Diktators. Paderborn 2011.

Jaacks, Gisela (Hg.): 300 Jahre Oper in Hamburg. 1678–1978. Hamburg 1977.

Aus den Jahren 1812 und 1813. I. Hundert Höchstbesteuerte in der französischen Commune Hamburg 1812. II. Die Abschätzungen zur Strafkontribution von 48 Millionen Franken, Juni 1813. III. Beiträge von 40 wahrscheinlich der reichsten Hamburger zu einer außerordentlichen Kontribution von einer halben Million Franken im Oktober 1813 In: MHG 12, 1914, S. 7–18.

Jochmann, Werner und Hans-Dieter Loose: Hamburg. Geschichte der Stadt und ihrer Bewohner. 2 Bde. Hamburg 1982/1986.

Kähler, Jan Jelle: Französisches Zivilrecht und französische Justizverfassung in den Hansestädten Hamburg, Lübeck und Bremen 1806–1815. Frankfurt/M 2007.

Kayser, Rudolf: Charlotte Paulsen. In: HGH 1, 1926, S. 33–43.

Kienitz, Dieter: Der Kosakenwinter in Schleswig-Holstein 1813/14: Studien zu Bernadottes Feldzug in Schleswig und Holstein und zur Besetzung der Herzogtümer durch eine schwedisch-russisch-preußische Armee in den Jahren 1813/14. Heide 2000.

Kleßmann, Eckart: Geschichte der Stadt Hamburg. Hamburg 1981.

– (Hg): Hamburg. Ein Städte-Lesebuch. Frankfurt/M. 1991.

– Napoleon und die Deutschen. Berlin 2007.

Koerner, Bernhard (Hg.): Hamburger Geschlechterbuch. Bearb. in Gemeinschaft mit Ascan W. Lutteroth u.a. 3. Bd., Görlitz 1912.

Kopitzsch, Franklin: Die Hamburger Aufklärung und das Armenproblem. In: Herzig/Langewiesche/Sywottek, S. 51–60.

– Zwischen Hauptrezeß und Franzosenzeit. In: Jochmann/Loose, S. 351–414.

– Grundzüge einer Sozialgeschichte der Aufklärung in Hamburg und Altona. 2. erg. Aufl. Hamburg 1990.

– Matthias Claudius, der »Wandsbecker Bothe.« In: ZHG 77, 1991, S. 24–35.

– »Publicität«, »Gemeingeist« und »Beförderung der Cultur«: Johann Smidt und das »Hanseatische Magazin« (1799–1804). In: Brem. Jb. 87, 2008, S. 117–142.

– und Dirk Brietzke (Hgg): Hamburgische Biografie. Personenlexikon. 4 Bde. Hamburg 2001–2003, Göttingen 2006–2008.

– und Daniel Tilgner (Hg.): Hamburg-Lexikon. 3. aktualisierte Aufl., Hamburg 2005.

Kowalewski, G(ustav): Beiträge zur Geschichte des hamburgischen Zeitungswesens VI. Von Tettenborns »Zeitung aus dem Feldlager«. In: MHG 10, 1908, S. 61–73.

- Die Aufgaben der Hamburgischen Patriotischen Gesellschaft während der Franzosenzeit. In: Geschichte der Hamburgischen Gesellschaft zur Beförderung der Künste und nützlichen Gewerbes (Patriotische Gesellschaft). Teil III: Das Wirken der Patriotischen Gesellschaft. Heft 1. Hamburg 1913, S. 1–126.

Kraus, Antje: Die Unterschichten Hamburgs in der ersten Hälfte des 19. Jahrhunderts. Entstehung, Struktur und Lebensverhältnisse. Eine historisch-statistische Untersuchung. Stuttgart 1965.

Kresse, Walter: Materialien zur Entwicklungsgeschichte der Hamburger Handelsflotte 1765–1823. Hamburg 1966.

Kresse, Walther: Die hanseatische Reederei im 18. und 19. Jahrhundert. In: Hansische Geschichtsblätter, 93. Jg. , 1975, S. 89–99.

Kühn, Joachim: Pauline Bonaparte. Ein Leben um Napoleon. Stuttgart 1966.

Kulenkampff, Angela: Caspar Voght und Flottbek. Ein Beitrag zum Thema »Aufklärung und Empfindsamkeit«. In: ZHG 78, 1992, S. 67–101.

Lacroix, Desiré: Die Marschälle Napoleons. Leipzig 1898.

Langmann, Jörg: Alt-Rahlstedt in der Franzosen- und Russenzeit (1806–1815). www.langmann.de/downloads/franzosenzeit/pdf

Laufenberg, Heinrich: Hamburg und sein Proletariat im achtzehnten Jahrhundert. Eine wirtschaftshistorische Vorstudie zur Geschichte der modernen Arbeiterbewegung im niederelbischen Städtegebiet. Hamburg 1910.

- Geschichte der Arbeiterbewegung in Hamburg, Altona und Umgebung. I. Gd., Hamburg 1911.

Lefebvre, Georges: Napoleon. Stuttgart 1989 (Paris 1936).

Lentz, Thierry: Nouvelle histoire du Premier Empire. 4 Bde, Paris 2002–2010.

Lévy, Arthur: Davout, maréchal de l'Empire. In: Revue de Paris 1924, S. 309–332 und 619–644.

Lindemann, Mary: Unterschichten und Sozialpolitik in Hamburg, 1789–1814. In: Herzig/Langewische/Sywottek, S. 61–70.

Loose, Hans Dieter: Pläne für ein hanseatisches »Elbe-Weser-Reich« vom Jahre 1810. In: ZHG 55, 1969, S. 189–203.

- Die Bedeutung des Festungsbaus 1616–1626 für Hamburgs Stadt- und Hafenentwicklung im 17. Jahrhundert. In: Jürgen Ellermeyer; Rainer Postel (Hg.): Stadt und Hafen. Arbeitshefte zur Denkmalpflege in Hamburg Nr. 8. Hamburg 1986, S. 54–57.

- Hamburgs Bundestagsgesandter Johann Michael Gries als Freund Johann Smidts im Konflikt zwischen Überzeugung und politischem Auftrag beim Ausbau des Deutschen Bundes. In: Brem. Jb. 87, 2008, S. 71–91.

Des französischen Lottos letzte Ziehung in Hamburg. Mai 1814. In: MHG 12, 1914, S. 77–79.

Macdonell, A. G.: Napoleon und seine Marschälle. Leipzig–Wien 1936.

Manske, Maike: Zwischen Revolution und Emanzipation. Sechs Frauen in Hamburg und ihre Reaktionen auf den gesellschaftlichen Umbruch zwischen 1789 und 1848. In: Bernard Lachaise/Burghart Schmidt (Hg.): Bordeaux-Hamburg. Zwei Städte und ihre Geschichte. Hamburg 2007, S. 288–315.

Marchtaler, Hildegard von: Aus Alt-Hamburger Senatorenhäusern. Familienschicksale im 18. und 19. Jahrhundert. Hamburg 1959.

Marquet, Mario: Geschwister. Marschälle. Minister. Die Spitzen des napoleonischen Reiches im königlichen Frankreich. Wien 1983.

Matti, Werner: Bevölkerungsvorgänge in den Hansestädten Hamburg und Bremen vom Anfang des 19. Jahrhunderts bis zum Ersten Weltkrieg. In: ZHG 69, 1983, S. 103–156.

Mehnke, Bernhard: Anpassung und Widerstand. Hamburg in der Franzosenzeit von 1806 bis 1814. In: Herzig/Stephan/Winter Bd. 1, S. 333–349.

Michaelis, Johannes Alexander: Hamburgs denkwürdige Schicksale in den Jahren 1813 und 1814. Hamburg 1838.

Möller, Kurt Detlev: Zur Politik der Hansestädte im Jahre 1806. In: ZHG 41, 1951, S. 330–351 sowie ZHG 44, 1958, S. 33–71.

Mönckeberg, Carl: Hamburg unter dem Drucke der Franzosen. 1806–1814. Hamburg 1864 (Reprint Wismar 2006).

Moldenhauer, Dirk: Geschichte als Ware. Der Verleger Friedrich Christoph Perthes (1772–1843) als Wegbereiter der modernen Geschichtsschreibung. Köln 2008.

Montégut, Émile: Le Maréchal Davout. Son caractère et son génie. Paris 1882.

Moriz-Eichborn, Kurt: Das Soll und Haben von Eichborn & Co., in 175 Jahren. Breslau 1903.

Muhlstein, Anka: Der Brand von Moskau: Napoleon in Rußland. Frankfurt/M. 2008.

Napoleon und Europa. Traum und Trauma. Katalog der Ausstellung in der Kunst- und Ausstellungshalle der Bundesrepublik Deutschland in Bonn vom 17. Dezember 2010 bis 25. April 2011, kuratiert von Bénédicte Savoy unter Mitarbeit von Yann Potin. München 2010.

Nirrnheim, Hans: John Parish' und Richard Parish' Flucht nach England. 1807 und 1813. In: MHG 11,1914, S. 406.

Nirrnheim, Hans: Die Hamburgische Verfassungsfrage 1814–1848. In: ZHG 25, 1924, S. 128–148.

Obst, Arthur: Die Presse in der Franzosenzeit. In: ZHG 18, 1914, S. 170–196.

Odeleben, Otto von: Mit Napoleon im Felde 1813. Eine treue Skizze des französischen Kaisers und seiner Umgebung. Leipzig 1910.

Oehlrich, M. (Bearbeiter und Übersetzer): Baumeister, Ingenieur, Offizier: François Nicolas Benoit Baron de Haxo. In: interfest. Studienkreis e. V. aktuell. Am Wall 54, März 2006. alteseite.interfest.de/html/am_wall_54html (via Google)

Osburg, Wolf-Rüdiger: Die Verwaltung Hamburgs in der Franzosenzeit 1811–1814. Frankfurt 1988.

Pabel, Reinhold: Hamburg um 1790. Ein anonym erschienener Bericht. In: HGH 14, 1998/2003, S. 28–38.

– Hamburg im Jahre 1798. Ein Bericht von Johann Ludwig Ewald (1748–1822). In: HGH 14, 1998/2003, S. 217–220.

Perthes, Clemens Theodor: Friedrich Perthes' Leben nach dessen schriftlichen und mündlichen Mitteilungen. 3 Bde, Gotha 1896.

– Friedrich Perthes. Ein deutsches Vorbild. Stuttgart 1951. (= modernisierte und gekürzte Ausgabe von Friedrich Perthes' Leben).

Postel, Rainer: »Im Allgemeinen ist der Mensch geneigt, beim Alten zu bleiben.« Über die Franzosenzeit und ihre Wirkungen in den Hansestädten. In: Hansen, Ernst Willi/Gerhard Schreiber/Bernd Wegner (Hg.): Politischer Wandel, organisierte Gewalt und nationale Sicherheit: Beiträge zur neueren Geschichte Deutschlands und Frankreichs. Festschrift für Klaus-Jürgen Müller. München 1995, S. 11–27.

Presser, Jacques: Napoleon. Das Leben und die Legende. Stuttgart 1977.

Prost, Philippe: Les Fortresses de l'Empire. Fortifications, villes de guerre et arsenaux napoléoniens. Paris 1991.

Reder, Dirk Alexander: Frauenbewegung und Nation. Patriotische Frauenvereine in Deutschland im frühen 19. Jahrhundert (1813–1830). Köln 1998.

Reichel, Daniel: Le maréchal Davout. Duc d'Auerstedt, Prince d'Eckmühl (1770–1823). Recherches sur sa formation, son action pendant la Révolution et ses commandements jusqu'à la bataille d'Auerstedt (1806). Neuchâtel et Paris 1975.

Reineke, Heinrich: Hamburg, ein kurzer Abriß der Stadtgeschichte von den Anfängen bis zur Gegenwart. Bremen 1925.

Reinstorf, Ernst: Peter Beenk in Wilhelmsburg (1750–1820). In: HGH 11, 1939, S. 210–215.

– »Die Franzosenzeit auf der Wilhelmsburg«. In: Geschichte der Elbinsel Wilhelmsburg. Hamburg 2003, S. 179–198 (Nachdruck der Ausgabe von 1955, die 1. erschien wohl 1943. Google-Bücher)

Rodegra, Heinz: Die Medizin in Hamburg im 18. Jahrhundert. In: Stephan/Winter: Hamburg im Zeitalter der Aufklärung. S. 305–329.

Schmidt, Burghart: Hamburg im Zeitalter der Französischen Revolution und Napoleons (1789–1813). 2 Bde, Hamburg 1998.

– Die französische Polizei in Norddeutschland: die Berichte des Generalpolizeidirektors d'Aubignosc aus den Jahren 1811–1814 In: Francia, 26, 1999, S. 93–114.

– »Unduldsames Betragen gegen Andersdenkende in der Religion (...) gereicht jedem Staat zur unauslöschlichen Schande«: Antijüdische Gewalttätigkeiten in Hamburg vom 17. bis zum 19. Jahrhundert. In: Bernard Lachaise, und Burghart Schmidt (Hg.): Bordeaux – Hamburg. Zwei Städte und ihre Geschichte. Hamburg 2007, S. 400–427.

Schmidt, Friedrich: Zur Geschichte des 127. Französischen Linien-Infanterie-Regiments. In: ZHG 44, 1958, S. 259–329.

Schramm, Percy Ernst: Hamburg, Deutschland und die Welt. Leistung und Grenzen hanseatischen Bürgertums in der Zeit zwischen Napoleon I. und Bismarck. Ein Kapitel deutscher Geschichte. 2. Aufl., Hamburg 1943.

– Kaufleute während Besatzung, Krieg und Belagerung (1806–1815). Der Hamburger Handel in der Franzosenzeit, dargestellt an Hand von Firmen- und Familienpapieren. In: Tradition, Zeitschrift für Firmengeschichte und Unternehmerbiographie, Heft 1 und 2, 1959.

– Neun Generationen. Dreihundert Jahre deutscher Kulturgeschichte im Lichte der Schicksale einer Hamburger Bürgerfamilie (1648–1948). 2 Bde. Göttingen 1963/64.

Schulz, Andres: »... Tage des Wohllebens, wie sie noch nie gewesen...« Das Bremer Bürgertum in der Umbruchszeit 1789–1818. In: Lothar Gall (Hg.): Vom alten zum neuen Bürgertum. Die mitteleuropäische Stadt im Umbruch 1780–1820. München 1991, S. 19–63.

Schwarzwälder, Herbert: Geschichte der Freien Hansestadt Bremen. Bd. 2: Von der Franzosenzeit bis zum Ersten Weltkrieg (1810–1918). Bremen 1995.

Schwertmann, August: Hamburgs Schicksal im Jahre 1813 nach den Befehlen Napoleons und in den Händen Davouts. Greifswald 1911.

Servières, Georges: L'Allemagne française sous Napoléon Iᵉʳ. Paris 1904.

Sieveking, Heinrich: Karl Sieveking 1787–1847. Lebensbild eines hamburgischen Diplomaten aus dem Zeitalter der Romantik. 2. Bd., Hamburg 1926.

Soltau, Heide: Verteufelt, verschwiegen und reglementiert. Über den Umgang der Hanseaten mit der Prostitution. In: Stephan/Winter, S. 373–397.

Stephan, Inge und Hans-Gerd Winter (Hg.): Hamburg im Zeitalter der Aufklärung. Hamburg 1989.

Stieve, Tilman: Der Kampf um die Reform in Hamburg, 1789–1842. Hamburg 1993.

Stubbe da Luz, Helmut: Occupants – Occupés: Die napoleonische Besatzungsherrschaft in den Hansestädten (1806–1814) im Lichte eines sozialhistorischen Okkupations-Modells. In: ZHG 84, 1998, S. 51–88.
– »Franzosenzeit« in Norddeutschland (1803–1814). Napoleons Hanseatische Departements. Bremen 2003.
– Okkupanten und Okkupierte. Napoleons Statthalterregimes in den Hansestädten. 3 Bde. München 2006.
– Paris – Wesel – Münster – Hamburg. Napoleons Motive für die Errichtung der rechtsrheinischen – deutschen Department des Empire (1810–1813) und ihre militärische Sicherung. In: Veltzke, S. 233–253.
– Le maréchal Davout, »le beau siège de Hambourg« en 1813/14 et »le nom français.« In: Francia 36, 2009. S. 181–207.
Thamer, Hans-Ulrich: Buanoparte – Bonaparte – Napoleon. Vom Partgeigänger der Revolution zum Kaiser. In: Veltzke, S. 1–16.
Thiers, Adolphe: Histoire du Consulat et de l'Empire: faisant suite à l'histoire de la révolution française. 20 Bde, Paris 1845–1862.
Thiry, Jean: Napoléon Bonaparte. La campagne de Russie. Paris 1969.
– Napoléon Bonaparte. Lützen et Bautzen. 18 décembre 1812 – 30 juin 1813. Paris 1971.
– Napoléon Bonaparte. Leipzig. 30 juin – 7 novembre 1813. Paris 1972.
Thygesen, Anne Lise: C. F. Hansen – Landhäuser in Holstein. In: Gerhard Wietek (Hg.): C. F. Hansen, 1756–1845, und seine Bauten in Schleswig-Holstein. Neumünster 1982, S. 36–39.
Tiemann, Hermann: Hanseaten im revolutionären Paris (1789–1803). In: ZHG 49/50, 1964, S. 109–146.
Tilgner, Daniel: Amandus Augustus Abendroth. Hamburg 2006.
Tulard, Jean: Napoleon oder der Mythos des Retters. Tübingen 1978.
Trepp, Anne-Charlott: Sanfte Männlichkeit und selbständige Weiblichkeit. Frauen und Männer im Hamburger Bürgertum zwischen 1770 und 1840. Göttingen 1996.
Ullrich, Volker: Napoleon: eine Biographie. Reinbek 2004.
Urban, Alfred: Staat und Prostitution in Hamburg vom Beginn der Reglementierung bis zur Aufhebung der Kasernierung (1807–1922). Hamburg 1925.
Veltzke, Veit: Napoleon: Trikolore und Kaiseradler über Rhein und Weser. (Katalog der Ausstellung ›Napoleon‹ in Wesel und Minden). Köln 2007.
– Ein Tag im Leben Napoleons. In: Veltzke, S. 33 – 36.
– Napoleons Reisen zum Rhein und sein Besuch in Wesel 1811. In: Veltzke, S. 41–65.
Vigier, Henri: Davout, maréchal d'Empire. 2 Bde, Paris 1898.
Vogel, Barbara: Patriotismus und Finanzen in den Befreiungskriegen. Hamburg und Preußen im Vergleich. In: Arno Herzig (Hg.): Das alte Hamburg (1500–1848/9). Vergleiche – Beziehungen. Hamburg 1989, S. 135–153.
Vogel, Walther: Die Hansestädte und die Kontinentalsperre. München und Leipzig 1913.
Voigt, J(ohann) F(riedrich): Aus den Jahren 1812 und 1813. In: MHG 34, 1914 S. 7–18.
– Zu Peter Godeffroys Briefen aus Dockenhuden vom Anfang des Jahres 1814. In: MHG 34, S. 407 f.
– Aus dem Jahre 1814. MHG (neu 12) 1917, S. 84–89.
– Wünsche für Hamburg im Frühjahr 1814, als die Kapitulation der Hamburg besetzt haltenden Franzosen bevorstand. In: MHG (neu 12) 1917, S. 66–77.

Wahl, Adalbert: Hamburg und die europäische Politik im Zeitalter Napoleons. In:
    ZHG 18, 1914, S. 317–330.
Weber, Karl-Klaus: Johan van Valckenburgh. Das Wirken des niederländischen Fes-
    tungsbaumeisters in Deutschland 1609–1625. Köln 1995.
Willms, Johannes: Napoleon. Eine Biographie. München 2005.
–   Napoleon und Europa: Das verpasste Rendezvous. In: Napoleon und Europa,
    Traum und Trauma, S. 147–149.
Winkle, Stefan: Das Seuchengeschehen der Napoleonischen Feldzüge. 2007. www.
    aerztekammer-hamburg.de/funktionen/aebonline ... 1184063297.pdf
Wohlwill, Adolf: Zur Beurteilung des Verhaltens von Davout in Hamburg nach der
    Wiedereroberung der Stadt durch die Franzosen im Jahre 1813. In: MHG, 10,
    1887, S. 26–29.
–   Die Geschichte Hamburgs im Jahre 1813. In: MHG 11, 1888, S. 185–195.
–   Zur neueren Literatur über Davout in Hamburg. In: ZHG 16, 1911, S. 346–356.
Wurthmann, Nicola: Senatoren, Freunde und Familie. Herrschaftsstrukturen und
    Selbstverständnis der Bremer Elite zwischen Tradition und Moderne (1813–
    1848). Bremen 2009.

Personenregister

Andere

Zeittafel

1769 Napoleone Buonaparte auf Korsika geboren
1770 Louis-Nicolas Davout in Annoux, Burgund, geboren
1785 Napoleon Königlicher Leutnant der Artillerie
1788 Davout Königlicher Leutnant der Kavallerie

1789 Französische Revolution
1792 Krieg Österreich und Preußen gegen Frankreich, das Republik wird
1793 Januar: Ludwig XVI. hingerichtet
Davout wird im Juli Brigadegeneral, Napoleon im Dezember
1795 Frieden: Preußen tritt seinen Besitz auf dem linken Rheinufer an Frankreich ab. In Frankreich regiert ein Direktorium aus fünf Männern.
1796 Napoleon wird Oberbefehlshaber der Italienarmee, in der auch Davout kämpft.
1797 Österreich tritt das linke Rheinufer ab. Das Direktorium beauftragt Napoleon, die Invasion Englands zu planen.
1798 Napoleon will die Engländer in Ägypten bedrohen. Davout geht mit ihm.
1799 Napoleon stürzt das Direktorium und wird Erster Konsul.
1799–1802 Krieg Frankreich gegen Österreich, Russland, England
1804 Der Senat in Paris ruft Napoleon zum Kaiser aus. Davout wird jüngster Marschall des Imperiums. Kaiserkrönung in Paris

1805 Krieg England, Russland, Österreich gegen Frankreich
Napoleon zieht in Wien ein. Er gewinnt die ›Dreikaiserschlacht‹ bei Austerlitz.
1806 Gründung des Rheinbundes. Das ist das Ende des Heiligen Römischen Reiches deutscher Nation: Franz II. legt die Kaiserkrone nieder und ist nun Franz I. von Österreich.
14. Oktober: Schlacht bei Jena und bei Auerstedt. Napoleon ernennt Davout zum Herzog von Auerstedt.
19. November: Französische Truppen besetzen die Hansestädte
21. November: Napoleon verfügt eine Kontinentalsperre gegen englische Waren.
1807 Krieg Frankreichs gegen Russland. Am 9. Juli Friede von Tilsit
1808 Krieg Frankreichs in Spanien
1809 Krieg Frankreichs gegen Österreich und England
Sieg Napoleons über die Österreicher bei Eckmühl
Napoleon ernennt Davout zum Fürsten von Eckmühl.
Im Oktober Friede von Schönbrunn
Österreich verliert große Gebiete.

1810 Napoleon annektiert die Hansestädte Bremen, Hamburg und Lübeck, das Herzogtum Oldenburg und Teile Westfalens und macht aus ihnen die 32. Militärdivision, die aus drei neuen Departements Frankreiches besteht.

1811 Davout befehligt die 32. Militärdivision und wird Generalgouverneur der norddeutschen Departements.

1812 Im Frühjahr verlässt Davout Hamburg mit dem 1. Korps.
Im Juni Kriegserklärung Frankreichs an Russland, die Große Armee überschreitet die Memel.
Im Dezember haben von ca. 600000 Soldaten nur 5 % überlebt. Napoleon lässt über ein Dutzend intakte Festungen östlich des Rheins zurück und will den Feldzug gegen Russland im nächsten Frühjahr fortsetzen.

1813 Februar: Aufstand gegen die Franzosen erst in Hamburg, dann im ganzen Norden
März: Russen in Hamburg. Die Franzosen erobern den Norden zurück.
Oktober: Völkerschlacht bei Leipzig, Napoleon flieht über den Rhein.
Davout verschanzt sich mit über 40000 Soldaten in der Festung Hamburg.

1814 Napoleon tritt zurück und geht nach Elba. Ludwig XVIII. König von Frankreich
Hamburg wird als letzte Festung östlich des Rheins den Alliierten übergeben.

1815 Rückkehr Napoleons. Davout wird sein Kriegsminister.
Niederlage Napoleons in der Schlacht bei Waterloo. Beide Kammern des Parlaments in Paris ernennen Davout zum Oberbefehlshaber. Eine Verteidigung von Paris wäre aussichtslos, er schließt am 3. Juli eine Militärkonvention mit Blücher und Wellington: Die Kriege sind beendet.

5. Mai 1821 Napoleon stirbt auf St. Helena.
1. Juni 1823 Davout stirbt in Paris.

Die Festung Hamburg-Harburg
1813–1814

Außenalster

Altona

① ② ③

Binnen-
alster

Hamburg

Sankt Georg

Norderelbe

Hammerbrook

Schrefenhof

Brooktor

Bille

Grasbrook

Norderelbe

Große
Feddel

Köhlbrand

Reihersteg

Große Brücke der Franzosen

Große
Schänze

① Sternschanze
② Hamburger Berg
③ Linie von Hamm

W i l h e l m s -

b u r g

Alte Süderelbe

Norderelbe

Moorburg

S ü d e r e l b e

Schloss
Harburg

Harburg

Von den Franzosen angelegte oder wieder-
hergestellte Befestigungsanlagen

Abgebrannte Gebäude, Höfe, Gärten usw.

Entwässerungsgräben

Sümpfe, nicht eingedeichtes Land

**Napoleons Festungslinien
an Elbe, Oder und Weichsel 1812/14**

Jörg Meidenbauer

Lexikon der Geschichtsirrtümer

Von Alpenüberquerung bis Zonengrenze. 368 Seiten.
Piper Taschenbuch

Waren die Wandalen wirklich so zerstörungswütig? Wurde die berühmte Bibliothek von Alexandria von den Arabern zerstört? Und wie verhält es sich mit der Geschichte vom Ei des Kolumbus? Der Historiker Jörg Meidenbauer räumt auf mit den größten Irrtümern und Legenden aus Geschichte, Politik und Kultur – amüsant, informativ und originell.

» Ein ›anderes‹ Geschichtsbuch, das unterhaltsame Episoden versammelt und Licht hinter so manchen Irrtum bringt. «
Gießener Allgemeine

Martina Kempff

Die Marketenderin

Historischer Roman.
Mit einem Nachwort zur Taschenbuchneuausgabe. 432 Seiten.
Piper Taschenbuch

Februar 1812: Die willensstarke Marketenderin Juliane Assenheimer beschließt, mit den württembergischen Truppen zu ziehen, die Napoleons Armee im Rußlandfeldzug verstärken. Neben der harten Realität des Krieges macht ihr vor allem ihre Liebe zu Leutnant Gerter zu schaffen, die aufgrund des großen Standesunterschiedes unerfüllbar zu sein scheint. Mit viel Energie und Mut kämpft sich Juliane bis nach Moskau durch, wo sich die Lage dramatisch zuspitzt ... Ein spannender Roman über eine mutige Frau, die sich gegen Gewalt und Unrecht auflehnt.

» Starke Frauenfiguren vor historischer Kulisse – Autorin Martina Kempff ist mittlerweile Spezialistin für diese Kombination. «
Norddeutscher Rundfunk

05/2065/02/L   05/2262/02/R

Karin Feuerstein-Praßer

Die preußischen Königinnen

367 Seiten mit 38 Abbildungen.
Piper Taschenbuch

Es war durchaus kein leichtes Schicksal, das die preußischen Königinnen im »Männerstaat« Preußen zu bewältigen hatten. Gleichwohl gelang es einigen von ihnen, sich Freiräume zu schaffen – beispielsweise der »Philosophin auf dem Thron«, Sophie Charlotte von Hannover, und der bis heute wohl populärsten preußischen Königin, Luise von Mecklenburg-Strelitz. Andere wiederum litten unter den höfischen Intrigen und der Mißachtung ihres Gemahls oder konnten sich nur durch Lügen oder Heuchelei behaupten.
Unterhaltsam und mit großer Sachkenntnis erzählt Karin Feuerstein-Praßer vom Leben der sieben preußischen Königinnen.

»Wer sich für Geschichte interessiert und für Frauenschicksale der etwas besonderen Art, wird an dieser Lektüre viel Vergnügen haben.«
Aachener Nachrichten

Dieter Wunderlich

EigenSinnige Frauen

Zehn Porträts. 256 Seiten
mit 10 Abbildungen.
Piper Taschenbuch

Johanna von Orléans und Madame Pompadour, Coco Chanel, Frida Kahlo und Simone de Beauvoir – einen großen Bogen spannt Dieter Wunderlich in seinen zehn Porträts. Er erzählt von Frauen aus verschiedenen Epochen und Lebensbereichen, die nicht bereit waren, sich den gesellschaftlichen Erwartungen widerstandslos zu unterwerfen, sondern ihre ganz persönlichen Ziele verfolgten und dabei gegen heftige Widerstände kämpften.

»Was diese Frauen gemeinsam hatten, waren ihr Eigensinn und ihr Streben, Ideen und Lebensentwürfe auch gegen Konventionen zu verwirklichen. Daß der Autor nebenbei und auf leichte, aber nicht leichtfertige Art Geschichtsunterricht erteilt, ist ein weiterer Vorzug des Buchs.«
Berliner Morgenpost

05/1600/03/L   05/1928/02/R